대담한 작전

서구 중세의 역사를 바꾼 특수작전 이야기

대담한 작전

Special Operations in the Age of Chivalry, 1100-1550

유발 하라리
Yuval Noah Harari

김승욱 옮김
박용진 감수

프시케의숲

일러두기

- 제2장부터 제7장까지의 중제목은 가독성을 위해 한국어판에서 추가한 것이다.
- 본문 도판의 상당수는 내용 이해를 높이기 위해 한국어판에 새롭게 수록한 것이다.
  자세한 것은 부록 '도판 출처'를 참조.

들어가는 말

이 책은 기사도 시대에 지상 특수작전이 수행된 과정과 그 역할에 대한 최초의 연구 결과를 담고 있다. 현재 이 주제에 관한 학문 연구도, 대중적인 역사서도 존재하지 않기 때문에, 나는 이 책을 통해 그 두 가지 방면을 모두 아우르는 한편 중세와 르네상스 전쟁사 연구에도 기여하려 한다. 또한 이와 동시에 일반 대중을 위한 생생한 묘사에도 힘을 쓸 것이다.

이 책은 두 부분으로 나뉘어 있다. 1100~1550년에 시행된 특수작전들에 대한 개략적인 분석을 담은 제1장의 주요 목적은 두 가지다.

첫째, 해당 시기 특수작전에서 가장 두드러지게 나타나는 특징들을 요약하고, 중세 및 르네상스 전쟁사 연구에서 핵심적인 논쟁의 주제들과 이 주제를 연결시키는 것.

둘째, 특수작전에 흥미는 있지만 중세와 르네상스 시대 전쟁사에 대한 사전지식이 거의 없는 일반 독자들에게 기사도 시대에 벌어진 전쟁의 독특한 측면 일부를 소개하는 것.

이 책의 두 번째 부분에 해당하는 제2~7장은 1098년부터 1536년 사이에 실행된 여러 특수작전을 묘사하고 있다. 이 두 번째 부분 역시 전문가가 아닌 일반 독자를 염두에 두었으므로 분석보다는 이야기에 중점을 두었다. 각주와 출전出典에 대한 자세한 설명 역시 같은 이유로 최소한으로 제한했다.

나는 이스라엘과 팔레스타인 사이의 전쟁 한복판에서 이 책을 집필했다. 이 전쟁에서 양편 모두의 획기적인 전기가 된 군사작전들 중 대부분은 비록 서로 형태가 다를지언정 특수작전이었다. 팔레스타인 테러리스트 조직들은 이스라엘의 인구 밀집지역과 국가적인 상징을 콕 집어서 공격했고, 이스라엘 특수부대는 팔레스타인 테러리스트, 사령관, 정치인을 납치하거나 암살했다. 윤리와 정치를 따진다면 양측의 작전에는 커다란 차이가 있다고 할 수 있겠지만, 군사적으로는 '특수작전'이라는 포괄적인 용어로 양측의 작전을 묶을 수 있다.

이 책을 쓰면서 나는 특수작전이 사실은 현대 대중문화 속의 깔끔하고 멋들어진 이미지와는 한참 동떨어진 것일 수 있다는 점을 잘 인식하고 있었다. 내가 특수작전들을 영웅적이고 용감한 기념비적 사례로 보기보다는 더 넓은 맥락에서 대략적인 그림을 제공하려고 애쓴 것은 바로 그 때문이다. 이 주제에 관해 더 균형 있고 비판적인 논의가 이루어지는 데 나의 노력이 도움이 되기를 바란다.

Special Operations in the Age of Chivalry, 1100-1550 **차례**

1장

◆

기사도 시대의 특수작전

특수작전이란 무엇인가

'특수작전'이란 투입된 자원에 비해 전략적으로나 정치적으로 상당한 결과를 이끌어낼 능력이 있는 소규모 부대가 좁은 지역에서 비교적 짧은 시간 동안 수행하는 전투작전을 말한다. 거의 모든 특수작전에는 보편적이지 않고 은밀한 전투방법이 이용된다. 특수작전이 투입된 자원에 비해 커다란 효과를 거둘 수 있는 것은 이런 전투방법 덕분이다.[1]

예를 들어보자. 1327년 1월에 잉글랜드의 이사벨라 왕비와 그녀의 애인 로저 모티머는 평판이 좋지 않은 국왕 에드워드 2세를 무너뜨려 감옥에 가둔 뒤 곧 그를 죽였다. 그리고 이사벨라의 아들로 당시 열네 살이던 에드워드 3세의 섭정이 되어 둘이 함께 나라를 다스렸다. 그러나 에드워드가 성장했는데도 이사벨라는 아들에게 권력을 넘겨줄 조짐이 없었다. 오히려 모티머와 함께 섭정의 권한을 강화하는 한편, 자기들만의 독자적인 권력기반을 마련하려고 애썼다.

1330년 10월 19일 밤, 윌리엄 몬터규는 이사벨라, 모티머, 에드워드가 머물고 있던 노팅엄 성에 비밀 지하통로를 통해 침투했다. 그의 뒤에는 20여 명의 부하들이 따르고 있었다. 젊은 국왕을 위해 몬터규는 이사벨라 커플의 호위병들을 기습해서 여왕과 그의 애인을 사로잡았다. 모티머는 처형되었고, 이사벨라는 시골 영지로 물러날 것을 강요받았다. 이렇게 해서 에드워드는 잉글랜드의 통치자가 되었다.

소수의 인원이 몇 시간을 들여 미리 정해둔 표적만 공격한 이 작전에는 돈이 거의 들지 않았고, 인명 손실도 거의 없었다. 그런데도 어쩌면 전면적인 내전을 벌이며 상당한 자금과 수천의 생명을 소모해야만 가능했을 법한 일을 해내는 데 성공했다.[2]

노팅엄 성 기습 같은 특수작전은 첩보작전이나 심리전과 다르다. 몹시 제한된 자원으로 전략적으로나 정치적으로 상당한 결과를 빚어낼 수 있다는 점은 모두 같지만, 특수작전에는 무력이 사용된다.[3] '특수'작전과 '정규'작전의 차이점을 따지는 일은 이보다 좀 더 복잡하다. 특수작전이 기습과 속임수를 사용하는 전투작전과 비슷한 경우가 많기 때문이다. 효과 면에서도 정규작전 역시 투입된 자원에 비해 전략적으로나 정치적으로 커다란 효과를 거둘 때가 종종 있다.

예를 하나 들어보자. 1199년에 플랜태저넷 왕조의 '사자심왕the Lion-Hearted 리처드'는 카페 왕조의 '존엄왕 필리프'와의 전쟁에서 승기를 잡아 플랜태저넷 왕조의 대륙 영토를 방어하는 한편, 프랑스 왕국을 통일하려는 적의 계획을 방해하고 있었다.

그런데 바로 그때, 한 농부가 샬뤼 성에 딸린 밭에서 쟁기질을 하다가 금은보화를 발견했다. 이 보물은 성의 영주인 아샤르에게 몰수되었고, 아샤르는 다시 자신의 주군인 리처드 왕의 공격을 받았다. 왕이 보물을 내놓으라고 요구하는데도 아샤르가 거부하자 분노한 왕이 재빨리 성을 포위해버린 것이다. 왕은 성을 지키던 사람들이 항복하겠다고 나섰는데도 받아들이지 않았다. 자그마한 샬뤼 성을 지키는 사람은 남녀를 모두 합해서 기껏해야 수십 명밖에 되지 않는 수준이었다.

그런데 리처드가 공격을 준비하는 동안 성안의 궁수가 석궁을 쏘아 왕의 어깨를 맞혔다. 이 상처가 감염되어 썩어가는 바람에, 뛰어난 전사였던 리처드 왕이 겨우 며칠 만에 유럽의 정치 지도에서 사라져버리고 말았다.

플랜태저넷 왕조는 그로부터 5년이 안 되어 노르망디를 잃었고, 그 뒤로 다시 10년이 안 되는 세월이 흐르는 동안 가스코뉴를 제외한 나머지 대륙 영토를 모두 잃었다(16쪽 지도). 반면 존엄왕 필리프는 카페 왕조의 프랑스 통일을 위한 기반을 마련했다. 지극히 제한된 자원으로 치러진 샬뤼 성 방어전이 서부 유럽의 전략과 정치에 커다란 변화를 일으켜 향후 수백 년 동안 존속될 유럽 국가들의 경계선을 새로이 설정하는 데 기여한 것이다.[4]

그러나 샬뤼 성 방어전을 특수작전으로 볼 수는 없다. 리처드의 죽음이 우연한 결과였기 때문이다. 성을 방어하던 사람들조차 십중팔구 이런 결과를 의도하지 않았을 것이다. 그들은 왕의 죽음에 대한 보복에 나선 적들의 칼 앞에서 모두 죽음을 맞았다.

특수작전과 정규작전의 차이는 실행방법이나 효과에서 찾을 수 없

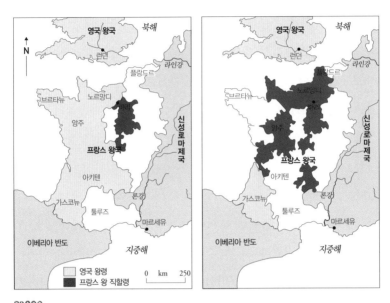

1180년(왼쪽)과 1123년경(오른쪽)의 영국 왕령.

다. 그보다는 사전에 입안된 실행방법과 효과에 대한 전망을 살펴보아야 한다. 사자심왕 리처드의 죽음과 달리, 노팅엄 성 기습 같은 특수작전은 미리 계획된 것이었다. 그것도 일반작전에 사용되는 것과 똑같은 자원으로 엄청난 결과를 빚어내려는 계획이었다.

특수작전에 대한 이러한 정의는 오로지 지상작전에만 적용될 수 있다. 해상의 특수작전은 전략적으로도, 작전 수행 면에서도 크게 다르기 때문에 이 책에서 다루지 않았다. 특히 장거리 해상 분쟁에서는 위의 정의만으로 특수작전과 정규작전을 명확히 구분할 수 없다. 이 점이 뚜렷이 드러나는 사례가 바로 장거리 해적 활동이다.

1523년에 프랑스의 해적 장 플로리는 에르난도 코르테스가 멕시코에서 스페인으로 보낸 보물선단을 포획했다. 당시 플뢰리는 본거지로부터 2,000킬로미터 넘게 떨어진 곳에서 수백 명의 부하들을 이끌며 자급자족하고 있었다. 그는 보물선단이 운반하던 금과 은을 탈취해 자기 것으로 만들었지만, 사실은 그의 활동이 미친 심리적 영향이 그보다 훨씬 더 중요했다. 과연 그의 활동은 '특수작전'이었을까?

앞의 정의에 따르면, 확실히 특수작전이었다. 하지만 그렇다면 중세와 르네상스 시대의 거의 모든 해적 활동이 특수작전에 속한다. 그리고 당시에는 이런 활동이 해상작전에서 상당히 커다란 비중을 차지했으므로, 중세와 근대 초기의 많은 해전(특히 유럽과 서인도제도 사이의 장거리 무역을 둘러싼 분쟁)은 사실상 '특수작전 전쟁'이 된다.

매우 흥미로운 관점이지만, 이것이 옳은지를 판별하려면 해상전략과 해상작전에 대한 심층연구가 필요하다. 그러나 여러 대륙에서 약 다섯 세기 동안 벌어진 일을 다루는 것만으로도 이미 상당히 벅차기 때문에, 나는 해상의 특수작전은 미래의 연구 주제로 남겨두려 한다.

현대의 특수작전

특수작전과 특수부대의 중요성은 수십 년 전부터 급격히 커졌다. 현재 특수부대가 없는 나라는 거의 없으며, 특수부대는 보통 최정예부대로 간주된다. 따라서 많은 관심과 지원이 그들에게 쏟아진다. 특수작전이 전략과 정치의 필수적인 일부가 되었기 때문에, 각국 정부와 군대는 위기 시에 다양한 선택지들을 검토하면서 특수작전을 일상적으로 포함시킨다.

특수작전은 특히 다음의 것들이 군사적인 타격 목표일 때 중요하게 고려된다.

| 기반시설 |　20세기의 전쟁은 점점 더 산업, 통신, 교통 기반시설에 의존하고 있다. 따라서 다리, 댐, 통신센터, 공장, 연구소 등을 점령해서 파괴한다면 해당국의 전쟁수행 능력에 적어도 무장부대를 괴멸한 것만큼의 영향을 미칠 수 있다. 기반시설은 '소프트'한 비무장 표적이므로, 대규모 전투에서는 결코 승리를 장담할 수 없는 소규모 부대만으로도 전략적으로 중요한 성과를 거둘 수 있다. 물론 적들이 기반시설을 지키고 있을 가능성도 있지만, 그 경비부대보다는 시설 자체가 공격목표이기 때문에 그 부대를 피하거나 무력화할 수 있는 방법만 있다면 제한된 자원으로 중요한 결과를 이끌어내는 것이 가능하다.

1940년 독일군의 에방 에말 공격이 고전적인 예다. 수십 명의 글라이더 부대가 에방 에말 요새를 무력화하고 알베르트 운하의 중요한 다리들을 확보했다. 당시 에방 에말 요새에는 독일군 공격대의 열 배가 넘는 벨기에 병사들이 있었다. 독일군 글라이더 부대는 벨기에군과 싸워 그들을 격퇴하기보다는, 벨기에군이 다리를 파괴하지 못하게 막았다. 이때 다리들이 파괴되었다면 독일군의 벨기에 진격이 중단되고 독일의 전쟁 계획이 위험에 빠졌을 것이다.[5]

산업 기반시설은 때로 이보다 훨씬 더 가치를 지닌다. 나치 핵개발 프로그램에서 핵심적인 고리 중 하나는 바로 노르웨이 리우칸의 노르스크 하이드로 발전소였다. 이 발전소의 부속공장에서 당시 독일의 핵연구와 생산에 필요한 중수를 거의 모두 공급했다. 연합군은 이 공장을 파괴하기 위해 여러 차례에 걸쳐 폭격과 특수작전을 시행했지만 성공하지 못했다. 마침내 1943년 2월, 한 특수부대가 이 공장의 설비를 파괴해 생산을 중단시키는 데 성공했다. 독일은 이미 생산된 중수를 어떻게든 독일로 실어가려고 했지만 중수를 실은 배도 또 다른 특수작전으로 침몰되었다.

이 두 건의 작전만으로 독일이 핵무기 생산에 실패하게 된 것은 아니지만, 이 일이 그 실패에 영향을 미친 것은 확실하다. 그 실패가 지닌 전략적, 정치적 의미가 헤아릴 수 없을 정도라는 사실은 말할 필요도 없을 것이다.[6]

| **무기체계** |　현대의 기술 발전으로 갈수록 복잡한 무기들이 도입되고, 그 비용과 군사적 영향 또한 급격히 증가했다. 핵미사일이나 대형 군함 같은 하나의 무기체계를 생산해서 유지하는 데에는 한 나라의 자원이 상당히 소비된다. 이런 무기체계를 딱 하나만 도입하거나 파괴해도 전략적, 정치적 세력균형이 달라질 수 있다.

그런데 이런 무기들이 종종 특수작전에 취약점을 드러낸 바가 있다. 즉, 제한된 자원을 사용하는 특수작전으로 중요한 결과를 빚어낼 수 있다는 뜻이다. 예를 들어 1990~1991년 제2차 걸프전 때도 특수작전의 상당 부분이 이라크 서부사막에서 몇 대밖에 되지 않는 이동식 미사일 발사대를 찾아내 무력화하는 데 집중되었다.

대량살상무기의 확산으로 인해, 개별 무기체계의 획득, 수호, 파괴에서 특수작전이 더욱더 핵심적인 역할을 하게 될 가능성이 높다.

| 인물 | 특정 인물의 살해, 납치, 구출이 부대 전체의 궤멸이나 기반시설 파괴를 훌쩍 뛰어넘는 전략적, 정치적 의미를 지닐 때가 있다. 1943년 이탈리아의 바돌리오 정부는 베니토 무솔리니를 체포한 뒤 연합국들과 협상을 시작했다. 그러나 그란사소 산의 꼭대기에 있는 비밀감옥에 갇혀 있던 실각한 독재자 무솔리니가 대담한 글라이더 습격작전으로 사라지는 사건이 벌어졌다. 그는 독일의 지원을 받아 이탈리아 중부와 북부에서 괴뢰정권을 이끌면서 이탈리아의 일부 중요 집단에게서 충성을 확보했고, 이로써 독일이 이탈리아를 쉽사리 좌지우지할 수 있는 길을 열어주었다.[7]

정치가와 군대 지휘관만이 전략적인 중요 인물인 것은 아니다. 나치가 점령한 덴마크에서 구출된 최고의 물리학자 닐스 보어는 연합국의 핵개발 프로그램 발전에 커다란 기여를 했다. 반면 독일의 핵개발 프로그램은 곤란을 겪었다.[8] 제2차 세계대전 말미에 소련과 미국이 독일의 미사일 연구자들을 손에 넣으려고 경쟁을 벌였던 사실은 두 나라 모두 과학자들이 얼마나 중요한지 파악하고 있었음을 보여준다. 대량살상무기의 확산과 전쟁 관련 기술의 발전으로 과학자들은 특수작전에서 적어도 정치가와 장군만큼이나 효과적인 표적이 될 가능성이 높아졌다.

| 상징 | 지난 수십 년 동안 가장 성공을 거둔 특수작전 중 일부는 물질적 가치보다는 상징적 가치를 지닌 사람과 물건을 겨냥했다.

1972년 뮌헨 올림픽 때 벌어진 이스라엘 선수단 살해(팔레스타인해방
기구 분파조직인 '검은 9월단'의 급습으로 이스라엘 선수단 열한 명이 숨진 사
건―옮긴이)와 2001년 9월 11일의 공격은 국가적 상징에 대한 지극
히 성공적인 공격이었다.[9] 물질적인 면에서는 이 사건들이 이스라엘
과 미국의 군사력에 거의 피해를 입히지 못했지만, 상징적인 효과는
어마어마했다.[10] 두 사건에서 모두 공격의 성공으로 공격자들의 사
기가 크게 올라갔으며, 그만큼 이스라엘과 미국 국민들은 충격을 받
았다.

이스라엘과 미국이 대규모 보복공격에 나섰다는 사실에서 이 두
사건의 효과를 가늠해볼 수 있다. 이스라엘은 첩보 수집의 우선순위
를 바꿔 유럽에서 팔레스타인 테러리스트들과 싸우는 데 많은 자원
을 투입했다. 미국은 세계적인 테러와의 전쟁을 선포해 지금까지 주
권국가 두 곳을 정복했다(그러나 오히려 세계적으로 테러가 더욱 늘어나는
결과를 낳았다).

인질극 또는 인질과 포로 석방을 목표로 한 특수작전 또한 물질적
가치보다는 상징적 가치를 겨냥한 작전으로 볼 수 있다. 납치된 소수
의 민간인이나 감금된 군인을 구출하는 일은 물질적인 세력균형에
아무런 영향도 미치지 못하지만, 사기를 올리는 데에는 크게 기여할
수 있다. 국민과 병사를 최후의 한 사람까지 모두 구해내는 데 모든
수단을 동원해 최선을 다한다는 상징적인 의지와 군사적 능력을 증
명할 수 있기 때문이다.[11]

국민과 군인에 대한 국가의 헌신적인 의지는 현대국가에서 커다란
상징적 가치를 지닌다. 특히 서구 민주국가들의 경우가 그렇다. 따라

서 적들의 입장에서는 특수작전으로 소수의 민간인을 납치하는 것이 가치 있는 목표가 되었다.[12]

*
* *

상징을 겨냥한 특수작전의 잠재적 성공 가능성이 높은 이유 중 하나는 현대의 대중매체와 대중문화에서 특수작전이 특별한 대우를 받고 있다는 점이다. 특히 제1차 세계대전으로 정규전에 대한 환상이 많이 파괴된 뒤(번쩍이는 총검과 용감한 돌격이라는 영웅적 이미지 대신 진흙, 피, 가시철망으로 얼룩진 비극적 이미지가 자리 잡았다), 사람들은 점차 특수작전 분야에서 멋진 영웅의 면모를 기대하게 되었다. 영웅 개개인이 전쟁과 나라의 운명을 결정하는 것은 이제 오로지 특수작전에서만 가능한 일이었다.[13]

따라서 특수작전과 특수부대는 대중매체에서 엄청나게 많이 다뤄졌으며, (주로 남성들의) 대중문화에서 훨씬 더 커다란 비중을 차지하게 되었다. 특수작전은 모든 군사작전 중 극히 일부에 불과한데도, 대중적인 전쟁사 관련 서적,[14] 전쟁을 다룬 소설과 영화에서는 엄청난 비중을 차지한다. 심지어 〈라이언 일병 구하기〉나 〈블랙호크 다운〉처럼 전쟁의 비참한 현실을 사실적으로 다룬 전쟁영화들도 특수작전에 초점을 맞춘다(〈라이언 일병 구하기〉에서는 상징적인 이유로 병사 한 명을 구하는 작전, 〈블랙호크 다운〉에서는 적의 핵심 인물을 납치하는 작전).

액션영화에서 특수작전의 비중은 훨씬 더 두드러진다. 특수작전으로 적의 영토 깊숙한 곳까지 침투해 기반시설이나 무기체계를 공격하는 내용은 〈미션 임파서블〉 시리즈와 〈제임스 본드〉 시리즈에서부터 〈레이더스〉 〈스타워즈〉 〈반지의 제왕〉에 이르기까지 모든 액션영화의 기둥 줄거리다(각각의 영화에 등장하는 '성궤' '죽음의 별' '절대반지'가 대량살상무기라고 인정한다면).

그러나 이보다 더 인기 있는 것은 특수작전으로 중요 인물을 겨냥하는 내용이다. 〈터미네이터〉 3부작은 미래의 지도자와 현재의 과학자를 암살하려는 세력과 그들을 보호하려는 사람들 사이의 싸움이 주된 내용이다. 사실 정치가의 암살 또는 구출이 등장하지 않는 정치 드라마나 사실적인 액션영화, 납치된 공주를 구출하는 내용이 등장하지 않는 판타지 액션영화는 상상하기 어렵다. '일반인' 인질과 포로 구출을 위한 특수작전도 그에 못지않게 인기를 끌고 있는 듯하다.[15] 남성 액션영웅은 물론 점차 늘어나고 있는 여성 액션영웅 또한 평범한 병사나 지휘관보다는 특수작전 전문가를 모델로 하고 있다.[16]

컴퓨터 게임과 비디오 게임 분야도 비슷하다. 재래식 전쟁을 배경으로 삼은 게임이 한 작품이라면, 게이머가 특수작전 전문가가 되어 히틀러를 암살하거나, 적의 원자로를 폭파하거나, 민간인 인질을 구출하는 내용의 게임은 아마 열 작품도 넘을 것이다.

그러니 영국의 SAS, 미국의 그린베레, 러시아의 알파포스와 OMON, 이스라엘의 사예렛 마트칼 같은 진짜 특수부대들이 대중적으로 유례없는 관심을 받고 있는 것은 놀랄 일이 아니다. 이야기 속의 이상적인 남성 영웅이 특수작전 전문가인 만큼, 현실 속의 특수부대가 국가의 이상적인 남성상이 되었다는 주장에는 분명히 일리가 있다.[17]

특수부대원들은 대중의 찬탄이라는 햇볕을 흠뻑 받고 있을 뿐만 아니라, 군사와 정치 분야에서 점점 커다란 영향력을 발휘하고 있다.

ଠଠଠଠଠ
〈기사도Chivalry〉, 프랭크 딕시,
1885.

상급 장교들 중에도 특수부대 출신의 비중이 점차 높아지는 중이다. 예를 들어 걸프전 때 영국군 사령관이던 피터 드 라 빌리에르 장군도 SAS에서 처음 군 생활을 시작한 인물이다.

이스라엘에서는 고위 장성 중에 특수부대 출신이 아주 많을 뿐만 아니라, 1996년부터 2006년까지 재직했던 총리 세 명(베냐민 네타냐후, 에후드 바라크, 아리엘 샤론)이 모두 특수부대 경력 덕분에 국민의 마음을 적어도 일부나마 얻을 수 있었다.[18] 특수부대 출신 고위인사 명단에 캘리포니아 주지사를 지낸 아널드 슈워제네거의 이름을 덧붙여도 크게 무리가 되지는 않을 것이다. 그에게 표를 준 많은 유권자들이 가장 잘 기억하고 있는 것은 십중팔구 은막에서 펼쳐진 그의 수많은 임무일 테니 말이다.

특수작전이 지닌 문화적 매력 덕분에 특수작전이 국민들의 사기에 미치는 잠재적인 영향력도 늘어났다. 국가의 이미지, 특히 국가의 남성적 이미지가 특수작전에 크게 녹아 있기 때문에, 작전이 성공하면 국민들의 사기가 높아지고, 실패하면 정규작전이 실패했을 때보다 훨씬 더 크게 사기가 떨어진다. 특수작전의 성공이 언제나 화려해 보이는 만큼, 실패는 굴욕적이다. 임무에 참가한 특수부대원들은 국가의 남성성을 상징하는 존재여야 하기 때문이다. 대중은 영화관과 게임 화면에서 본 특수작전과 실제 특수작전을 동일시하는 데 익숙하다.

*
**

특수작전을 주제로 한 대중적인 작품들이 눈사태처럼 쏟아지는 현상과 더불어, 학계에서도 특수작전에 대한 관심이 늘어났다. 9·11사건과 그 뒤에 이어진 테러와의 전쟁은 이런 관심을 더욱 부채질하는 역할을 했다.

그러나 학계의 관심은 20세기 말, 21세기 초, 그리고 미래의 분쟁에서 특수작전이 수행하는 역할에만 거의 전적으로 쏠려 있다.[19] 이는 제2차 세계대전 이전에는 설사 특수작전이 시행되더라도 어디까지나 빨치산 활동이나 게릴라전의 일부에 불과했다는 인식이 널리 퍼져 있음을 보여준다.[20] 특수작전의 역사를 다룬 책들은 보통 기껏해야 제2차 세계대전까지만 거슬러 올라갈 뿐이다. 설사 예외가 있다 해도, 18세기 말 이전을 들여다보는 책은 드물다.[21] 18세기 이전의 특수작전으로는 신화 속의 트로이 목마 이야기만 다루고 있는《트로이에서 엔테베까지: 고대와 현대의 특수작전》이 전형적인 예다.[22] 커다란 영향력을 지닌 윌리엄 맥레이븐의 연구서《특수작전: 특수작전 전쟁의 사례연구》에 등장하는 사례들 중 시기적으로 가장 앞선 것이 1940년의 에방 에말 공격일 정도다. 내가 확인할 수 있는 한, 유일한 예외는 스티븐 턴불의《닌자: 일본 비밀전사 숭배의 진실한 이야기》다. 턴불은 이 책에서 일본의 특수작전과 특수부대 역사를 연구하면서, 중세와 근대 초기에 초점을 맞추고 있다.

일부 학자들이 현대 특수부대의 전신前身을 찾아보는 과정에서 특수부대를 정규부대 중 정예부대와 혼동하는 것 또한 전형적인 현상이다. 예를 들어 제임스 더니건의《완벽한 군인: 특수작전, 특공대, 그리고 미국이 수행하는 전쟁의 미래》에서 '역사 속의 특공대'라는 장은 페르시아 근위대인 불사부대, 알렉산드로스 대왕의 헤타이로이, 중세의 모든 기사들, 백년전쟁 때 영국의 장궁병, 맘루크(이슬람권의 노예병 — 옮긴이)와 예니체리(터키의 술탄을 지키던 친위보병 — 옮긴이), 근대 초기의 척탄병과 경기병 등을 특수부대로 취급한다.[23] 로빈 닐랜즈의《전투지역에서: 1945년 이후의 특수부대들》도 현대 특수부대의 전신을 찾기 위해 성경 속 다윗 왕뿐만 아니라 칭기즈칸의 비정규 기병대, 독일 저격병이나 존 무어의 경보병대 같은 18세기와 19세기 경보병 부대, 나폴레옹 전쟁 때 스페인과 러시아의 게릴라 부대, 미국 남북전쟁 때의 기병대, 제1차 세계대전 때의 독일 돌격대까지 살펴본다.[24]

18세기 이전 특수작전에 대한 관심 부족은 근대 이전 전쟁을 다룬 연구들에도 반영되어, 이 연구들 또한 대개 특수작전에 별로 주의를 기울이지 않는다. 중세와 르네상스 시대 전쟁에 대한 연구에서 특수작전이 좀처럼 언급되지 않는 것이 좋은 예다. '특수작전'으로 분류될 수 있는 작전들이 역사 이야기 속에 많이 등장하는데도, 중세와 르네상스 시대 전쟁을 분석한 글들은 이런 작전을 별도의 주제로 다루지 않는다. 중세와 근대 초기의 전쟁을 다룬 최근의 연구서들, 예를 들어 제러미 블랙의《유럽의 전쟁, 1494~1660》, 존 프랜스의《십자군 시대 서구의 전쟁》, 헬렌 니컬슨의《중세의 전쟁: 300~1500년 유럽에서 벌어진 전쟁의 이론과 실제》같은 책에도 특수작전이 전혀 언급되어 있지 않다.

나는 이 책에서 1100년부터 1550년 사이에 지상에서 시행된 특수작전을 조사함으로써 이 틈새를 메워볼 생각이다. 먼저 나는 이 시기 지상 특수작전의 주요 특징들과 이런 특징들이 만들어진 원인들을 개략적으로 살펴보고, 곧이어 소수의 선별된 사례들을 심층적으로 묘사할 것이다. 나의 목적 중 하나는 지난 세기에 일어난 변화들을 역사적 맥락에서 살펴볼 수 있게 해주는 것이다. 그러나 이보다 더 중요한 것은, 특수작전을 자세히 살펴보는 것이 중세와 르네상스 시대 전쟁을 연구하는 데에도 도움이 될 것이라는 나의 믿음이다.

특수작전은 독특한 특징들 덕분에 전쟁의 현실을 이해할 수 있게 해주는 뛰어난 렌즈 역할을 한다. 특수작전을 시행하려면 군사적 목적과 군사적 수단이 섬세한 균형을 이루어야 하므로, 특수작전을 들여다보면 시대별로 전쟁에 특징적으로 나타나는 목적과 수단을 또렷이 볼 수 있다. 중세와 르네상스 시대의 특수작전을 연구하면, 중세와 르네상스 시대의 전쟁에서 사람들이 바라던 일과 실제로 해낼 수 있었던 일의 한계를 일부 알아볼 수 있다.

특수작전은 특히 중세와 르네상스 시대 기사도와 군사적 현실 사이의 관계를 살펴볼 수 있는 이상적인 소재다. 이 주제는 중세와 르네상스 시대 전쟁사 연구에서 핵심적인 자리를 차지하고 있다.[25] 하위 징아와 킬고어를 비롯한 일부 학자들은 기사도 문화가 당시의 군사적 현실과 완전히 단절되어 있었기 때문에 군사작전 수행에 미치는 영향도 미미했다고 주장한다. 군주들과 기사들은 입으로만 기사도라는 이상을 주워섬기며 전쟁의 끔찍함을 그럴싸하게 얼버무리고 넘어가는 데 이용했다. 전쟁과 기독교 사이의 틈을 메우는 수단, 가신들에게 충성심을 고취시키는 수단으로 기사도를 이용한 것이다. 그러나 막상 전쟁이 벌어지면 이상이 승리에 방해가 될 때마다 기사도의 제약은 옆으로 밀려나버렸다.[26]

반면 최근 수십 년 동안 대부분의 학자들은 기사도 문화의 지속적인 가치를 강조하는 경향이 있었다. 근대 초기에 이르기까지 오랫동안 기사도가 전쟁의 적절한 가치관과 규범이 형성되는 데 영향을 미쳤다는 것이다. 전투원들은 여의치 않을 때에도 이런 규범을 지키려고 노력할 때가 많았으며, 기사도에 따라 '반칙'으로 규정된 행위를 자제하려고 했다. 비록 승리가 가져올 엄청난 이득 때문에 유혹을 이기지 못하고 규범을 악용하거나 어기는 전투원들이 종종 있었지만, 규범을 떠받치는 가치관 자체에 의심을 품는 사람은 드물었다.[27] 특히 기사도의 이상인 명예는 중세와 르네상스 시대를 통틀어 귀족 남성들의 정체성을 지탱하는 중요한 기둥이자 중요한 군사적 가치라는

기사 서임식의 한 장면. 작자 미상, 14세기.

자리를 고수했다.[28]

기사도와 명예는 특수작전을 시행하는 과정에서 특히 첨예한 문제가 되었다. 정규전투에 기사도 규범상 '반칙'으로 규정된 행위가 사용되는 경우는 가끔에 불과한 반면, 특수작전에서는 거의 항상 그런 행위가 필요했기 때문이다. 특수작전은 전쟁의 관습이 허용하는 범위를 한계까지 밀어붙일 때가 많았다. 한편에서는 용감한 전사들이 압도적으로 불리한 상황에서 거의 혼자의 힘으로 승리를 일궈낼 수 있다는 점에서 특수작전이 낭만적인 기사 영웅담에 숨을 불어넣은 듯이 보였다(영화와 대중적인 전쟁사 이야기에 길이길이 남은 이미지와 달리, 기사도 시대에 정규전투의 현실은 이런 영웅담과는 거리가 멀었다).

그러나 사실 이런 영웅적인 승리는 속임수, 배신, 뇌물, 암살 등 여러 반칙에 의존해 이루어지는 경우가 많았다. 전쟁이 불명예스러운 일로 변하고, 기사도 문화의 기반이 무너지는 게 아닌가 하는 걱정이 들 정도였다.

앞으로 보게 되겠지만, 기사도 시대의 특수작전은 승리라는 현실적인 목적과 기사도에 입각한 공정한 싸움이라는 이상 사이의 긴장이 해결되지 못하고 상존하는 것이 특징이었다. 기사도는 전쟁이 정치의 연장이 아니라 삶의 방식이며, 명예로운 싸움이 승리보다 더 중요하다는 점을 강조했기 때문이다.[29] 이러한 긴장 때문에 특수작전 중에도 허용되는 것이 있는가 하면(주군을 구출하는 작전 등), 극히 제한된 경우에만 시행되는 것도 있었다(암살 등). 이러한 긴장은 또한 모든 특수작전의 전체적인 효과에도 영향을 미쳤다.

넓은 시각에서 보면, 특수작전에 이러한 제약이 가해지는 것이 확실히 일리가 있다. 전쟁은 항상 특정한 정치문화를 배경으로 벌어지고, 통치자들은 그 문화에서 자신의 정체성과 권력을 얻는다. 따라서 이 문화를 부수는 방식으로 전쟁을 치른다면, 설사 승리하더라도 승리자 본인의 정체성과 권위가 무너져서 승리의 의미가 사라져버릴 수 있다.[30]

기사도 시대 특수작전의 표적들

특수작전은 기사도 문화에서 문제적 위치에 있으면서도, 기사도 시대의 전쟁에서 핵심적인 자리를 차지했다. 현대의 군대 관련 문화 속 이미지와 비슷하게, 독특한 문화적 특권을 누리기도 했다. 사실 현재 특수작전을 둘러싸고 있는 광채는 대부분 중세 군사문화에서 물려받은 것이라고 할 수 있다. 근대 초기와 19세기 유럽은 물론 고전 세계에서도 정규전에 관한 이야기들이 군대에 관한 대중의 인식을 지배하고 있기는 했지만, 중세 귀족들은 소수의 기사들의 믿기 힘든 모험담을 훨씬 더 좋아했다.[31]

예를 들어 12세기에 큰 인기를 끈 무훈시 〈님의 수송대Charroi de Nîmes〉는 트로이 목마 이야기를 연상시키는 허구의 특수작전을 중점적으로 이야기한다. 이 시의 주인공인 기욤 도랑주 백작은 사라센의 왕 오트란트가 점령한 요새도시 님을 탈취하려고 나선다. 작전을 위해 그는 수레 1,000대를 모은 뒤 수레마다 나무통을 하나씩 싣고 그 안에 부하들을 숨긴다. 그리고 본인은 외국 옷을 입고 님의 시장을 찾아가는 부유한 영국인 상인 행세를 한다. 사라센인들은 그의 상단 행렬을 보고 탐욕이 발동해서 통행세와 선물로 엄청난 이득을 얻을 것이라고 기대하게 된다. 오트란트 왕도 기욤의 매끄러운 말솜씨에 홀려 상단 행렬의 성문 통과를 허락한다. 그렇게 수레들이 성안에 들어선 뒤 기욤의 부하들이 통에서 뛰쳐나와 불과 검으로 도시를 점령한다.[32]

이보다 더 인기를 끈 것은 소규모 부대가 납치된 공주를 구하려고

〈님의 수송대〉를 묘사한 그
림. 에두아르 지에Edouard
Zier, 1894.

작전을 펼치는 이야기들이었다. 이런 이야기들이 기사도 시대 오락
의 기본 요소가 될 정도였다. 그 뒤 가끔 정규전투 이야기가 더 인기
를 끈 것을 제외하면, 공주를 구하는 이야기들은 항상 인기를 끌었다.
기사들의 특수작전 이야기는 16세기의 〈광란의 오를란도〉와 〈갈리
아의 아마디스〉, 17세기 르 사주, 라 칼프르네드, 마들렌 드 스퀴데리
등의 작품들, 18세기 쿠르티 드 상드라의 작품들과 기사도 이야기들,
19세기 월터 스콧의 작품들과 빅토리아 시대 청소년 문학 등으로 끊
임없이 번안되다가 나중에는 영화로도 만들어졌다.

〈터미네이터〉 3부작이나 〈12 몽키즈〉처럼 SF 느낌이 물씬 나는
특수작전 이야기조차 기사도 시대의 낭만적인 특수작전 이야기에서

플롯을 사실상 베끼다시피 했다는 사실이 흥미롭다. 예를 들어 12세기 작품인 〈백조의 기사와 고드프루아 드 부용의 노래〉는 제1차 십자군 전쟁 몇 해 전에 이슬람 통치자 코르바란(카르부가)의 어머니(강력한 마법사였다)가 십자군 전쟁을 예언한 이야기를 들려준다. 그녀는 고드프루아 드 부용이라는 제후가 프랑크족(이슬람이 십자군을 지칭하는 말—옮긴이)의 땅에서 출발하여 니케아, 안티오키아, 예루살렘을 정복할 것이라고 아들에게 경고한다. 코르바란의 아들이자 후계자인 코르누마란은 이 재앙을 미리 막기로 결심하고, 성지에서 돌아오는 기독교 순례자로 위장한 채 수행원 한 명만을 데리고 유럽으로 향한다. 아직 어린 고드프루아를 찾아 죽이기 위해서다. 코르누마란은 힘들게 유럽 전역을 가로질러 에노에 이를 때까지 아무에게도 정체를 들키지 않았으나, 에노에서 비로소 진짜 기독교 순례자에게 발각되고 만다. 이로써 미래를 바꾸려는 그의 노력도 실패로 끝난다.[33]

　기사도 시대와 현대의 특수작전 사이에 이런 식의 문화적 지속성이 존재하는 것과는 대조적으로, 기사도 시대 특수작전의 표적들은 현대의 표적들과 다를 때가 많았다.

　│기반시설(1): 요새 탈취│　　기사도 시대에 가장 중요한 기반시설은 요새화된 도시와 성이었다. 요새화란 곧 많은 투자를 의미했으므로, 대다수 통치자들이 가장 많은 돈을 들이는 건설공사이기도 했다.[34] 요새는 군사, 경제, 행정, 문화, 종교의 가장 중요한 중심지였다.[35] 도시는 또한 가장 많은 인구가 모여 사는 곳으로서, 한 나라의 부와 숙련된 인력이 크게 집중되어 있었다.

요새는 그 자체로서도 중요하지만, 통신, 교통, 물류의 축으로서도 중요한 위치에 있었다. 모든 주요 항구와 대다수의 중요한 다리가 도시와 요새의 성벽 안에 있었다. 모든 주요 도로, 운하, 배가 다닐 수 있는 강에는 방어거점들이 점점이 흩어져 있어서, 운항하는 배들을 효과적으로 통제할 수 있었다.

연달아 늘어선 요새들은 커다란 강을 통행하는 배를 모두 지켜주는 한편, 적 부대의 통행을 완벽하게 저지할 수 있었다. 침략군이 방어거점을 우회해서 시골 마을을 약탈한다 해도, 이 방어거점들을 손에 넣지 않는 한 지속적으로 땅을 점령하고 영토로 삼는 것은 불가능했다.[36] 특히 침략군은 보급기지까지 보급선을 확보하지 않으면 적의 영토에서 오랫동안 머무를 수 없었다. 군대가 무모하게 돌진했다가 보급선 없이 오도 가도 못하는 처지가 된다면, 결국 항복하거나 완전히 괴멸되는 결말을 맞을 수 있었다. 프랑스 군대가 1197년에 플랑드르, 1250년에 이집트, 1285년에 아라곤(스페인 북동부 피레네 산맥 남쪽에 위치했던 가톨릭 왕국 — 옮긴이)을 침공했을 때의 결말이 바로 그러했다.[37]

그래서 1346년에 프랑스가 가스코뉴를 침공하려고 나섰을 때, 주로 가스코뉴 내부로 이어진 강들을 이용한 보급선이 무려 2만 명에 이르는 대규모 야전군에게 몹시 중요했다.[38] 프랑스군이 단순히 이 땅을 통과해가면서 약탈만 하는 데서 그치지 않고 정말로 점령할 생각이라면, 강의 통행을 좌우할 수 있는 여러 방어거점들을 손에 넣을 수밖에 없었다.

프랑스 침략군은 1346년 4월 방어거점 중 한 곳인 에귀용 성을 포위했다. 프랑스 군대의 주요 보급선인 로트 강과 가론 강의 합류점을 지키는 곳이 바로 에귀용 성이었다. 그러나 4개월 뒤에도 프랑스군은 여전히 그 자리에 있었다. 에귀용 수비대 1,500명의 저항이 완강했기 때문이다. 프랑스군은 그 성을 점령할 수도, 우회할 수도 없었다. 결국 그들은 포위를 풀고 북쪽으로 후퇴했다. 에드워드 3세가 프랑스 본토를 침공했다는 소식이 들려온 뒤였다.[39]

방어거점, 특히 대도시를 형성한 방어거점을 점령한다면 물질적으로도 심리적으로도 커다란 이점을 얻을 수 있었다. 하지만 요새화된 방어거점을 점령하는 것은 말이 쉽지 실제로는 어려운 일이었다. 공성전에서는 공격 측보다 수비 측이 전술적으로 우월한 위치에 있으므로, 수비대가 완강히 저항하는 방어거점 한 곳을 탈취하는 데만도 프랑스군의 경우처럼 몇 주 또는 몇 달이 걸릴 수 있었다.[40]

따라서 전쟁 전체는 아닐지언정 원정 전체가 중요한 도시 한 곳의 공성전에 의해 좌우될 때가 많았다. 제1차 십자군 전쟁 때(1097~1099)의 니케아·안티오키아·예루살렘 공성전, 제2차 십자군 전쟁(1148) 때의 다마스쿠스 공성전, 제3차 십자군 전쟁(1189~1191) 때의 아크레 공성전, 제4차 십자군 전쟁(1204) 때의 콘스탄티노플 공성전, 제5차 십자군 전쟁(1218~1219) 때의 다미에타 공성전, 백년전쟁 때의 투르네(1340)·칼레(1346~1347)·랭스(1360)·루앙(1418~1419)·오를레앙(1429) 공성전, 합스부르크-발루아 전쟁 때의 가에타(1503)·라벤나(1512)·파비아(1524~1525)·피렌체(1530)·메스(1552)·생캉탱(1557) 공성전, 스페인의 멕시코 정복 때 테노치티틀란 공성전(1521)이 좋은 예다. 이 밖에도 전투가 아닌 공성전에 의해 좌우된 전쟁이 많고, 포위된 방어거점을 해방시키기 위해 주요 전투가 치러진 경우도 많았다. 안티오키아(1098), 하틴(1187), 아크레(1191), 뮈레(1213), 배녹번(1314), 포르미니(1450), 카스티용(1453), 모라(1476), 라벤나(1512), 파비아(1525), 생캉탱(1557)이 그런 예다.[41]

요새는 압도적으로 불리한 상황에서도 때로 몇 달씩 버틸 수 있지만, 특수작전에는 놀라울 정도로 취약했다. 정규 공격에 저항하는 수비대의 능력은 거의 전적으로 요새가 부여해주는 전술적 이점에 기댄 것이었다. 그런데 만약 적의 특수부대가 책략이나 내부의 배신자를 이용해서 성문이나 성벽 일부를 손에 넣는다면, 수비대의 전술적 이점은 사라지고 수비체계 전체가 구멍 뚫린 거품처럼 뻥 터져버릴 수 있었다. 이런 특수작전이 성공한다면 인명, 시간, 돈을 거의 들이지 않고도(정규 공성전의 비용과 비교하면 확실히 그렇다) 엄청난 타격을 입힐 수 있을 터였다. 그 효과는 주요 야전 전투의 승리나 전체 원정의 승리와 맞먹을 정도였다.

예를 하나 들어보자. 14세기 초 베릭 시는 스코틀랜드에서 가장 크고 번창하는 도시이자, 주요 상업 중심지 중 하나였다. 베릭은 스코틀랜드와 잉글랜드를 잇는 도로와 트위드 강을 지배했으며, 훌륭한 항구도 한 곳 보유하고 있었다. 잉글랜드와 스코틀랜드는 이 도시를 두고 몇 번이나 싸움을 벌였다.

1333년에 에드워드 3세가 석 달 동안 베릭을 포위했을 때, 스코틀랜드는 이 도시를 구하기 위해 대규모 병력을 모아 에드워드에게 핼리던 힐에서 전투를 벌이자고 제의했다. 정정당당한 전투를 회피하던 과거와는 달라진 태도였다. 그러나 전투가 잉글랜드의 결정적인 승리로 끝나면서 베릭은 잉글랜드의 도시가 되었고, 하마터면 스코틀랜드 전체가 잉글랜드의 속국이 될 뻔했다.[42]

그 뒤 수십 년 동안 양측은 몇 번이나 승패를 주고받았지만, 베릭은 계속 잉글랜드의 도시로 남아 있었다. 에드워드가 거액을 들여 도시를 요새화하고 수비를 강화한 덕분에, 베릭은 노섬벌랜드 방어의 거점이자 잉글랜드의 거듭된 스코틀랜드 침공의 거점 역할을 했다.

1355년 11월 6일, 300명가량의 소규모 스코틀랜드인 무리가 비밀리에 베릭 근처로 들어왔다. 자정 무렵 그들은 공성 사다리를 들고 은신처를 떠났다. 미리 앞서 보낸 세 명의 정찰병은 성벽을 지키는 병사가 태만하다고 보고했다. 동이 틀 무렵, 스코틀랜드인 일부가 해자를 건너 사다리를 암소 문The Cow Gate 근처에 대고 몰래 성벽 위로 올라갔다. 그렇게 성문을 확보한 뒤 동료들을 안으로 불러들였다.

수비대가 함락된 뒤, 도시는 거의 저항 없이 손에 들어왔다. 그러나 아직 최후의 저항거점이 남아 있었다. 당시 에드워드 3세는 프랑스 북부에서 겨울 침공전을 이끄는 중이었다. 베릭이 함락됐다는 소식이 전해지자 그는 원정을 중단하고 서둘러 잉글랜드로 돌아갔다(그가 다른 이유로 원정을 중단했으며, 잉글랜드에 도착한 뒤에야 베릭의 함락 소식을 들었다고 주장하는 자료도 있다). 에드워드 3세는 서둘러 북쪽으로 진군해서, 너무 늦기 전에 최후 거점을 구하고 도시를 다시 손에 넣었다.

결과적으로 스코틀랜드는 특수작전을 통해 얻은 것이 거의 없었지만, 잘만 됐다면 잉글랜드-스코틀랜드 국경에서 세력균형이 바뀔 수도 있었다. 또한 에드워드 3세도 이 특수작전으로 인해 아키텐(프랑스

서남부의 지명 — 옮긴이)의 자원을 돌려, 비용이 많이 드는 겨울 원정에 나설 수밖에 없었다. 일부 문헌은 에드워드 3세의 피카르디(프랑스 북부의 지명 — 옮긴이) 원정이 무위로 돌아가면서 유럽 대륙의 전략적 상황이 바뀐 것도 이 특수작전 때문이라고 주장하기도 한다.[43]

1435년에 벌어진 묄랑 함락도 전형적인 사례다. 당시 프랑스의 전략에서 가장 중요한 목적은 잉글랜드가 쥐고 있는 파리를 탈환하는 것이었다. 파리 같은 대도시를 직접 포위하거나 공격할 자원이 충분하지 않았던 프랑스는 파리의 보급선을 끊어 굶주림을 견디지 못한 수비대가 항복하게 만드는 방법을 선택했다. 파리의 가장 중요한 젖줄은 센 강이었다. 이 강을 통해 잉글랜드의 영토인 노르망디에서부터 식량이 운반되었다.

1435년 9월 24일 밤, 소규모 프랑스 부대가 은밀히 묄랑 성벽에 접근했다. 파리 서쪽의 소도시인 묄랑은 센 강에 접해 있을 뿐만 아니라 성벽 안에 강 전체를 가로지르는 돌다리도 하나 보유하고 있었다. 기습에 나선 프랑스인 중에는 라케뉴와 페랑드라는 어부도 있었다. 그들은 어선 한 척을 구해 그 안에 긴 사다리를 숨긴 뒤, 고기를 잡는 척하며 강에 배를 띄웠다. 그러다 적절한 순간이 오자 묄랑 다리 옆에 닻을 내리고, 성벽에 조용히 사다리를 세웠다. 어쩌면 수비대 내부에 그들을 도와준 배신자가 있었는지도 모른다. 라케뉴와 페랑드는 사다리를 올라가 동료들이 들어올 수 있도록 길을 열어주었다.[44]

묄랑 자체는 별로 중요하지 않은 작은 도시였다. 그러나 프랑스는 이 도시를 손에 넣음으로써 파리를 노르망디로부터 고립시켰으며, 마음대로 센 강을 통행할 수 있게 되었다. 파리의 식료품 가격은 천정

ㅇㅇㅇㅇㅇ

묄랑의 기습. 어부로 변장한 프랑스 병사들이 묄랑에 접근한 뒤 사다리를 이용해 성벽을 오르고
있다. 주력 부대는 그들이 성공하기를 기다리며 근처에 대기 중이다. 마르시알 도베르뉴, 1484.

부지로 치솟은 반면, 시민들이 소유한 재산의 가치는 곤두박질쳤다.
근처의 방어거점 여러 곳이 더 함락된 뒤(내부 배신자와 사다리를 이용
해 성벽을 오르는 방식이 많이 사용되었다[45]), 파리의 상황은 급속히 악화되
었다.

프랑스가 1436년 2월에 파리를 포위했을 때, 시민들은 성문을 열
어주고 싶어 안달했고 잉글랜드 수비대는 심각한 보급 부족과 배신
자에 대한 두려움 때문에 미적지근하게 도시를 방어하는 시늉만 하
다가 항복해버렸다.

방어거점을 기습하는 특수작전은 대부분 이와 똑같은 패턴으로 이
루어졌다. 한 명에서부터 수십 명까지 소수의 인력으로 구성된 부대
가 사다리, 책략, 배신을 이용해서 요새화된 성의 일부를 손에 넣고

나면, 곧바로 더 많은 병력이 따라와 방어거점 내부로 침투해서 수비대와 정규전투를 치렀다. 이렇게 해서 특수작전은 대규모 정규작전에서 가장 먼저 시행되고 가장 중요한 일부가 되었다.

예를 하나 들어보자. 1141년에 체스터 백작 래널프와 루마르 백작 윌리엄이 잉글랜드의 국왕 스티븐에게 반기를 들고 반란을 일으켰다. 그들이 왕당파의 가장 중요한 거점 중 하나인 링컨 성에 친선 방문으로 아내들을 보낸 것이 반란의 시작이었다. 부인들이 한동안 성주 아내의 대접을 받으며 지낸 뒤, 래널프 백작이 부인들을 집까지 호위할 기사 세 명과 함께 나타났다. 모두 무장하지 않은 상태였으므로 무리 없이 성 안에 들어올 수 있었다.

그러나 안으로 들어온 그들은 갑자기 아무것이나 손에 닿는 무기를 낚아채 성문을 차지해버렸다. 근처에서 대규모 병력을 데리고 기습을 위해 대기하고 있던 윌리엄 백작이 곧바로 달려와 래널프를 지원했고, 링컨 성은 주위 마을과 함께 반란군의 손에 떨어졌다.[46] 래널프와 세 명의 기사만으로는 링컨 성을 점령하기가 불가능했을 것이다. 그러나 그들이 먼저 행동에 나선 덕분에 윌리엄의 대규모 병력이 성에 들어와 쉽사리 성을 함락시킬 수 있었다.

1380년대 초 어느 즈음에 악명 높은 무법자인 바스코 드 몰레옹은 오베르뉴의 도시 튀리를 손에 넣기로 했다. 미리 정찰을 해본 결과, 이 도시의 가장 중요한 샘이 성벽 밖에 있어서 매일 아침 여자들이 물을 길으러 나온다는 사실을 알게 되었다. 그는 약 50명의 부하들과 함께 거점인 카스텔퀼리에 성을 떠나 밤의 어둠을 틈타 튀리에 접근했다. 그는 부하들을 근처에 매복시킨 뒤, 부하 다섯 명과 함께 여장을 했다. 그리고 물 항아리를 들고 성문 바로 앞의 건초더미 속에 숨었다.

아침이 되자 성문이 열렸다. 여자들이 샘으로 나오는 것이 보였다. 몰레옹과 그의 다섯 부하들은 각자 항아리를 들고 샘으로 가서 물을 길어 성내로 향했다. 얼굴은 머릿수건으로 최대한 가린 상태였다. 나중에 이때 일을 회상하면서 몰레옹은 성안에서 자신들 쪽으로 걸어오던 여자들이 자신들의 모습이 아니라 새벽부터 부지런히 서둘렀다는 사실에 깜짝 놀라더라고 말했다.

"이런 세상에, 도대체 얼마나 일찍 일어난 거예요!"

몰레옹 일행은 남자 목소리를 숨기고 이 지역 사투리를 흉내 내면서 "그러게요"라고 대답했다. 그러고는 천천히 성문으로 향했다.

성문을 홀로 지키던 구두장이는 위험을 전혀 감지하지 못했다. 그 틈을 타서 몰레옹의 부하 한 명이 뿔피리를 불어 매복 중이던 병력에 신호를 보냈다. 구두장이는 깜짝 놀랐지만, 뿔피리 소리가 어디서 난 것인지 알아차리지 못한 채 토끼몰이에 나선 사제가 뿔피리를 불었다는 '여자들'의 말에 넘어가고 말았다. 곧 병력이 도착했고, 그들은 함께 성안으로 돌진했다. 저항은 거의 없었다. 그들은 튀리를 약탈한 뒤, 자신들의 새로운 거점으로 탈바꿈시켰다.[47]

1432년 3월 또는 4월에 님에서 기욤 도랑주가 보여준 전설적인 솜씨를 연상시키는 술수로 샤르트르 시가 함락되었다. '오를레앙의 사생아'(오를레앙 공작 루이 1세의 사생아 장 드 뒤누아의 별명 —옮긴이)는 약 4,000명이나 되는 대규모 병력을 모은 뒤, 생미셸 성문 근처에 보병 50~100명을 매복시켰다. 그보다 조금 더 떨어진 곳에는 기병 200~

300명을 숨겨두었고, 나머지 병력은 몇 킬로미터 밖에서 대기했다.

오를레앙의 협력자인 샤르트르의 상인 장 앙셀과 프티 기유맹이 상품, 특히 사순절을 위한 청어가 가득 실린 수레 행렬을 도시 안으로 이끄는 일을 맡았다. 오를레앙의 병사 몇 명은 옷 속에 무기를 숨긴 채 수레꾼으로 변장했다. 샤르트르에서 설교자로 가장 인기가 높은 수도사 역시 오를레앙의 협력자였다. 작전 개시일 아침, 수도사는 생미셸 문에서 가장 멀리 떨어진 곳에서 특별 설교를 한다며 사람들을 불러 모았다. 덕분에 설교를 들으러 온 많은 시민들과 수비대원들이 공격에 제대로 대응하지 못했다.

앙셀과 기유맹은 성문지기들과 친숙한 사이였기 때문에, 수레 행렬이 쉽사리 성문을 통과할 수 있었다. 상인들은 감사의 뜻으로 성문지기들에게 절인 청어를 조금 선물하면서 대화에 끌어들였다. 그때 갑자기 수레꾼들이 무기를 꺼내 성문지기를 공격했다. 일부 문헌에 따르면, 그들이 수레를 끌던 말도 동시에 죽여서 수비대가 성문을 닫지 못하게 막아버렸다고 한다. 그들은 또한 매복하던 부대에게도 미리 정해진 신호를 보내 곧바로 달려오게 했다. 경비병들이 수레꾼들을 제압하고 성문을 닫을 틈도 없이 오를레앙의 군대가 벼락같이 들이닥쳤다. 수비대는 처음에 저항을 시도했지만, 이미 모든 것이 끝났음을 금방 깨닫고 민간인들과 함께 도망쳐버렸다. 몽스트렐레(1370~1453, 연대기 작가 ― 옮긴이)는 이 사건에 대해 다음과 같이 썼다.

"강간, 폭행 등 여러 악행에 대해 말하자면, 그들은 전쟁의 관습에 따라 행동했다. 정복된 도시에서는 흔한 일이다."[48]

●●●●●
샤르트르의 기습. 수레꾼으로 변장한 프랑스 병사들이 이끄는 수레 행렬이 샤르트르로 들어
가는 순간을 묘사한 그림이다. 병사들은 수레로 입구를 막고, 문을 지키던 경비병을 공격해
대기하던 프랑스 군대가 시내로 돌입할 수 있게 해주었다. 마르시알 도베르뉴, 1484.

6년 뒤인 1437년 2월, 잉글랜드가 비슷한 책략으로 퐁투아즈를 점
령했다. 잉글랜드 군대의 사령관 탤벗은 강력한 요새인 이 중요도시
를 포위할 병력도 자원도 갖고 있지 않았다. 퐁투아즈는 북서쪽에서
파리로 접근하는 길과 우아즈 계곡을 지배하는 도시였다.

탤벗은 부하들 중 일부를 프랑스 촌민으로 변장시켜 바구니와 물
건을 들고 시내로 들어가게 했다. 마치 장에 물건을 팔러 가는 모양새
였다. 잉글랜드군은 한밤중에 한데 모여 도시가 함락되었다고 소리
를 질러댔다. 이와 동시에 또 다른 소규모 잉글랜드 부대가 눈 덮인
풍경 속에서 모습을 감추기 위해 흰옷을 입고 사다리를 이용해 성안
으로 돌진했다. 프랑스 수비대는 공격대보다 수가 많았지만, 도시가

🔴🔴🔴🔴🔴
퐁투아즈의 기습. 농민으로 변장한 잉글랜드 병사들이 시장에서 팔 상품을 들고 도시 안으로 들어가는 모습. 왼쪽 아래에서 매복한 잉글랜드군이 기대에 찬 눈으로 그들을 지켜보고 있다. 마르시알 도베르뉴, 1484.

이미 함락되었다고 확신하고 냉큼 도망쳐버렸다.

퐁투아즈 함락은 1430년대 말에 잉글랜드가 기세를 회복하는 데 핵심적인 역할을 했으며, 이 덕분에 잉글랜드는 다시 파리를 위협할 수 있게 되었다.[49]

이 밖에도 내부 배신자의 도움을 얻은 특수작전으로 함락된 방어 거점들이 많다. 고전시대와 중세의 군사 지침서에는 포위된 수비대를 가장 위협하는 요소로 보통 배신이 언급되어 있다.[50] 그래서 포위된 요새의 지휘관들은 대개 바깥의 적을 감시하는 한편, 성벽 안쪽의 내통자 색출에도 바삐 주의를 기울였다.[51] 아무리 크고 단단히 요새화된 도시라도 배신이라는 위험에서 자유로울 수는 없었다. 예를 들어 비잔티움 제국 제2의 도시인 테살로니카도 1185년에 게르만 용병 대의 배신으로 인해 노르만족에게 함락되었다.[52]

그러나 기꺼이 이쪽을 도우려는 배신자가 있다 하더라도, 요새를 점령하기 위해서는 대개 특수작전이 필수적이었음을 강조할 수밖에 없다. 강력한 수비대를 갖춘 도시나 요새 안에서 적을 위해 행동하기가 쉬운 일이 아니기 때문이다.

예를 하나 들어보자. 1118년에 아슬랭이라는 사람이 개인적인 분쟁 때문에 프랑스의 국왕 루이 6세에게 앙들레 성과 마을(오늘날의 레장들리)을 배신하고 그를 돕겠다고 알려왔다. 앙들레 성은 잉글랜드 헨리 1세의 세습재산 중 일부였다. 루이 6세는 밤의 어둠을 틈타 아슬랭에게 '노련한 병사 몇 명'을 보냈고, 아슬랭은 그들을 자기 헛간의 짚더미 속에 숨겨주었다.

아침이 되자 루이 6세가 대규모 병력을 이끌고 앙들레에 접근했다. 대경실색한 많은 주민들이 요새화된 성안으로 피신하기 시작했다. 그때 헛간에 숨어 있던 프랑스 병사들이 나타나 잉글랜드 왕의 전투 함성을 지르며 성으로 도망치는 주민들 틈에 섞여 들어갔다. 그렇게 성에 들어간 뒤에는 변장을 벗어던지고 프랑스의 전투 함성인 "몽주아Montjoie!"(중세 프랑스의 국왕 군대가 사용한 함성 — 옮긴이)를 외치며 성문을 탈취해 프랑스 군대를 향해 활짝 열어주었다. 그렇게 해서 마을과 성이 모두 짧은 시간 안에 프랑스의 것이 되었다.[53]

특수작전의 계획이 잘못되거나 실행과정이 형편없다면, 배신자를 이용해서 도시를 함락하는 일도 얼마든지 실패로 끝날 수 있다. 1431년 2월 3일, 노르망디의 수도인 대도시 루앙에서 잉글랜드 수비대에 근무하는 가스코뉴 사람이 적인 프랑스와 내통해 군인 100~120명의 성내 잠입을 도왔다. 곧 500명의 병력이 더 오기로 되어 있었다. 그러나 선발대가 성공적으로 성을 기습했다는 소식을 들은 주력 부대의 지휘관들은 도시를 함락하기 위해 서둘러 달려가는 대신, 앞으로 손에 들어올 전리품을 놓고 자기들끼리 다투기 시작했다. 이 때문에 잉글랜드는 충격에서 회복할 수 있는 충분한 시간을 벌었고, 반격을 통해 성을 다시 탈환했다.[54]

특수작전의 어려움을 보여주는 또 다른 사례는 프랑스가 점령하고 있던 피에몬테의 수도 토리노를 1537년 신성로마제국이 공격한 사건이다. 신성로마제국이 임명한 근처 볼피아노의 총독은 체자레 마지라는 나폴리 사람이었는데, 그가 프랑스 군대의 가스코뉴 출신 하사관과 접촉했다. 하사관은 거액의 돈을 받는 대신, 도시 외곽의 성채한 곳을 적에게 열어주기로 약속했다. 약속한 날 밤, 하사관은 문제의 성채에 경비를 서기 위해 올라가면서 수비대 병사들 중 최악의 인물두세 명을 동료로 선택했다. 그동안 마지는 사다리 몇 대와 수백 명의 병사들을 이끌고 볼피아노를 떠났다. 하사관이 신호를 보내자 그들은 사다리를 벽에 세우고 재빨리 올라갔다. 하사관의 동료들은 형편없는 평판에 걸맞게 활 한 번 쏘아보지 않고 도망쳐버렸다.

성채는 사실상 외따로 떨어진 요새였으며, 도시와는 줄지어 늘어선 여러 개의 성벽으로 분리되어 있었다. 도시와 성채를 연결해주는 문이 있었으나, 밤이라 사방이 어두운 데다가 아마도 잘못된 정보를 갖고 있었던 탓인지 신성로마제국 병사들은 그 문이 열려 있다는 사실을 알지 못했다. 그래서 그들은 그 문을 통해 돌진하지 않고, 성채

위로 열심히 사다리를 끌고 올라가 성벽에 세웠다. 그때쯤 경보가 울리면서 성벽에 병력이 올라왔고, 열려 있던 문은 진군하는 신성로마제국 병사들 면전에서 쾅 하고 닫혀버렸다. 신성로마제국 병사들은 성채에서 포획한 대포의 방향을 돌려, 우선 문을 겨냥하고 쏘았다. 덕분에 문이 날아가 길이 트였으나, 수비대의 저항이 강력했다. 신성로마제국 부대는 병사를 150명쯤 잃은 뒤 성채를 버리고 퇴각했다.

프랑스 군대는 배신자인 가스코뉴 출신 하사관을 붙잡아 심문했다. 그는 수비대 지휘관인 부티에르 경이 자신의 행동을 알고 격려해주었다고 설명했다. 부티에르가 신성로마제국을 잡기 위한 덫을 놓으려고 처음부터 모든 일을 꾸민 것이다. 하사관은 신성로마제국 군대를 성채로 끌어들이는 임무를 충성스럽게 수행했을 뿐이었다. 그런데 부티에르가 작전 날짜를 잊어버렸는지 자신이 맡은 역할을 하지 않은 것이 문제였다! 그러나 프랑스군은 이 진술을 믿지 않았고, 하사관은 목이 졸려 죽었다.[55] 하사관의 진술이 완전히 터무니없는 것은 아니었다. 적 진영의 배신자를 이용해서 거점을 탈취할 때 겪는 중요한 어려움 중 하나는, 거점을 수비하는 자들이 덫을 세심하게 마련해놓고 이중첩자를 이용해 공격부대를 유인할 때가 아주 많다는 점이었다.

1543년에는 조금 전에 등장한 바로 그 부티에르의 부하들이 이중첩자 한 명을 이용해서 신성로마제국 부대 셋을 함정에 빠뜨렸다. 먼저 가룬킨이라는 상인이 신성로마제국 포사노의 지휘관인 피에트로 포르토 백작에게 바르제(이탈리아 포사노 근처의 마을 이름 — 옮긴이) 요새와 마을을 손에 넣는 데 협력하겠다고 말했다. 신성로마제국의 제1차 습격대 40명은 계획대로 요새에 잠입했으나 곧바로 붙잡혔다. 그러고 나서 프랑스군은 요새가 함락된 척했다. 수비대가 신성로마제국 깃발을 올리고, 신성로마제국 기장을 달고, 스페인어로 소리를 질러댄 것이다(1543년 당시 신성로마제국 황제 카를 5세는 스페인 왕국의 카를로스 1세를 겸하고 있었다. 따라서 신성로마제국 군대라고 하더라도 스페인어를 사용했다—옮긴이). 아무도 다치지 않도록 활을 높이 쏘아 올리며 요새를 공격하는 척하는 프랑스 부대도 있었다.

포르토 백작은 '곤경에 처한' 신성로마제국 병사들을 돕기 위해 지원부대를 보냈다. 이 부대 역시 사로잡혔다. 그 과정에서 지휘관이 저항하다가 목숨을 잃었다. 포르토는 이제 자신이 직접 바르제에 갈 때가 되었다고 판단했다. 하지만 그는 의심이 아주 많은 인물이라서 먼저 케이크, 사과, 밤 장수로 위장한 여자 대여섯 명을 들여보냈다. 요새가 정말로 점령됐는지 확인하기 위해서였다. 프랑스군은 여자들이 안으로 들어오도록 허용해준 뒤, 그들을 위해 정교한 연극을 벌였다. 신성로마제국 기장을 단 프랑스 병사들이 마당을 오락가락하는 가운데, 스페인어를 아는 병사들이 나서서 여자들과 유창한 스페인어로 즐겁게 이야기를 나눈 것이다.

돌아온 여자들에게서 보고를 받은 포르토는 의심을 버리고 대규모 병력과 함께 바르제로 왔다. 그러나 요새 입구에서 다시 의심이 생긴 그는 자신이 앞서 보낸 지원부대 지휘관을 만나기 전에는 들어가지 않겠다고 버텼다. 프랑스군은 그 지휘관이 이미 죽어서 땅에 묻혔음을 알고 있었으므로 그대로 성문을 열고 공격에 나섰다. 포르토 백작은 목숨을 잃었고, 그가 데려온 군대는 간신히 덫에서 빠져나와 포사

노로 도망쳤다.[56]

1193년에는 킬리키아(소아시아 남동쪽 해안 지역을 이르는 말 — 옮긴이)의 아르메니아인 왕이 비슷한 책략을 써서 안티오키아의 보에몽 4세를 사로잡았다. 아르메니아인 이중첩자가 바그라스 성을 손에 넣을 수 있게 도와주겠다고 약속했으나, 사실은 공들여 꾸민 함정으로 그를 유인하려는 책략이었다.[57]

*
**

방어거점 자체의 중요성, 통신과 교통 중심지로서의 중요성, 훨씬 우월한 병력의 정규 공격도 버텨낼 수 있는 능력, 특수작전에 대한 상대적인 취약성 등을 고려하면, 기사도 시대에 대다수의 특수작전이 요새 함락을 겨냥한 것은 놀라운 일이 아니다.

방어거점을 점령하기 위해 공격자들이 가장 널리 사용한 중요한 방법 중 하나가 특수작전이었으므로, 도시와 요새는 항상 음모와 기습 공격을 두려워했다.[58] 제2장과 제5장에서 나는 기사도 시대의 공성전이 대개 중첩된 싸움이었음을 보여주고자 한다. 봉쇄, 포격, 돌격 등 정규적인 공격방법과 더불어 첩자와 내부의 배신자 이용, 사다리로 성벽 오르기 같은 은밀한 방법들이 동시에 사용되었다는 뜻이다. 이 은밀한 방법이 결과적으로 훨씬 더 중요한 영향을 미친 경우가 적지 않았다.[59]

| 기반시설 (2): 기반시설 파괴 |　　특수작전으로 요새를 점령하려는 시도가 산더미만큼 많았다면, 단순히 기반시설을 파괴하기만

하려는 시도는 드물었다. 이론적으로 봤을 때, 적의 영토 깊숙한 곳에 있는 방어거점을 점령하고 방어하는 일은 실용적이지 못하지만 그곳에 침투해서 다리나 중요 공방을 파괴한 뒤 물러나는 일은 얼마든지 가능한 상황이 있을 수 있다. 중요한 기반시설이 강화된 방어시설 없이 방치된 경우가 종종 있었으므로, 그럴 때는 파괴를 위한 기습의 성공 가능성이 훨씬 더 높았을 것이다.

그러나 이런 기습은 사실 거의 시도된 적이 없다. 기사도 시대에 고성능 폭탄이 존재하지 않았다는 것이 가장 큰 이유다. 16세기에도 다리, 댐, 방앗간 등을 파괴하려면 불을 지르거나 사람이 손으로 부숴야 했다.

1544년 1월 프랑스 부대가 카리냐노에서 전략적으로 중요한 위치에 있는 포 다리를 습격했다. 다리를 파괴해 이 지역의 신성로마제국 교통망을 망가뜨리기 위해서였다. 그들은 다리 기둥에 부착할 모종의 '불 지르는 장치'를 갖고 있었다. 화약을 기반으로 한 이 불꽃이 다리 기둥을 태워 수면 아래로 무너지게 만든다는 작전이었다. 프랑스 병사들은 경비병을 기습해 다리를 차지하는 데 성공했다. 그러나 선발대가 장치를 다리에 부착하고 불을 붙이자 엄청난 소리와 연기만 날 뿐 다리 기둥에는 흠집도 나지 않은 것 같았다. 이 발명품에 의심을 품고 있던 지휘관들이 도끼와 톱을 든 인부 수십 명을 데려온 것이 다행이었다.

그런데도 인부들이 임무를 완수하는 데 네 시간이 넘게 걸렸기 때문에 다리가 무너진 것은 날이 훤히 밝은 뒤였다. 만약 근처에 있던 신성로마제국 부대들이 지나치게 조심하느라 망설이지 않았다면, 프랑스 병사들은 임무를 완수하기 훨씬 전에 틀림없이 사로잡히거나 하다못해 도망쳐야 하는 신세가 됐을 것이다.[60] 또한 다리가 도시 밖이 아니라 안에 위치했다면, 프랑스는 어떻게든 요새 안으로 침투하는 데 성공한다 하더라도 다리를 파괴하는 일은 꿈도 꾸지 못했을 것이다.[61]

비슷한 사례가 또 있다. 1347년 4월 프랑스는 포위된 도시 칼레를 구하기 위해 참신한 방법을 시도했다. 칼레를 포위한 잉글랜드 군대의 주요 보급선 중 하나가 부르부르의 평지를 통과했다. 프랑스는 와트의 아 강에서 댐을 무너뜨리면 물살이 평지를 휩쓸어 잉글랜드 군대와 플랑드르의 보급기지 사이의 연락을 끊어놓을 것이라고 생각했다. 기습에 나선 프랑스 부대는 별로 어려움 없이 댐을 손에 넣었으나, 댐을 파괴하는 것은 생각만큼 쉬운 일이 아니었다. 그들이 데려온 많은 인부들이 임무를 완수하기도 전에, 플랑드르 쪽에서 역공에 나설 것이라는 소문과 퇴로가 막힐지도 모른다는 걱정 때문에 지휘관들은 퇴각을 명령했다.[62]

1438년 부르고뉴의 선량공 필리프는 근처 바다의 제방 하나를 터뜨려 칼레 전체를 물에 잠기게 만들 계획을 세웠다. 그 역시 소수의 파괴 전문가들이 아니라 다수의 인부들에게 이 일을 맡기는 수밖에 없었다. 그리고 그의 계획은 실패로 끝났다.[63]

1333년 에드워드 베일리얼(잉글랜드의 에드워드 3세가 스코틀랜드를 침공하며 왕으로 내세운 인물 —옮긴이)은 스코틀랜드 원정을 위해 트위드 강을 건넜다. 앤드루 머리가 이끄는 스코틀랜드 병사들은 베일리얼의 등 뒤로 몰래 돌아가 켈소 다리를 무너뜨려 베일리얼의 발을 강 북쪽에 묶어버릴 계획을 짰다. 그러나 다리를 파괴하는 데 시간이 너무 오래 걸렸기 때문에 베일리얼의 부대는 다리를 구했을 뿐만 아니라 스코틀랜드 군대를 물리치고 앤드루 머리까지 사로잡을 수 있었다.[64]

폭약이 없는 상황에서는 공격자들이 대규모 인력을 데려가거나 표적 근처에서 오랜 시간을 보낼 수 있을 때에만 표적을 파괴할 수 있었다. 따라서 이런 작전은 대개 현실성이 없었다. 짧은 시간 안에 소규모 부대가 파괴할 수 있는 표적은 가연성이 아주 높은 곳밖에 없었다.

1138년 앙주 백작 조프레 5세는 투크 시를 점령한 뒤 그곳을 근처의 본빌 성을 공략하는 작전 기지로 이용하려 했다. 본빌 성주는 '가난한 청년들과 평민 여성들'을 인적이 끊어진 투크 시로 보내 마흔여섯 군데에 불을 지르게 했다. 도시는 불에 타 무너졌고, 성의 수비대는 도망치는 앙주 군대를 뒤쫓기 위해 출격했다.[65]

1180년 시리아 북부 알레포의 통치자가 니자리파派의 영토를 공격하기 시작하자, 니자리의 요원들이 복수를 위해 밤에 알레포에 침투해서 시장에 불을 질렀다. 시장이 알레포 시의 가장 중요한 수입원이었기 때문이다.[66] 시장에는 불에 잘 타는 상품이 잔뜩 쌓여 있어서 소수의 인력만으로도 금방 불을 지를 수 있었기 때문에 그들의 공격은 성공적이었다.

그러나 기사도 시대에는 그런 노력을 기울일 가치가 있으면서 가연성도 높은 시설이 별로 없었다. 도시 전체에 불을 질러 파괴하는 것도 쉬운 일은 아니었고, 돌로 지은 요새는 아예 불에 타지 않았다. 경제적 기반시설의 경우, 플랑드르처럼 비교적 산업이 발달한 지역에서도 대부분의 생산이 작은 공방에서 이루어졌으며, 그들의 가장 중요한 자산은 복잡하고 값비싼 장비가 아니라 숙련된 장인과 저렴한 노동력이었다. 농업생산은 이보다 훨씬 더 넓은 지역에 분포되어 있을 뿐만 아니라, 정교한 장비와 기반시설은 더욱더 필요 없었다. 따라서 군대가 적을 가난하게 만들기 위해 한 지역 전체의 농업과 산업 기반시설을 조직적으로 파괴한다 하더라도, 특수작전은 여기에 사용될 수 없었다.

1355~1356년에 있었던 영국 흑세자(에드워드 3세의 아들로 검은 갑옷을 입은 데서 비롯된 별명. 백년전쟁에서 활약했다—옮긴이)의 '기마돌격 chevauchées' 같은 대규모 습격은 경제적 기반시설을 파괴해 전략적, 정치적으로 중요한 결과를 만들어낼 수 있었다. 그러나 이런 습격은 넓은 지역에서 대규모 군대가 전개하는 본격적인 군사 원정이었으며, 몇 주는 물론 길게는 몇 달 동안 계속되었다. 이런 공격을 '특수작전'으로 분류한다면 이 개념의 분석적 유용성이 사라질 것이다.

농업과 산업 기반시설 파괴를 목적으로 한 소규모 기습은 중세와 근대 초기의 전쟁에서 거의 언제나 볼 수 있었다. 그러나 이런 기습이 개별적으로 중요한 결과를 빚어낸 적은 거의 없다. 따라서 그들 역시 특수작전의 정의와는 맞지 않는다. 알레포 시장이나 오리올의 방앗간 같은 시설들이 특수작전의 대상이 될 만큼 가치를 지니는 것은 오로지 독특한 정황이 갖춰졌을 때뿐이다(제7장 참조).

군대에 필요한 장비가 갑옷, 칼, 투구 등 몇 가지밖에 없고, 보급품을 위해 본국의 산업생산에 기대는 경우가 거의 없었다는 점을 여기서 반드시 강조해야겠다.[67] 일반 화살과 석궁 화살은 대량으로 필요했다. 때로는 군주들이 수십만 개의 석궁 화살을 사들이거나 요구하기도 했다. 잉글랜드 국왕 존은 1212년에 석궁 화살 21만 개를 구매했고,[68] 아라곤의 하이메 1세는 1272년에 석궁 화살 10만 개를 내놓으라고 백성들에게 요구했다.[69] 백년전쟁 때 프랑스에서 작전을 펼치던 잉글랜드 군대에는 이보다 훨씬 많은 수의 장궁 화살이 필요했다. 예를 들어 영국 왕이 1421년에 구매한 화살은 42만 5,000개나 된다.[70]

그러나 현대에 비하면 이만한 수량도 극히 미미한 수준에 불과하다. 또한 중세 통치자들은 보통 필요한 만큼의 화살을 현장에서 제작하거나 외국 상인에게서 사들이는 방법을 썼다. 많은 도시와 마을에 할당량을 정해주기도 했다.[71] 하이메 1세가 1272년에 요구한 10만 개의 석궁 화살은 여러 마을이 나눠서 공급했다. 바르셀로나는 1만 5,000개를 공급하고, 우에스카는 4,000개를 공급하는 식이었다.[72] 도시와 지방에서 산업생산은 소규모 공방들이 담당했다. 대규모 조립라인에서 똑같은 물건이 대량으로 생산되는 것이 아니라, 장인들이 손으로 일일이 물건을 만들었다는 뜻이다.[73]

따라서 군대가 수십만 개의 화살을 본국에서 공급받는다 하더라도, 전국에 흩어진 소규모 공방에서 많은 장인들이 만들어냈다. 이러니 어느 한 도시의 공방 몇 군데를 파괴하기 위해 특수작전을 수행하는 것은 웃기는 일이었다. 예컨대 바르셀로나에서 이런 작전을 시행했다 해도, 발렌시아나 이탈리아 남부에서 작전 중인 아라곤 군대에는 아무런 영향이 미치지 않았을 것이다.

화약이 혁명을 일으킨 뒤에도 이런 현실은 근본적으로 변하지 않

ооооо

1346년 백년전쟁 초기의 크레시 전투 장면. 프랑스의 석궁(왼쪽)은 사정거리가 짧고 발사속도도 느린 데 반해, 잉글랜드 장궁(오른쪽)은 사정거리도 길고 발사속도도 1분에 열 발로 석궁의 다섯 배에 달했다. 이로 인해 프랑스 군대는 잉글랜드 군대에 압도당했다. 작자 미상, 14세기.

왔다. 적어도 16세기까지는 그랬다. 군대가 요구하는 화약, 포탄, 화승총탄의 양이 중세 군대가 요구하던 화살의 양보다 확실히 많기는 했다. 1513년에 잉글랜드는 프랑스 침공을 위해 화약 510톤을 실어 보냈고, 투르네 공성전에서는 대포 180문이 매일 최대 32톤까지 화약을 소비했다.[74] 1565년 몰타 공성전 때 튀르크 군대가 쏜 포탄은 13만 개로 추정된다. 화승총탄은 이보다 훨씬 더 많이 사용되었다.[75]

그러나 생산방법은 여전히 중세와 다를 바 없었으며, 외국 상인들에게서 사들이는 화약과 무기의 비중이 컸다. 특수작전의 유혹을 불러일으킬 만큼 규모가 큰 무기 공장은 존재하지 않았다.[76]

화약고는 매력적인 표적이었다. 기술적으로 파괴하기가 몹시 쉬웠기 때문이다.[77] 육군의 화약 운송열차, 함대에 보급되는 화약, 도시의 화약고 등을 날려버린다면 적에게 치명적인 일격이 될 수 있었다. 예를 들어 1453년 하버러 전투에서 헨트 시민군은 포병의 부주의로 화약고 일부가 폭발하자 겁에 질려 도망쳐버렸다(헨트 시민들은 부르고뉴의 지나친 과세에 항의해 반란을 일으켰으나 곧 제압되었다—옮긴이).[78] 15세기 말에는 성을 포위하고 공성전을 벌이던 군대가 화약이 떨어지는 바람에 어쩔 수 없이 포위를 푸는 일이 잦았다. 한편 포위된 도시 또한 비슷한 문제에 직면하면 적에게 함락되곤 했다.[79]

그러나 화약고가 종종 사고로 폭발했다는 기록이 있을 뿐, 화약고를 목표로 특수작전이 시행된 기록은 전혀 찾을 수 없었다.[80] 당혹스러운 결과다. 어쩌면 특수작전에 대한 중세식의 인식이 여전히 지배적이어서, 화약혁명 이후 나타난 새로운 전쟁 양상과 사건들 중 일부가 가려져버린 것이 아닌가 싶다.[81]

| 인물 |　　정치, 군사, 종교 지도자들은 특수작전의 주요 표적이었다. 그들이 적의 군대뿐만 아니라 전쟁 의지 전체를 지탱해주는 유일한 존재인 경우가 많았기 때문이다. 기사도 시대에 상비군이나 상시적인 군대 위계질서는 존재하지 않았다. 따라서 오늘날 미군에 대해 말하듯이 중세와 르네상스 시대 프랑스군이나 아라곤군에 대해

말하는 것은 불가능하다. 당시에는 오로지 다양한 규모의 '프랑스계' 부대나 '아라곤계' 부대가 존재했을 뿐이다. 그들은 영지 주둔 병력, 용병대, 민병대, 동맹국 지원대, 떠돌아다니는 개인 등이 임시로 한데 모여 형성된 부대였다. 원정이 끝나면 부대는 다시 뿔뿔이 흩어졌다. 그리고 그다음 해에 또 부대가 만들어질 때는 완전히 다른 사람들이 모여들었다.[82]

충성심의 지속기간도 군대의 지속기간보다 아주 조금 더 길 뿐이었다. 경우에 따라서는 병사 개개인과 지휘관들 사이의 유대가 아주 오랫동안 강력하게 지속되기도 했지만, 군대 전체는 다른 문제였다. 중세와 르네상스 시대 내내 군대에는 기강 해이, 탈영, 반란, 두말할 여지가 없는 반역이 만연했다. 군대의 동맹관계는 수시로 변할 때가 많았으므로, 오늘의 친구가 내일은 얼마든지 적이 될 수 있었다. 영지들의 충성심은 특히 내전이나 계승전쟁의 경우 변덕을 부리기 일쑤였다. 용병들의 충성심은 이보다 훨씬 더 미약했고, 병사들과 장교들은 물론 분대 전체가 전쟁을 하다 말고 반란을 일으키거나 아예 다른 진영으로 넘어가버리는 경우도 종종 있었다.

당시에도 이런 짓은 밉살스럽게 여겨졌지만, 병사나 장교나 분대가 한 계절에는 이쪽 군주를 위해 싸우다가 다음 계절에는 반대편 군주를 위해 싸우는 일은 그들의 세계에서 무엇보다 자연스러운 일이었다.[83] 16세기에는 여러 군대들이 거대한 규모의 '의자 뺏기 놀이'를 하는 것 같았다. 스위스, 이탈리아, 독일 부대들이 끊임없이 동맹을 바꿨기 때문에, 한 전투에서는 '프랑스'군으로 싸우던 분대가 다음 전투에서는 '합스부르크'군으로 나타나곤 했다. 반대의 경우도 마찬가지였다.

병사들이 이런 군대에 합류하거나 군대를 떠나는 데에는 다양한 개인적인 이유들이 작용했다. 그중에서도 가장 중요한 것들을 꼽아 보면 자신의 영주나 특정한 친구에 대한 충성심과 의리, 고정된 보수와 전리품을 받아 돈을 벌 수 있을 것이라는 기대, 사회적 지위를 높일 수 있을 것이라는 희망, 명예를 얻어 남성성을 확립하고 싶다는 욕망, 모험에 대한 열망 등이 있다. 애국심이나 신앙심은 대개 이보다 중요도가 떨어졌다.[84]

이런 식으로 구성된 군대를 하나로 묶어 지탱해주는 것은 순전히 사령관의 능력인 경우가 많았다. 군대를 구성하는 여러 부대의 충성심은 추상적인 이상이나 정치체제보다 사령관을 향하고 있었다. 사령관은 경우에 따라 영주이기도 하고, 친구나 동맹이기도 하고, 단순히 돈을 지불하는 고용주이기도 했다.[85]

에드워드 3세가 1339년과 1340년에 프랑스 북부로 이끌고 간 군대도 잉글랜드 국왕의 봉신들, 아키텐 공작의 봉신들, 퐁티외 백작의 봉신들(복잡하게 얽힌 계보 때문에, 잉글랜드 국왕이 바로 아키텐 공작이자 퐁티외 백작이었다), 잉글랜드 국왕이 고용한 용병대, 신성로마제국의 여러 귀족들이 파견한 봉신들과 용병대(이 귀족들은 신성로마제국 의회의 제후임을 주장한 에드워드 3세와 동맹을 맺었다), 프랑스의 에드워드 1세가 왕위 찬탈자인 필리프 드 발루아와 벌이는 전쟁에 합류한 플랑드르 군대와 프랑스 반체제 세력(이번에도 복잡한 계보 때문에, 프랑스의 에드워드 1세와 잉글랜드의 에드워드 3세는 동일인물이었다)으로 구성되어 있었다.[86]

사령관이 사망하자마자 군대 전체가 와해된 경우가 많았다는 사실에서 사령관의 중요성이 분명히 드러난다. 1190년 프리드리히 바르바로사 황제가 성지로 향하는 도중 익사했을 때도 그가 이끌던 엄청난 규모의 십자군 전체가 군사적인 의미의 어려움을 전혀 겪지 않았는데도 순식간에 해체되고 말았다.

군대의 위계질서도 보통 사령관의 인간관계와 가족관계에 영향을 받았다. 중세와 르네상스 시대에 군대를 지휘하는 데는 전술과 전략에 대한 천재적인 능력보다 가문의 배경과 사교술이 더 중요했다. 봉건 기사 군대와 용병대는 각각 서로 다른 영주나 용병대장에게 충성했는데, 영주와 용병대장은 부하로서 이상적인 존재가 아니었다. 특히 귀족들은 보통 자율적으로 영지를 다스리는 통치자였으므로, 다른 사람에게서 명령을 받는 데 익숙하지 않았다. 그들끼리도 서로 적대적인 경우가 많았고, 다른 귀족이 명예를 얻으면 언제나 커다란 질시가 뒤따랐다.

사령관이 이렇게 다양한 부대들을 모아 하나의 군대로 지휘할 수 있는 것은, 순전히 가문의 힘이나 사교적인 힘으로 이 귀족들에게서 복종을 얻어냈을 때뿐이었다. 군사적 경험이나 전술적 능력이 전혀 없는 왕손들이 경험 많고 숙련된 군인보다 더 자주 사령관으로 임명된 이유가 바로 이것이다. 또한 이 왕손들이 자신의 역할을 비교적 성공적으로 수행한 경우가 적지 않은 이유 역시 이것이다.[87]

군대뿐만 아니라 왕국과 제국도 순전히 통치자의 힘만으로 유지되는 경우가 많았다. 중세의 정치는 가문의 일이었기 때문이다. 서로 합칠 수 없을 것 같던 대규모 정치세력들이 새로 부상하는 왕조를 중심으로 뭉치곤 했다. 그러다 그 왕조가 스러지면, 이 정치세력들도 해체되어 뿔뿔이 흩어지거나 훨씬 더 강력한 다른 왕조의 주위로 몰려들었다. 영국, 프랑스, 스페인 같은 근대국가들도 처음에는 가문간의 동맹을 통해 통일되었으며, 왕조 대신 국가라는 개념이 나라를 지배하게 되는 데에는 수백 년이 걸렸다.

12세기 말 플랜태저넷 '제국'을 구성한 다양한 영지가 한데 뭉칠 수 있었던 것은, 그 영지들이 헨리 2세와 리처드 1세가 여러 조상에게서 물려받은 가문의 유산이었기 때문이다.[88] 이와 비슷하게 중동에서는 아이유브 제국이 살라딘 가문의 소유였다. 14세기와 15세기에 부르고뉴 가문은 여러 건의 약삭빠른 결혼동맹을 통해 유럽에서 강대한 힘을 발휘했다. 그러나 가문의 힘을 등에 업은 이런 왕가들도 합스부르크 왕가에 비하면 아무것도 아니었다. 합스부르크 가문은 처음에 스위스의 소지주로 출발했으나, 16세기 말에는 가문 소유의 영토가 북해에서부터 지브롤터까지 유럽을 뒤덮고, 필리핀부터 멕시코까지 세계로 펼쳐져 있었다.

군대와 제국이 가문의 일인 것처럼, 전쟁의 목적 또한 사령관 본인이나 가문의 이득을 위한 것일 때가 많았다. 전쟁은 왕가의 이익과 상속권을 위해 군주들이 벌이는 "다른 수단을 이용한 송사의 연장"[89]이었다.[90] 십자군 전쟁을 제외하고, 이 시기의 모든 주요 분쟁(아라곤-앙주 전쟁, 백년전쟁, 장미전쟁, 이탈리아 전쟁 등)은 대체로 왕가의 상속권을 둘러싼 싸움이었다. 유럽의 모든 왕국, 공작령, 백작령이 계승전쟁으로부터 자유롭지 못했다.

전쟁에서 지휘관의 비중이 이처럼 컸기 때문에, 어떤 경우에는 적

🔴🔴🔴🔵🔵
막시밀리안 1세의 가족. 중세 상류층 간의 결혼은 막대한 영토가 오가는 고도의 정치적 행위였다. 부르고뉴 가문의 유일한 상속자인 마리(뒷줄 오른쪽)가 막시밀리안 합스부르크(뒷줄 왼쪽)와 결혼하면서, 합스부르크 제국 형성의 결정적인 발걸음이 내딛어졌다. 베른하르트 슈트리겔, 1515년경.

사령관을 공격해서 쓰러뜨린 것만으로도 더 이상의 전투나 포위 공격이나 원정 없이 완벽한 승리를 거머쥘 수 있었다. 예를 하나 들어보자. 1127~1128년 플랑드르의 '선량백善良伯 샤를' 살해 사건으로 기욤 클리통과 티에리 달자스가 각각 백작령 계승권을 주장하며 전쟁에 돌입했다. 기욤은 악스풀레(벨기에 브뤼헤 남부의 지명 —옮긴이) 전투에서 1128년 티에리에게 결정적인 승리를 거뒀다.[91] 플랑드르는 승리자 앞에 무릎을 꿇었지만, 기욤이 티에리의 잔당을 소탕하는 작전을 벌이던 도중 알스트(벨기에의 지명 —옮긴이) 수비대의 한 보병이 그에게 가벼운 상처를 입혔다. 그런데 기욤이 이 상처를 제대로 치료하지 않고 방치하는 바람에 상처가 썩기 시작했다. 기욤은 며칠 만에 세상을 떠났다. 이것이 전쟁에 종지부를 찍었다. 원래 패배자였던 티에리가 바로 얼마 전까지 적이었던 사람들에게서조차 갈채를 받으며 만장일치로 플랑드르 백작이 된 것이다.[92]

군주의 죽음으로 왕국이나 제국이 해체된 사례들도 있다. 특히 계승권을 놓고 분쟁이 벌어진 경우가 그러했다. 예를 들어 1193년에 살라딘이 세상을 떠나자 아이유브 제국은 곧바로 탐욕스러운 아들들, 형제들, 조카들의 손에 갈기갈기 찢어졌다. 1477년 낭시에서 부르고뉴 공작 샤를(무모공 샤를 —옮긴이)이 죽었을 때는 더욱더 빠른 속도로 부르고뉴가 해체되었다. 샤를의 증손자인 카를 5세 황제는 이런 운명을 피하려고 1556년에 스스로 왕위에서 내려오면서 광대한 제국을 아들인 스페인의 펠리페 2세와 형제인 페르디난드 1세 황제에게 나눠주었다.

설사 계승권 분쟁이 없는 경우라 하더라도, 권력승계에는 보통 대규모 정치개편이 필요했다. 그로 인해 일시적으로 왕국이 기능을 잃거나, 오랫동안 혼란에 시달리는 경우가 있었다. 정당한 후계자가 미성년자거나 여성인 경우가 특히 그러했다. 첫 번째 예루살렘 왕국(1099~1187, 성지 확보를 위하여 제1차 십자군 중 잔류한 사람들이 건설한 봉건

국가 —옮긴이)의 멸망에는 1180년대의 계승권 전쟁이 큰 영향을 미쳤다. 13세기에 다시 살아난 예루살렘 왕국이 줄곧 허약한 상태였던 것도 성인 남성 국왕이 아니라 미성년자, 섭정, 부재 군주가 연달아 이 나라를 다스린 데에서 기인했다. 군주가 포로로 잡혔을 때는 더욱 심각한 상황이 벌어졌다. 군주 본인이 자신의 왕국에 힘을 행사할 수 없는 상황에서, 누구든 섭정 자리에 앉은 사람 역시 자신의 권력을 확고히 다질 수 없기 때문이다. 리처드 1세가 잡혔을 때의 잉글랜드, 장 2세가 잡혀 있을 때의 프랑스, 데이비드 2세가 잡혔을 때의 스코틀랜드가 모두 내적인 혼란과 외적인 재앙을 겪었다.

따라서 적 지도자는 가장 중요한 군사적 표적이었다. 군대는 전투 중에 적 지도자의 위치를 파악해서 공격을 퍼붓기 위해 많은 노력을 기울이는 한편, 자신의 지도자를 보호하는 데에도 똑같은 노력을 기울였다. 영국의 역사학자 존 질링엄은 특히 "전투에서 이기는 가장 확실한 방법은 적 사령관을 죽이거나 사로잡는 것"이라고 강조한다.[93] 이 말을 증명해주는 가장 유명한 사례가 1066년 헤이스팅스에서 해럴드가 목숨을 잃은 사건이다. 이 사건으로 전투의 향방뿐만 아니라 앵글로색슨 잉글랜드의 운명까지도 결정되었다(헤이스팅스 전투는 해럴드와 노르망디 공작 윌리엄이 잉글랜드 왕위를 두고 싸운 전투다. 전세가 해럴드에게 유리했으나 그가 화살에 맞아 갑자기 사망하면서 윌리엄이 승리했고, 이로써 노르만 왕조가 시작되었다 — 옮긴이). 1485년 보스워스에서 리처드 3세가 목숨을 잃은 사건 역시 장미전쟁의 향방을 비슷하게 좌우했다.

콩크뢰유(992)와 엘스터(1085)에서도, 승리한 지도자의 죽음이 승리를 패배로 바꿔놓았다.[94] 전투 중 사망한 가스통 드 푸아(1512), 부르봉 공작 샤를(1527), 작센 공작 모리츠(1553)는 사령관의 죽음이 16세기에도 승리를 거의 패배처럼 바꿔버릴 수 있었음을 보여주는 유명한 사례들이다. 또 다른 유명한 사례로는, 부빈 전투(1214)에서 존엄왕 필리프가 심한 공격을 받아 거의 죽을 뻔한 덕분에 프랑스가 패배 직전까지 갔던 일을 꼽을 수 있다.[95] 니코시아(1229)에서는 기사 스물다섯 명이 적 사령관을 죽이기 위해 특파되기도 했다.[96]

특수작전으로 적 지도자를 죽이거나 납치한다면 중요 방어거점을 점령하는 것보다 훨씬 더 치명적인 타격을 입힐 수 있었다. 군대를 구성하는 다양한 병사들과 지휘관들의 충성심을 묶어주는 인물이 사라짐으로써, 적의 군대 전체가 붕괴할 가능성이 있기 때문이다. 상속권이나 계승권 분쟁의 경우에는 상대편 군주를 죽이거나 납치하는 것이 곧 전쟁의 원인 자체를 제거하는 행위였다. 계승권 전쟁이 아닌 경우에도, 지도자에 대한 공격으로 상대편 왕국이 순간적으로 기능을 잃거나 완전히 해체된 사례들이 많다.

적 지도자를 겨냥한 공격의 효과를 가장 분명하게 보여주는 것은 시아파의 니자리파이다. 하시신Hashīshīn 일파, 즉 아사신Assassin 파로 더 잘 알려진 이 소규모 일파는 박해에 시달리느라 중요한 영토도, 경제적 자원이나 군사적 자원도, 인적 자원도 없었지만 12세기와 13세기 중동에서 중요한 세력으로 자리 잡는 데 성공했다. 속임수와 암살을 조직적으로 이용한 덕분이었다. 이 일파에서 훈련받은 암살자들은 대단한 열의를 갖고 군주의 집 안에 침투하거나 군주의 호위 병력을 뚫었다. 그들의 능력은 무서울 정도였다. 그들은 이런 방법으로 적

지도자들을 제거해 공포를 안겨주었다. 자신과 동맹이 될 가능성이 있는 세력의 적을 죽이거나 겁을 줌으로써 잠재적인 동맹의 환심을 사기도 했다.

이 일파의 전성기에 중동과 유럽 전역의 왕들과 통치자들은 그들의 호감을 얻기 위해 호의적인 태도를 보였다. 어쩌면 보호비도 지불했을지 모른다. 템플 기사단과 병원 기사단(11세기에 병들거나 다친 성지 순례자의 구호와 보호를 목적으로 결성된 기사단 —옮긴이)만이 니자리파로부터 자유로웠다. 오히려 니자리파가 두 기사단에 공물을 바쳐야 했다. 십자군 회고록(《성왕 루이 전기》를 말한다 —옮긴이)을 집필한 장 드 조앵빌은 이 이상한 현상을 설명하기 위해 니자리파의 지도자가 "만약 템플 기사단장이나 병원 기사단장을 죽인다면, 그들에 못지않게 유능한 사람이 다시 그 자리에 앉을 터이니 그들을 죽여서 얻을 이득이 없다고 보았다. 따라서 그는 아무런 이득이 없는 일에 자신의 아사신들을 희생시킬 생각이 없었다"고 말한다.[97] 다시 말해서, 두 기사단은 가문의 사업이라기보다 관료적인 조직이었고 가문과 영지보다는 위계적인 규율로 유지되는 단체였으므로, 지도자를 제거해도 그들의 기능이 심각한 악영향을 받지 않았다는 뜻이다.[98]

중세 말과 르네상스 시대 전반에 걸쳐 중앙집권화된 왕조 국가들이 부상한 것은 정치적 암살의 효과를 높여주었을 뿐이다. 지도자의 중요성이 그 어느 때보다 커졌기 때문이다. 마키아벨리는 이 사실을 알아차리고 《군주론》에서 살인과 납치를 정당한 정치도구로 추천했다. 토머스 모어의 《유토피아》에서도 유토피아인들은 전쟁방법으로 적 지도자의 암살이나 납치를 가장 선호하는 것으로 묘사되어 있다.

모어는 이런 전쟁방식이 대개 비열하고 잔혹하게 여겨진다는 사실을 인정하면서도 "유토피아인들은 그런 방법을 몹시 자랑스럽게 생각한다. 그들은 단 한 번의 전투도 없이 이런 대규모 전쟁을 해결하는 것은 지극히 분별 있는 일이며, 죄를 지은 소수의 목숨으로 수천의 무고한 생명을 구하는 것이야말로 무엇보다 인간적인 일이라고 말한다"라고 썼다.[99]

간단히 말해서, 적 지도자의 암살이 기사도의 시대에 가장 비용 효율적인 전쟁방법이었을 가능성이 높다는 얘기다. 기사도 문화의 영향으로 정치는 개인적 유대의 문제가 되었고, 왕국과 제국의 국경 역시 가문의 상속법에 따라 결정되었으므로, 고도로 계산된 암살은 몇 차례에 걸친 원정보다 훨씬 더 효과적으로 유럽의 지도를 바꿔놓을 수 있었다.[100] 만약 1152년에 엘레오노르 다키텐이 헨리 플랜태저넷과 결혼하기 전에 루이 7세가 소수의 병력을 보내 그녀를 암살했다면 유럽의 역사가 어떻게 바뀌었을지는 짐작하기도 어렵다(엘레오노르와 플랜태저넷의 결혼으로 플랜태저넷 왕가가 성립되었고, 이로써 프랑스 내에 광대한 영국 영지가 형성되었다 ─ 옮긴이). 비슷한 맥락에서, 만약 카스티야 여왕 후아나와 필리프 합스부르크가 자식을 낳기 전, 1498년에 프랑스 첩자들이 두 사람을 독살했다면 과연 어떤 일들이 벌어졌을까?

적 지도자를 죽이거나 납치해서 얻을 수 있는 이득이 워낙 크기 때문에, 기사도의 전통에 어긋나는 방법에 유혹을 느낀 사람이 많았다. 예를 들어 바리 공성전(1068~1071) 때 로베르 기스카르(노르망디 출신의 기사로, 바리를 점령하고 아드리아해의 제해권을 장악했다 ─ 옮긴이)는 비잔티움 총독의 암살을 지시했다. 비잔티움 쪽은 기사도의 전통에 더욱더 구애받지 않았으므로 역시 기스카르의 암살을 시도했다. 연대기 작가인 아풀리아의 윌리엄에 따르면, 비잔티움 쪽의 암살자가 기스카르의 막사 안까지 들어가는 데는 성공했다고 한다. 그러나 암살자가 독을 바른 창을 그에게 막 던지는 참에 기스카르가 침을 뱉으려고 탁자 아래로 고개를 숙인 덕분에 목숨을 구했다. 그 뒤 기스카르는 좀 더 안전한 곳에서 밤을 보내기 위해 돌집을 지었다.[101]

1106년 5월 19일, 앙주 백작 조프레 마르텔은 캉데 성을 포위했다. 성의 수비대 지휘관들은 적을 물리칠 가망이 없음을 깨닫고 백작과 협상을 하려고 나왔다. 그러나 조프레가 그들에게 다가가는 순간 성벽 위에 있던 저격수가 석궁을 쏘아 그를 죽였다. 협상하는 척 밖으로 나간 그의 상관들과 미리 꾸민 일이었을 것이다.[102] 1119년 잉글랜드의 헨리 1세는 자신의 친딸인 줄리아나가 버티고 있던 브르퇴유 성채를 포위했다. 연대기 작가인 오르데리쿠스 비탈리스에 따르면, 줄리아나가 아버지에게 만나서 항복 조건을 협상하자고 요청했다고 한다. 그러나 왕이 다가오자 줄리아나가 직접 석궁을 쏘았다. 화살은 빗나갔다. 헨리는 성채를 함락한 뒤 딸의 목숨은 살려주었지만, 반쯤 벌거벗은 몸으로 성가퀴에서 아래쪽 해자의 얼음 같은 물속으로 뛰어들게 만들었다.[103]

1127년 플랑드르 사람들은 선량백 샤를의 살해 사건으로 충격을 받았다. 이 음모를 꾸민 자들은 불만을 품은 귀족들이었는데, 그들이 영주인 샤를 백작을 죽인 것도 문제였지만 사순절 기간 중에 교회에서 기도를 드리고 가난한 자들에게 자선을 베풀던 백작을 죽였다는 사실 또한 충격적이었다.[104] 1228년 프리드리히 2세는 자신을 위해

ooooo
선량백 샤를 암살 사건. 성당에서 무릎 꿇고 기도 중인 샤를 백작을 암살자들이 살해하고 있다. 신성한 시기인 사순절 기간에 저질러진 이 암살 사건은 단순히 백작을 제거하는 것만이 아니라, 공개적이고 신성한 장소에서 그 일을 완수함으로써 대중에게 충격과 공포를 안겨주려는 계산이 들어 있다는 점에서 당시 니자리파의 암살수법과 비슷했다. 작자 미상, 14세기.

베풀어진 연회에서 예의를 모두 무시해버리고 연회 주최자인 이벨린 가문(예루살렘 왕국의 귀족가문 ─옮긴이)의 지도자들과 키프로스 왕을 사로잡았다.[105] 그 뒤에 벌어진 칸타라 공성전(1230)에서는 저격수가 수비대 대장을 추적해서 석궁으로 쏘아 죽이자 사기가 떨어진 수비대가 그대로 항복하고 말았다.[106]

1333년 스코틀랜드 왕위 계승권을 주장하던 에드워드 베일리얼이

스코틀랜드 전역을 거의 휩쓸었다. 그의 적들은 휴전을 간청했고, 전에는 그에게 반대하던 많은 귀족들이 충성을 바치겠다며 몰려들었다. 그러나 이중에는 알고 보니 배신자들이 섞여 있었다. 아치볼드 더 글러스 휘하의 작은 부대가 새벽에 베일리얼의 진영을 기습하는 데 그 배신자들이 도움을 준 것이다. 베일리얼의 유일한 형제와 많은 추종자들이 목숨을 잃었고, 베일리얼도 간신히 탈출했다. 그는 반쯤 벌거벗은 몸에 한쪽 발에만 부츠를 신고 있었다. 스코틀랜드에서 그의 지위가 순식간에 무너져내렸다.[107]

1353년 나바라(프랑스 남서부에서 스페인 북부에 걸쳐 있던 왕국 ─옮긴이)의 '사악왕 샤를'은 프랑스 장군인 샤를 데스파뉴를 사람을 시켜 살해했다.[108] 또한 그는 1356년에 프랑스의 국왕 장 2세를 왕세자와 함께 납치하거나 암살하려는 음모를 꾸몄던 것으로 보인다.[109] 그 직후 왕세자가 사악왕 샤를을 루앙 성으로 불러 화해의 연회를 열어주었다. 그런데 연회 도중 장 2세가 직접 이끄는 프랑스 병사들이 들어와 나바라의 왕과 그 일행을 붙잡았다.[110]

1369년 키프로스의 피에르 1세가 불만을 품은 귀족들의 손에 살해됐다. 1386년 나폴리와 헝가리의 왕 카를로가 부다 성에서 엘리자베타 여왕의 요원들 손에 암살되었다.[111] 1389년 운명적인 코소보 전투(오스만튀르크가 세르비아의 기독교 연합군을 물리치고 발칸반도의 지배권을 확보한 전쟁 ─옮긴이) 전야에 세르비아 귀족 한 명이 술탄 무라드 1세에게 합류하겠다는 구실로 알현을 허락받은 뒤, 술탄을 살해했다. 만약 무라드의 아들인 바예지트 1세가 이 기회를 놓치지 않고 자신의 권위를 결정적으로 확립하지 않았다면, 이 귀족은 세르비아를 재앙으로부터 구할 수 있었을 것이다.

1392년 브르타뉴 공작이 야간 기습으로 그의 불구대천의 원수이자 프랑스 총사령관인 올리비에 드 클리송을 암살하려고 시도했다. 1419년 부르고뉴의 '무겁공the Fearless 장'이 프랑스 왕세자와의 정상회담 중 몽트로의 다리에서 살해됐다. 반세기 뒤 장의 손자(무모공 샤를 ― 옮긴이)가 프랑스 국왕 루이 11세를 페론에서 사로잡았다(1468). 루이 11세가 안전을 위해 반드시 필요한 조치도 취하지 않은 채 장의 손자를 외교적으로 방문하는, 그답지 않은 실수를 저지른 덕분이었다.

특히 두드러지는 사례는 스코틀랜드 왕 제임스 1세의 일대기다. 1406년에 그의 형이 삼촌인 올버니 공작의 손에 살해되었다. 제임스는 안전을 위해 프랑스로 피신했으나 도중에 잉글랜드의 포로가 되어 18년 동안 붙잡혀 있었다. 나중에 그는 거액의 몸값을 내고 문제를 일으키지 않겠다는 약속을 한 뒤에야 풀려났다. 잉글랜드에서는 자국 여성을 그와 결혼시켰다. 고국으로 돌아온 제임스는 올버니 공작과 친척들을 상대로 내전을 벌였다. 1437년 2월 20일 제임스는 퍼스에 있는 블랙프라이어스 수도원을 방문했다. 새벽 한 시쯤, 올버니 공작의 형제인 애솔 백작이 서른 명의 동료와 함께 수도원을 기습해서 왕의 방으로 들어가 그를 살해했다.[112]

제임스의 아들인 제임스 2세도 어린 시절 자신의 후견인이던 더글러스 가문을 상대로 지독한 내전을 벌였다. 1439년에 그는 더글러스 백작 형제를 에든버러 성의 만찬에 초대한 뒤 살해했다. 몇 년 뒤에는 화해의 만찬을 하자며 새로운 더글러스 백작을 스털링 성으로 초대했다. 그는 더글러스가 요구한 안전조치를 모두 취해주었지만, 만찬이 한창 진행되던 중에 직접 더글러스를 칼로 찔러 죽였다.

교회의 고위 성직자들도 이런 위험으로부터 안전하지 않았다. 1075년 교황 그레고리우스 7세는 로마의 산타 마리아 마조레 성당에서 미사 도중 납치되었다. 1170년에는 토머스 베킷 대주교가 캔터베리에서 헨리 2세의 부하들 손에 살해되었다. 1208년 교황이 랑그도크에 파견한 특사인 피에르 드 카스텔노가 카타리파(이원론에 근거하여 완전한 청빈을 주장한 중세의 기독교 이단설 —옮긴이) 동조자의 손에 암살되면서 알비 십자군(교황 인노켄티우스 3세가 카타리파를 몰아내려고 1209년에 시작한 군사적 탄압. 군대가 동원된 가운데 20년 동안 대규모 학살이 계속 이어졌다 —옮긴이)이 시작되었다. 1225년 쾰른 대주교 엥겔베르트 2세가 불만을 품은 귀족들에게 암살당했다. 1242년 랑그도크에서는 카타리파에 대한 잔인한 박해를 책임지고 있던 수석 이단심문관이 카타리파 습격자들에게 붙잡혀 보좌관들과 함께 살해되었다. 1303년 교황 보니파키우스 8세가 아나니에 있는 교황궁에서 납치되었다. 그가 곧 세상을 떠난 것은 이 사건 때문인 듯하다.

16세기에 유럽에서는 암살과 납치가 훨씬 더 광범위하게 이용되었다. 특히 종교전쟁 때가 심했다. 예를 들어 프랑스 종교전쟁 때 가톨릭 지도자이던 프랑수아 공작과 기즈 공작 앙리가 1563년과 1588년에 각각 암살당했다. 콜리니 제독을 비롯한 대부분의 위그노(프랑스 신교도 —옮긴이) 지도자들은 저 유명한 성 바르톨로메오 축일 학살 사건 때 암살당했다(1572). 그전에도 제독은 여러 차례 목숨의 위협을 겪은 바 있었다. 국왕 앙리 3세는 1589년에 암살되었고, 그의 후계자인 앙리 4세도 1610년에 암살되었다. 네덜란드에서는 개신교 지도자인 '침묵왕 빌럼'이 1584년에 암살되었다.

계급이 높은 군인일수록 이른바 고위급 정치가 못지않게 표적이 되었다. 예를 들어 1546년의 슈말칼덴 전쟁에서 가톨릭 장군들은 개신교 사령관인 제바스티안 셰르틀린 폰 부르텐바흐의 암살을 시도했다. 1546년 9월 29일 그들은 반탈레온 폰 린다우에게 보수로 3,000플로린을 줄 테니 도나우뵈르트 근처에 있는 개신교 진영에 침투해 셰르틀린을 죽이라고 지시했다(린다우는 그때까지 하루에 고작 1플로린을 받는 일반 병사였다).

이전 원정에서 셰르틀린이 직접 이끄는 연대에 복무한 경험이 있는 린다우는 개신교 진영에 쉽게 침투했다. 하인으로 변장한 그가 새벽 두 시쯤 셰르틀린의 막사에 들어가자, 잠을 잘 이루지 못하던 셰르틀린이 깨어나 그에게 왜 무기를 빼들고 있는 거냐고 물었다. 그는 린다우를 하인으로 착각하고 있었다. 린다우는 셰르틀린에게 달려들었다. 처음에 그의 칼이 찌른 곳은 셰르틀린의 발이었다. 셰르틀린은 자신의 검을 찾아 주위를 더듬거렸지만, 린다우가 다시 그를 공격했다. 이번에는 목에서 겨우 몇 인치 떨어진 오른쪽 어깨였다. 린다우는 다시 몇 차례나 셰르틀린을 찔러 죽이려고 했다. 셰르틀린은 두 주먹으로 그를 막으면서 막사의 중심 기둥을 자신과 암살자 사이에 두려고 애썼다. 마침내 셰르틀린은 막사에서 빠져나오는 데 성공했고, 린다우가 그 뒤를 열심히 쫓았다. 셰르틀린의 아들과 종자 여러 명이 그제야 잠에서 깨어 린다우를 덮쳐 사로잡았다. 린다우는 곧 참수되었다.[113]

유럽 밖에서도 근대 초기의 유럽인들은 이런 음험한 방법을 자주 이용했다. 멕시코 정복(1519~1521) 때 에르난도 코르테스는 수백 명에 불과한 스페인 부대로는 멕시코 제국을 정복할 가망이 없음을 금방 알아차렸다. 그들 앞에는 수만 명의 멕시코 전사들이 있었고, 제국의 신민들은 지배자들을 두려워한 나머지 스페인인들을 전혀 도우려 하지 않았다. 그래서 코르테스는 황제 몬테수마 2세를 사로잡는 것을 바탕으로 전략을 짰다. 할리우드의 SF영화에 등장하는 외계인들의 선례라도 되고 싶었는지, 코르테스는 신세계에 발을 들인 순간부터 외교사절 행세를 하며 원주민을 만날 때마다 지도자에게 데려가 달라고 부탁했다. 몬테수마는 당연히 스페인인들의 의도를 경계했으므로, 정중한 핑계와 무력을 모두 동원해 그들과의 만남을 미루려고 애썼다.

그러다 결국 테노치티틀란에 있는 황궁에서 코르테스와 만나기로 약속을 잡았다. 그 도시 안에는 몬테수마의 전사 수만 명과 근위대 수백 명이 있었지만, 코르테스는 백병전에서 자신들의 강철무기가 압도적으로 우월하다는 점을 믿고, 외교적인 면담 중에 황제를 사로잡기로 했다(1519년 11월 14일).[114] 황제가 붙잡힌 뒤, 중앙집권적인 멕시코 제국은 몇 달 동안이나 마비되었다. 멕시코인들은 결국 사로잡힌 몬테수마와 인연을 끊고 코르테스를 공격했지만, 그때는 이미 그들의 명예와 힘이 치명적인 타격을 입은 뒤였다. 따라서 코르테스는 그들에게 맞서서 원주민들과 광범위한 연합을 확립할 수 있었다.

프란치스코 피사로는 1531~1532년에 잉카 제국을 침공할 때 의식적으로 코르테스의 전략을 흉내 냈다. 그도 자신의 하찮은 탐험대(168명과 말 몇 마리 규모)가 외교사절인 척 행세하면서 잉카 아타후알파와의 면담을 요구했다. 아타후알파는 적어도 5만 명에 이르는 병력을 이끌고 있었으므로 피사로를 두려워할 필요가 없다고 생각했다. 1532년 11월 16일 아침, 그는 수천 명의 무장병력을 이끌고 카하마르카의 중앙 광장으로 피사로를 만나러 왔다. 그러나 잉카 전사들은 근접전에서 스페인인들의 말과 강철무기의 상대가 되지 않았다. 보잘것없는 병력으로 아타후알파를 사로잡은 스페인인들은 잉카 제국의 복속을 향한 결정적인 첫 발을 내디딜 수 있었다. 아타후알파에게서 받아낸 몸값은 무려 150만 두카트에 달했다. 16세기 스페인에서는 거의 상상할 수도 없는 금액이었다. 신성로마제국 황제 카를 5세가 카스티야 왕국에서 거둬들이는 연간 수입이 1539년에 약 100만 두카트였는데, 이 금액만 해도 1535년 그의 튀니스 대원정 비용 전체와 맞먹었다.[115]

*
**

암살과 납치의 가장 큰 약점은 불명예스러운 싸움방법이라는 점이었다. 암살과 납치는 당시를 지배하던 정치문화의 약점을 온전히 이용하는 한편, 바로 그 문화 전체를 약화시키는 역할을 했다. 고전적인 '죄수의 딜레마'(협력적인 선택이 둘 모두에게 최선인데도, 자신의 이익만을 고려한 선택으로 인해 둘 모두에게 불리한 결과를 낳는 현상 ─ 옮긴이) 사례라고 할 수 있다. 암살과 납치를 가장 먼저 조직적으로 사용하는 사람은 엄청난 보상을 얻을 가능성이 높지만, 곧 모든 사람이 그 뒤를 따를 수밖에 없게 되면 정치질서도 변할 것이고, 이것이 모든 통치자들에게 달갑지 않은 결과를 낳을 것이다. 군사적 수단으로 다른 곳보다 훨씬 더 암살에 의존했던 중세의 중동과 르네상스 이탈리아에서 안정

적인 왕조와 영지를 찾아보기가 서유럽에 비해 훨씬 더 힘들다는 점이 좋은 예다.[116]

서유럽에서도 이단과 이교도에게는 암살과 납치가 널리 사용되었다. 같은 기독교인에게도 가끔 사용되기는 했으나, 금기의식이 여전히 남아 있었다. 이것이 봉건 정치체제가 상대적인 안정성을 유지하는 데 기여한 요소였다. 이탈리아의 일부 군주와 폭군을 제외하면, 중세나 르네상스 시대 유럽에서 니자리파와 유토피아인의 본을 따라 암살을 정치와 군사의 일반적인 도구로 이용하거나 특수한 암살부대를 훈련시키려고 시도한 주요 정치세력이나 군대는 없었다. 암살을 군사적인 도구로 이용할 때도, 이것이 인간적이고 합리적인 방법이 아니라 더럽고 부끄러운 방법이라는 사실을 인정하는 분위기였다.

암살과 납치에 대한 문화적 금기의식이 남아 있었다는 사실은, 이런 작전이 성공을 거뒀을 때조차 명예에 흠집이 났다는 것을 뜻했다. 실패라도 하는 날에는 언제나 대외적인 이미지 면에서 재앙을 만난 격이었다. 전투의 패배가 흔히 명예롭게 여겨지는 것과는 달랐다.[117]

니자리파의 운명도 이런 분위기를 보여준다. 몽골이 중동을 정복했을 때, 칸은 자신도 조만간 암살자의 비수에 찔릴지도 모른다는 두려움과 천하무적인 자신의 군대가 그들의 위협으로부터 자신을 지켜주지 못한다는 분노 때문에 니자리파를 지상에서 완전히 쓸어버리라는 지시를 내렸다. 몽골인들을 달래려는 니자리파의 노력은 모두 무위로 돌아갔고, 그들 일파의 중심지인 페르시아의 추종자 대다수가 무시무시한 몽골인들의 손에 조직적으로 살해되었다. 이 인종말살

알라무트 공성전. 니자리파의 본거지인 알라무트 요새는 1256년 몽골군에 의해 함락되었다.
작자 및 연대 미상.

정책에 대해 인근의 무슬림들은 대부분 갈채를 보냈다. 그들도 니자
리파의 위협에서 벗어난 것이 반가웠기 때문이다.[118]

　18세기 이후 전쟁을 정당화한 논리들에도 불구하고, 납치와 암살
이 여전히 군사적 금기로 남아 있다는 사실 또한 의미심장하다. 명예
와 계급 이익의 제단에 승리를 제물로 바치는 기사도 시대의 군인정
신이 아직도 남아 세계 지도자들을 적의 손길로부터 보호하고 있는
것이다.[119] 데이비드 토머스는 1983년에 특수작전을 다룬 글에서 명
예에 대한 기사도적 인식이 20세기가 밝은 지 한참 지났을 때까지도
특수작전의 발목을 잡았다고 주장했다. 직업 장교들이 특수작전을
"군인의 명예와 양립할 수 없는 것"으로 보는 경우가 흔했기 때문이

다.[120] 그러나 토머스 본인도, 비록 특수작전의 최근 역사와 미래의 잠재력을 포괄적으로 개관하려고 시도하면서도, 암살의 시행방법과 유용성에 대한 논의는 회피했다.

기사도의 '공정한 경기' 규칙을 단순한 환상으로 치부해버리고, 전쟁에서는 승리를 위해 어떤 수단이든 쓸 수 있다고 믿고 싶은 사람이라면 표적 사살과 정치적 암살에 부과된 제한과 그런 행위를 둘러싼 현재의 논란을 생각해보기 바란다.

냉전이 한창이던 시절에 인류의 완벽한 파멸을 위해 계산된 계획을 수립하던 대통령, 의장, 원수 등도 다른 지도자들의 암살 사건에 대해서는 떨떠름한 시선을 보냈다. 1976년에 미국의 제럴드 포드 대통령은 미국 정부의 공무원들이 정치적 암살을 모의하는 것을 불법으로 규정한 행정명령 제11905호를 발표했다. 레이건 대통령도 행정명령 제12333호를 통해 이 명령을 지지했고, 그 뒤를 이은 모든 미국 대통령도 마찬가지였다.[121]

적 지도자를 암살하는 일과 대조적으로, 사로잡힌 우리 편 지도자를 구출하는 일은 대개 합당하고 찬양할 만한 일로 여겨졌다. 이윤이 아주 많이 남는 일이기도 했다. 경제적인 면에서 봤을 때, 사로잡힌 군주의 몸값이 왕국의 연간수입보다 많은 경우가 잦았으므로 사로잡힌 지도자를 구출한다면 많은 돈을 절약할 수 있었다.[122] 게다가 정치적, 군사적 이득이 이를 초월할 가능성도 있었다. 군대와 왕국이 마비되거나 해체되는 일을 막을 수 있기 때문이다.

예를 들어 1142년에 스티븐 왕은 마틸다 황후(잉글랜드 헨리 1세의 딸이자 신성로마제국 황제 하인리히 5세의 아내. 남편과 아버지가 죽은 뒤 스티븐과 잉글랜드 왕위를 놓고 다퉜다—옮긴이)를 옥스퍼드 성에서 함정에 빠뜨린 뒤 단단히 에워쌌다. 만약 그가 마틸다를 사로잡았다면, 마틸다가 명분을 잃으면서 내전이 끝났을 것이다. 그러나 마틸다는 스티븐 진영 몰래 성을 탈출하는 데 성공했다. 아마도 성을 포위한 군대 중에 섞여 있는 충성스러운 지지자들의 도움을 얻었을 것이다.[123]

1357년에 나바라의 사악왕 샤를은 아를뢰 요새에 갇혀 시들어가고 있었다. 그의 가장 충성스러운 신하 중 하나인 장 드 피키니가 11월 9일 이른 아침에 약 서른 명의 부하들과 함께 몰래 사다리를 타고 성벽을 올라와 샤를을 데리고 무사히 탈출했다. 이 사건은 프랑스의 세력균형을 급격히 바꿔놓았다. 샤를이 이미 휘청거리고 있던 발루아 왕조의 반대세력을 앞장서 이끌면서 왕조를 거의 붕괴로 몰고 간 덕분이었다.[124]

그러나 구출작전에도 역시 뇌물이나 속임수 같은 반칙적인 방법들이 사용될 때가 있었다. 특히 사로잡힌 군주가 탈출하지 않겠다고 맹세하는 경우 문제가 발생했다. 1346~1347년 당시 16세이던 플랑드르 백작 루이 드 말은 친프랑스 성향 때문에 부하들의 손에 사로잡히는 신세가 되었다(플랑드르는 경제적으로는 영국, 정치적으로는 프랑스와 깊은 관계를 가지고 있었다. 백년전쟁 당시 양국이 이 지역을 놓고 치열한 쟁탈전을 벌였다—옮긴이). 20명의 경비병이 밤낮으로 주의 깊게 그를 감시하는 바람에, 장 르 벨(1290~1370, 플랑드르의 연대기 작가—옮긴이)의 표현에 따르면 "그는 소변을 볼 때조차 혼자가 되기 힘들었다." 1347년

3월 루이는 결국 에드워드 3세의 충실한 동맹이 되겠다고 명예를 건 맹세를 하고, 그의 딸인 이저벨라와 결혼까지 하기로 했다. 그 결과 그는 어느 정도 행동의 자유를 얻고 좀 더 나은 환경에서 살 수 있게 되었다. 결혼식 1주일 전 루이는 새로 얻은 자유를 이용해 매사냥을 나갔다. 그러고는 미리 짠 계획에 따라 새를 쫓는 척하면서 호위병들에게서 벗어나 말에 박차를 가해 무사히 프랑스에 도착했다.[125]

이런 행동에는 심각한 문제가 있었다. 만약 사로잡힌 기사들이 명예를 걸고 몇 가지 조건을 지키겠다고 약속하면, 그들을 느슨하게 감시하면서 행동의 자유와 안락한 생활환경을 허락해주는 것은 흔한 일이었다. 심지어 그들을 완전히 풀어주기도 했다. 따라서 루이 백작의 행동은 모든 귀족들의 안전에 위협이 되었으며, 프랑스 조정의 입장에서 볼 때도 수상쩍은 것이었다.

루이의 주군인 프랑스 왕 장 2세는 푸아티에 전투(1356년 백년전쟁 초기에 흑세자가 이끄는 잉글랜드군이 프랑스군을 격파한 전투 —옮긴이)에서 잉글랜드의 포로가 됐을 때 아주 다른 행동을 보였다. 탈출하지 않겠다고 명예를 건 맹세를 한 그는 자신을 구출하려는 프랑스 측의 시도를 막았다. 나중에 그는 몇 가지 조건을 걸고 석방되었는데, 그중에는 이 조건들의 이행을 보장할 인질로 프랑스 왕족 몇 명이 칼레에 붙잡혀 있어야 한다는 조항도 포함되어 있었다. 그렇게 보내진 인질 중 한 명(장의 둘째 아들인 앙주의 루이)이 맹세를 깨고 칼레에서 도망치자 국왕 장은 머리끝까지 화가 나서 스스로 잉글랜드의 손에 자신을 넘겨 다시 포로가 되었다(1364).[126]

**

중세 말기와 르네상스 시대에는 과학혁명이 시작되었다. 그러나 과학자와 기술자가 특수작전의 표적이 되는 일은 한 번도 없었다. 통치자와 과학자가 모두 군사적으로 우월한 위치를 차지하는 수단으로 '기적의 신무기' 개발이라는 꿈을 꾸기 시작했지만, 그 꿈이 한 번도 실현되지 않은 탓이었다. 기술이 전쟁에 미치는 영향은 확실히 커지고 있었으나, 그것은 갑작스러운 신무기 발명 때문이라기보다는 기존 무기체계의 느린 발전 속도 때문이었다. 14세기 초에 유럽에 화약을 소개하고 최초의 화약무기를 개발한 수상쩍은 인물들은 닐스 보어 같은 과학자가 아니었다. 그들의 작업이 군사적 세력균형에 미친 직접적인 영향도 어느 모로 보나 미미했다.

비슷한 맥락에서 레오나르도 다 빈치 역시 이탈리아의 군주들이나 군 지휘관에 비해 군사적, 정치적 가치가 훨씬 낮았을 가능성이 높다. 그가 꿈꿨던 잠수함, 헬리콥터, 탱크가 현대 독자들에게는 감탄의 대상인지 몰라도, 르네상스 통치자가 그런 물건들을 실제로 만들려고 시도했다면 그저 귀한 시간과 돈을 낭비하는 결과로 끝났을 것이다.[127]

| 상징 |　기사도 시대에 가장 영향력이 큰 정치적, 군사적 상징은 군주와 요새였다. 따라서 군주를 죽이거나 요새를 습격하는 특수작전은 군사적 세력균형에 영향을 미치고, 상징적으로 치명적인 일격을 적에게 먹였다.

반면, 기사도 시대의 전쟁에서 평범한 사람들에게는 상징적인 가

치가 전혀 없었다. 현대 민주국가와 달리 중세와 근대 초기의 군주국
가들은 모든 신민의 생명 하나하나를 보호하기 위해 최선을 다해야
한다는 생각이 없었다. 물론 중세와 르네상스 시대에 민간인들을 납
치해서 몸값을 요구하는 일이 자주 벌어지기는 했다. 하지만 그런 사
건은 심리전의 수단이라기보다 전투원들이 추가수입을 챙기는 수단
인 경우가 많았다. 통치자들도 민간인들을 구하려는 진지한 노력을
기울이지 않았다.[128]

이와는 대조적으로 수많은 성물들은 특수작전을 유혹했다. 특히
성聖유물들은 중요한 전리품이었다. 중세 연대기에는 많은 사람들이
탐내는 성유물을 훔치거나 되찾아오기 위해 시행된 작전들에 관한 실
화와 허구가 넘쳐난다. 그런 이야기 중에 가장 유명한 것은 아마도 복
음서 저자인 성 마가의 유해가 도난당한 사건일 것이다. 기독교 세계
에서 가장 숭배받는 성인 중 한 명인 마가는 이집트의 커다란 항구도
시 알렉산드리아의 주교였으며 죽은 뒤에도 그 도시 근처에 묻혔다.

828년에 베네치아 상인들은 확인할 수 없는 베네치아 전통에 따
라, 경비가 삼엄한 무덤에서 기적적으로 보존된 성 마가의 유해를 훔
치고는, 의심을 피하기 위해 그보다 조금 떨어지는 다른 성인의 유해
를 그 자리에 대신 놓았다. 그들은 모골이 송연한 일들을 여러 번 겪
으면서 경계심 강한 항구 관리들의 눈을 통과해 성자의 유해를 밀반
출했다. 한 번은 무슬림 조사자들이 혐오감을 느끼고 물러가도록 돼
지고기로 시체를 덮은 적도 있고, 또 한 번은 배의 활대까지 시체를
감아올리기도 했다. 결국 그들은 베네치아까지 무사히 유해를 가져
오는 데 성공했다.

현재 성 마가는 베네치아의 수호성인이다. 성 마가의 유해는 베네치아의 명예와 정치적 지위를 드높였다. 가톨릭을 믿는 유럽에서 로마와 산티아고 데 콤포스텔라를 제외한 어느 도시도 그렇게나 중요한 성물을 갖고 있지 않았으므로, 베네치아가 종교적인 자율을 주장하는 데 성 마가의 유해가 버팀목이 되어주었다.[129] 어쩌면 이 이야기가 순전한 허구일 수도 있지만, 중세에 많은 유물들이 도난당하거나 탈환된 것은 사실이다.[130]

성 마가의 유해처럼 일부 성물들은 정치적으로 커다란 의미를 얻어 중요한 국가적 상징이 되었다. 이론적으로는 이런 성물들이 특수작전의 주요 표적이 되어야 맞다. 그러나 놀랍게도 이런 국가적 상징을 훔치거나 파괴하려는 특수작전의 사례를 나는 하나도 찾아낼 수 없었다.

예를 들어 497년부터 프랑스 혁명 때까지 프랑스 왕들의 대관식 때는 신성한 성유병에 담긴 기름을 왕의 머리에 붓는 순서가 있었다. 이 성유병은 클로비스(프랑크 왕국의 초대 국왕[재위 481~510]이며 메로빙거 왕조의 시조 ─ 옮긴이)의 대관식 때 하늘에서 내려왔다고 전해지며, 랭스 성당에 보관되어 있었다. 따라서 이 병에 담긴 기름은 프랑스 왕의 권력은 하늘이 내려준 것이라는 주장을 증명해주는 중요한 정치적 의미를 지니고 있었다.

1429년 잔 다르크는 랭스를 공격할 때 프랑스 군대를 맨 앞에서 이끌며 오를레앙에서 거둔 자신의 승리를 이용하려고 했다. 순수하게 군사적 의미만 따진다면, 잔 다르크가 랭스를 선택한 것은 결코 현명하지 않았지만, 그녀가 성공적으로 그 도시를 점령한 뒤 성당에서

ᴑᴑᴑᴑᴑ
클로비스가 세례를 받고 있을 때, 비둘기 한 마리가 성유병을 입에 물고 하늘에서 내려오고 있다. 작자 미상, 14세기.

열린 샤를 7세의 대관식에서 신성한 기름이 사용되게 한 것은 대중 홍보라는 차원에서 대단한 승리였다.

　잉글랜드는 여기에 맞서서 1431년 잉글랜드의 헨리 6세에게 '앙리 2세'라고 하며 프랑스 국왕의 관을 씌워주었지만, 파리의 노트르담 성당에서 신성한 기름 없이 대관식을 진행하는 수밖에 없었다. 따라서 대관식의 상징성이 크게 떨어져 잉글랜드의 운세가 기울었음을 보여주는 꼴이 되고 말았다. 이론적으로는, 샤를의 대관식 전에 랭스에서 신성한 성유병을 훔치거나 아예 랭스 성당에 불을 지르는 것이 특수작전의 훌륭한 목표가 될 수 있었다. 그러나 우리가 아는 한, 그런 이야기는 아예 나온 적이 없었다.[131]

또 다른 중요 사례는 스콘석[f]이다. 1292년까지 스코틀랜드 왕들은 대대로 이 돌 위에서 대관식을 거행했다. 따라서 이 돌은 스코틀랜드의 국가적 상징이었다. 에드워드 1세는 1296년 스코틀랜드를 정복한 뒤 이 돌을 런던으로 끌고 와서 새로운 대관식 의자의 일부로 만들었다. 이 의자는 1308년부터 1953년까지 잉글랜드 왕과 여왕의 대관식에 사용되었을 뿐만 아니라, 스코틀랜드에 대한 잉글랜드의 지배를 상징하는 역할도 했다. 1328년에 스코틀랜드의 왕 로버트 브루스는 잉글랜드에 "수치스러운 평화"를 강요하면서 이 돌의 반환을 조건에 포함시켰지만, 잉글랜드는 결코 약속을 지키지 않았다.

1950년 크리스마스 연휴 때 스코틀랜드 학생 네 명이 웨스트민스터 수도원의 대관식 의자에서 이 돌을 훔쳤다. 그러나 4개월 뒤 돌은 원래 자리로 반환되었다. 1996년 영국 정부는 스코틀랜드인들의 점증하는 요구로 결국 이 돌을 스코틀랜드에 돌려주었다.[132] 1950년의 학생들과 달리, 중세와 르네상스 시대의 스코틀랜드 전사들이 힘으로 이 돌을 되찾아가려고 시도한 사례는 알려져 있지 않다.

예루살렘 왕국을 다스리던 십자군들도 하틴 전투(1187)에서 가장 소중한 성유물(진품 십자가 조각)을 잃은 뒤, 그것을 되찾으려고 몇 차례나 외교적인 수단을 동원했다. 살라딘이나 그 후예들과 협상을 하거나 조약을 맺을 때마다 십자가 조각 문제를 꺼내 반환을 요구한 것이다. 그러나 우리가 아는 한, 그들이 힘으로 그것을 빼앗아오려고 시도한 적은 없다.[133]

| **무기체계** |　　　현대에는 무기체계가 특수작전의 중요한 표적이지만, 기사도 시대에는 그리 유혹적인 대상이 아니었다. 중세에 육지에서 사용되던 가장 크고 비싼 무기는 공성용 무기들이었다. 공성전 때 성을 지키는 수비대는 기습을 통해 공성무기들을 자주 공격했다. 때로는 공성무기를 놓고 치열한 전투가 벌어지기도 했다.[134] 그러나 공성무기의 비용과 전략적인 중요성에는 한계가 있었으므로, 순전히 투석기 하나를 부수겠다고 특수작전을 시행할 가치가 없었다.[135]

화약무기의 도입도 상황을 바꿔놓지 못했다. 대포는 과거의 기계적인 공성무기보다 더 싸고 더 많았으므로 표적으로서의 가치도 더욱 떨어졌다(그러나 적어도 1453년의 콘스탄티노플 공성전 때는 한 포병이 오스만 제국에서 뇌물을 받고 비잔티움 제국이 보유한 가장 큰 대포를 날려버린 혐의로 고발되었다).[136]

여기에는 기사도 시대 전쟁의 근본적인 특징이 반영되어 있다. 화약혁명 이후에도 기술은 전쟁에서 비교적 미미한 역할을 했으며, 무기보다는 사람이 훨씬 더 가치가 있었다. 무기의 가치를 바꿔놓은 것은 19세기와 20세기에 가속된 전쟁의 기계화였다.

기사도 시대에 무기는 특수작전의 표적으로서도, 도구로서도 그리 중요하지 않았음을 잊지 말아야 한다. 현대의 특수부대는 값비싼 첨단기술을 마음대로 사용하면서 대규모 정규군 앞에서도 우세를 점할 때가 많다. 어떤 경우에는 적이 모르는 혁신기술이 적을 기습하는 데 핵심적인 역할을 하기도 한다.[137] 그러나 기사도 시대의 특수작전은 특별한 기술에 의존한 적이 거의 한 번도 없었다. 따라서 우세를 점하거나 상대를 기습하려면 다른 방법을 사용해야 했다.

특수부대 없는 특수작전

기사도 시대에 특수작전은 전쟁의 중요한 일부였지만, 특수부대는 거의 존재하지 않았다. 혹시 예외가 있다면 니자리파의 암살부대 정도일 것이다. 중세에는 영국 특수부대 SAS나 미국의 네이비 실에 해당하는 부대가 없었다. 오늘날에는 특수부대를 '특수'하게 만드는 것은 독특한 훈련뿐이라는 말이 강조되고 있지만,[138] 기사도 시대에는 특수작전만을 위해 구성되어 훈련하는 부대가 존재하지 않았다. 사실 기사도 시대 전쟁의 특징 중 하나는 종류를 막론하고 전문부대나 상비군이 존재하지 않았다는 점이다.

템플 기사단, 병원 기사단, 튜턴 기사단, 스페인 테르시오[139](근대 초기 스페인의 보병 정예부대 —옮긴이) 같은 몇몇 중요 단체들을 제외하면, 대부분의 군대는 임시 편성이었다. 현대의 연대나 여단처럼 자기들만의 상징과 부대정신, 습관, 소속감을 지니고 수십 년 또는 수백 년 동안 이어지는 부대가 존재하지 않았다는 뜻이다.[140] 공식적인 집단훈련도 거의 없었다. 개별 전사들이 기마술, 검술, 궁술, 화승총 사격술을 오랫동안 수련할 수는 있었지만, 16세기 말에 표준 훈련법이 등장할 때까지 부대훈련은 기껏해야 최소한의 수준에 머물러 있었다.[141]

개인이 특수작전에 상당한 경험을 쌓고 혼자 힘으로 수련해서 전문가가 되는 경우는 있었다. 1443년 에셸뢰르echelleurs, 즉 성벽 사다리 오르기 전문가 두 사람 덕분에 룩셈부르크가 기습당한 일이 좋은 예다. 이 전문가들은 사다리로 성벽을 올라 성내에 침투해서 수비시설을 정찰한 뒤 습격대에게 가장 취약한 부분을 알려주었다. 한편 부르고뉴 공작 샤를의 호위대장인 올리비에 드 라 마르슈는 외국 군주 납치의 전문가가 되었다(제6장 참조). 바스코 드 몰레옹 같은 무법자들이 요새 습격의 전문가가 되는 경우도 많았다.

이처럼 중세와 르네상스 시대 대부분의 군대에 전문적인 재주를 습득한 사람들이 존재하기는 했지만, 그들이 한데 모여 특수부대를 이루고 함께 훈련을 하지는 않았다. 특수작전이 필요할 때 지휘관들이 이 자수성가한 전문가들에게 매번 기대는 것도 아니었다. 많은 특수작전이 정규군에 의해 시행되었다.

부르고뉴가 1467년에 위이 시를 기습할 때도 피엔 영주의 정규군이 이 임무를 맡았다. 피엔의 부하 한 명에 따르면, 이것이 지극히 위험한 작전이었는데도 그랬다.[142] 심지어 민간인들이 특수작전을 시행하는 경우도 적지 않았다. 뒤 마을에서 농부 50명이 무리를 지어 신성로마제국 황제 카를 5세를 암살하려고 시도한 것이 좋은 예다(1536).[143] 특히 배신으로 점철된 음모에 이용된 첩자들과 이중첩자들은 흔히 군사경험이 없는 민간인이었다. 1543년에 피에트로 포르토 백작을 함정에 빠뜨린 상인 가룬킨이 좋은 예다.

때로는 지휘관들이 그래도 주의를 기울여 최고의 부대에게 위험한 임무를 맡기기도 했다. 리에주가 부르고뉴 공작 샤를을 죽이려 했을 때가 그런 예다(제6장 참조). 그러나 지휘관이 부대를 임의로 선정한 것처럼 보이는 경우가 많다. 예를 들어 오리올 방앗간 습격작전(제7장 참조)은 두 정규군 부대의 지휘관에게 거부당한 뒤, 한 장교가 자발적으로 나서서 여러 정규부대의 자원자들을 모집해 이루어졌다.

ㅇㅇㅇㅇㅇ
곰 사냥. 중세의 대규모 몰이사냥은 기사들의 스포츠이면서 일종의 사회적인 행사였다. 가스통 포에부스Gaston Phoebus, 15세기.

특수부대가 없는 상태에서도 중세와 르네상스 시대 정규군은 보기보다 특수작전에 뛰어났다. 피엔 영주의 부대를 예로 들어보자. 1467년에 위이 습격을 맡은 이 부대에 소속된 장 드 에냉이라는 인물이 남긴 회고록에 따르면, 에노 지역의 귀족들이 대부분을 차지하는 이 부대원들은 개인적으로 수련을 많이 한 사람들이었다. 중세 말기 귀족들은 어렸을 때부터 기마술과 무기 다루는 법을 연습했기 때문이다. 사냥여행, 마상시합 등 기사들의 스포츠가 그들의 체력과 무술 실력을 더욱 다듬어주었다. 원정에 참여한 경험이 있는 사람들도 많았다. 에닝 역시 1465~1467년의 세 차례 원정을 포함해서 1450년대부터 많은 원정에 참여했다.[144]

특히 특수작전에서는 개인의 능력보다 집단의 능력이 중요하다고들 한다. 2차 세계대전 이후의 군대는 특히 소규모 부대의 응집력을 강조하고 있다(S. L. A. 마셜의 《사선에 선 인간》, 모리스 재노위츠와 에드워드 A. 실스의 〈제2차 세계대전 중 독일군의 응집과 해체〉, 마틴 밴 크리벨드의 《전투력》, 존 A. 린의 《공화국의 총검》 같은 연구서들이 이런 주장에 힘을 불어넣었다). 부대의 응집력은 정규작전의 성공에서도 중요한 요소지만, 특수작전의 성공에는 훨씬 더 중요한 요소라는 것이다.[145] 피엔의 부대가 정식 집단훈련을 별로 하지 않았고 상비군도 아니었던 것은 사실이지만, 그래도 부대의 응집력은 현대의 군대에서도 보기 힘들 만큼 대단했다.

원정 때마다 군대가 새로 편성되었다가 원정이 끝나면 해체되기를 반복하는 것이 현실이라 해도, 군대로 편성되는 인원은 대부분 같은 사람들이었다. 피엔의 부대원 대부분은 에노의 작은 지역 출신이라서 평소에도 서로 잘 아는 사이였다. 게다가 영지와 가문을 매개로 한 공식적인 관계로도 서로 이어져 있는 사이였다.[146] 그들은 대부분 피엔의 가신이거나 가문의 일원이었으며, 각각 오래전부터 거느리고 있던 부하들을 데리고 군대에 합류했다.[147] 장 드 에닝도 피엔의 가신이자 친구였다. 그는 이복형제인 콜라르 드 방드지와 함께 피엔의 군대에 복무했으며, 12~20명의 병사와 종자를 데려왔다. 에닝은 직접 양성한 그들을 원정 때도 직접 지휘했다.[148]

에닝과 같은 사람들에게 원정이 시작되는 것은 그들이 본거지에 함께 모인 순간부터였다. 그들은 원정이 끝날 때까지 내내 함께였다. 몽레리 전투(1465), 브루스템 전투(1467) 같은 주요 전투에서 함께 싸운 경험뿐만 아니라 원정 중에 생활을 함께하면서 쌓인 일상적인 경험 또한 그들을 하나로 묶어주었다.[149] 보통 그들은 함께 먹고 자면서 강력한 유대와 소속감을 쌓았다. 에냉은 1465년 원정 때 자신들이 제르핀 마을에서 함께 생활했으며, 뇌빌 영주의 군대가 자정이 지나 마을에 도착해 그들을 숙소에서 몰아내려고 했을 때는 거의 싸움이 벌어질 뻔했다고 썼다.[150]

용병들 사이에서도 때로 응집력이 지극히 강한 소규모 집단이 만들어졌다. 용병들로 이루어진 군대는 몹시 덧없는 존재였지만, 이 군대를 구성하는 작은 용병 무리들 중에는 몇 년, 몇십 년 동안 함께 다닌 사람들이 있었다. 바스코 드 몰레옹처럼 성공을 거둔 용병대장은 원정 때마다 군주를 바꾸는 것이 문제가 되지 않았으며, 기회가 생기면 개인적으로 강도나 보호비 징수 같은 짓을 저지르기도 했다. 그리고 이 모든 행동을 자신의 무리와 함께했다.[151]

르네상스 시대에는 이런 장기적인 군사적 유대가 좀 더 공식적인 형태를 띨 때가 많았다. 병사들이 '카메라다camerada'라고 불리는 공식적인 조직을 갖춘 것이다. 여기에는 6~12명이 소속되었다. 이런 집단들은 상위계급에도 존재했으며, 대부분의 군대에서 장교들은 자신의 종자와 수행원으로 이루어진 카메라다를 거느렸다.[152] 이 카메라다야말로 병사들의 생활에서 진정한 중심이었다. 이런 무리에 속하지 않고 군대에서 살아남기는 무척 힘들었다. 카메라다에 속한 병사들은 돈과 소지품을 공동으로 관리하는 경우가 많았다. 카메라다는 구성원들에게 먹을 것과 잠잘 곳을 마련해주고, 병자를 돌봐주었을 뿐만 아니라 때로는 구성원들이 남긴 미망인과 고아를 돌보며 유언장의 집행을 감독하기까지 했다. 전쟁이 끝난 뒤에도 동료들이 헤어지지 않고 계속 한데 뭉쳐다니는 카메라다도 있었다.[153]

따라서 상비군과 공식적인 집단훈련이 없어도 많은 소규모 부대들이 중세와 르네상스 시대의 군대에서 특수작전을 수행하는 데 필요한 실력과 응집력을 모두 갖고 있었다. 게다가 앞으로 보게 되겠지만, 공식적인 훈련과 실력, 응집력이 모두 모자란 사람들조차 때로 중요한 특수작전을 성공으로 이끌기도 했다. 황제 몬테수마 2세의 납치는 유례를 찾아보기 힘든 대담한 행위이자 역사적으로 엄청난 결과를 낳은 사건이었다. 그런데 이 일을 해치운 사람들은 전문적인 재주라고는 하나도 없고, 군대경험도 별로 없고, 집단훈련도 받은 적 없고, 집단 응집력도 의심스러운 모험가 무리였다.

몬테수마 납치는 현대의 특수작전과는 다른, 기사도 시대 특수작전의 또 다른 특징을 보여준다. 현대의 특수작전은 보통 최고위 장성이나 정치가의 결정으로 수행되는 반면,[154] 중세와 르네상스 시대의 특수작전에서는 실제로 작전을 수행할 사람이 먼저 하겠다고 나서는 경우가 적지 않았다. 심지어 중요한 작전도 예외가 아니었다. 통신이 어렵다는 점과 특수작전의 본질 때문에, 당시의 특수작전은 설사 수행된다 해도 승인 없이 수행되는 경우가 많았다. 적의 지도자를 납치하거나 적의 성에 침투할 수 있는 천재일우의 기회가 왔을 때, 멀리 있는 사령관이나 왕에게 허락을 구하다가는 그 기회를 잃어버렸을 것이다.[155]

예를 들어보자. 스코틀랜드의 사자왕 윌리엄이 1174년에 잉글랜드를 침공했을 때, 잉글랜드 왕 헨리 2세는 자기 아들들과 싸우느라 여념이 없었다. 윌리엄은 소규모 부대로 애니크 성을 포위하려고 시도했다. 근처에 잉글랜드 야전군이 전혀 없을 거라고 생각했기 때문이다. 뉴캐슬에 본부를 둔 랠프 글랜빌 휘하 소규모 잉글랜드 파견대는 윌리엄의 행동에 대한 정보를 입수했다. 그의 보안 조치가 몹시 느슨하다는 정보도 함께 있었다. 글랜빌은 스코틀랜드 진영을 번개처럼 기습해 왕을 사로잡았다(1174년 7월 14일). 글랜빌이 정보를 입수한 순간부터 왕이 사로잡힐 때까지 24시간도 채 걸리지 않았다. 만약 글랜빌이 (당시 캔터베리에 있던) 헨리 2세에게 연락해 허락과 지시를 받으려 했다면, 작전은 적어도 1~2주 동안 지연되었을 것이고 스코틀랜드 왕을 사로잡을 기회는 확실히 날아가버렸을 것이다.[156]

사실과 허구 사이에서

기사도 시대의 특수작전은 탄탄한 역사 연구를 하기에는 특히 힘든 주제다. 방심한 독자가 중세 연대기 작가들과 르네상스 시대 선전가의 화려한 이야기에 속아서 그들이 상상력으로 꾸며낸 이야기를 금과옥조처럼 받아들이기도 쉽다. 반면 지나치게 성실한 학자가 그들의 모든 이야기를 그저 우화로 치부해버리기도 그만큼 쉽다. 중세의 역사를 연구하는 사람들은 이 문제를 이미 잘 알고 있지만, 특수작전의 경우에는 이 문제가 특히 두드러진다.

많은 특수작전들이 비밀리에 수행되어 논란에 휩싸여 있기 때문에 믿을 만한 정보가 별로 없다. 전투에 참가한 양측의 선전가들이 일부러 퍼뜨린, 신빙성 없고 상당히 광적인 이야기들이 있을 뿐이다. 설상가상으로 특수작전은 보통 선정적인 주제이기 때문에 사람들은 이런 작전에 대한 이야기를 몹시 듣고 싶어 했다. 따라서 믿을 만한 정보는 물론이고 하다못해 선전가들이 퍼뜨린 이야기마저 들려오지 않을 때는 완전히 상상으로 지어낸 이야기들이 그 자리를 메웠다. 즉, 특수작전에 대한 믿을 만한 이야기가 심각하게 부족한 상황에서, 꾸며낸 이야기들은 지나치게 풍부하다는 점이 문제다.[157]

따라서 특수작전에 대한 이야기들을 사실상 믿기가 힘들다. 특수작전은 아무도 그런 일이 가능할 거라고 짐작하지 못하기 때문에 수행되는 경우가 많다. 1123년에 무슬림 군주의 조카인 발라크 태수가 하르푸트 요새의 경비를 가볍게 유지한 것도 같은 논리에서였다. 그러나 이 요새에 잡혀 있던 예루살렘 왕 보두앵 2세를 구하려고 아르메니아인 병사들이 요새로 몰래 잠입했다는 이야기를 성실한 역사가가 같은 이유로 무시해버릴 수도 있다.

특수작전을 수행하고 싶은 지휘관이 의심을 제쳐두고 불가능한 일이 이루어질 수 있을 거라고 믿을 수밖에 없듯이, 이런 작전을 연구하고 싶은 전쟁역사가는 그 작전과 관련된 모든 이야기들을 말도 안 되는 허풍이라거나 뻔한 선전이라는 이유로 모조리 무시해버리면 안 된다. 특수작전에서는 무엇이든 단순히 몹시 황당하다는 이유만으로 진실이 아니라고 치부해버릴 수 없다.

특히 주목할 것은 독살 음모와 관련된 주장들이다. 중세 말기와 르네상스 시대 유럽에서는 이런 주장들이 사방에서 들려왔다. 그러나 독살 음모의 성격상 그런 음모가 정말 있었는지, 아니면 단순히 선전전을 위해 부풀린 이야기인지 판단하기가 거의 불가능하다. 르네상스 시대의 군주와 귀족들은 대개 개인적으로 조심하는 편을 택했으며, 독살과 관련된 이야기들을 몹시 심각하게 받아들였다. 예를 들어 부르고뉴 공작 샤를은 평생 독살을 두려워해서 주방과 식당에 정교한 조치를 취해두었다.[158] 그러나 목숨의 위협을 느낄 일이 없는 현대 역사가들은 거의 대부분 학자로서 신중한 태도를 취하느라 독살 이야기들을 신빙성 있게 받아들이지 않는다.

여기서 니자리파의 활동이 우리에게 중요한 교훈을 가르쳐줄 수 있을 것 같다. 니자리파는 보통 암살대상을 죽일 때 공공장소에서 칼로 찌르는 방법을 썼기 때문에, 믿을 만한 기록이 많이 남아 있다. 따라서 아무리 의심이 많은 학자라도 이런 기록 중 일부를 사실로 받아들일 수밖에 없었다. 만약 니자리파가 비수 대신 독을 도구로 선택했다면 어떻게 됐을까. 군사적으로는 독이 더 안전한 방법이었을 것이다. 하지만 만약 니자리파가 독을 선택했다면, 학자들은 그들에 관한 모든 이야기를 르네상스 시대 유럽의 독살 이야기들처럼 순전한 허구나 선전으로 치부해버렸을 가능성이 높다.

나는 이 책에서 이 두 극단 사이의 길을 가려고 시도할 것이다. 개략적인 분석을 다룬 이번 장에서 나의 목적은 기사도 시대의 특수작전 형태를 정하고, 그들을 군사적으로 중요하게 만들어준 구조적 조건들을 설명하는 것이었다. 나는 지금까지 많은 특수작전들을 살펴보며, 중세와 르네상스 시대의 전쟁과 정치에 나타난 공통의 경향을

ㅇㅇㅇㅇㅇ
〈기사들의 전투〉, 외젠 들라크루아, 1824년경.

배경으로 특수작전의 잠재적인 위치를 분석해보았다. 혹시 내가 중세 연대기 작가의 풍부한 상상력에 간혹 속아 넘어갔다 해도, 그로 인해 전체적인 결론이 달라지지는 않았기를 바랄 뿐이다.

나는 앞으로 대표적인 특수작전들을 심층적으로 설명하면서 정보와 흥미를 모두 전달하고자 애쓸 것이다. 지금까지 남아 있는 증거들을 신중히 가려내는 데 최선을 다했으나, 나의 이야기가 처음부터 끝까지 정확하다는 말을 듣는다면 오히려 내가 놀랄 일이다. 500년이나 1,000년쯤 세월이 흐른 지금 빈약한 자료를 토대로 암살 음모나한밤중의 침투작전을 완전히 믿을 만하게 재현해내는 것은 문자 그대로 불가능하다.

나는 가능한 한 내가 품고 있는 의심을 글에서 드러냈으며, 다른 해석의 여지도 남겨두었다. 루이 11세가 1464년에 부르고뉴 공작 샤를을 정말로 납치하려 했는지, 아니면 샤를이 이 이야기를 꾸며낸 건지 독자에게 판단을 맡긴 것이 그 예다. 그러나 이런 방법을 쓰는 데는 한계가 있다. 모든 문장을 '아마'나 '혹시'로 시작하면서 독자의 관심을 계속 붙들어두기란 불가능하기 때문이다. 따라서 이 책을 읽는 동안 이 책에 서술된 많은 사실들이 확인되지 않은 것임을 독자들이 잊지 말아주기를 바란다. 중세의 연대기 작가들처럼, 나 또한 내가 확신할 수 있는 이야기만 쓰기보다는 독자의 흥미를 끌 만한 이야기를 만들어내는 것이 나의 첫 번째 의무라고 생각할 때가 많았다. 그 결과물인 이 책 속의 이야기들이 나의 분석에 살을 붙여줬기를 바랄 뿐이다. 설사 이 이야기들이 과거의 사건을 오로지 사실 그대로 재현한 것이 아니라 하더라도, 과거의 기습작전이나 암살작전을 당시 상황에서 가능했을 법한 모습으로 재현한 것은 사실이다.

이 책의 공간적-시간적 틀에 대해 마지막으로 한마디 하겠다. 이 책은 유럽 전역과 중동에서 수행된 특수작전을 살펴본 것이며, 스페인의 멕시코와 페루 정복처럼 먼 곳에서 벌어진 작전도 가끔 언급되어 있다. 내가 심층적으로 살펴본 시범 사례 중 가장 오래된 것은 1098년에 있었던 안티오키아 기습이고, 가장 최근의 것은 1536년에 있었던 오리올 방앗간 파괴작전이다. 전쟁은 이 수백 년 동안 많은 변화를 겪었다. 화약혁명은 그중에서 적지 않은 자리를 차지한다. 또한 시기와 상관없이 지역에 따라 전쟁 양상에 큰 차이가 있었다.

그래도 군사적인 관점에서 볼 때 특수작전 분야에서는 차이보다

유사성이 훨씬 더 크게 두드러진다. 전략적으로나 정치적으로나 특수작전의 표적은 11세기 시리아에서도 16세기 프랑스에서도 대체로 같았다. 또한 특수작전은 언제나 공식적인 전술보다는 독창성, 기습적인 요소, 대담성에 훨씬 더 의존하기 때문에, 기술과 군대조직의 변화(화약혁명으로 인한 변화도 포함)가 별로 영향을 끼치지 못했다. 사실 특수작전의 표적과 방법만 보면 고대와 18세기 사이에 그리 근본적인 차이가 없다.[159] 산업혁명과 전쟁의 기계화, 그리고 대량살상무기의 등장만이 특수작전의 표적 중 일부와 작전방법을 크게 바꿔놓았다.

문화적인 관점에서 봤을 때도, 화약혁명과 근대국가의 등장은 특수작전에 제한적인 영향을 미쳤을 뿐이다. 기사도의 규범과 가치관은 16세기 내내 여전히 서구의 전쟁에 깊은 영향력을 행사했다. 설사 그런 규범들이 깨지는 경우가 있었다 해도, 빈도를 따져보면 11세기나 12세기와 크게 다르지 않았다. 이 책이 다른 연구자들이 일반적으로 선택하는 1450년에서 멈추지 않고 1550년까지 나아간 데에는 화약혁명이 지상 특수작전의 역사에서 분수령이 되지 못했음을 증명하고 싶다는 이유가 커다란 부분을 차지한다.

2장

◆

중동으로 통하는 길
안티오키아, 1098년

"시리아 전체의 머리"

1095년 교황 우르바누스 2세가 중세의 군사 원정 중 가장 성공적이고 기념비적인 일 중 하나로 꼽히는 제1차 십자군 전쟁을 시작했다. 이 전쟁으로 중동에 십자군의 제후령 네 개가 세워졌을 뿐만 아니라, 그 뒤로도 수많은 십자군이 만들어지게 되었다. 십자군들은 유럽과 중동에서 모두 문화적, 정치적, 경제적으로 중대한 변화를 일궈냈다.

그러나 1098년 5월 물질적, 문화적으로 이미 엄청난 자원이 투여된 제1차 십자군(과 십자군 운동 전체)은 거의 실패한 상태였다. 우선 이른바 농민 십자군(가톨릭교회가 조직한 십자군과는 별개로, 그들보다 6개월 앞서 평민들이 조직한 무장조직 —옮긴이)은 중부 유럽과 동유럽을 휩쓸며 유대인들을 학살하고 기독교인 마을을 약탈한 뒤, 처음으로 마주친 적의 군대, 즉 니케아의 셀주크튀르크 군에게 맥없이 궤멸되었다

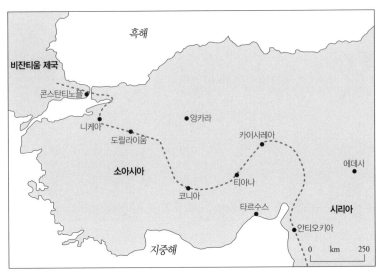

〇〇〇〇〇
제1차 십자군의 진군 경로.

(1096).

농민 십자군보다 더 탄탄한 조직과 무장을 갖추고 다음 해에 아시아로 건너간 귀족 십자군은 그래도 좀 나았다. 그들은 비잔티움 제국이 니케아를 차지할 수 있게 도와준 뒤, 도릴라이움에서 셀주크 군대를 물리치고(1097) 이렇다 할 저항 없이 소아시아를 가로질러 진군했다. 그러나 1097년 10월 안티오키아 성벽 앞에서 발목이 묶였다.

안티오키아는 중동의 고대 대도시 중 하나였다. 셀레우코스 왕조의 수도로 건설된 이 도시는 나중에 로마의 지배를 받는 레반트(소아시아와 고대 시리아의 지중해 연안 지역 ― 옮긴이)의 중심 도시가 되었다. 최초의 기독교 총대주교 관구 세 개 중 하나이기도 했다. 그러나 무슬림들이 637년에 이 도시를 정복했고, 969년에는 무슬림 총독 밑에서 복무하던 기독교인 병사들이 총독을 배신하고 안티오키아 성벽의 여러 망루들에 소규모 비잔티움 군대를 끌어들였다. 그 덕분에 비잔티움 제국이 이 도시를 다시 정복할 수 있었다.

1085년에 안티오키아는 셀주크튀르크 지도자 술레이만의 공격을 버텨냈다. 그러나 아르메니아 출신 총독인 필라레토스 또는 그의 아들이 비잔티움 제국을 배신했다. 셀주크군이 밤의 어둠을 틈타 비밀리에 성내로 들어온 다음 날 새벽, 잠에서 깨어난 안티오키아 시민들은 도시의 지배자가 튀르크인으로 바뀌었음을 알게 되었다.

당시 셀주크 제국은 아프가니스탄에서 지중해까지 뻗어 있었지만, 위대한 술탄 말리크샤의 죽음(1092) 이후에는 처음 일어날 때처럼 순식간에 부스러지고 말았다. 말리크샤의 아들들은 페르시아와 메소포타미아를 놓고 서로 다퉜다. 그 와중에 제국의 변방을 서로 찢어 가진 탐욕스러운 친척들도 곧 자기들끼리 영토싸움을 시작했다. 결국 제국은 갈기갈기 찢기고 말았다.

안티오키아는 1086~1087년에 말리크샤가 임명한 총독 야기시얀의 몫이 되었다. 1097년 야기시얀은 여전히 알레포의 리드완에게 명목상 충성하는 관계를 유지했고, 리드완은 모술의 제후 카르부가에게 충성했으며, 카르부가는 저 멀리 있는 셀주크 술탄 베르크야룩의 명목상의 대리인이었다. 그러나 사실 야기시얀은 끊임없이 이어지는 계승권 분쟁을 이용해 어지러운 중동 지역에서 독자적인 세력을 구축하고 있었다.

안티오키아는 훌륭한 권력기반이 될 잠재력이 있었다. 1097년 무렵에는 자연재해와 인간이 일으킨 재앙으로 인해 과거의 영광은 그림자밖에 남지 않았지만, 그 그림자만으로도 아직 만만치 않을 정도였다. 밀, 보리, 올리브가 자라는 비옥한 땅이 11세기 시리아의 거의 모든 도시에 비해 많은 인구를 먹여살렸고, 지중해 연안을 따라가다가 아마누스 산맥의 고갯길들을 통과하며 시리아와 소아시아를 이어주는 주요 도로는 물론 시리아의 가장 중요한 강인 오론테스 강까지 영향권 안에 있는 덕분에, 안티오키아는 부유한 상업 중심지이자 전략적인 요충지였다. 게다가 이 도시를 종교적으로 중시하는 여러 기독교 종파들은 도시의 부를 늘리고 세속 지도자들에게 영향을 미칠 수 있는 잠재력을 강화하는 데 기여했다. 무명씨의 시리아 연대기가 안티오키아를 "시리아 전체의 머리"라고 말한 것은 올바른 표현이었다.[1]

난공불락의 요새

안티오키아는 또한 훌륭한 요새 설비도 갖추고 있었다. 우선 한때 서부 유라시아에서 최고의 요새 축성기술을 갖고 있던 비잔티움 제국이 6세기에 안티오키아의 방어시설을 지었다. 그리고 10세기 말에 이 도시를 탈환한 뒤 성벽을 다시 세우고, 시리아 내의 전진기지로 삼았다. 안티오키아는 비잔티움 제국과 무슬림 세계가 맞닿아 있는 국경에서 가장 강력한 요새였다. 그 뒤 수십 년 동안 안티오키아 요새는 거의 난공불락이었고, 요새 설비 또한 여러 차례 보수되었다.

1097년 안티오키아를 에워싼 두터운 성벽은 길이가 10킬로미터

다리 문bridge gate 건너편에서 본 안티오키아 전경. 이 그림은 19세기 초의 작품이지만, 당시 안티오키아의 중요 특징들은 1098년 이후 크게 변한 것이 없었다. 그림 앞쪽에 보이는 중심 다리와 시가지의 위치도 11세기와 똑같다. 실피우스 산으로 이어진 성벽은 대부분 중세에 지어진 성벽의 잔해다. W. H. 바틀릿 그림, E. 스미스 판화제작.

이상, 높이가 약 12미터나 되었으며, 군데군데 수많은 망루들이 솟아 있었다(자료에 따라 360~450개). 북서쪽 성벽은 넓은 오론테스 강과 주변 습지를 품고 있었으며, 남쪽과 남동쪽 성벽은 카시아 산맥을 따라 뻗어나가면서 이오폴리스 산, 실피우스 산, 스타우리스 산의 가파른 능선을 타고 지그재그 모양으로 이어졌다(131쪽 지도). 이 세 개의 산 중에서 가장 높은 실피우스 산은 오론테스 평원 위로 약 350미터 높이까지 솟아 있었다. 꼭대기에는 도시를 압도하며 최후 방어선 역할을 하는 육중한 성채가 있었다. 안티오키아는 정규 공격으로는 산을 통해서도, 강을 통해서도 사실상 파고 들어갈 틈이 없는 거나 마찬가지였다.

다른 곳보다 확연히 낮은 북쪽과 서쪽 성벽은 오론테스 평원 위로 뻗어 있었다. 규모가 작은 피르미누스 강과 오놉닉테스 강이 여기서 요새에 부분적으로 걸쳐 있고, 이중성벽이 가장 훤히 노출된 이 일대의 방어설비를 한층 더 강하게 보호해주었다. 성벽에는 튼튼한 방어설비를 갖춘 커다란 성문이 여섯 개, 그보다 작고 좁은 문이 여러 개 있어서 공격자들이 표적을 정하기가 힘든 반면, 수비대는 보급품과 전령을 쉽게 안에 들일 수 있고 돌격대를 출진시키기도 용이했다.

십자군이 안티오키아의 방어설비를 보고 망연자실한 것은 당연한 일이었다. 대부분의 십자군 병사들은 대도시가 별로 없고 대부분의 성들이 나무로 대충 지어진 나라 출신이었다. 샤르트르의 풀크는 안티오키아의 방어설비가 워낙 탄탄해서 "성내에 식량이 충분히 공급되고 주민들의 방어의지가 강하기만 하다면 밖에서 적들이 그 성을 함락시키는 것은 절대로 불가능한 일"이라고 썼다.[2] 십자군 지휘관인 에티엔 드 블루아는 도시 함락 전에 쓴 편지에서 안티오키아의 "요새 설비가 믿을 수 없을 만큼 튼튼해서 거의 난공불락"이라고 말했다.[3]

십자군의 공성 전술은 안티오키아 공략에 아무 쓸모가 없었다. 사실 서유럽의 공성 전술로는 비잔티움 양식으로 요새화된 도시를 제압할 수 없다는 사실이 이미 니케아에서 확인된 바 있었다. 십자군은 니케아 공격에 나섰다가 많은 피를 흘리며 격퇴당했고, 아스카니오스 호수를 통한 보급선도 끊어버리지 못했다. 니케아는 비잔티움 제국이 육지를 통해 소함대를 불러와 호수를 장악하는 독창적인 방법을 사용한 뒤에야 제국에 항복했다.

안티오키아의 방어시설은 니케아의 것보다 훨씬 더 강력했다. 게다가 십자군의 처지는 그때에 비해 크게 약해져 있었다. 니케아에서

십자군은 규모 면에서 절정에 있었으며, 비잔티움 제국이 그들에게
군사적, 기술적으로 막강한 도움을 주었다. 병참 면에서도 비잔티움
제국의 도움이 컸다. 또한 십자군에게 우호적인 콘스탄티노플이 겨
우 100킬로미터 거리에 있었다. 그러나 안티오키아에 다다랐을 때의
십자군은 이미 병력을 많이 잃은 상태였고, 비잔티움 제국의 도움도
가늘게 똑똑 떨어지는 물줄기처럼 줄어든 뒤였다. 콘스탄티노플까지
의 거리는 거의 1,000킬로미터나 되었다.

　존 프랜스의 계산에 따르면, 니케아를 떠난 전투원 5만 명 중 많은
사람들이 도중에 목숨을 잃거나 부대를 버리고 떠났다. 주력 부대에
서 갈라져 나와 안티오키아 주변의 여러 마을과 성을 정복한 부대들
도 있었다. 그래도 남은 병력이 5,000명 규모인 안티오키아 수비대를
수적으로 크게 압도했으나, 성벽을 정면에서 타고 올라갈 수는 없었
다. 공성장비로 성벽에 구멍을 내거나 성벽 아래로 굴을 파는 방법 역
시 십자군의 능력 밖이었다. 따라서 내키지 않는 마음으로 시도한 몇
번의 공격은 비참한 실패로 끝났다.

　식량공급을 끊어 굶주린 시민들이 결국 항복하게 만드는 방법도
실현 가능성이 부족하기는 마찬가지였다. 안티오키아 성에는 식량이
풍부하게 쌓여 있었으며, 성벽이 광대한 지역을 감싸고 있어서 그 안
에 주거지뿐만 아니라 방앗간, 과수원, 채마밭, 목초지 등이 포함되
어 있었다. 또한 도시가 워낙 커서 도시를 봉쇄하기도 힘들었다. 성벽
이 아주 길고, 오론테스 강과 카시아 산맥으로 인해 도시를 에둘러 통
신을 주고받기가 극도로 어려웠기 때문에 십자군은 부대를 여럿으로
갈라 사방에서 도시를 공격하는 위험한 작전을 쓸 수 없었다.

따라서 도시 북쪽에 모든 병력을 집결시키고, 다른 쪽은 느슨한 봉쇄만을 유지하는 방법밖에 없었다. 그들은 수비대의 통신을 완전히 끊어버리지 못하고, 그저 방해만 할 수 있을 뿐이었다. 프랜스는 이 공성전에 대한 훌륭한 연구서에서 대단히 설득력 있는 주장을 펼친다. 십자군이 도시를 습격할 수도, 식량공급을 봉쇄하는 작전을 쓸 수도 없는 상황에서 최대한 오랫동안 포위를 유지하며 안티오키아 시를 있는 힘껏 괴롭혀 "뭔가 돌파구가 생기기를" 바라는 수밖에 없었다는 것이다.[4]

야기시얀의 불안

안티오키아를 십자군의 손에 넘겨줄 돌파구야 여러 가지가 있을 수 있겠지만, 특수작전은 그 돌파구 목록에서 십중팔구 맨 꼭대기에 있었을 것이다. 중세의 전쟁에서 직접 공격, 공성장비, 굴 파기, 식량봉쇄 등의 방법으로 도시를 굴복시킬 수 없을 때, 대안으로 가장 가능성이 높은 것이 바로 특수작전이었다. 풀크는 십자군이 처음부터 "무력이나 계략으로" 안티오키아를 차지할 수 있기를 바랐다고 썼다.[5] 기습 공격으로 성문 하나, 망루 하나, 성벽 일부를 점령하는 방법은 전면 공격이나 몇 달에 걸친 소모전과 달리 성공을 거둘 가능성이 있었다. 때로는 순전히 행운과 용맹함이 이런 작전을 성공으로 이끌기도 했다. 그러나 그보다는 내부의 도움이 성공의 열쇠가 될 때가 더 많았다.

제1장에서 지적했듯이, 이슬람 세계, 비잔티움 제국, 라틴어 문화권을 막론하고 중세와 고전시대의 전쟁 지침서는 공성전 도중 특수작전의 사용을 권고했으며, 내부의 배신을 모든 방어전의 가장 커다란 위협 중 하나로 꼽았다. 또한 성을 포위하고 공격하는 쪽이 내부의 배신을 유도해서 기습 공격으로 요새를 함락시킬 수 있는 여러 방법들과 포위된 요새의 수비대 지휘관이 이런 공격을 격퇴할 수 있는 여러 방법들도 함께 열거했다.

중세에 큰 인기를 끌었던 1세기 로마의 전쟁 지침서인 프론티누스의 《책략집》은 포위된 요새의 지휘관에게 충성스러운 부대를 배신자로 위장시키라고 권했다. 이 '배신자들'은 적과 공모해서 그들을 함정으로 끌어들이는 미끼 역할을 했다. 이 방법을 이용하면 적에게 직접적인 피해를 입힐 수 있을 뿐만 아니라, 적이 진짜 배신자를 불신하게 만드는 더욱 중요한 효과도 기대할 수 있었다. 중세에 가장 큰 영향력을 지닌 군사 지침서인 베게티우스(《군사학 논고》를 쓴 고대 로마의 전략가. "평화를 원하거든 전쟁에 대비하라"는 말을 남겼다 — 옮긴이)의 지침서는 공성전을 펼치는 쪽이 사용할 수 있는 다양한 책략들에 주의하라고 포위된 지휘관들에게 경고했다. 후퇴하는 척하다가 밤에 다시 돌아와 성벽을 사다리로 올라와서 안심한 성내 사람들을 공격하는 방법이 그가 열거한 책략 중 하나다(《일리아드》 덕분에 유명해지고, 폴리아이누스, 황제 레온 6세, 크리스틴 드 피장, 니콜로 마키아벨리, 오비니 영주 등 고대, 중세, 근대 초기의 많은 군사 사상가들도 제안했던 책략).

14세기 우마르 알안사리의 전쟁 지침서는 예전 무슬림 지침서들의 지혜를 개괄적으로 요약해서, 내부의 배신이 요새를 점령하는 최고의 방법이라고 강력히 주장했다. 비용이 가장 적게 드는 방법이기 때문이다. 알안사리는 포위된 성안의 사람들과 최대한 많이 접촉할 필요가 있다고 강조하면서, 그들의 배신을 유도할 수 있는 다양한 책략과 방법을 제시했다. 그리고 수비대 장교 중 한 명을 끌어들일 수 있다면 특히 유익할 것이라고 썼다. 한편 포위된 수비대의 지휘관에게는 병사들에게 풍성한 보상을 약속하고 적을 경계하라고 경고해서 충성심을 확보하는 것이 무엇보다 시급하다고 권고했다. 수비대 지휘관이 정의로운 행동과 선행으로 주민들의 마음을 사는 것 또한 그에 못지않게 중요했다.[6]

이런 지침서를 읽지 않더라도, 야기시얀은 특수작전과 내부의 배신이 안티오키아를 가장 위험에 빠뜨릴 수 있는 요소임을 분명히 알고 있었다. 969년의 선례, 그리고 그보다 더 중요한 1085년의 선례가 그의 마음을 무겁게 짓눌렀을 것이다. 또한 1086년에 인근 도시인 알레포가 망루를 지키던 자의 배신으로 셀주크튀르크의 태수 투투쉬의 손에 넘어간 일도 생각났을 것이다. 얼마 전 페르시아에서 일어난 일들에 대한 보고는 야기시얀의 불안감을 증폭시킬 뿐이었다. 1090년 난공불락이던 알라무트 산악요새가 내부의 배신으로 인해 니자리파의 손에 넘어갔고, 이를 계기로 니자리파는 셀주크 제국을 상대로 공포와 폭동을 선동하기 시작했다. 니자리파는 제대로 된 공성전을 펼칠 능력이 전혀 없는데도, 그로부터 몇 년 안에 페르시아 전역에서 폭동과 내부의 배신을 통해 수많은 요새들을 차지했다. 그 결과 1092년에는 니자리파 최대의 적이자 셀주크 제국의 강력한 재상인 니잠 알물크를 대담하게 암살할 만큼 강해질 수 있었다.[7]

야기시얀은 잠재적인 배신자들에게 에워싸인 상태였다. 그는 안티오키아를 다스린 10년 남짓한 기간 동안 윗사람과 동료를 상대로 끊임없이 음모를 꾸며 이간질을 일삼았다. 1095년에도 야기시얀은 알레포의 리드완 배후에 있는 진정한 권력자인 재상 자나 알다울라를 암살하려 시도했으나 실패했다. 그 뒤 3년 동안 야기시얀은 리드완에게 충성하다가 편을 바꿔 리드완의 형제이자 라이벌인 다마스쿠스의 두카크에게 충성하기를 몇 번이나 반복했다.

이런 상황이었으니 야기시얀으로서는 자신이 거느리고 있는 튀르크인 수비대원들조차 완전히 믿을 수 없는 처지였다. 그는 무슬림과 기독교도 사이의 종교적인 적대감을 들먹이는 것만으로는 튀르크인들의 충성심을 확보할 수 없다는 사실을 알고 있었다. 1085년 안티오키아가 셀주크튀르크의 손에 떨어졌을 때, 이 성을 지키기 위해 누구보다 완강히 저항하던 사람들 중에는 비잔티움 제국 군대에 복무하던 튀르크인 용병대도 포함되어 있었다. 그들은 심지어 안티오키아가 배신으로 함락된 뒤에도 저항을 계속했다.

성내의 민간인들은 더욱더 위험한 존재였다. 인구가 많은 안티오키아에서 기독교도는 압도적인 비중을 차지했다. 비록 그들이 적대적인 여러 종파로 분열되어 있고, 많은 기독교 종파들이 '이단'적인 비잔티움 제국의 억압적인 통치보다 이교도라도 비교적 너그러운 셀주크의 통치를 선호하기는 했지만, 그래봤자 셀주크 제국은 차악次惡일 뿐이었다. 종교 외에도 인종, 문화, 언어가 장벽이 되어 튀르크인들과 안티오키아 시민들을 갈라놓고 있었다.

십자군이 안티오키아에 접근하자, 인근의 여러 요새와 마을에서 기독교인들이 반란을 일으켜 튀르크인 수비대원들을 죽이거나 쫓아내고 십자군에게 문을 열어주었다. 안티오키아 성내에서 야기시얀은 이런 반란을 예방하기 위해 동방정교회 총대주교 등 가장 믿을 수 없는 기독교인들을 추방하거나 구금했다. 그리고 나머지 기독교인들에게는 무기 소지를 금지하고, 그들에게 미리 정해진 시간 외에는 집 밖으로 나서거나 공공장소에 모이지 말라고 명령했다. 풀크에 따르면, 공성전 기간 동안 야기시얀은 배신자로 의심되는 기독교인 주민들을 가끔 죽여서 머리를 잘라 포탄 대신 성벽 밖으로 쏘아 보냈다고 한다.[8] 이븐 알아티르(중세 아랍 역사가 ─옮긴이)의 설명은 좀 다른데, 의심 많은 야기시얀이 안티오키아에서 기독교를 믿는 많은 남자들을 추방한 뒤 가족들을 인질로 성내에 붙잡아두었으나 그들이 다치지 않도록 신경 써서 보살펴주었다고 한다.

어쨌든 당시의 많은 무슬림 통치자들과 마찬가지로 야기시얀은 동방정교도 병사들, 특히 호전적인 아르메니아인 병사들을 수하에 데리고 있었다(그는 인력부족에 시달리고 있었다). 풀크와 알아티르 중 누구의 설명이 옳더라도, 배신자가 될 가능성이 있는 사람들이 안티오키아에 남아 야기시얀의 의심에 불을 지폈다는 사실에는 변함이 없다.

도시가 워낙 커서 십자군이 안티오키아 전체를 효과적으로 봉쇄할 수 없었던 것은 사실이지만, 도시의 크기만큼 내부의 배신과 특수작전에 취약해진 것도 사실이다. 10킬로미터 길이의 성벽이 6제곱킬로미터가 넘는 지역을 에워싸고 있고, 그 안에 서로 무심하거나 적대적인 사람 수만 명이 살고 있는 상황에서 야기시얀이 도시 구석구석은 고사하고 성벽만이라도 전부 끊임없이 감시하기는 불가능했다. 반면 불만을 품은 시민이나 병사가 아무도 몰래 바깥의 적군과 연락을 주고받기는 비교적 쉬웠다. 설상가상으로 만약 내부의 배신으로 성벽의 일부가 적의 손에 넘어간다면, 지나치게 큰 도시의 규모로 인해 병사를 모아 효과적인 역공을 가하는 데 시간이 많이 걸릴 터였다. 그렇게 되면 적군이 내부에 교두보를 단단히 확보하고, 압도적인 병력으로 밀어붙이게 될 가능성이 높았다.

안티오키아는 몇 겹의 방어 시스템에 의존하는 20세기의 요새나 중세의 전형적인 성과 달리, 강하지만 속이 텅 빈 조개껍데기와 같았다. 정규 공격에는 난공불락이지만, 정밀하게 한 지점만을 공략하는 특수작전에는 지극히 취약했다는 뜻이다. 따라서 보급로와 전술적인 요충지를 둘러싼 전통적인 전투와 더불어 안티오키아에서는 은밀한 싸움 또한 끊임없이 벌어졌다. 야기시얀과 십자군 측 모두 도시를 방어하는 사람들 사이의 약한 부분을 찾아내려고 끊임없이 애썼다. 야기시얀은 약한 부분을 없애버리기 위해서, 십자군은 그 부분을 이용하기 위해서.

이런 은밀한 싸움에 연료가 된 것은 성 안팎의 통신이 비교적 자유롭다는 점이었다. 사람, 상품, 정보가 오랜 공성전 기간 동안 내내 도시를 드나들었다. 십자군은 성의 모든 출구를 봉쇄하는 데 한 번도 성공하지 못했고, 밖에서 들어오는 물품에 의존하던 튀르크인 수비대는 도시를 드나드는 사람과 물건을 효율적으로 감시하지 못했다. 1098년 3월까지도 아르메니아계와 시리아계 농부·상인들이 식량을 가지고 산에서 안티오키아 시내로 들어와 판매하는 일이 일상이었다. 난민과 탈영병은 물론 이중첩자들과 일반 첩자들이 안티오키아를 떠나

바깥의 십자군에 합류하는 일도 비일비재했다. 이렇게 십자군과 튀르크인 수비대는 쉽사리 서로를 염탐할 수 있었으므로, 십자군이 내부자의 도움을 구할 수 있는 기회도 많았고, 포위된 수비대가 포위군을 함정으로 끌어들이려고 음모를 꾸밀 수 있는 기회도 많았다.

프랑스의 지적처럼, 야기시얀은 내부의 수비대와 외부의 포위군이 서로 종교와 인종을 둘러싼 증오를 품도록 선동해서 탈영과 배신의 위험을 최소화하고 싶었을 것이다. 그래서 그는 일부러 십자군 병사들이 훤히 볼 수 있는 곳에서 여러 포로들을 죽을 때까지 고문했다. 십자군이 가끔 자기네 포로에게 야기시얀 못지않은 잔혹한 짓을 한 것이 이때 야기시얀에게 뜻하지 않은 도움이 되었다. 십자군은 죽은 튀르크인들의 머리를 잘라 성안으로 쏘아 보내는 짓도 여러 번 저질렀다.

야기시얀은 배신의 위험을 줄이기 위해 당시 군사 지침서에 언급된 방법들도 몇 가지 사용했다. 앙셀름 드 리브몽에 따르면, 1098년 4월이나 5월쯤 튀르크인 이중첩자가 안티오키아를 십자군의 손에 넘겨주겠다고 약속했다. 그런데 십자군 선발대가 성안에 들어섰을 때 매복하고 있던 부대가 그들을 쓸어버렸다. 프랑스 왕의 총사령관으로, 이 선발대를 이끌었다고 알려진 갈롱 드 쇼몽탕벡생도 역시 목숨을 잃었다.[9]

진짜 배신자와 반역자도 출현했던 것 같다. 1098년 2월 십자군은 작은 전투에서 중요한 튀르크 가문의 아들을 사로잡았다. 그들은 이 가문이 망루 중 한 곳을 맡고 있음을 알고, 망루에서 훤히 볼 수 있는 곳에 포로를 전시한 뒤 괴로워하는 가족들에게 망루를 자신들에

니케아 공방전 당시, 머리를 잘라 성안으로 쏘아 보내는 십자군. 작자 미상, 13세기.

게 몰래 넘겨줘야만 아들을 돌려받을 수 있을 것이라고 알렸다. 가족들은 엄청난 액수의 몸값을 공개적으로 제시했으나 십자군은 거절했다. 그러자 가족들은 십자군과 은밀한 협상을 벌여 안티오키아 시를 배신하려고 했다. 그러나 야기시얀에게는 다행히도, 그의 아들인 샴스 앗다울라가 이 협상에 대해 알게 되었다. 야기시얀은 재빨리 포로의 가족들에게서 망루를 빼앗아 십자군의 계획을 미연에 방지했다. 십자군은 성벽 앞에서 포로를 죽을 때까지 고문하는 것으로 복수했다.[10]

배신자의 심장을 통과하는 길

십자군 지도자들 중에 은밀한 싸움에 특히 기대를 건 사람이 하나 있었다. 그는 바로 보에몽 드 오트빌이었다. 보에몽이라는 이름은 그의 아버지가 전설상의 거인 이름을 따서 붙여준 것으로서 그는 정복자 집안의 후예였다. 그의 선조들은 스칸디나비아에서 배를 타고 출발해 나중에 노르망디가 된 지역을 정복했다. 그의 아버지(저 유명한 로베르 기스카르)는 약탈꾼으로 출발해서 시칠리아와 이탈리아 남부의 지배자가 되었다. 보에몽은 여러 해 동안 아버지와 함께 비잔티움 제국을 상대로 전쟁을 벌이며 발칸반도는 물론 아마도 콘스탄티노플까지도 정복하려고 시도했으나 실패했다.

기스카르가 세상을 떠난 뒤, 그의 두 번째 아내가 낳은 첫 번째 아들인 로제 보르사가 유산을 모두 차지해버리는 바람에 그의 이복형인 보에몽은 아무것도 물려받지 못했다. 보에몽은 여러 번 반란을 일으켰지만, 기껏해야 장화 모양 이탈리아 반도의 발꿈치에 빈약한 발판을 하나 마련했을 뿐이었다. 고향에서 궁지에 몰린 그는 제1차 십자군에 기꺼이 합류했다. 신앙심보다는 눈부신 정복의 가능성이 그를 움직였을 것이다.

보에몽이 십자군에 합류하는 과정은 그의 무자비함과 교활함을 잘 보여준다. 1096년 여름 그와 일시적으로 평화로운 관계를 유지하고 있던 이복동생 로제가 중요한 항구인 아말피를 포위했다. 보에몽은 이미 십자군에 합류하기로 마음을 정한 뒤였으나 이를 비밀에 부치고 우선 동생이 엄청난 병력을 모을 수 있도록 도왔다. 군대가 자리를 잡고 아말피를 포위하자 보에몽은 비로소 동방으로 가겠다는 의사를 밝혔고, 병사들 중 무려 절반이 열성적으로 그에게 합류했다. 보에몽이 이미 만들어진 부대를 손에 넣은 것이다. 로제는 포위를 풀 수밖에 없었으나, 이복형을 치워버리게 된 것이 워낙 기뻤는지 그의 이중적인 행동을 용서해주었다.

안티오키아로 행군하는 동안 내내, 그리고 그 뒤에 이어진 오랜 안티오키아 공성전 기간 동안 보에몽은 십자군의 가장 두드러진 지휘관으로 자리를 굳혔다. 아군과 적이 모두 그를 존중해주었다. 그러나 그를 깊이 의심하는 사람들도 있었다. 특히 과거에 전투에서 그를 상대한 적이 있는 비잔티움 황제는 그의 의도를 의심하면서, 그가 동생에게 빼앗긴 땅 대신 새로운 오트빌 제후령을 세우려 하는 것 같다는 정확한 판단을 내렸다. 황제의 딸인 안나 콤네나 공주는 후세를 위해 보에몽에 대한 인상을 글로 써서 남겼다.

그 빨간 머리 거인은 "불한당 짓이 몸에 배어서 아주 하찮은 일로도 벌컥 흥분했다. 악행과 용기 면에서 그는 당시 콘스탄티노플을 지나가던 모든 라틴 사람들을 훨씬 능가했지만, 재산과 지략 면에서는 훨씬 뒤떨어졌다. 그는 최고의 말썽꾼이었다"는 내용이었다. 공주는 세월이 흐른 뒤 그를 회상하면서, 보에몽이 겉으로 보기에는 성묘^{聖墓}에서 예배를 드리려고 이탈리아를 떠난 것 같았지만 "사실은 스스로 권력을 쥐려고 했다"는 결론을 내렸다.[11]

안티오키아는 보에몽에게 야망을 위한 표적이자 재주를 시험하는 무대였다. 안티오키아만 한 도시의 방어를 뚫고 들어가는 가장 쉬운 길은 배신자의 심장을 통과하는 길임을 보에몽만큼 강렬히 의식한 십자군 지휘관은 아마 한 명도 없었을 것이다. 노르망디 출신 기사들은 이탈리아 남부와 발칸반도 원정에서 적의 요새를 정복할 때 배신과 특수작전에 습관적으로 의존했다. 카푸아(1022), 나폴리(1028), 멜피(1041) 몬테펠로소(1068), 살레르노(1077)가 그렇게 함락되었다. 1068년 로베르 기스카르는 비잔티움 제국의 속주인 아풀리아의 수도 바리를 포위했다. 3년 동안 노르만 원정대의 공격을 견뎌내던 바리 시는 결국 내부의 배신으로 망루 하나가 적의 손에 넘어간 것을 이겨내지 못했다(1071).

보에몽에게 훨씬 더 강력한 모델이 되어준 것은 그도 직접 참여했던 두라초 공성전이었다. 비잔티움 제국의 속주인 일리리아의 수도이자 주요 항구인 두라초는 최고의 비잔티움 양식으로 방어를 갖춘 요새였다. 1081년 기스카르와 보에몽은 함께 이 도시를 포위했다. 그리고 이 도시는 9개월을 버텼다. 베네치아 출신 주민이 배신하지 않았더라면, 훨씬 더 오래 버틸 수도 있었을 것이다(1082).

보에몽은 이탈리아와 발칸반도에서 쌓은 경험 덕분에 은밀한 작전에 다른 지휘관들보다 더 많은 기대를 걸었을 뿐만 아니라, 그런 작전을 실행할 준비도 더 많이 갖추고 있었다. 이탈리아 남부와 시칠리아에는 그리스계 주민들이 아주 많았으므로, 노르망디 기사의 군대에도 그리스계 병사들이 많았다. 시칠리아에는 무슬림 인구가 현저히 많았으므로, 오트빌 가문은 정복전쟁 중 여러 무슬림 세력가들과 동맹을 맺고 무슬림 병사들도 수천 명이나 받아들였다. 엔나의 군주였던 이븐 하무드 같은 일부 전前 무슬림 통치자들은 심지어 개종해서 기독교도 귀족세계에 합류하기도 했다. 시칠리아의 무슬림들이 보에몽의 십자군에 합류했다는 증거는 어디에도 없지만, 그것이 아주 불가능한 얘기는 아니다. 보에몽 휘하의 무슬림과 그리스계 부하들이 아무리 못해도 그에게 아주 요긴한 통역이 되어준 것만은 사실이다.[12]

보에몽은 심지어 튀르크인과도 관계를 가지고 있었다. 발칸반도 원정 때 비잔티움 황제에게 고용된 튀르크인 용병들과 자주 마주친 덕분이었다. 소아시아에서 모병된 용병들은 안티오키아 튀르크인들과 밀접한 혈연관계였다. 발칸반도에서의 경험 덕분에 보에몽은 튀르크인들이 기독교인 군주 밑에서 일할 수도 있지만, 그들을 설득해 탈영하게 만드는 것도 가능하다는 확신을 얻었다. 실제로 1180년대 초의 원정에서 튀르크인 병사 개개인은 물론 아예 파견대 전체가 탈영해서 노르망디 군대로 넘어오는 일도 있었다.

마지막으로 지적할 것은, 보에몽이 동방정교와 이슬람교를 믿는 병사들을 다뤄본 경험이 다른 주요 십자군 지휘관들에 비해 많을 뿐만 아니라 십자군의 이념과 종교적 편견의 영향을 가장 덜 받은 인물이었다는 점이다. 따라서 그는 안티오키아 내부의 튀르크인이나 동방정교회 신자들과 접촉하는 문제에서 다른 지휘관들에 비해 상당히 유리한 위치에 있었다. 그는 튀르크인 병사들을 꾀어들이자는 생각을, 예를 들면 고드프루아 드 부용 같은 사람보다 더 쉽게 떠올렸을 것이다. 게다가 그에게는 성안의 잠재적인 배신자들과 이야기를 나누는 데 필요한 문화적 지식과 통역이 모두 갖춰져 있었다.

남은 것은 파멸뿐인가

보에몽이 공성전 초기에 적어도 한 번 은밀한 공작을 성공적으로 수행했음을 우리는 알고 있다. 그는 모종의 수단을 동원해서 유능하고 활기찬 튀르크 병사 한 명의 탈영을 유도해 자신의 병사로 삼았다. 이 병사는 보에몽에게 직접 세례를 받고, 자신의 새로운 대부가 되어준 그의 이름을 물려받았다. 아헨의 알베르트(제1차 십자군의 역사를 기록한 12세기 학자 — 옮긴이)에 따르면, 이 '튀르크인 보에몽'은 보에몽 드 오트빌에게 가장 쓸모 있는 요원이 되어 그를 위한 첩보 활동과 수비대원 포섭을 담당했다.[13]

다른 지도자들도 이런 공작에 손을 담근 적이 있을 것이다. 십자군이 이런 공작을 통해 다양한 이득을 얻은 것도 사실이다. 그러나 안티오키아에서는 1098년 5월까지 이런 종류의 공작들 중 어느 것도 안티오키아의 함락이라는 결과로 이어지지 않았다. 은밀한 공작이라는 측면에서 이렇다 할 성과를 얻지 못한 십자군은 일반적인 싸움에서도 패색이 짙어지는 것 같았다. 알레포의 리드완과 다마스쿠스의 두카크가 보낸 원군 두 부대를 십자군이 어찌어찌 물리치기는 했지만, 공성전 내내 안티오키아의 방어에는 흠집 하나 나지 않았다.

공성전이 지지부진 길어지면서 성내의 창고들이 점점 비어가고 수비대의 자금과 사기도 떨어졌지만, 포위군은 굶주림과 절망에 더욱 더 빠른 속도로 무릎을 꿇고 있었다. 1097년 크리스마스 무렵, 십자군은 인근 마을에서 구해온 식량이 모두 떨어지자 에데사처럼 우호적인 도시들과 성 시므온 항구에서 보내오는 식량에 의존할 수밖에 없었다. 먼 마을까지 습격을 나가서 식량을 구해올 때도 있었다. 그러나 이렇게 구한 식량은 언제나 충분하지 않았고, 그렇지 않아도 시들시들 약해지고 있던 십자군에게 긴 보급선을 지키는 것은 대단히 부담스러운 일이 되었다. 보급선을 지키기 위해 파견된 분대들은 자주 패배했고, 안티오키아 성벽 앞에 남은 군대도 그동안 약해진 탓에 성내에서 파견된 돌격대에 맞서 잘 싸우지 못했다.

겨울 동안 십자군의 상황은 더욱더 악화되어 나중에는 기사들 중에 말을 갖고 있는 사람이 1,000명이 채 되지 않을 정도였다. 수많은 보병들과 군대를 따라온 여러 민간인들은 굶주림과 추위로 죽어갔다. 풀크에 따르면, 그들은 야생 허브, 엉겅퀴, 말, 당나귀, 낙타, 개, 쥐, 가죽, 똥 속에서 찾아낸 낟알 등을 먹으며 버텼다고 한다.[14] 또 다른 문헌에는 그들 중 일부가 심지어 죽은 이슬람교도의 살을 먹었다는 기록도 있다.[15] 비잔티움 제국 소속 소규모 파견대의 지휘관인 타티키오스는 2월에 부하들을 데리고 안티오키아를 떠났다. 황제에게 도움을 청하러 간다는 명분을 내세웠으나, 그는 끝내 돌아오지 않았다. 그 밖에도 도망친 지휘관들이 여럿 있었다. 그 뒤를 따라 탈영하는 일반 병사들의 수도 점점 늘어났다.

정신이 제대로 박힌 용병이나 부랑자 군대라면 이미 오래전에 공성전을 포기했겠지만, 십자군은 자기들의 목숨을 대가로 내놓고 시간을 벌면서 어떻게든 버텨냈다. 그들의 끈기가 워낙 대단했기 때문에, 이런 소모전이 몇 달만 더 이어졌다면 기생식물 때문에 커다란 나무가 숨이 막혀 죽듯이 안티오키아가 정말로 함락되었을지도 모른다. 1098년 3월과 4월에는 십자군의 상황이 실제로 조금 밝아지기도

했다. 특히 알레포에서 온 원군을 물리치고 안티오키아 봉쇄를 더욱 단단히 조인 것이 큰 역할을 했다.

그러나 1098년 5월이 되자 더 이상 버틸 수 없었다. 모술의 총독 카르부가가 마침내 야기시얀의 호소를 들어주기로 하고, 메소포타미아와 시리아에서 대규모 병력을 모아 안티오키아를 구원하러 오고 있었던 것이다. 십자군에게 남은 것은 파멸뿐인 듯했다. 카르부가의 군대는 십자군이 지금까지 마주친 그 어떤 부대보다도 훨씬 대부대였다. 그들이 도착할 때까지 수동적으로 기다리기만 한다면, 난공불락의 안티오키아 성벽이라는 모루와 구원군이라는 망치 사이에 끼어 납작하게 짜부라지고 말 터였다('모루와 망치' 전술은 알렉산드로스 대왕이 주로 사용했던 전술이다 —옮긴이). 그렇다고 이쪽으로 진군 중인 군대를 치자니, 그렇지 않아도 빈약해진 십자군을 둘로 나누거나 안티오키아 공성전을 포기해야 할 판이었다.

십자군은 카르부가가 안티오키아로 곧장 진군하지 않고 중간에 길을 멈춰 에데사를 포위하기로 한 덕분에 잠깐 숨 쉴 틈을 얻었다. 카르부가가 그런 결정을 내린 것은 시리아와 소아시아에서 오는 부대를 기다릴 필요도 있고, 모술과의 통신로를 확보할 필요도 있기 때문이었다. 거기에 카르부가의 사심도 작용했다. 카르부가와 그의 주군인 셀주크 술탄이 1098년 당시 십자군을 이슬람 연합군을 결성해 맞서야 할 만큼 심각한 위협으로 보았을 것 같지는 않다. 그때까지 십자군의 위협은 그리 대단하지 않았으며, 여러 이슬람 권력자들, 특히 이집트 파티마 왕조의 술탄들은 심지어 십자군과 기꺼이 동맹을 맺을 생각을 하기까지 했다.

이런 상황에서 카르부가가 안티오키아 구원에 나서기로 한 것은, 십자군의 침략을 황금 기회로 삼아 제국의 거친 서부에서 자신의 권위를 다시 확립할 수 있겠다고 생각했기 때문이었다. 독자적인 노선을 추구하던 시리아 통치자들도 십자군의 침략이라는 새로운 위협 앞에서 마침내 카르부가의 권위 앞에 기꺼이 무릎을 꿇을지도 모르는 일이었다.

따라서 카르부가는 십자군을 쓸어버리는 일을 서두르지 않았다. 그 대신 5월 4일부터 25일까지 에데사 근처에 진을 치고 건성으로 몇 번 성을 공격하면서 자기 부대의 결속을 강화하고 야기시얀을 비롯한 시리아 영주들과 협상하는 데 대부분의 힘을 쏟았다. 카르부가는 야기시얀에게 도움의 대가로 완전한 복종을 요구했다. 그는 야기시얀이 자신 앞에 완전히 무릎을 꿇을 때까지 손가락 하나 까딱하지 않을 작정이었다. 야기시얀은 시간을 끌었지만 결국 카르부가의 요구를 받아들였다. 5월 25일경 협상이 타결되자 카르부가는 에데사 포위를 풀고 다시 안티오키아로 진군하기 시작했다. 별로 서두르지 않는 한가한 걸음이었으나, 그런 속도로도 6월 5일 전에는 안티오키아에 도착할 수 있을 것 같았다.

십자군의 유일한 희망

카르부가가 다가온다는 소식에 십자군은 겁에 질렸다. 그러나 이것이 보에몽 드 오트빌에게는 오히려 유리하게 작용했다. 그는 얼마 전부터 안티오키아 시내로 통하는 열쇠가 이미 자신의 주머니에 들어 있다고 믿고 있었다. 그가 신뢰하는 요원인 튀르크인 보에몽이 겨울 또는 1098년 봄쯤에 수비대 장교 중 한 명인 피루즈라는 자와 접촉했다. 그는 '두 자매'(카시카루프)라고 불리는 망루가 있는 성벽의 책임자였다. 어쩌면 인근의 두 망루 또한 그의 책임이었을 가능성이 있다.

흥미로운 것은, '두 자매' 망루가 969년에 내부의 배신으로 비잔티움 군대의 손에 떨어진 망루들과 대략 같은 위치에 있었다는 점이다. 피루즈는 보에몽과 비밀협상에 응할 의사가 어느 정도 있음을 밝혔다. 튀르크인 보에몽 외에도 보에몽의 신뢰를 받는 다른 전령들 여러 명이 양측을 오가며 여러 가지 제안, 약속, 정보를 전달했던 것 같다. 안나 콤네나에 따르면, 피루즈와 보에몽이 한 번 직접 이야기를 나눈 적도 있다고 한다. 피루즈는 성벽 너머로 몸을 기울이고, 보에몽은 성벽 아래에서 그를 감언이설로 꾀었다. 마치 이솝우화에서 여우가 고기를 물고 있는 까마귀를 꾀듯이 말이다.

이렇게 양측이 접촉한 경위를 가장 잘 기록해놓은 문헌은 공성전 직후 이탈리아 남부 출신인 노르망디 기사가 작성한 연대기다. 보에몽의 휘하였던 그는 현대 학자들에게 (중세의 많은 연대기 작가들과 마찬가지로) '무명씨'라고 불린다. 이 무명씨에 따르면, 보에몽은 피루즈에게 세례와 부와 명예를 약속했고 피루즈는 이 조건을 받아들였다. 그리고 보상의 대가이자 우정의 증표로 '두 자매' 망루를 보에몽에게 넘겨 안티오키아 성내로 들어올 수 있는 길을 열어주겠다고 확답했다.

현대 학자들은 이 무명씨의 이야기를 액면 그대로 받아들이지 않고, 피루즈가 실제로 어떤 인물이었으며 어떤 이유로 그런 결정을 내렸는지 확실히 밝혀내려고 많은 노력을 기울였다. 1098년 당시 보에몽 역시 피루즈가 진실을 말하고 있는지, 안티오키아 성내에서 전령이 가져온 연락의 진정한 속뜻이 무엇인지 확실하게 확인할 길이 없었다. 그러나 현대 학자들과 달리 보에몽의 경우에는 이 의문의 답에 자신의 목이 걸려 있었다. 만약 일이 잘 풀린다면 안티오키아를 손에 넣을 수 있을 것이다. 하지만 프랑스 장군 갈롱처럼 상대에게 속은 거라면, 부하들과 함께 셀주크군의 함정 안으로 걸어들어가는 꼴이 될 터였다.

보에몽(과 튀르크인 보에몽)이 피루즈의 속내를 어떻게 확인했는지는 알 수 없지만, 지금까지 전해져오는 여러 기록들에 상충되는 내용이 수두룩한 것으로 보아 그 작업이 결코 쉽지 않았음을 짐작할 수 있다. 문헌마다 피루즈의 국적과 직업이 다르게 기록되어 있다. 심지어 무명씨가 알려준 피루즈라는 이름 대신 다른 이름이 등장하는 경우도 있다. 어떤 사람들은 그가 갑옷을 제작하는 장인이었다고 말하고, 또 어떤 사람들은 그가 흉갑을 만드는 사람이었다고 말한다. 그를 야기시얀의 비서나 안티오키아의 부유한 시민으로 묘사한 기록도 있고, 심지어 지금까지 언급한 모든 직업이 다 그의 것이었다고 말하는 기록도 있다.

그의 속내에 대해서는 탐욕을 꼽은 기록이 가장 많지만, 다른 이야기들도 있다. 어떤 기록에는 보에몽이 피루즈의 아들을 붙잡고 있었기 때문에 피루즈가 아들을 살리려고 안티오키아를 배신했다고 되어 있다. 그가 신성한 환상을 보았기 때문에, 또는 야기시얀과 개인적으로 분쟁을 벌였기 때문에 그런 행동을 했다는 기록도 있다. 티레의 기욤(1130~1186, 티레의 대주교이자 연대기 작가 ─ 옮긴이)처럼 피루즈를 아르메니아 출신으로 본 사람들은 이교도의 손에서 안티오키아를 해방시켜 기독교 세계로 되돌려놓고 싶다는 생각이 그에게 무엇보다 크게 작용했다고 설명한다(아르메니아는 터키 동부에 위치한 국가로, 현재에도 인구 대다수가 크리스천이다 ─ 옮긴이). 티레의 기욤은 다른 문헌에서 증명되지 않은 또 다른 동기를 덧붙여놓았다. 피루즈의 아내가 야기시얀의 고위 보좌관 중 한 명과 바람을 피우는 것을 피루즈가 알아챘다는 것이다.

어느 문헌의 설명이 옳은지 지금은 확인할 수 없다. 십중팔구 보에몽도 알지 못했을 것이다. 그래도 그는 도박을 하는 심정으로 피루즈를 믿기로 마음을 굳혔다. 1098년에 이미 40대 후반이던 보에몽은 너무나 많은 좌절을 겪은 사람이었다. 만약 그가 조상들의 본을 따라 후손들에게 정복자로서 이름을 남겨줄 생각이라면, 지금이 마지막 기회인 것 같았다. 그는 이 기회를 양손으로 움켜쥐었다.

피루즈를 믿어도 된다고 자신을 설득한 보에몽은 다른 십자군 지휘관들을 불러 회의를 열었다. 4월이나 5월 초쯤이었을 것이다. 유난히 행복하고 만족스러운 표정으로 그는 피루즈와의 협약을 혼자만의 비밀로 간직한 채 다른 지휘관들에게는 십자군의 절망적인 상황을 이야기했다. 그러고는 여전히 회심의 카드를 감춘 채로, 다른 지휘관들에게 거래를 제의했다. 그때까지 십자군을 구성하고 있는 여러 부대들은 각각의 지휘관만을 따랐다. 즉, 십자군 전체를 관장하는 총사령관이 없었다. 그러나 절망적인 상황이다 보니, 이제 한 명을 총사령관으로 세울 필요가 있었다. 보에몽은 그 총사령관이 어떻게 해서든 안티오키아 함락에 성공한다면, 보상으로 그에게 안티오키아 성주 자리를 주어야 한다고 말했다.

카르부가가 실제로는 존재하지도 않는 이슬람 세계의 공동선善을 위해 안티오키아를 돕는 일에 그리 적극적이지 않았던 것처럼, 보에몽도 역시 존재하지도 않는 기독교 세계의 공동선을 위해 안티오키아를 점령하는 일이 내키지 않았다. 그러나 카르부가가 다가오고 있다는 사실을 아직 모르는 다른 지휘관들은 보에몽의 잔꾀와 야망을 경계하면서 그의 제의를 단박에 거절해버렸다. 그들은 아마도 보에몽이 성내에서 배신자를 찾아낸 것 같다는 추측에는 도달했겠지만, 아직은 그의 제안을 덥석 받아들일 만큼 절박하지 않았다. 설사 보에몽이 성내의 배신자를 찾아냈다 해도, 그것이 함정인지 아닌지는 아무도 확신할 수 없는 노릇이었다. 또한 이렇게 힘든 공성전을 치르고 얻은 열매를 보에몽 혼자서 즐기게 해주는 것은 어떤 경우에도 달갑지 않았다. 보에몽은 쓴 약을 삼키듯이 감정을 억누르고 계속 비밀을 지켰다. 그의 인내심 또한 잔꾀 못지않았다.

5월 10일경 카르부가가 오고 있다는 소식이 퍼졌을 때의 상황이 이러했다. 십자군 지휘관들은 서둘러 또 회의를 열었다. 그리고 야기시얀이 카르부가의 요구에 결국 무릎을 꿇은 것처럼, 그들 또한 보에몽의 요구에 무릎을 꿇었다.[16] 그들은 그가 안티오키아를 함락시킨다면 안티오키아가 그의 것이 될 것이라고 약속했다. 물론 안티오키아의 정당한 주인인 비잔티움 황제가 나타나 성을 요구하지 않아야 한다는 조건이 붙었다.

안나 콤네나에 따르면, 보에몽을 사령관의 자리에 앉힌 이 두 번째 회의 때도 보에몽은 여전히 비밀을 털어놓지 않고 자신의 전략을 다음과 같이 설명했다고 한다.

"하느님께서 허락하신 승리가 모두 검으로만 얻어지는 것은 아니고, 언제나 전투를 통해서만 얻어지는 것도 아니다. 혼란스러운 전쟁으로 얻을 수 없었던 것이 협상 후 기꺼이 손에 들어올 때가 많다. (…) 내 생각에 쓸데없이 시간을 낭비하는 것은 잘못된 일이다. 우리는 카르부가가 도착하기 전에 우리 자신을 구할 현명하고 대담한 계획을 서둘러 생각해내야 한다. 우리들 각자가 저 성벽을 지키는 야만인들을 우리 편으로 끌어들이기 위해 열심히 노력할 것을 제안한다."

안티오키아는 승자의 상품이 될 예정이었다.[17] 이것은 안나의 문장이지만, 보에몽이 제안한 전략의 정신이 여기에 잘 반영되어 있다.[18]

아헨의 알베르트와 티레의 기욤에 따르면, 이 결정적인 회의에서 보에몽은 가장 중요한 지휘관들에게 성내에 믿을 만한 협력자가 있으나 안티오키아를 자신에게 주겠다는 약속이 없으면 자신은 아무것도 하지 않겠다고 공개적으로 밝혔다. 자신에게 안티오키아를 주는 것이 내키지 않는다면, 그들이 따로 성내의 협력자를 찾아야 한다는 말도 덧붙였다.

이런저런 수단을 동원해 십자군 지휘관들에게서 마침내 원하는 것을 얻어낸 보에몽은 이제 안티오키아를 두고 카르부가와 촌각을 다투는 경쟁을 벌여야 했다. 아직 야기시얀이 시간을 끄는 중이었으므로, 보에몽이 아주 조금 앞서 있었다. 그러나 시간이 촉박한 것만은 분명했다.

보에몽은 총사령관이 된 뒤 가장 먼저 모든 군사행동을 중단시켰다. 5월 중순부터 6월 초까지 십자군은 마치 마비된 것 같았다. 프랜스는 이 기간 동안 야기시얀과 십자군이 실제로 휴전협정을 맺었을 가능성이 있다는 의견을 내놓는다. 이 말이 옳은지는 알 수 없지만, 십자군이 안티오키아 성을 필사적으로 공격하는 일도, 참신한 공성무기를 새로 만드는 일도, 안티오키아를 봉쇄해서 카르부가와의 연락을 막으려는 특수작전도 없었음은 확실하다. 보에몽은 그런 일을 벌이기에는 이미 늦었다고 확신했다.

십자군의 유일한 희망은 피루즈뿐이었다. 그들은 기습을 위해 최적의 조건을 갖추는 데 온 힘을 쏟았다. 모든 공격을 멈추고 아마도 임시로 휴전협정까지 맺은 데에는 두 가지 중요한 이점이 있었다. 첫째, 십자군의 사기가 떨어졌다는 인상을 줘서 수비대가 방심하게 만들었다. 둘째, 이제 무엇보다 중요해진 성 안팎의 통신이 용이해졌다.

지금이야말로 피루즈가 정말로 약속을 지킬 인물인지 확인할 때였다. 그가 안티오키아를 배신하겠다고 약속한 것은 카르부가의 군대가 오고 있다는 소식이 도달하기 한참 전이었다. 구원군이 오고 있다는데도 그가 약속을 지킬 것인가? 십자군은 아무것도 하지 않고 있었지만, 보에몽은 매일 피루즈에게 전령을 보내 아부와 장밋빛 약속을 계속 퍼부었다. 마지막 순간, 그러니까 카르부가의 군대가 안티오키아에서 겨우 사흘 거리까지 왔을 때, 피루즈가 확답을 주었다. 보에몽은 여전히 함정일 가능성을 경계했으므로, 피루즈에게 증표를 요구했다. 피루즈는 아들을 보에몽에게 보냈다. 만약 피루즈가 보에몽을 배신한다면, 아들의 목숨이 사라질 것이다. 하지만 그때쯤이면 십자군의 패배 또한 말할 것도 없이 거의 확실할 것이다.

"담대하게 사다리를 올라라!"

작전 날짜는 6월 2일에서 3일로 넘어가는 밤으로 정해졌다. 두 자매 망루는 성의 남쪽, 실피우스 산 능선에 위치해 있었다. 성 그레고리우스 성문과 성채 사이 대략 중간지점이었다. 즉 십자군 진영의 반대편이라는 얘기였다. 또한 사람이 살지 않는 산속에 있어서 오직 걸어서만 접근할 수 있었다. 그나마 걸어가는 것도 쉽지 않았다. 십자군이 망루에 도달하기가 어렵다는 뜻인 동시에, 그쪽에서 공격이 날아올 위험도 없다는 뜻이었다.

보에몽과 피루즈는 호메로스와 베게티우스의 본을 따서 다음과 같은 작전계획을 함께 수립했다. 몇 주 동안 꼼짝도 하지 않던 십자군의 대부대가 몸을 일으켜 안티오키아를 떠나 북쪽에서 중요한 일을 수행하러 가는 척할 것이다. 안티오키아 성벽의 파수꾼들과 혹시 카르부가가 보낼지도 모르는 척후병들도 이 움직임을 보고 '십자군이 도망친다', 또는 '마지막 남은 기회를 이용해 마을을 약탈하러 간다', 또는 '카르부가 군대와 맞서려고 간다'는 추측을 할 것이다. 마지막 추측이 가장 가능성이 높았다.

그렇게 출발한 부대는 밤의 어둠 속에 모습을 숨기고 다시 방향을 틀어서 남쪽에서부터 안티오키아에 접근할 예정이었다. 이 대부대가 산악지대에 몸을 숨기면, 약 700명 규모의 소부대가 몰래 실피우스 산을 오를 것이다. 이 소부대는 둘로 나뉘는데, 둘 중 규모가 더 큰 쪽은 보에몽의 지휘와 피루즈의 도움으로 두 자매 망루를 점령한 뒤 재빨리 산개해서 성벽을 최대한 많이 장악할 것이다. 특히 근처의 뒷문

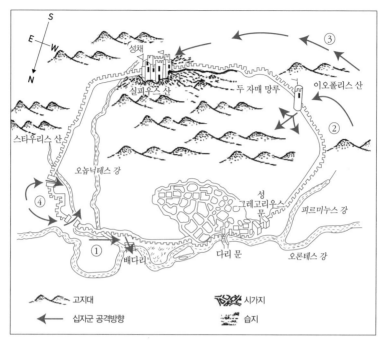

안티오키아 습격, 1098년 6월 2~3일.
① 십자군 부대가 진영을 떠나 배다리bridge of boats로 오론테스 강을 건넌다. ② 보에몽의 선발대가 두 자매 망루를 통해 안티오키아에 침투해서 시내로 통하는 길을 연다. ③ 이와 동시에 고드프루아 드 부용이 지휘하는 소규모 기습 부대가 성채 기습을 시도한다. ④ 십자군 주력 부대에 성채 함락 소식이 닿으면 가까운 성문을 통해 안티오키아 성안으로 쏟아져 들어간다.

을 최소한 하나라도 확보하는 것이 중요했다. 한편 그동안 나머지 작은 부대는 고드프루아 드 부용의 지휘하에 산을 더 올라가 성채 바로 옆에 숨을 것이다. 두 자매 망루가 십자군의 손에 완전히 떨어진 뒤 뿔피리를 불어 신호를 보내면 고드프루아의 부대가 성채 습격에 나설 것이다. 이와 동시에 주력 부대도 앞으로 나서서 성벽을 넘어 안티오키아 성내로 들어간다. 성문을 미리 확보해서 그리로 들어갈 수 있다면 더 좋다.

　보에몽은 이렇게 수립한 작전을 다른 지휘관 몇 명과 자신이 가장 신뢰하는 부하 여러 명에게 알려주었다. 탕크레드를 비롯한 나머지 지휘관들은 한동안 아무것도 알지 못했다.[19] 보에몽의 수하 중 '악당 크라운'이라는 별명으로 불리는 자가 진영을 돌아다니며 다가오고 있는 카르부가군에 맞서 출정할 준비를 하라고 알렸다. 비밀을 아는 사람 중 하나인 르퓌 주교 아데마르는 몇 주 전부터 너무 지쳐서 수염을 깎지 않고 내버려둔 병사들을 타일러 "프랑크족답게" 수염을 깎게 만들었다.[20] 예정된 야간공격 중에 십자군 병사들이 적과 아군을 구분할 수 있게 해주기 위해서였다. 튀르크인과 동방정교 신자들은 모두 턱수염을 기르는 것이 보통이었다.

　십자군은 계획대로 처음에는 안티오키아에서 멀어지는 척하다가 어둠을 틈타 뒤돌아섰다. 주력군이 성벽에서 조금 떨어진 곳에 숨어 있는 동안 보에몽과 고드프루아가 각각 지휘하는 두 선발대가 길을 나섰다. 아직 말을 갖고 있는 기사들도 말은 뒤에 남겨두었다. 말 타기에는 너무 험한 길을 가야 하는 데다가, 말굽소리가 시끄럽기 때문이었다.

　고드프루아의 부대는 미리 임무를 전달받았는지 실피우스 산을 오르기 시작했다. 그들은 계곡과 가파른 절벽을 지나 성채 발치에서 몸을 숨기고 최종 점검을 한 뒤 두 자매 망루에서 들려올 뿔피리 소리를 기다렸다. 그동안 보에몽의 부대는 피루즈가 있는 망루로 다가가고 있었다. 이 부대의 일원이었던 무명씨는 자신과 동료병사들이 어떻게 선발되었는지, 임무에 대해 무슨 이야기를 들었는지 밝히지 않

132

왔다. 그러나 이때쯤이면 그들도 임무를 알게 되었을 것이다. 그들이 사다리를 운반하고 있다는 점이 좋은 증거였다. 아헨의 알베르트에 따르면, 튀르크인 보에몽이 앞장서서 좁은 산길을 지나 부대를 이끌었다. 그는 몇 주, 몇 달 동안 몰래 두 자매 망루를 드나들면서 이 일대 지리에 아주 익숙해져 있었다. 피루즈도 그날 밤 잠을 자지 않았다. 그는 망루에 앉아 아래쪽 땅을 훑어보고 있었다.

6월 3일 목요일 새벽 3시쯤, 십자군은 예정했던 장소에 자리를 잡았다. 야기시얀이 경계를 강화해두었기 때문에 공격시각을 정확히 맞춰야 했다. 경비대장이 믿을 만한 부하 여러 명을 데리고 성벽을 돌아다니며 파수병들이 잠들지는 않았는지, 반역의 낌새는 없는지 감시했다. 보에몽은 자신의 가솔 중 그리스어를 잘하는 롬바르디아계 통역을 먼저 보냈다. 통역은 망루 발치까지 올라가서 피루즈가 망루 창문을 통해 불안하게 밖을 내다보는 것을 보았다. 피루즈는 통역과 몇 마디 말을 주고받으며, 경비대장의 등불이 지나갈 때까지 숨어 있다가 전속력으로 망루를 올라와 경비대장이 돌아오기 전에 성벽을 장악해야 한다고 알려주었다. 통역은 부대로 돌아가 보에몽에게 말을 전했다.

얼마 뒤, 정말로 성벽을 따라 등불 빛 하나가 가까워지더니 망루를 통과해 계속 나아가는 것이 보였다. 보에몽이 피루즈를 믿은 것이 현명했는지를 마침내 확인할 수 있게 된 것이다. 보에몽은 부하들에게 짧은 연설을 했다. 무명씨가 기억하는 그의 연설은 다음과 같다.

"한마음으로 담대하게 출발해서 사다리로 안티오키아를 올라라. 만약 하느님이 보시기에 흡족하다면 안티오키아는 순식간에 우리의 것이 될 것이다."[21]

제1선의 공격자들이 망루 발치까지 기어갔다. 위에서 누군가가 아무 이상 없으니 올라오라고 알려주었다. 망루에서 던져준 밧줄이 사다리를 감아올려 성가퀴에 단단히 고정했다. 풀크 또는 구엘이라는 이름의 병사가 가장 먼저 사다리를 올라갔다. 그 뒤를 이어 십자군 병사들이 한 명씩 차례로 올라가 망루 안으로 사라졌다.

이런저런 계산착오로 인해 그들이 가져온 사다리는 한 개뿐이었다. 이것이 얼마나 어리석은 짓인지 곧 분명해졌다. 사방은 칠흑같이 어둡고, 성벽의 높이는 약 12미터이며, 병사들은 강철무기를 거추장스럽게 들고 있었다. 금속이 부딪히는 소리에 행여나 수비대가 깨어나지 않게 지극히 조심해서 움직여야 했다. 게다가 피루즈가 배신할 가능성이 아직 남아 있었으므로, 병사들이 사다리를 대하는 태도는 그리 열성적이지 않았다. 따라서 거의 참을 수 없을 만큼 느린 속도로 작전이 진행되었다.

보에몽은 아래에 남아 있었다. 어쩌면 함정을 경계했을지도 모른다. 길게만 느껴지는 몇 분이 고통스럽게 흐른 뒤 겨우 60명가량의 병사들만 사다리를 올라가 두 자매 망루와 인접한 다른 망루 두 개를 장악했다. 피루즈는 이때쯤 머릿속에서 뭔가가 끊어졌다. 도대체 무슨 작전이 이런가? 보에몽은 모두를 죽일 셈인가? 소리를 내지 않으려고 아무리 애써도 그들의 존재는 곧 발각될 수밖에 없었다. 어떤 병사의 검이 운 나쁘게 방패와 쟁강 부딪히거나, 누군가가 어둠 속에서 헛발을 디디기만 해도 인근 망루들에 비상이 걸리기에 충분했다. 또한 경비대장도 곧 되돌아올 터였다. 안티오키아를 손에 넣을 작정이

십자군 병사가 사다리를 올라가자 피루즈가 그를 두 자매 망루로 맞아들이고 있다. 다른 십자
군 병사들은 아래에서 그 광경을 걱정스럽게 지켜보는 중이다. 작자 미상, 13세기.

라면 지금보다 더 빠르게 움직여야 했다.

피루즈는 분통을 터뜨리며 이미 망루로 들어와 몸을 숨긴 병사들에게 소리를 질렀다(그리스어를 사용한 것 같다).

"프랑크족이 너무 없잖아! 영웅 보에몽은 어디 있어? 그 무적의 영웅은 어디 있냐고?"

병사 한 명이 허겁지겁 사다리를 다시 내려갔다. 이것이 작전 수행을 더욱 방해했다. 병사는 보에몽에게 달려가 숨죽인 소리로 외쳤다.

"왜 여기 계십니까? 무슨 생각을 하시는 거예요? 여기에 왜 오신 겁니까? 보세요! 벌써 망루 세 개를 장악했습니다!"

보에몽은 병사의 아픈 비난 속에 숨은 지혜를 알아차리고 용기를 내서 전면 공격을 지시한 뒤 사다리를 올라갔다. 부하들이 전투 함성을 외쳤다.

"Deus vult(하느님의 뜻이다)!"

그러고는 보에몽의 뒤를 따라 사다리를 순식간에 올라가서 인근 망루들로 퍼져나가 깜짝 놀란 파수병들을 죽였다. 그중에는 피루즈의 형제도 포함되어 있었다. 어쩌면 경비대장 역시 이때 목숨을 잃었는지 모른다. 바로 그때, 사다리가 부서졌다.[22]

사다리를 겨우 한 개만 가져온 믿을 수 없는 실수 때문에 작전 전체가 엉망이 될지도 모르는 상황이었다. 그러나 피루즈의 망루에서 멀지 않은 곳에 뒷문이 하나 있는 것이 십자군에게는 다행이었다. 두 자매 망루로 올라간 병사들이 안에서부터 일대를 장악하는 동안, 밖에 남아 있던 동료들은 어둠 속을 이리저리 더듬고 찔러보다가 그 뒷문을 찾아냈다. 그리고 힘을 합해 묵직한 문을 부쉈다. 이제 선발대

700명 대부분이 안티오키아 안으로 들어올 수 있었다. 곧 그들을 돕기 위해 전속력으로 달려온 주력 부대도 뒤를 따랐다.

전쟁의 소음으로 뒤덮이다

동이 틀 무렵 잠에서 깬 시민들은 공포와 맞닥뜨렸다. 무명씨는 "헤아릴 수 없이 많은 사람들이 질러대는 비명이 도시 전역에서 엄청난 소음을 일으켰다"고 회상한다.[23] 십자군 병사들은 재빨리 시내 곳곳으로 퍼져나가 수비대는 물론 많은 민간인들도 마구 죽였다. 아헨의 알베르트에 따르면, 안티오키아의 기독교인 일부가 즉석에서 또는 미리 정해진 약속대로 십자군에 합류했다. 그런데도 십자군은 무장한 튀르크 병사들보다 기독교를 믿는 민간인들을 훨씬 더 많이 죽였다. 알베르트에 따르면 모두 합해 1만 명이나 된다. 기베르 드 노장(12세기 초 프랑스의 수도원장 겸 역사가 —옮긴이)은 어둠 속에서 동방정교 신자들과 튀르크인을 구분하기가 불가능했다고 그들을 변명해주었다. 옷차림과 턱수염이 똑같았기 때문이다(하지만 이것으로는 여자들과 아이들까지 죽인 것이 설명되지 않는다).

아데마르 주교가 면도를 지시한 덕분에 십자군 병사들이 서로를 마구 죽이는 일은 피할 수 있었다. 십자군 진영에 남아 있던 병사들은 전쟁의 소음 때문에 잠에서 깨어났다가, 보에몽의 핏빛 깃발이 성벽에 꽂혀 있는 것을 보고 깜짝 놀랐다. 그들도 재빨리 달려와 소란 속으로 뛰어들었다. 정오 무렵 시내의 거리들에는 시체가 가득했고, 중동의 여름 날씨 속에서 벌써 시체 썩는 악취가 공기마저 오염시키기 시작했다.

안티오키아는 무너졌다. 그러나 십자군은 성채를 확보하지 못했다. 처음부터 치고 빠지는 작전이었던 데다가, 두 자매 망루에서 시간을 지체한 것도 문제가 되었다. 뿔피리 소리는 보에몽의 부대가 뒷문을 확보한 뒤에야 울린 것 같았다. 그런데 그때쯤 성채의 경비병들은 이미 만반의 준비를 갖추고 있었다. 어쩌면 두 자매 망루의 소음 때문에 비상이 걸렸을 수도 있고, 단순히 그들의 실력이 뛰어났던 것일 수도 있다. 그들은 고드프루아의 첫 번째 공격을 손쉽게 물리친 것으로 보인다. 보에몽은 더 많은 병력을 모아 한 번 더 공격했으나 수비대가 굳건히 버텼다. 보에몽은 화살에 맞아 부상을 당한 뒤 퇴각을 외쳤다.

수비대원 중에 움직일 수 있는 사람들은 성채로 도망치거나 도시를 빠져나갔다. 야기시얀은 성채도 함락되었다고 착각한 탓에 도시를 탈출하는 무리에 끼었다. 그는 부하 몇 명과 함께 말을 타고 남쪽으로 향했다. 말들이 지쳐 쓰러진 뒤에는 어떤 마을에 몸을 숨겼다. 그러나 아르메니아인과 동방정교도인 마을 주민들이 그들의 정체를 알아차리고는, 한때 자신들의 영주였던 야기시얀을 사로잡아 목을 베어서 보에몽에게 선물로 보냈다.

야기시얀이 말을 타고 몇 마일을 달린 뒤 잃어버린 도시와 두고 온 가족들을 생각하고 슬픔에 잠겨 정신을 잃고 쓰러졌다는 이야기도 있다. 지나가던 아르메니아인이 그를 알아보고 목을 벤 뒤, 의기양양하게 보에몽에게 가져다주었다고 한다. 어느 쪽 기록이 옳든, 이틀 뒤에야 도착한 카르부가는 자신이 시간 싸움에서 졌음을 깨달았다.

6월 3일 이른 아침에 안티오키아가 함락된 사건을 일부 현대의 시각처럼 뜻밖의 일이나 우연한 일로 생각하면 안 된다. 앞에서 설명했듯이, 당시의 전쟁에서 특수작전으로 방어거점을 장악하는 것은 아주 흔한 방법이었으며, 그런 작전은 모든 공성전의 중요한 일부였다. 공성무기를 세우거나 봉쇄를 강화하는 방법만큼 중요했다. 물론 수비대의 약점이나 배신자를 찾아내는 것이 항상 가능하지는 않았다. 하지만 공성무기 역시 항상 성벽을 부숴주는 것이 아니고, 봉쇄가 항상 성안의 사람들을 굶주리게 만드는 것도 아니었다.

*
* *

십자군은 야기시얀의 죽음이나 안티오키아 함락 뒤에도 곤경에서 완전히 벗어나지는 못했다. 어떤 측면에서는 상황이 나아졌지만, 성채는 여전히 버티고 있었고 카르부가의 부대도 건재했다. 십자군은 벌판에서 카르부가의 군대와 제대로 맞붙을 수 없었기 때문에, 안티오키아의 문을 걸어 잠그고 들어앉았다. 그리고 6월 5일부터 28일까지 포위된 채 저 위에 있는 성채의 수비대와 성벽 밖에 있는 카르부가의 군대를 상대로 필사적으로 싸웠다. 그들은 그 뒤에 벌어진 안티오키아 전투에서 카르부가에게 대승을 거둔 뒤에야 비로소 숨을 돌리고 성채의 항복을 받아내 시리아와 성지로 통하는 길을 열 수 있었다.

안티오키아는 보에몽과 그 후손들이 다스리는 노르망디계 제후령의 수도가 되었다. 프랑크족의 또 다른 제후령인 에데사와 트리폴리가 안티오키아의 동쪽과 남쪽에 생겨났고, 십자군은 성지에 예루살렘 왕국을 세웠다. 이 왕국은 이런저런 형태로 거의 200년 동안 존속했다.

십자군은 이 작전에서 성채를 손에 넣지 못하고 다른 전투에서 승리한 뒤에야 남쪽으로 가는 길을 열 수 있었지만, 안티오키아를 함락시킨 작전은 중세에 가장 성공적이고 중요한 특수작전 중 하나였다. 이 작전이 아니었다면 십자군은 결코 안티오키아를 손에 넣지 못하고 건재한 수비대를 등 뒤에 둔 채로 탁 트인 벌판에서 카르부가의 군대와 맞서야 했을 것이다. 이런 상황에서 그들이 카르부가에게 승리를 거둘 가능성은 현저히 떨어졌을 테니, 제1차 십자군은 안티오키아 성벽 앞에서 수치스러운 패배로 끝을 맞았을 가능성이 높다. 이렇게 어마어마한 실패를 기록한 뒤 십자군을 모으기는 더 이상 힘들어졌을 가능성 또한 높다.

그 뒤의 십자군들이 실패했을 때에도 사람들은 항상 제1차 십자군을 본으로 삼아 새로이 원정에 나섰다. 만약 이 첫 번째 원정이 아무런 성과도 없이 궤멸되었다면, 11세기 유럽인들은 십중팔구 십자군 파견이 실수였으며 하느님이 십자군을 원하지 않는다는 결론을 내렸을 것이다. 십자군 원정은 애당초 실현되기 힘든 일이었다. 유럽 사람들이 그런 원정에 나설 수밖에 없었던 구조적 이유는 존재하지 않는다. 오히려 그 원정에 방해가 되는 구조적 원인들이 잔뜩 있었다.

만약 피루즈가 안티오키아를 배신하지 않았다면, 십자군이 안티오키아를 함락하고 3주 뒤 밖으로 나와 카르부가를 물리치지 않았다면, 십자군의 중동 원정은 바이킹의 아메리카 진출 시도와 같은 결말을 맺었을 가능성이 높다. 즉, 중세 유럽인들이 가끔 객관적인 현실을 무시하고 시작한 비합리적인 프로젝트들이 파멸로 끝날 수밖에 없었음을 보여주는, 역사 속의 흥미로운 일화가 되었을 것이다.[24]

3장

◆

보두앵 왕 구하기

하르푸트, 1123년

위기에 처한 프랑크족

제1차 십자군 이후 20년 동안 십자군이 세운 세 제후령, 즉 안티오키아, 트리폴리, 예루살렘은 점점 영토를 넓혀 타우루스 산맥에서부터 시나이 반도에 이르기까지 레반트 해안지역 거의 전부를 점령했다. 네 번째 제후령인 에데사 백작령은 그동안 유프라테스 강을 건너 동쪽으로 진출해서 이슬람 국가인 시리아를 소아시아와 메소포타미아로부터 고립시켰다.

1119년 십자군 제후령의 프랑크족들은 또다시 어려움에 봉착했다. 새로운 투르크멘 왕조인 아르투크 왕조(되게르döger 부족)가 나서서 침략자들의 진군을 저지하고 그들을 해안 쪽으로 격퇴했기 때문이다. 1119년 '피의 벌판 전투'에서 아르투크 부족의 우두머리인 일가지 이븐 아르투크가 안티오키아 제후령의 군대를 쓸어버렸다. 그로 인해 노르만계 귀족들 대부분과 안티오키아 제후 로제도 함께 목

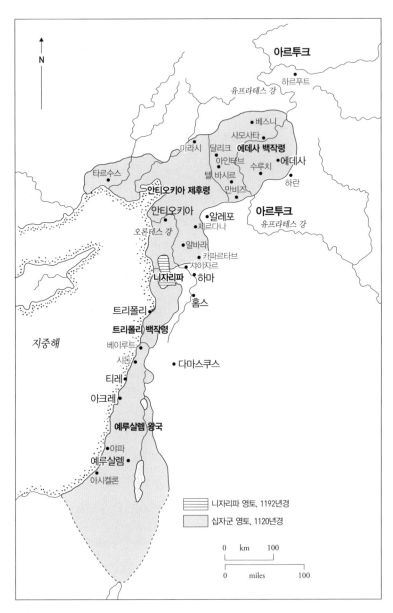

N

아르투크

유프라테스 강

하르푸트

베스니

사모사타

마라시   딜리크   에데사 백작령

아인탑브

타르수스   텔 바시르   수루치   에데사

하란

안티오키아 제후령   만비즈

안티오키아   알레포   아르투크

제르다나   유프라테스 강

오론테스 강   알바라

카파르타브

샤이자르

니자리파   하마

홈스

트리폴리

트리폴리 백작령

지중해   베이루트

시돈   다마스쿠스

티레

아크레

예루살렘 왕국

야파

예루살렘

아시켈론

⬓ 니자리파 영토, 1192년경

▓ 십자군 영토, 1120년경

0   km   100

0   miles   100

십자군 시대의 중동.

숨을 잃었다.

1121년 예루살렘 왕국의 보두앵 2세가 안티오키아를 구하고 아르투크의 공세를 막아내려고 안간힘을 쓰고 있을 때, 트리폴리 백작 퐁스가 왕에게 맞서 반란을 일으켰다. 퐁스는 보두앵이 군대를 이끌고 트리폴리로 진군한 뒤에야 비로소 무릎을 꿇었다. 1122년에는 에데사가 문제였다. 일가지의 조카인 발라크 태수가 에데사 백작 조슬랭, 비레지크 백작 갈르랑을 비롯해 에데사의 기사 60명을 포로로 잡은 것이다.

보두앵 2세는 안티오키아와 에데사에서 모두 섭정 역할을 할 수밖에 없었다. 로제 공과 조슬랭 백작의 후계자들이 겨우 열 살밖에 안 된 아이였기 때문이다. 여기에 예루살렘을 다스리는 일과 트리폴리에 있는 믿을 수 없는 퐁스를 감시하는 일까지 겹쳤기 때문에 보두앵은 빨리 에데사를 구원해서 프랑크족 영토의 북동쪽 측면을 안정시키는 것이 가장 시급하다는 판단을 내렸다. 그러나 그가 적의 위협을 받는 에데사의 전선을 시찰하는 도중 재앙이 일어났다.

1123년 4월 18일 아침, 프랑크족의 왕이 이끄는 군대가 막 잠에서 깨어 그날의 행군을 준비하고 있을 때 보두앵 왕은 잠시 휴식 삼아 매 사냥을 즐기기로 하고 소수의 호위병만을 거느린 채 주력 부대보다 먼저 출발했다. 왕이 아무것도 모른 채 유프라테스의 지류에 놓인 셴크리그 다리를 건너는 동안 발라크가 그를 덮쳤다.

태수 발라크는 보두앵의 군대를 한동안 정찰하면서 바로 이런 기회가 오기만을 기다렸던 것 같다. 보두앵은 고립되었고, 호위병은 소수에 불과했으며, 주력 부대는 아직 잠에 취해 전열을 갖추지 못했다.

프랑크족의 군대는 적에게 거의 저항하지 못했다. 그나마 움직일 수 있는 자들은 목숨을 구하기 위해 도망쳤다. 많은 병사들이 학살당하고, 왕은 조카와 함께 포로가 되었다. 그들은 사슬에 묶여 이미 조슬랭 백작과 갈르랑 백작이 갇혀 있던 곳, 즉 발라크의 영토에서 수도 역할을 하던 하르푸트 요새의 지하감옥으로 압송되었다.[1]

진격하는 발라크

발라크는 몸값에 대한 이야기는 아예 들으려고 하지도 않았다. 오로지 영토를 크게 떼어주면 풀어주겠다는 조건만 제시했다. 그는 이번의 성과를 이용해 단순히 자신의 배만 불리기보다는 이슬람 국가인 시리아의 지도자가 되어서 레반트를 다시 이슬람의 것으로 돌려놓는 데에 열중하고 있었다.

이렇게 해서 1123년 4월 레반트의 프랑크족은 지도자가 한 명도 없는 신세가 되었다. 예루살렘 왕과 에데사 백작은 포로로 잡혔고, 안티오키아 제후는 죽었으며, 트리폴리 백작은 불만이 많은 반역자라서 믿을 수가 없었다. 안티오키아와 에데사의 적법한 후계자들은 둘 다 미성년자였다. 보두앵 왕 역시 딸만 넷이 있을 뿐 아들도 사위도 없었다. 아르투크는 잇따른 성과를 이용해 안티오키아와 에데사를 덮치려고 벼르고 있었다. 설상가상으로, 보두앵이 잡혔다는 소식을 들은 이집트까지 발라크의 성과를 이용하겠다고 나서서 예루살렘 왕국으로 군대를 보내 야파 항구를 포위해버렸다.

예루살렘 왕국의 고위 성직자들과 귀족들은 아크레에 모여 긴급회의를 열었다. 그들은 우선 카이사레아와 시돈의 영주인 외스타스 그르니에를 섭정으로 만장일치로 선출했다. 외스타스는 자신을 믿어준 사람들에게 부끄럽지 않게 야파의 이집트군을 격퇴했다. 그러나 상황은 여전히 어려웠다. 이집트군이 쫓겨나기는 했지만 궤멸된 것은 아니라서, 그들의 함대가 또 다른 침략을 준비하며 아시켈론에 모여 있었다. 게다가 비록 그르니에가 유능한 지도자임을 입증했다 해도 그는 섭정에 지나지 않았기 때문에 정식으로 대관식을 거친 왕만큼 확고한 권위를 행사하지 못했다. 그런데 그르니에마저 야파에서 승리를 거둔 지 2주 뒤에 갑자기 죽어버리고 말았다.

그래도 예루살렘은 안티오키아와 에데사에 비하면 나은 편이었다. 이 두 도시는 통치자를 잃었을 뿐만 아니라, 연달아 불운을 겪으며 금고도 비어버렸다. 싸울 수 있는 나이의 귀족들은 대부분 이미 죽었거나 포로로 잡혀 있는 상태였다. 모두들 절망에 빠져 발라크의 자비에 기대는 수밖에 없는 것 같았다.

발라크는 이제 아르투크 부족의 우두머리나 마찬가지였다. 일가지가 1122년 11월에 세상을 떠난 뒤, 그의 아들인 술레이만과 티무르타시, 조카인 바드르와 발라크가 유산을 나눠 가졌다. 발라크의 몫은 하르푸트 요새 주위의 산악지대로 가장 보잘것없었으나, 그는 유능한 지도자였다. 조슬랭과 보두앵을 사로잡는 데 성공한 것도 그에게 엄청난 특권을 안겨주었다. 발라크는 하르푸트에 보두앵을 가둔 뒤, 1123년 5월에 재빨리 남쪽으로 이동해서 사촌 바드르가 지키고 있던 하란을 빼앗았다. 그리고 다시 알레포로 진군했다. 알레포는 시리아 북부에서 가장 중요한 이슬람 도시이자 바드르 영토의 수도였다. 바드르는 짧은 공성전 끝에 기세를 잃어버리고 항복했다(6월 29일). 발라크는 알레포를 얻음으로써 이교도와의 싸움에서 이슬람의 최고지도자로 나설 수 있는 권위를 획득했다.

이제 발라크는 프랑크족과 싸울 준비가 되어 있었다. 그는 알레포에서 겨우 며칠을 보낸 뒤 에데사를 향해 북쪽으로 진군하면서 달리크와 텔 바시르(투르베셀) 일대를 침공했다. 전에는 파괴를 모면했던 이 지역에서 발라크는 약탈을 벌여 전리품과 노예를 알레포로 보냈다. 그리고 가져갈 수 없는 것은 모조리 태워버렸다.

그다음에 그가 갈 수 있는 곳은 에데사가 있는 북동쪽 아니면 안티오키아 제후령이 있는 서쪽이었다. 발라크는 당분간 에데사를 무시하고 먼저 더 기름진 사냥감에 주의를 집중하기로 했다. 안티오키아가 무너진다면 에데사도 그 뒤를 따를 수밖에 없었다. 7월 중순에 발라크는 대규모 군대의 선두에 서서 안티오키아 침공에 나섰다. 곧 알바라 시가 그의 수중에 떨어졌다. 8월 초에는 중요한 요새인 카파르타브를 포위했다. 안티오키아와 에데사의 군사적 자원이 심하게 고갈되고, 사기가 바닥으로 떨어지고, 트리폴리나 예루살렘에서 원군이 올 수도 없는 형편임을 감안하면 카파르타브 역시 곧 함락될 운명인 것 같았다.

"신이시여, 저희를 구원하소서!"

한편 보두앵, 조슬랭, 갈르랑을 비롯한 수십 명의 프랑크족 포로들은 하르푸트의 지하감옥에서 시들어가고 있었다. 근처 도시에 사는 일부 아르메니아인 주민들의 도움으로 그들은 간신히 에데사에 구조 요청을 보낼 수 있었지만, 정말로 구출되는 것은 요원한 일 같았다. 하르푸트는 아르투크 영토 깊숙한 곳에 위치해 있었다. 에데사의 북쪽 국경으로부터 직선거리로 약 150킬로미터나 떨어져 있고, 2,500미터 넘게 솟아 있는 안티타우루스 산맥과 눈이 녹으면서 물이 불어난 유프라테스 강이 그 사이를 가로막고 있었다. 게다가 에데사에서 어찌어찌 원정군을 모아 하르푸트까지 도착한다 하더라도, 요새의 만만찮은 방어를 뚫을 수 있을 것 같지 않았다.

하르푸트 요새는 산속의 요새였다. 가파른 능선에 지어진 이 요새는 한지트 평원보다 350미터나 높은 곳에서 양편에 각각 자리 잡은 하자르 호수와 유프라테스 강을 굽어보고 있었다. 전략적인 위치와 천연의 장점 덕분에 수백 년 동안 요충지였으므로, 기원전 1,000년대 초기의 우라르투 왕국 시절부터 계속 같은 자리에 요새들이 존재했다. 발라크는 1113년부터 하르푸트의 주인이 되어 이곳을 자기 영토의 수도로 삼았다. 이곳에는 가장 중요한 포로들뿐만 아니라 그의 하렘과 금고도 있었으므로, 그는 당연히 최고의 자원을 동원해서 이곳의 방어를 강화했다. 따라서 하르푸트 요새는 정면 공격에 거의 무적이었다. 프랑크족으로서는 에데사까지의 병참선이 너무 길고 노출되어 있기 때문에 이곳에서 일반적인 공성전을 펼치는 것은 엄두도 낼

오늘날의 하르푸트 요새.

수 없었다. 그들이 하르푸트 앞에서 자리를 잡고 포위작전을 구사한다면, 발라크에게 서둘러 돌아와 침략자들을 쓸어버릴 충분한 시간을 주는 꼴이 될 터였다.

　그래도 포로들은 에데사에 구원 요청을 보내고 기적을 기도했다. 그들의 기도에 응답한 것은 베스니 수비대의 아르메니아인 부대였다. 베스니는 하르푸트와 가장 가까운 프랑크족의 요새로, 에데사 백작령의 북쪽 국경에 위치해 있었다. 15~50명의 아르메니아인 병사들(기록에 따라 수가 다르다)은 엄청난 위험을 무릅쓰고 하르푸트로 가서 포로들을 탈출시키기로 했다.

　투르크멘족은 이 지역에 정착한 지 얼마 되지 않았으므로, 소수의 전사귀족층이 대부분이었다. 농민들과 시민들은 그들과 출신이 달랐으며, 특히 하르푸트 주위의 민간인들은 대부분 아르메니아인이었다. 따라서 베스니의 아르메니아인 병사들은 그 지역에 비교적 쉽게 침투해서 주민들 사이에 섞일 수 있을 것이라고 생각했다. 그러고 나서 주위를 정찰한 뒤 현지인 중에서 도와줄 사람을 찾아보면 될 터였다. 만약 그런 사람을 찾을 수 없고 요새의 경비가 지나치게 엄중하다면, 언제든 베스니로 돌아가면 될 일이었다.

베스니의 아르메니아인 병사들이 순전히 자의로 이 일에 나선 건지, 아니면 프랑크-아르메니아 지도자들이 그들을 설득한 건지는 확실히 알 수 없다(무명씨의 시리아 연대기는 보두앵 왕의 아르메니아인 아내 모르피아와 사실상 에데사의 섭정이었던 고드프루아 알무앵이 나서서 이 일을 성사시켰다고 말한다). 어쨌든 만약 그들이 임무를 성공적으로 수행한다면 많은 것을 얻을 수 있었다. 각자 많은 부와 명예를 기대할 수 있을 터였다.

조슬랭에 대한 개인적인 충성심 또한 그들에게 작용했을 가능성이 높다. 조슬랭은 에데사의 백작으로서 아르메니아인들의 영주였다. 프랑크족과 아르메니아인들의 관계가 항상 좋기만 한 것은 아니었지만, 조슬랭 본인은 아르메니아인 백성들에게 상당히 인기가 좋았다. 에데사 백작이 되기 전, 백작령의 주요 권력자 중 한 명일 때에도 그는 아르메니아인 주민들과 좋은 관계를 유지하는 데 신경을 썼으며, 아르메니아인 공주와 결혼했다.

아르메니아인들에게는 또한 이 일에 민족적인 이해관계도 걸려 있었다. 비록 프랑크족을 좋아하지는 않았지만, 아르메니아인들은 투르크멘이 프랑크족을 누르고 승리를 얻을 경우 적어도 그들만큼이나 잃을 것이 많았다. 프랑크족은 중동에 나타난 지 얼마 되지 않았으므로 아직 유럽에 가족들과 친구들이 남아 있었다. 심지어 땅이 남아 있는 사람들도 있었다. 만약 이슬람 세력이 완전한 승리를 거둔다 해도, 그들의 고향과 가문의 영지는 안전했다. 따라서 그들에게는 패배가 곧 가족이나 민족의 대량학살을 의미하지 않았다. 전투에서 패배하더라도 살아남은 사람들은 그냥 고향으로 돌아가면 될 일이었다.

예를 들어 보두앵 왕과 조슬랭 백작이 모두 속해 있는 귀족가문인 몽레리의 경우, 프랑스 북부에 단단히 뿌리를 내리고 있어서 투르크멘이 아무리 승리를 거두더라도 그 가문의 뿌리를 뽑거나 가문을 아예 없애버릴 수는 없었다. 반면 아르메니아인들에게는 그렇게 쉬운 도피처가 없었다. 그들은 프랑크족이 나타나기 훨씬 전부터 종교적, 문화적, 정치적 생존을 위해 싸워왔다. 그들에게 패배란 민족 전체의 압도적인 재앙이 될 수 있었다(1140년대 말에 실제로 그런 일이 일어났다).

베스니의 아르메니아인들이 무슨 동기에서 나섰든, 누가 그들을 부추겨 모험에 나서게 했든 상관없이, 하르푸트까지 가는 길을 찾아내서 포로들을 탈출시켜 안전하게 돌아오는 것은 전적으로 그들에게 달린 일이었다. 그들은 서로에게 공식적으로 의리와 헌신을 맹세한 뒤, 민간인으로 위장하고 1123년 6월이나 7월 언제쯤 하르푸트로 출발했다.

의외의 허점

중동의 타는 듯한 여름이 절정에 달한 날씨 속에서 그들은 안티타우루스 산맥을 넘고 유프라테스 강을 건너 하르푸트 인근에 무사히 다다랐다. 그들은 그곳에서 동조자를 찾아낸 듯하다(어쩌면 심지어 가족을 만났을 수도 있다). 동조자는 그들에게 현지 상황을 알려주고, 그들이 요새의 주변을 살피며 계획을 짜는 동안 그들을 숨겨주었다.

아르메니아인들은 일반적인 공격에 하르푸트를 무적으로 만들어준 바로 그 요소들이 은밀한 작전에는 오히려 길을 터주는 역할을 하게 될지 모른다는 사실을 금방 알아차렸다. 엄청난 방어설비, 가장 가까운 프랑크족 영토까지의 거리, 그 사이에 있는 천연장벽들, 프랑크족의 군사적 자원 상태 등 여러 요소를 감안해서 발라크는 프랑크족이 하르푸트를 습격하거나 포위할 능력이 전혀 없다는 합당한 결론을 내렸다. 따라서 그는 이곳에 소수의 수비대만 남겨두었다. 게다가 그 수비대도 자신을 위협할 존재가 없을 것이라는 생각에 방심하고 있었다.

베스니에서 온 아르메니아인들에게 이것은 지극히 좋은 소식이었다. 하지만 그렇다고 모든 문제가 해결된 것은 아니었다. 상대가 비교적 소수의 방심한 수비대라 해도, 그들이 태연하게 사다리를 성벽에 걸고 올라가 안으로 들어갈 수는 없었다. 더구나 수적으로도 수비대에게 뒤지는 그들이 갖고 있는 것은 가벼운 무기뿐이었다. 굴을 파거나 성벽에 구멍을 내는 것은 생각도 할 수 없었다. 따라서 요새 안으로 들어가려면 수비상의 약점을 더 찾아보아야 했다. 다행히 하르푸트는 군사요새일 뿐만 아니라 행정중심지이기도 했다. 따라서 수비대장이 인근 마을의 수령도 겸하고 있었다. 수령으로서 그는 재판을 주관하고, 분쟁을 조정하고, 잘못된 점들을 고칠 책임이 있었다.

발라크는 자신의 영토에서 법과 질서를 유지하는 데 공을 들였다. 카말 알딘은 발라크가 알레포를 손에 넣은 뒤 노상강도들이 활동을 그만두었다고 썼다. 덕분에 사람들은 아무 걱정 없이 밤이나 낮이나 성문을 열어둘 수 있었다. 무명씨의 시리아 연대기와 에데사의 마테오(아르메니아 역사가 — 옮긴이)도 발라크가 기독교인 백성들을 지키는 데 특히 신경을 썼으며 그들을 잘 대우해주었다고 말한다. 발라크는 일대에 들끓던 도적들을 뿌리 뽑았다. 전하는 말에 따르면, 투르크멘족이 가난한 사람에게서 고기 한 조각을 빼앗아도 말뚝에 꿰는 형을 내렸다고 한다. 아르메니아인들은 이것이 바로 수비상의 약점이라고 생각했다. 만약 그들이 뭔가 불만을 제기할 거리를 찾아낸다면, 요새 안으로 들어갈 수 있을 것 같았다.[2]

무명씨 시리아 연대기에 따르면, 아르메니아인 열 명이 가난한 마을사람으로 변장했다고 한다. 그들은 마을 책임자의 잘못을 호소하러 왔다면서 비무장으로 포도, 과일, 닭 등을 들고 요새에 접근했다. 요새의 문은 두 겹이었다. 바깥쪽 문 뒤에는 작고 폐쇄된 공간과 경비실이 있었다. 여기서 두 번째 문을 열고 들어가면 바로 요새 안쪽이었다. 당직 장교는 열 명의 아르메니아인들을 첫 번째 문 안쪽에 들여놓은 뒤 기다리라고 말하고는, 사람을 보내 대장에게 보고했다.

대장은 마침 수비대 장교들과 병사들에게 연회를 베풀던 중이었다. 포도주가 풍성하게 나오고 다들 즐거워했다. 성문에는 수비대원 몇 명만이 남아 있었다. 그중 한 명이 수비대장에게 보고하러 간 사이에, 열 명의 '마을사람들'은 과일과 닭을 내려놓고 경비실에 걸려 있던 무기를 들어 수비대원들을 공격했다. 장교를 포함해서 경비실 안의 수비대원들을 모조리 죽인 그들은 문을 열어 근처에 숨어 있던 동료들을 불러들였다. 그리고 함께 연회장에 난입해 수비대원들을 전부 죽여버렸다.

프랑크족 연대기 작가이자 예루살렘 왕국의 주요 관리였던 샤르트르의 풀크는 십중팔구 조슬랭 본인에게서 하르푸트에서 벌어진 일을 들었을 것이다. 그의 이야기도 위에서 밝힌 것과 대동소이하다. 그는 아르메니아인 병사들이 옷 속에 단검을 감춘 채 물건을 팔러 온 마을사람으로 변장하고 요새에 접근했다고 썼다. 요새 안에 있던 그들의 동조자는 수비대장을 문 안쪽 경비실로 유인해서 기운차게 체스를 두었다. '마을사람들'은 대장에게 불의를 고발하러 왔다면서 체스를 방해했다. 그들은 대장을 둥글게 에워싼 채 큰 소리로 불만을 제기하며 도움을 청하다가 갑자기 단검을 꺼내 그를 죽였다. 그러고는 경비실의 무기를 잡고 인근의 수비대원들을 죽인 뒤, 수비대가 미처 모이기도 전에 요새 안으로 뛰어 들어가 약 100명의 수비대원을 죽였다.

티레의 기욤이 들려주는 이야기는 조금 다르다. 그는 아르메니아인들이 마을사람이 아니라 수도사로 변장했다고 말한다. 그들은 성직자의 로브 속에 단검을 감추고 요새로 와서 눈물을 글썽이며 폭행을 당했다고 호소했다. 그리고 이 일대의 치안유지를 책임진 수비대장에게 항의하고 싶다고 말했다. 그렇게 요새 안으로 들어간 그들은 단검을 꺼내 수비대원들을 죽였다.

아르메니아인 연대기 작가인 에데사의 마테오는 아르메니아인들이 두 무리로 나뉘어서 서로 싸우는 척하며 요새로 접근했다고 썼다. 수비대장에게 각각 자신이 옳다고 호소하러 온 적대적인 무리로 위장한 것이다. 시리아인 연대기 작가인 미카엘과 유대인 의사 그레고리 아불 파라지 바르 헤브레우스는 하르푸트의 아르메니아인 주민 몇 명이 성문 앞에 모여 품삯이 너무 적다고 불평하며 수비대장의 중재를 요청했다고 썼다. 이렇게 성문 안으로 들어간 그들은 그곳에 있던 칼을 들어 수비대원들을 죽였다. 가장 많은 정보를 갖고 있던 무슬림 연대기 작가 카말 알딘도 하르푸트의 주민들이 그 일을 했다고 지목했다. 발라크의 병사 몇 명도 거기에 포함되어 있었다.

기록에 따라 이렇게 조금씩 다른 이야기들도 전체적인 줄거리는 비슷하다. 베스니의 아르메니아인들이 사용한 평계가 무엇이든, 그들이 오로지 단검만 품은 채(무기를 가져갔다는 기록의 경우) 성문으로 접근해서 내부의 도움을 받았음은 분명하다. 어쩌면 주민들이 적극적으로 위장에 동참했을 수도 있다. 그들은 부상을 당했다면서 수비대장에게 공정한 처벌을 요구했다. 그렇게 경비실에 들어간 뒤에는 그곳에 있던 무기를 들고 수비대원들을 제압한 뒤 요새를 장악했다.[3] 그러고 나서 포로들이 갇혀 있는 곳으로 달려가 옥문을 열고 크게 환성을 지르며 사슬을 끊어주었다. 그들은 성공했다는 소식을 시내의 친구들에게도 알린 듯하다. 일부 주민들이 요새 안에서 그들과 합류했기 때문이다.

계획의 전반부는 확실히 놀라운 성공으로 끝났다. 돈과 무력은 아주 조금밖에 사용하지 않았고, 이렇다 할 인명 손실도 없이 그들은 보두앵 왕, 조슬랭 백작, 그 밖의 포로 수십 명을 구출했다. 발라크의 수도, 금고, 하렘도 그들의 것이었다.

그러나 아르메니아인들의 작전 계획에서 가장 큰 문제점이 이제 분명히 드러나기 시작했다. 애당초 아무런 계획이 없었던 것 아니냐고 해도 될 정도의 문제였다. 베스니의 아르메니아인들은 하르푸트에 들어가는 것을 가장 어려운 문제로 보았던 것 같다. 만약 하느님의 가호로 요새에 돌입해서 포로들을 구하는 데 성공한다면, 돌아 나오는 건 어떻게든 될 거라고 생각했는지, 에데사로 돌아가는 방법에 대해서는 뚜렷한 계획이 없었다. 따라서 구출하러 온 사람도 구출된 사람도 모두 적의 영토 깊숙한 곳에 있는 요새 안에 갇힌 꼴이 되었다.

그들이 직면한 문제는 간단한 것이 아니었다. 당연하게 지휘권을 쥔 조슬랭과 보두앵은 적어도 수십 명의 전투원(15~50명의 아르메니아인 구출부대와 여러 전투에서 발라크가 잡은 프랑크족 포로들. 여기에 어쩌면 현지 동조자도 몇 명 있었는지 모른다)을 활용할 수 있었다.[4] 난공불락으로 여겨지는 요새, 물자가 가득한 창고, 발라크의 금고, 발라크의 아내들과 첩들이 있는 하렘(에데사의 마테오에 따르면 모두 80명의 여자들이 있었다고 한다)도 그들이 마음대로 휘두를 수 있었다. 인근에 그들에게 동조하는 아르메니아인도 많았고, 아르투크 수비대는 죽임을 당하거나 무장해제되었다. 발라크는 멀리 있었다(카파르타브는 하르푸트 남쪽으로 수백 킬로미터 거리에 있었으며, 그 사이에는 만만치 않은 천연장벽들뿐만 아니라 에데사 백작령도 있었다).

그러나 달리 보면, 공간과 시간이 모두 발라크의 편이었다. 보두앵 일행이 한꺼번에 요새를 떠나는 것은 자살행위나 마찬가지였다. 투르크멘족이 이미 소식을 듣고 잔뜩 경계하는 중이므로, 수십 명의 전투원들이 에데사까지 누구에게도 들키지 않고 몰래 이동하는 것은 절대로 불가능한 일이었다. 특히 유프라테스 강에는 걸어서 건널 수 있는 여울목이 몇 군데밖에 되지 않았으므로, 그 지점들의 경비가 아주 엄중했다. 보두앵 일행이 도망치다가 투르크멘 병사들에게 들켜서 벌판에서 전투가 벌어지기라도 하는 날에는 아예 무사히 벗어날 가망이 없다고 봐야 했다. 설사 그들이 하르푸트 요새의 무기로 무장을 하더라도, 사방이 탁 트인 곳에서 겨우 70명이 수많은 투르크멘 기병들을 막아낼 수는 없는 노릇이었다.

그렇다면 하르푸트에 남아 방어전을 펼치는 방법도 있었지만, 시간이 흐를수록 그들에게 불리했다. 우선 인근의 아르투크 수비대가 소식을 듣고 포로들의 탈주를 막기 위해 재빨리 요새 주위에 비상 경계선을 쳤다. 하루하루 날이 갈수록 인근으로 모여드는 아르투크 병력이 늘어나서 탈출에 성공할 가능성이 줄어들었다. 게다가 발라크가 아르투크 주력 부대를 이끌고 직접 도착하는 것도 시간문제였다. 그다음에는? 하르푸트가 그들 앞에서 영원히 버틸 수는 없을 터였다.

함께 산전수전 겪은 사이

보두앵, 조슬랭, 갈르랑, 프랑크족 기사들 중 유력 인물들, 아르메니아인 부대의 지휘관들은 한자리에 모여 회의를 했다. 보두앵과 조슬랭이 이런 상황에 처한 것은 처음이 아니었다. 사실 두 사람은 지금까지 오랫동안 함께 산전수전을 겪은 사이였다. 당시 보두앵뒤 부르로 불리던 보두앵은 제1차 십자군 때 먼 친척인 보두앵 드 불로뉴, 고드프루아 드 부용과 함께 동방으로 왔다. 고드프루아는 예루살렘 왕국의 초대 국왕이 되었고, 보두앵 드 불로뉴는 에데사를 점령해 최초의 프랑크족 출신 에데사 백작이 되었다. 고드프루아가 후사를 남기지 못하고 세상을 떠나자 보두앵 드 불로뉴는 에데사 백작령을 떠나 예루살렘 왕국으로 와서 보두앵 1세가 되었다. 그리고 보두앵 뒤 부르를 자기 대신 에데사 백작으로 임명했다.

조슬랭은 이 무렵에 등장했다. 몽레리 가문 출신의 무일푼 청년이던 그는 스무 살의 나이로 1101년의 불운한 십자군에 합류했다. 동방으로 가는 도중에 이 십자군 병력 거의 전부가 스러졌지만, 조슬랭은 어떻게든 성지까지 도착한 소수의 행운아 중 한 명이었다. 그의 사촌인 보두앵 뒤 부르는 에데사에 기꺼이 정착하려는 유럽 출신 기사를 찾지 못해 애를 먹고 있었으므로 그를 환영했다. 보두앵은 조슬랭에게 에데사 서부의 광활한 봉토(텔 바시르 요새가 중심지였다)를 주고 그를 자신의 최고 대리인으로 삼았다. 그 뒤로 둘은 함께 여러 차례 원정에서 승리해 백작령의 영토를 넓혔다. 그러나 그들은 하란에서 패배한 뒤 포로가 되었다(1104).

두 사람이 포로생활을 하던 2년 동안 에데사를 다스린 것은 안티오키아의 노르만계 제후인 보에몽과 탕크레드였다. 탕크레드는 이런 상황이 아주 마음에 들어서, 보두앵의 몸값을 지불하라는 요구를 이

예루살렘 왕국의 보두앵 2세. 함락한 알아크사 사원을 템플 기사단 관련 인사들에게 맡기고 있다. 작자 미상, 13세기.

런저런 핑계로 거부했다. 보두앵과 조슬랭은 조슬랭이 먼저 몸값을 지불하고 나간 뒤 자신의 주군인 보두앵의 석방을 위해 노력하는 것이 낫겠다고 의견을 모았다. 조슬랭은 계획대로 풀려난 뒤 프랑크족이 지배하는 레반트로 가서 포로로 잡힌 보두앵을 도와달라고 탄원하며 그의 몸값을 모금했다.

그의 이런 노력은 결실을 맺었다. 1108년, 보두앵을 붙잡고 있던 무슬림 지배자 자왈리는 막대한 몸값에 여러 조건을 덧붙여 그를 석방하는 데 동의했다. 조슬랭은 몸값을 가져와서 스스로 인질이 되었다. 보두앵이 석방의 조건을 실행할 것이라고 보장하기 위해서였다.

나중에 자왈리가 조슬랭을 석방하자 그는 보두앵과 함께 거의 공동 통치자처럼 에데사를 다스렸으나, 1112년에 사이가 틀어졌다. 에데사의 마테오에 따르면, 보두앵은 겸손하고, 순수하고, 대단히 신실한 사람이었다. 하지만 비열하고 탐욕스러운 측면도 있었다. 돈에 대한 그의 사랑은 어떻게 해도 만족을 몰랐으므로, 그는 인심이 좋은 것과는 거리가 멀었다. 다른 사람의 재산을 빼앗아올 수단을 고안해내는 능력도 발군이었다. 보두앵이 그답지 않게 아량을 발휘해서 조슬랭에게 주었던 영지가 텔 바시르를 중심으로 번영을 구가하자 다시 욕심이 생긴 보두앵은 조슬랭을 불충하다고 비난하며 가뒀다가 백작령에서 추방하고 그의 땅을 몰수했다.

분노와 원한에 휩싸인 조슬랭은 에데사를 떠나 보두앵 1세가 다스리는 예루살렘으로 갔다. 보두앵 1세는 그의 장점을 알아보고 갈릴리를 새로운 봉토로 주어 그를 예루살렘 왕국 최고의 권력자 중 한 사람으로 만들어주었다. 1118년에 보두앵 1세가 후사 없이 세상을 떠나자 왕국의 유력자들이 모여 회의를 열었다. 유력자들 중 일부는 죽은 왕의 형제인 외스타스 백작을 유럽에서 불러와 새 왕으로 삼자고 주장했고, 또 다른 일부는 죽은 왕의 친척인 보두앵 뒤 부르를 지지했다. 이 중요한 시기에 조슬랭은 사촌이자 과거의 주군이었던 보두앵 뒤 부르와의 불화를 옆으로 제쳐두고, 그를 따스하게 옹호해주었다. 그 덕분에 보두앵 뒤 부르가 왕이 될 수 있었다. 보두앵 왕은 그 보답으로 조슬랭을 새 에데사 백작으로 임명했다.

목숨을 건 달빛 속의 탈출

하르푸트의 상황은 보두앵과 조슬랭에게 기분 나쁠 정도로 익숙한 것이었다. 두 사람은 예전에 포로로 잡혔을 때와 비슷한 결론에 도달했다. 그러나 카말 알딘에 따르면, 모두 함께 가능한 한 빨리 요새를 떠나 목숨을 구하는 데 중점을 두자는 조슬랭의 조언을 보두앵 왕이 거부했다고 한다. 왕은 모두 함께 하르푸트를 떠날 수 없음을 깨달았다. 그렇다고 작은 무리로 갈라져서 도망친다 하더라도 도중에 틀림없이 적에게 당하고 말 터였다. 어쩌면 그는 자신의 손에 들어온 기회에 마음이 동해서, 하르푸트 요새와 그 안에 가득한 보물을 싸워 보지도 않고 포기하기 싫었던 것인지도 모른다.

보두앵은 상당수의 병력과 함께 하르푸트에 남아 아르투크군의 주의를 끌면서 난공불락의 요새 안에서 필요한 만큼 오랫동안 버티기로 했다. 그동안 조슬랭은 은밀하게 하르푸트를 빠져나가 경계선을 뚫고 에데사로 갈 계획이었다. 에데사에 도착하면 1108년에 했던 것처럼 프랑크족의 제후령들을 돌아다니며 사기를 북돋우고 보두앵을 지지해달라고 호소한 뒤 군대를 이끌고 하르푸트로 돌아올 터였다.

아르메니아인들이 하르푸트에 잠입해 포로들을 구출한 날로부터 얼마 되지 않았을 때, 그러니까 아르투크의 병력이 아직 제대로 모이지 못한 바로 첫째 날은 아닐망정 여하튼 아주 빠른 시일 내에, 조슬랭은 군대를 이끌고 하르푸트로 돌아올 때까지 쉬지도, 옷을 갈아입지도, 고기를 먹지도, 포도주를 마시지도(미사 때만 예외) 않겠다고 보두앵에게 맹세했다. 그러고는 신의 뜻에 자신을 맡기고 밤을 틈타 세 명의 부하와 함께 몰래 요새를 빠져나갔다. 셋 중 두 명은 주변의 지리를 잘 아는 아르메니아인이고, 남은 한 명은 조슬랭이 아르투크의 경계선을 잘 빠져나갔는지 왕에게 알리러 다시 돌아올 전령이었다. 샤르트르의 풀크에 따르면, 조슬랭 일행은 달빛 속에서 "용감함과 두려움을 동시에 느끼며" 소리 없이 걸어 이미 요새 주위에 진을 친 아르투크 부대를 통과했다. 경계선을 다 빠져나온 뒤 조슬랭은 증표가 될 자신의 반지를 들려 전령을 왕에게 돌려보냈다. 그리고 안내인이 되어줄 아르메니아인 두 명과 함께 밤새 서둘러 움직였다.

아르투크 군대는 조슬랭이 빠져나간 사실을 모르고 있는 듯했지만, 도망치는 입장에서는 경계를 게을리할 수 없었다. 아르투크 병사들이 밤낮으로 사방에서 몰려와 하르푸트 주위의 모든 탈출로를 봉쇄했다. 조슬랭 일행은 주로 어두울 때 움직이면서 유프라테스 강까지 걸어갔다. 강에 도착했을 무렵, 조슬랭의 신발은 거의 다 닳아버린 상태였다. 그러나 더욱 큰 어려움이 강에서 그를 기다리고 있었다. 걸어서 건널 수 있는 여울목들의 경비가 엄중했기 때문이다. 배들도 아르투크군이 감시하고 있을 테니 쓸 수 없었고, 조슬랭의 얼굴이 그들에게 알려진 것도 문제였다. 인적이 드문 곳에서 헤엄쳐 강을 건널 시도를 해보는 것 외에는 방법이 없었다.

그러나 재주 많은 에데사 백작이 하필이면 헤엄을 칠 줄 몰랐다. 어쩌면 그도 킬리키아(소아시아의 지명—옮긴이)의 강에서 목욕을 하다가 익사한 유명한 십자군 지휘관, 프리드리히 바르바로사 황제와 같은 운명을 맞게 될지도 몰랐다.

그때 길잡이로 따라온 아르메니아인들이 해결책을 내놓았다. 이

지역 주민들은 가죽부대에 공기를 넣은 뒤 그것을 붙들고 강이나 개울을 건너는 데 익숙했다. 그런데 그들이 하르푸트를 떠나면서 가져온 식량 중에 가죽부대 두 개에 담긴 포도주가 포함되어 있었다. 그들은 가죽부대에 공기를 넣은 뒤 조슬랭을 그 위에 태우고 밧줄로 묶었다. 그리고 수영솜씨가 뛰어난 두 아르메니아인이 좌우에서 헤엄치며 그를 강 건너편까지 무사히 데리고 갔다.

풀크에 따르면, 남쪽 강둑에 도착했을 때 그렇지 않아도 힘든 여행과 굶주림에 지쳐 있던 조슬랭이 물에서 숨을 쉬려고 헉헉거리느라 완전히 기진맥진했다고 말한다. 결국 그는 졸음을 이기지 못하고 견과류가 열리는 어떤 나무 밑에 쓰러졌다. 그는 혹시 누가 자기를 보더라도 알아보지 못하도록 덤불로 몸을 가리고, 일행 중 한 명에게 무슨 값을 치르더라도 주민들에게서 빵을 좀 사오든지 구걸해오든지 하라고 명령한 뒤 곯아떨어졌다.

조슬랭의 일행은 인근 벌판에서 말린 무화과와 포도를 들고 있던 농부를 발견하고 조슬랭에게 데려왔다. 농부는 백작을 알아보고는 털썩 무릎을 꿇으며 "백작님 만세!"를 외쳤다. 백작은 농부가 자신을 알아본 것에 깜짝 놀라서 자신은 백작이 아니라고 부인했지만, 농부는 조슬랭을 잘 안다고 우겼다. 결국 조슬랭은 농부에게 자신이 궁지에 몰렸다고 솔직히 털어놓으며, 나중에 후한 보상을 내릴 테니 도와달라고 요청했다. 농부는 보상을 바라는 것이 아니라 오로지 조슬랭을 돕고 싶을 뿐이라면서, 과거에 조슬랭이 자신에게 친절을 베푼 적이 있다고 말했다. 농부는 집으로 돌아갔다가 곧 더 많은 식량과 세간과 식구들을 몽땅 데리고 돌아왔다.

백작은 농부의 자그마한 당나귀에 올라타고 더 완벽한 변장을 위해 농부의 어린 딸을 품에 안았다(풀크에 따르면, 딸은 백작을 죽도록 걱정하는 마음에 울어댔다고 한다). 이렇게 우는 아이를 데리고 이주하는 농부 가족 중 한 명으로 변장한 조슬랭은 천천히 에데사로 나아가다가 하르푸트를 떠난 지 2~3주 뒤 마침내 자신의 텔 바시르 성에 도착했다.

그래도 조슬랭은 고된 여행에 지친 몸을 쉴 수 없었다. 하르푸트에 남은 일행도 걱정되고 왕에게 한 맹세도 있었기 때문에 그는 충성스러운 농부에게 보상할 것을 지시한 뒤 서둘러 출발해서 안티오키아를 거쳐 예루살렘으로 갔다. 예루살렘의 프랑크족은 그가 하르푸트에서 겪은 일을 듣고 화들짝 놀라서 잔뜩 사기를 끌어올렸다. 조슬랭은 왕의 안위를 위해 아무런 행동도 취하지 않은 그들을 호되게 나무랐다. 만약 조슬랭이 하르푸트로 돌아올 때까지 옷을 갈아입지 않겠다는 맹세를 한 것이 사실이고 정말로 그 맹세를 지켰다면(중세 귀족 문화에 연극적인 요소가 상당히 많았음을 감안하면 불가능한 얘기도 아니다), 왕이 처한 상황에 대한 어떤 말보다도 그의 행색이 아주 많은 이야기를 해주었을 것이다. 십자군령 레반트의 주요 귀족이자 포로가 된 왕의 대리인으로서 왕을 도우러 가자는 그의 호소 또한 명령에 맞먹는 힘을 발휘했을 가능성이 있다.

어쨌든 사람들은 이집트의 위협을 잠시 잊어버리고 재빨리 원정대를 꾸렸다. 그들은 성십자가를 들고 북쪽으로 행군하면서 점점 더 군세를 불려 안티오키아에 다다랐다. 그곳에서 안티오키아 군대도 합류했다. 그들이 에데사의 영토에 들어서서 텔 바시르에 도착한 것은 10월 초였다.

공허해진 희망

　한편 조슬랭이 도망쳐서 프랑크족 군대를 모으는 동안 발라크도 놀고만 있었던 것은 아니었다. 발라크는 하르푸트가 함락된 지 며칠 되지 않아 그 소식을 들었다(카말 알딘에 따르면 8월 7일에 이미 소식을 들었다고 한다). 샤르트르의 풀크와 티레의 기욤(풀크의 이야기를 베꼈을 가능성이 높다)은 하르푸트가 함락된 바로 그날 밤에 발라크가 조슬랭에게 눈을 잃는 악몽을 꾸었다고 썼다. 그는 놀라서 깨어나자마자 조슬랭의 목을 자르라는 명령을 전하기 위해 하르푸트로 전령들을 보냈다. 그리고 전령들은 하르푸트가 프랑크족의 손에 떨어진 것을 발견하고 서둘러 발라크에게 돌아갔다.

　오르데리쿠스 비탈리스의 이야기도 이에 못지않게 환상적이다. 프랑크족이 하르푸트를 손에 넣었을 때, 발라크의 아내들 중 세 명이 망루에 숨어 있다가 발라크에게 전서구를 보냈다는 것이다. 따라서 발라크는 요새의 소식을 기록적인 속도로 알 수 있었다.

　발라크가 어떤 식으로 하르푸트의 소식을 듣게 되었든, 그는 자신의 요새, 보물, 아내들, 첩들이 적의 손에 들어갔다는 것을 알고 화가 나서 펄펄 뛰었다. 그리고 곧바로 카파르타브 포위를 거두고, 에데사의 마테오의 표현에 따르면, "독수리처럼 신속하게" 하르푸트로 향했다. 15일도 안 돼서 그는 하르푸트 문 앞에 서 있었다. 그리고 보두앵에게 요새와 그 안에 든 것을 모두 고스란히 넘겨주면, 보두앵의 일행 모두가 에데사까지 무사히 갈 수 있게 보장해주겠다는 너그러운 조건을 제시했다. 오르데리쿠스 비탈리스는 발라크가 특히 아내들과 첩들을 무사히 돌려받는 대가로 보두앵에게 자유를 제시했다고 말한다. 그러나 그의 이야기는 대단히 수상쩍고, 다른 어떤 자료에도 보두앵의 손에 있을 때나 나중에 발라크에게 돌아갔을 때나 여자들이 어떤 운명을 맞았는지 자세히 나와 있지 않다.[5]

발라크가 너그러운 제안을 한 이유가 무엇이든, 보두앵은 그 제안을 거절했다. 그가 발라크의 약속을 전혀 믿지 못했기 때문이자, 조슬랭이 돌아올 때까지 하르푸트를 방어할 수 있다고 자신했기 때문이기도 했다. 발라크는 보두앵이 지금의 결정을 후회하게 만들어주겠다고 맹세했다. 혹시 프랑크족이 보두앵을 구원하러 달려올까 걱정한 그는 주력 부대를 이끌고 서둘러 성을 공격할 준비를 했다. 보두앵도 포로 신세에서 풀려나던 순간부터 요새의 방어설비를 더욱 강화하느라 바삐 움직이고 있었다.

그러나 보두앵이 모르는 것을 발라크는 알고 있었다. 난공불락의 성이라고 평판이 자자한 하르푸트가 몸은 커다랗지만 발은 금방 깨어질 질그릇으로 되어 있는 거인과 같다는 사실이다. 요새의 위치가 더할 나위 없고, 성벽도 위풍당당한 것은 확실했다. 그러나 요새가 자리 잡은 산은 굴을 파기에 이상적인 부드러운 백색 석회암으로 되어 있었다. 발라크는 많은 공병들을 동원해 14일이 흐르기도 전에 하르푸트의 성벽 밑에 굴을 여러 개 파서 나무판자로 지탱해두었다. 그러는 동안 그는 급히 세운 투석기로 성벽을 공격하며 밤낮으로 수비대를 괴롭혔다.

굴이 완성되자 발라크는 한 굴의 나무판자에 불을 지르게 했다. 그 바람에 요새의 망루 하나가 무너져내렸다. 발라크는 보두앵에게 다시 항복 조건을 제시했다. 보두앵은 이제 겁에 질려 있었으나, 또다시 항복을 거부했다. 십중팔구 자신보다는 수하들의 목숨을 걱정한 탓이었을 것이다. 그는 왕인 자신의 가치가 커서 적들도 자신을 쉽사리 죽이지는 않을 것이라고 생각하고 있었다.

발라크는 또 다른 굴에 불을 지르라고 명령했다. 요새의 중심 망루 밑에 파놓은 굴이었다. 요새에 공급되는 물 관리도 맡고 있는 이 망루 역시 커다란 소리를 내며 무너졌다. 연기와 먼지가 피어오르는 잔해를 보면서 보두앵은 게임이 끝났음을 깨달았다. 풀크는 공허해진 희망에 그가 오싹해져서 마침내 용기를 잃었다고 썼다. 그는 갈르랑 백작을 발라크에게 보내 모든 수비대원의 목숨을 살려주겠다는 맹세를 받으려고 했다. 발라크가 그러겠다고 약속하자 그는 항복했다(1123년 9월 16일).

발라크는 자신의 맹세를 아주 제한적으로만 지켰다. 그가 살려준 사람은 보두앵 왕, 갈르랑 백작, 왕의 조카뿐이었다. 귀한 값어치가 있는 이 세 포로는 하란 시로 압송되어 엄중한 감시를 받았다. 나머지 수비대원들, 그러니까 베스니에서 온 아르메니아인들, 그들이 구출한 프랑크족 포로들, 현지에서 그들과 합류한 주민들은 발라크의 호된 복수를 당해야 했다. 발라크는 맹세를 깨고 그들을 갖가지 방법으로 고문하라고 명령했다. 산 채로 가죽이 벗겨진 사람도 있고, 톱에 몸이 반으로 잘린 사람도 있고, 생매장을 당한 사람도 있었다. 발라크의 부하들 손에 넘겨져 궁술 연습용 표적이 된 사람도 있고, 요새 꼭대기에서 아래로 내던져진 사람도 있었다.[6]

판세를 바꾼 그날의 태양

조슬랭이 급히 모은 군대와 함께 텔 바시르에 도착했을 때는 이미 그가 구출할 사람이 하나도 남아 있지 않았다. 보두앵과 갈르랑은 하란에 갇혀 있었고, 하르푸트를 지키던 병사들은 모두 죽은 뒤였다. 조슬랭이 데려온 군대는 빈손으로 돌아가기도 싫고 발라크에게 어떻게든 한 방을 먹여주고 싶기도 해서 알레포로 방향을 돌렸다. 알레포 시 주위의 시골 마을들을 약탈하고, 밭의 작물들과 나무를 베어버리고, 무덤과 묘지를 파헤쳐 모독하고, 성벽 밖에 있는 모스크 몇 군데를 파괴했다. 이렇게 식물과 돌덩이에 복수를 한 뒤 그들은 남쪽으로 돌아갔다.

조슬랭은 북쪽에 남았다. 비록 왕을 구출하지는 못했지만, 그가 무사히 빠져나온 것만으로도 프랑크족의 사기를 올리는 데 크게 기여했으니 시리아 북부 전역에서 그의 존재감이 강하게 느껴졌다. 그는 프랑크족 군대에게 힘을 주는 존재였다. 1123년에서 1124년으로 넘어가는 겨울 내내 그는 여러 차례 병사들을 이끌고 이슬람 세력의 영토를 기습했다.

1124년 봄 발라크가 다시 공세에 나섰다. 만비즈의 반항적인 통치자를 벌하기 위해 에데사 영토 안으로 침입한 것이 첫 시작이었다. 만비즈는 하르푸트에서 빠져나온 에데사 백작에게 충성을 외치는 이슬람 도시였다. 발라크는 이 도시를 쉽사리 점령했지만, 성채가 계속 저항했다. 조슬랭은 그동안 안티오키아와 에데사의 병력을 모아 만비즈를 구하러 왔다. 발라크는 성채 앞에 소규모 부대를 남겨둔 뒤 주력 부대를 이끌고 조슬랭과 맞부딪혀 전투를 벌였다.

전투는 양측이 모두 상대의 측면 한 곳을 궤멸시킴으로써 무승부로 끝났다. 그러나 프랑크족 군대의 손실이 더 컸다. 인력 손실을 감당할 능력이 별로 없기 때문이었다. 조슬랭은 결국 텔 바시르로 서둘러 퇴각할 수밖에 없었다. 발라크는 포로들을 처형한 뒤 다시 만비즈 성채 포위 공격을 시작했다.

발라크는 공성용 대포를 직접 설치하러 갔다. 날이 더워서 그는 쇠미늘갑옷을 벗은 상태였다. 바로 그때 성채 담장 위에서 궁수가 활을 쏘았다. 화살은 발라크의 왼쪽 어깨 또는 엉덩이에 꽂혔다(자료마다 이야기가 조금씩 다르다). 화살이 박힌 곳이 어디든, 치명적인 결과를 낳았다. 아르메니아 출신의 태양 숭배자인 궁수[7]는 프랑크족 군대의 모든 병사들과 지휘관들이 하지 못한 일을 해냈다.

죽음을 앞둔 발라크는 친척인 티무르타시를 병상으로 불러 후계자로 삼았다(1124년 5월 6일). 발라크가 죽었다는 소식이 퍼지자 아르투크 군대는 엄청난 혼란에 빠져서 물러나버렸다. 기독교도를 포함해서 발라크의 많은 백성들이 그의 죽음을 깊이 애도했다. 그가 이들에게 자비를 보여주었기 때문이다. 그러나 프랑크족에게 발라크의 죽음은 신의 축복이었으므로 그들은 크게 기뻐했다.

남쪽의 프랑크족 군대도 성공을 맛보았다. 베네치아 함대가 동방으로 와서 이집트 함대를 물리친 덕분에 이집트의 위협이 사라진 것이다. 조슬랭이 프랑크족의 북동쪽 옆구리를 책임지고 발라크를 괴롭히는 동안, 예루살렘의 프랑크족과 베네치아는 힘을 합쳐 커다란 항구도시인 티레를 포위하고 함락시켰다. 25년 동안 프랑크족이 점령하려고 온갖 노력을 기울였어도 굴하지 않고 저항하던 도시를 손에 넣은 것이다.

발라크가 죽자 티무르타시는 그의 영토뿐만 아니라 포로로 잡혀 있는 보두앵도 물려받았다. 발라크와 달리 티무르타시는 정복보다 편안하고 쾌적한 생활에 더 관심이 있었으므로, 보두앵을 잡고 있다는 사실을 이용해 프랑크족과 전면전을 벌일 생각이 없었다. 그보다는 돈과 안전을 보장받는 대가로 그를 넘길 생각이 가득했다. 아르투크는 물론 프랑크족과도 우호적인 관계를 유지하고 있던 샤이자르의 무슬림 태수가 곧 거래를 중개했다.

티무르타시는 금화 8만 디나르뿐만 아니라 아타레브, 제르다나, 앗자즈, 카파르타브, 자스르까지도 넘겨받는 조건으로 보두앵을 석방하는 데 합의했다. 안티오키아와 알레포 사이에서 알레포를 지켜주고 안티오키아 공격을 용이하게 해줄 요새들을 사실상 전부 티무르타시에게 넘기는 것이나 마찬가지였다. 그래도 프랑크족은 왕의 석방을 위해서라면 무슨 값이든 기꺼이 치를 각오인 것 같았다.

계약금으로 금화 2만 디나르를 받은 뒤 티무르타시는 보두앵을 석방했다. 프랑크족은 나머지 돈과 요새들을 확실히 양도할 생각임을 보여주기 위해 보두앵의 막내딸과 조슬랭의 후계자인 아들 등 중요한 인물들을 샤이자르의 태수에게 인질로 보내주었다. 그러나 보두앵은 석방된 뒤 협정을 지키지 못하겠다고 나섰다. 돈은 지불하겠지만, 요새들은 넘겨줄 수 없다는 것이었다. 그 요새들이 예루살렘 왕국이 아니라 안티오키아 제후령에 속해 있는데 자신은 안티오키아의 합법적인 군주가 아니라 섭정에 불과하다는 것이 이유였다. 전쟁을 피하고 나머지 몸값을 받아낼 생각뿐인 티무르타시는 보두앵의 해명을 받아들였다.

그런데 나중에 몸값을 지불하는 데 필요한 금을 내놓은 것은 결국 무슬림들 본인이었다. 보두앵이 앗자즈에서 무슬림 연합군을 상대로 대승을 거둔 덕분이었다(1125). 프랑크족 기사들은 무슬림 포로들에게서 받은 몸값 중 상당 부분을 떼어 왕에게 주었고, 왕은 그것으로 남은 몸값을 지불하고 인질들을 데려올 수 있었다.

보두앵 2세가 적에게 사로잡힌 사건은 이렇게 끝을 맺었다. 하르푸트 습격으로는 그를 구하지 못했고, 베스니의 아르메니아인들 역시 그 일로 이렇다 할 혜택을 보지 못했지만, 그래도 하르푸트 습격은 중세 특수작전의 수행과정과 잠재적인 가치를 잘 보여준다. 프랑크족은 비용을 거의 한 푼도 들이지 않고 왕을 되찾기 직전까지 갔다. 나중에 막대한 돈과 중요한 요새들을 기꺼이 내놓으면서까지 데려오려 했던 그 왕 말이다.

*
**

하르푸트 작전은 중동의 전략적인 상황에 중요한 영향을 미쳤다. 첫째, 발라크가 즉시 공격을 중단하고 하르푸트로 돌아오게 만들었다. 그는 요새를 되찾은 뒤에도 이미 계절이 너무 늦어버렸고 몇 주 동안 힘을 썼다는 이유로 1123년 원정 시즌에 더 이상 공세를 펼치지 않았다. 따라서 하르푸트 작전은 최소한 카파르타브 요새를 구원하고 안티오키아 제후령과 에데사 백작령을 지극히 힘겨운 상황에서 벗어나게 해준 공이 있다고 할 수 있다.

둘째, 대담한 작전과 에데사 백작의 성공적인 탈출이 프랑크족의 상상력을 사로잡아 사기를 진작시키는 귀한 효과를 냈다. 연달아 굴욕적인 실패를 겪은 뒤 마침내 뭔가 자랑스러워할 만한 일이 생긴 것이다.

마지막으로, 자유의 몸이 된 에데사 백작은 예루살렘의 왕과 거의 맞먹을 만큼 귀한 인물이었다. 그가 프랑크족 진영으로 돌아와 발산한 존재감 덕분에 방어가 강해졌고, 1123년과 1124년 겨울에 펼친 작전에 새로운 활기가 돌았다.

비록 궁극적으로 흐름을 돌려놓은 것은 베네치아 함대와 만비즈 성벽 위의 태양 숭배자였지만, 하르푸트 요새 기습작전은 단순히 대담한 모험이 아니었으며, 1123~1124년 프랑크족의 운이 되살아나는 데 커다란 기여를 했다.[8]

4장

◆

콘라트 왕의 암살

티레, 1192년

치명적인 비밀조직

중세시대에 실행된 특수작전들은 대부분 이미 오래전에 잊혀서 중세의 전쟁에 대해 대중이나 학자들이 갖고 있는 이미지에 아무런 흔적을 남기지 못했다. 유일한 예외는 아사신파로 유명한 니자리파의 작전들이다.

니자리파는 역사상 가장 성공적인 비밀조직의 기억을 후세에 남겨주었을 뿐만 아니라, '암살assassination'이라는 단어를 유럽의 언어에 선사해주었다. 이 단어는 핵심적인 인물에 대한 계획적인 살인을 군사적 도구나 정치적 도구로 이용하는 것을 의미한다. 'assassin'은 아랍어 하시신hashīshīn('마약 해시시를 사용하는 사람'이라는 뜻으로, 상대를 경멸하는 호칭)에서 유래했는데, 적대적인 무슬림 문헌들에서는 때로 이 단어가 곧 니자리파를 의미했다.[1]

니자리파는 11세기 말에 페르시아 북부에서 생겨난, 과격한 천년 왕국 신봉자들이었다. 그들이 갈라져 나온 이스마일파 역시 시아파에서 갈라져 나온 과격파 집단이었다. 니자리파의 교리와 행동은 주류 수니파와는 정반대였으며, 심지어 대다수 시아파와 이스마일파도 그들을 몹시 싫어했다. 니자리파는 1135년과 1138년에 각각 수니파 칼리프(이슬람 교단의 지배자를 이르는 말 ─ 옮긴이)를 암살한 것을 가장 자랑스럽게 생각했다.

1164년에는 심지어 'qiyāma', 즉 시간과 율법의 종말을 선언하는 극단적인 행동을 하기도 했다. 그들은 무슬림 율법의 모든 금지사항들을 공식적으로 폐지해버리고, 신자들에게 포도주를 마시거나, 돼지고기를 먹거나, 라마단 때 잔치를 벌이거나, 메카를 등지고 기도하는 등 율법을 어기는 행동을 권장했다.

그들의 교리와 행동은 수니파, 시아파, 온건한 이스마일파, 고위 성직자, 세속 권력자 모두의 두려움과 적의를 샀다. 셀주크 제국은 이제 막 싹을 틔우려는 니자리파를 억누르는 데 힘을 기울였고, 이스마일파인 파티마 왕조는 자신의 수하들이 처음에 니자리파의 지도자가 되었음에도 곧 그들을 치명적인 위험으로 인식하게 되었다. 한 전형적인 반反니자리파 소책자는 다음과 같이 주장했다.

그들을 죽이는 것은 빗물보다도 더 정당한 일이다. 그들을 정복하고 죽이는 것, 그들에게 오염된 지상을 정화하는 것은 술탄과 왕의 의무다. 그들과 어울리거나 우정을 맺는 것, 그들이 도살한 고기를 먹는 것, 그들과 결혼하는 것 모두 옳지 않다. 이단[니자리파]의 피를 보는 것은 그리스의 이교도 70명을 죽이는 것보다 더 가치 있는 일이다.[2]

◑◑◐◑◑
오늘날의 알라무트 성.

　니자리파의 지도자인 하산 이사바는 미래에 일어날 혁명을 예견
하기라도 한 듯, 이런 분위기에 맞서 특수작전에 다시 눈을 돌렸다.
1080년경부터 그는 암살, 파괴, 기만으로 이루어진 가장 성공적인 작
전들을 기획하고 실행했다. 몇 년도 되지 않아서 그는 자신을 가장 강
하게 비난하던 사람들과 적들 중 일부를 제거하고, 페르시아의 외진
산악지대의 많은 요새들과 마을들을 점령했다.

　그중에 저 유명한 알라무트 요새(이란의 수도 테헤란에서 북서쪽으로 약
100킬로미터 떨어진 엘부르즈 산맥에 위치해 있다―옮긴이)는 그의 본거지
가 되었다. 그는 산악지대를 벗어나 사람들이 많이 모여 사는 중심지
로 진출하기에는 자신이 아직 약하다는 것을 깨닫고, 산속의 여러 신
정神政 집단들이 느슨하게 엮여 있는 네트워크를 만들었다. 그의 추종
자들은 이 네트워크를 바탕으로 세상에 나아가 이교도를 개종시키는

공작이나 파괴공작을 벌였다.

　이 신정 집단들은 군사력이 약했으므로 누군가가 단호하게 마음 먹고 노력을 기울인다면 그들을 쓸어버릴 수 있었다. 그러나 니자리 파에게 적대적인 성직자들과 정치 지도자들이 조직적으로 암살되자, 니자리파의 근거지 공격에 앞장서기는커녕 그런 공격을 제안할 만큼 배짱이 있는 지도자들이 거의 사라져버렸다. 수니파 역사가 주바이 니의 지적처럼, 니자리파가 암살한 사람들의 이름만 죽 열거하더라 도 명단이 너무 길어질 것이다.[3] 이사바는 곧 행동범위를 넓혀 멀리 까지 선교사를 파견했다. 이 선교사들은 페르시아의 본을 따서 중동 의 여러 지역에 독자적인 니자리파 근거지를 확립했다. 그리고 전도 를 통해 새로운 신도들을 확보하고, 파괴공작으로 요새를 손에 넣고, 암살로 반대파를 위협하는 데 힘을 기울였다.

　시리아에서 그들은 알레포나 다마스쿠스 같은 주요 도시 내부나 근 처에 발판을 마련하려고 했으나 처음에는 실패했다. 그러나 1132년 부터 1141년 사이 바흐라 산맥의 여러 성들을 점령하는 데 성공했다. 바흐라 산맥은 무슬림 세계와 프랑크족 세계 사이의 접경 지역이었 는데, 니자리파는 여기에 자기들의 근거지를 마련했다(144쪽 지도).[4] 아마도 6만 명의 니자리파가 그곳에 살았던 것으로 보인다.

　1162년부터 1193년까지 이곳을 이끈 사람은 카리스마적인 지도 자 라시드 알딘 시난이었다. 서구에서 '산속의 노인'이라는 호칭으로 유명해진 인물이다. 니자리파에게 적대적인 무슬림과 프랑크족 문헌 들조차 시난을 매혹적으로 바라보았기 때문에, "비밀계획, 광대한 계 획, 위대한 사기극에 있어서 걸출한 인물. 사람의 마음을 자극해서 현

혹시키고, 비밀을 숨기고, 적의 의표를 찌르고, 비열하고 어리석은 자들을 자신의 사악한 목적에 이용하는 능력을 지녔다"고 말한 카말 알딘과 비슷한 말로 그를 묘사할 정도였다.[5] 니자리파의 문헌에도 시난은 상상할 수 없는 지식과 마법사의 능력을 지닌, 지극히 유능한 인물로 묘사되어 있다. 물론 그들이 시난을 누구보다 후하게 평가한 것은 당연한 일이었다.

니자리파의 활동은 현대 저술가들뿐만 아니라 중세 저술가들에게도 상상력을 자극하는 요소였으므로, 수많은 과장된 이야기들이 만들어졌다. 따라서 니자리파의 역사에서 사실과 허구를 구분하기가 몹시 힘들다. 특히 12세기와 13세기에 중동 전역에서 발생한 중요 암살 사건들은 물론이고 유럽의 중요 암살 사건들까지도 거의 모두 니자리파의 소행으로 알려져 있는 것이 문제다. 그들은 진범 대신 쉽게 내세울 수 있는 희생양이었다. 실제로 그들이 수백 건의 암살을 저지르기도 했고, 무시무시한 명성이 그들에게도 이득이 되었기 때문에 그들도 다른 사람이 저지른 일을 자신의 소행으로 돌리는 것을 꺼리지 않았다.

니자리파에게 희생된 사람들은 대부분 수니파 이슬람교도였다. 대개 이웃의 기독교인이나 프랑크족과 우호적인 관계, 또는 하다못해 서로를 용인하는 관계를 맺고 있는 사람들이기도 했다. 1192년 이전에 니자리파가 암살한 프랑크족 주요 지도자는 트리폴리 백작 레몽 2세가 유일했다(1152). 암살 이유는 아마도 바흐라에 세운 니자리파 근거지와의 국경분쟁이었던 것으로 짐작된다.[6] 그러나 니자리파의 온갖 작전들 중에서도 서구의 역사의식에 가장 깊은 흔적을 남긴 것은 몬페라토 후작 콘라트가 예루살렘 왕 대관식을 며칠 앞둔 때에 살해당한 사건이다.

비로소 왕좌 앞에 서다

몬페라토는 이탈리아 북부의 가장 중요한 귀족가문 중 하나였다. 그들은 독일의 호엔슈타우펜 황제들, 프랑스의 카페 왕조와 혈연관계였으며, 비잔티움 제국의 여러 가문들과도 밀접한 동맹관계를 맺고 있었다. 콘라트는 몬페라토 후작 빌헬름 3세의 차남으로, 1190~1191년에 아버지의 뒤를 이어 후작이 되었다. 그는 1170년대와 1180년대에 이탈리아에서 군인으로서 인상적인 활약을 한 뒤 1187년 7월 말경에 성지에 도착했으나, 프랑크족 야전군이 몇 주 전 하틴 전투에서 전멸했음을 알게 되었다. 뒤이어 예루살렘 왕국의 도시들과 요새들이 승자인 살라딘의 손에 줄줄이 떨어지는 중이었다.

중요 항구도시인 티레에 닻을 내린 콘라트는 이곳에도 난민이 넘쳐흐르고, 언제든 적에게 항복할 분위기가 만연해 있음을 알게 되었다. 그는 대담한 태도로 수비대 병사들에게 상황이 그렇게 절망적이지만은 않다고 주장하면서, 그들이 자신을 주군이자 사령관으로 받아들여준다면 직접 방어전을 지휘하겠다고 제안했다. 티레는 예루살렘 왕의 왕령지 중 일부였는데, 당시의 왕 기 드 뤼지냥은 아직 살아 있었다. 그러나 기는 살라딘의 포로였고, 다른 토박이 지도자들 역시 죽거나 포로가 되거나 도망친 상태였으므로 티레의 수비대는 콘라트

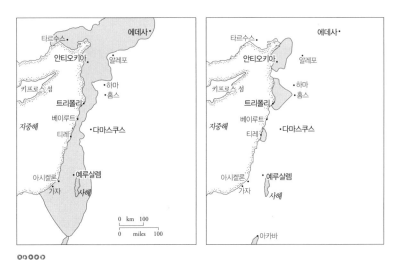

○○○○○
1119년 제1차 십자군의 국가령(왼쪽)과 1187년 하틴 전투 이후의 기독교 세력(오른쪽).

의 제의를 두 팔 벌려 환영했다.

콘라트는 곧 수비대에 활력을 불어넣었다. 예루살렘 왕국의 다른
지역들이 속속 살라딘에게 무릎을 꿇는 동안에도 그는 티레의 방어
설비를 강화하고 수비대의 사기를 높이기 위해 쉬지 않고 움직였다.
마침내 1187년 11월 살라딘이 티레 앞에 나타났을 때, 티레는 그와
싸울 준비가 되어 있었다. 공성전은 육지와 바다에서 모두 콘라트의
결정적인 승리로 끝났다. 살라딘으로서는 하틴 이후 처음으로 경험
한 난관이었다. 1188년 1월에 그는 티레의 포위를 풀었다. 제3차 십
자군의 주력 부대가 1189년 성지에 도착하기 시작하자, 티레는 그들
에게 몹시 중요한 교두보가 되어주었다.

1189~1192년에 성지에서는 두 번의 대규모 전투가 있었다. 거의
유럽 전역에서 몰려온 병사들로 구성된 십자군은 프랑스의 존엄왕

필리프와 잉글랜드의 사자심왕 리처드의 지휘로 하틴 전투의 패배를 반전시켜 예루살렘 왕국을 다시 세우려고 애썼다. 2년에 걸친 공성전 끝에 아크레가 다시 십자군의 손에 떨어졌고, 살라딘은 여러 전투에서 패배했다. 그리하여 무슬림들이 차지하고 있던 해안가의 좁은 지역을 빼앗아, 역사가들이 말하는 '아크레 왕국'을 다시 세웠다.

이와 동시에 이 자투리 왕국의 소유권을 놓고 맹렬한 싸움이 벌어졌다. 한편에서는 티레를 성공적으로 방어한 몬페라토 후작 콘라트가 정복자의 권리로서 자신을 사실상의 왕, 또는 적어도 잠재적인 왕으로 간주하기 시작했다. 다른 한편에는 살라딘에게 붙잡혀 있다가 1188년 여름에 풀려난 국왕 기가 있었다. 살라딘이 애당초 그를 풀어준 것도 프랑크족 사이에 불화를 일으킬 수 있을 것이라는 바람 때문이었다. 기와 콘라트는 과연 살라딘을 실망시키지 않고, 아직 왕국이라고 할 수도 없는 곳의 왕관을 얻기 위해 곧바로 싸움을 벌이기 시작했다. 게다가 유럽에서 십자군 주력 부대가 도착하자, 콘라트와 기의 불화에 더욱더 무게 있는 요소가 끼어들었다. 프랑스의 존엄왕 필리프가 자신의 친척인 콘라트의 주장을 지지하고 나선 반면, 잉글랜드의 사자심왕 리처드는 기를 지지했기 때문이다.

왕국의 정당한 통치자는 사실 콘라트도 기도 아니라, 기의 아내인 시빌라 왕비였다. 프랑크족 귀족들의 거센 반발을 무시하고 기를 남편으로 선택함으로써 그에게 예루살렘의 왕관을 안겨준 사람이 바로 시빌라였다. 그런 그녀가 1190년 십자군 진영을 강타한 질병으로 두 딸과 함께 세상을 떠나자, 기는 왕위에 대해 합법적인 권리를 주장할 수 없는 처지가 되었다. 적법한 후계자는 시빌라의 이복자매인 이자

벨라였기 때문이다. 이자벨라는 어머니와 프랑크족 귀족들의 압박으로 할 수 없이 허약한 남편인 토론(레바논 남부 티브닌의 옛 이름—옮긴이)의 영주 험프리와 이혼하고 콘라트와 결혼했다(1190년 11월 24일). 이렇게 해서 콘라트는 몬페라토 후작(많은 문헌들이 이 작위로 그를 지칭한다)이자 예루살렘 왕국의 적법한 왕이 되었다. 기는 그저 죽은 왕비의 남편일 뿐이었다.

그런데도 리처드는 계속 콘라트와 필리프에게 맞서 기를 지지했다. 필리프가 프랑스로 돌아가고 리처드만 남아 살라딘과 엄청난 결전을 벌이게 되었을 때, 콘라트는 십자군과 크게 거리를 두었다. 그가 편을 바꿔 살라딘과 모종의 비밀 협약을 맺었다고 생각하는 사람이 많아질 정도였다. 그러나 1192년 잉글랜드의 상황이 악화하면서 리처드도 고국으로 돌아갈 수밖에 없었다. 그는 떠나기 전에 예루살렘 왕국의 왕좌를 둘러싼 싸움을 해결해야 한다는 사실을 깨닫고, 4월 초에 아시켈론에서 지휘관과 현지 프랑크족 귀족들을 모아 회의를 열었다. 참석자들은 콘라트를 만장일치로 지지했고, 리처드는 그 결과를 마지못해 받아들였다.

1192년 4월 20일 리처드의 조카인 샹파뉴 백작 앙리가 대단한 수행원들을 이끌고 티레에 도착해 콘라트가 오랫동안 갈망하던 왕관을 씌워주기로 했다. 《순례기》에 따르면, 콘라트는 기쁨에 차서 양손을 하늘로 들어올리고 이렇게 기도했다고 한다.

"우리 주 하느님. (…) 간청합니다, 주님. 제가 당신의 왕국을 다스리기에 적합하다고 판단하신다면, 저는 살아서 왕좌에 앉을 것입니다. 그러나 당신의 판단이 다르다면, 주님, 제가 그 자리에 올라서는 것을 결코 승인하지 마시옵소서."[7]

기도를 마친 뒤 그는 자신의 대관식 준비를 위해 분주히 움직였다. 대관식은 며칠 내에 아크레에서 열릴 예정이었다.

누가 콘라트 암살의 배후인가

1192년 4월 말의 며칠 동안 티레는 축제 분위기였다. 예정된 왕뿐만 아니라 그의 모든 추종자들과 일반 시민들도 나름대로 다가오는 대관식을 준비했다. 사람들은 돈을 꿔서 아낌없이 쓰고, 옷을 새로 짓거나 수선했다. 무기도 반짝반짝 닦았다. 대관식과 그 뒤에 이어질 연회에서 최고의 모습을 보여주기 위해서였다.

라시드 알딘 시난도 준비를 하고 있었으나, 그 성격은 크게 달랐다. 얼마 전 그가 예루살렘의 왕 예정자를 제거하기로 결심했기 때문이다. 시난이 이런 결정을 내린 동기에 대해서는 1192년부터 지금까지 맹렬한 논쟁이 벌어지고 있다. 많은 사람들은 암살을 꾸민 사람이 사실은 리처드라고 주장한다. 그가 뇌물, 협박, 장밋빛 약속 등을 동원해서 시난을 설득해 몬페라토 후작을 죽이게 만들었다는 것이다. 반면 살라딘을 범인으로 지목하는 사람들도 있다. 잉글랜드의 왕이 아니라 술탄 살라딘이 시난에게 콘라트를 살해하라고 압박을 가했다는 주장이다. 나중에 살라딘이 리처드 및 프랑크족과 평화조약을 맺으면서, 니자리파도 그 조약의 보호를 받아야 한다고 강력하게 주장한 것은 사실이다.

콘라트가 아시켈론 회의 직후 살해됐다는 사실은 두 주장을 모두 뒷받침하는 정황증거가 될 수 있다. 리처드가 아시켈론에서 원하는 결과가 나오지 않자 은밀한 방법으로 콘라트를 제거하기로 했을 가능성이 있다. 아시켈론 회의는 살라딘에게도 전에 없던 동기를 제공해주었다. 회의 이전에는 기독교도 진영이 분열되어 있어서 살라딘에게 이로웠으므로, 굳이 콘라트를 죽일 이유가 없었다. 그러나 그가 왕이 되어야 한다는 만장일치의 결정이 내려진 뒤에는, 살라딘이 유능하고 가차 없는 콘라트 때문에 걱정할 일이 늘어났다. 그를 죽여 예루살렘의 왕관을 둘러싼 싸움이 다시 벌어지게 만드는 것이 그에게 크게 이로웠다는 뜻이다.

만약 살라딘이 정말로 배후라면, 아이유브 제국의 술탄이 콘라트 암살을 위해 자신의 부하 중 적절한 자에게 살해 지시를 내리는 대신 니자리파의 자그마한 근거지를 이끄는 우두머리를 구워삶았다는 사실이 흥미롭다. 그러나 만약 리처드가 배후라면, 그가 자기 부하 대신 시난에게 그 일을 맡긴 이유를 이해하기가 더 쉽다. 리처드는 기독교인 영웅을 제거하는 일에 자신의 부하를 보내는 것이 얼마나 위험한지 잘 알고 있었을 것이다. 자신의 아버지 헨리 2세가 캔터베리의 저열한 대주교 토머스 베킷에게서 벗어나기 위해 가문의 기사들을 충동질했을 때(1170) 어떤 일들이 벌어졌는지 그는 잘 기억하고 있었다 (헨리의 기사들이 베킷의 목을 베어 죽인 뒤, 베킷은 순교자이자 성인으로 추앙되었으며 헨리는 많은 비난에 시달리다가 교회를 왕의 지배하에 두려던 계획을 대부분 포기했다 ― 옮긴이).

다른 문헌들은 시난에게도 콘라트를 살해할 동기가 있었다고 주장한다. 그중 한 문헌에 따르면, 콘라트의 죽음은 순전히 콘라트 본인의 탓이었다. 시난 소유의 배가 티레에 정박했을 때, 콘라트가 그 배에 실린 값비싼 재화를 탐내서 부하들에게 압류를 명령했다. 시난이 배에서 사로잡힌 사람들과 훔쳐간 재화를 돌려달라고 두 번이나 요구했는데도 콘라트는 거절했고, 이로써 자신의 사형 집행 영장에 직접 서명한 꼴이 되었다.[8] 그러나 이 이야기에는 의문의 여지가 있다. 리처드의 지지자들이 그의 혐의를 벗겨주기 위해 창작한 이야기일 가능성이 있기 때문이다. 무슬림 문헌에는 이 이야기가 전혀 등장하지 않는다.

시난의 진정한 동기가 무엇이었는지, 콘라트를 죽음으로 이끈 최종적인 배후가 누구인지 이제 와서 확실히 밝혀내기란 불가능하다. 확실한 것은 니자리파가 꼭두각시 인형도 용병도 아니었다는 점이다. 콘라트 암살 몇 년 전 살라딘이 시난에게 위협적인 편지를 보냈을 때, 시난은 답장에서 누구보다도 거만한 태도로 "코끼리의 귓속에서 붕붕 날아다니는 파리를 찾아내는 것은 참으로 놀라운 일"이라고 썼다.[9] 설사 그가 리처드나 살라딘의 충동질 때문에 콘라트를 죽이게 되었다 하더라도, 그들의 요구를 받아들인 것은 순전히 그 일이 니자리파에게 이득이 되기 때문이었을 것이다.

그 이득이 무엇인지는 몰라도, 1192년 4월 말 티레의 모든 사람들이 대관식 준비로 분주히 돌아가고 있을 때 니자리파 암살자 두 명이 성내로 들어와 콘라트를 미행하며 기회를 노리고 있었다.

내세를 향한 잘못된 갈망

순전히 군사적인 관점에서 니자리파의 활동에 대해 가장 흥미로운 의문은, 피다이fidā'i(니자리파 암살자들이 스스로를 지칭하던 말)가 임무를 위해 어떤 훈련을 받고 어떤 준비를 했느냐는 점이다. 중세부터 현재에 이르기까지 많은 저술가들이 이 의문을 해결해보려고 상상력을 발휘했으며, 그 덕분에 수많은 전설과 추측이 탄생했다. 그런 전설 중에서도 가장 끈질기게 남아 있는 것은 '하시신'이라는 단어가 등장하는 이야기들이다. 서구의 일부 저술가들은 해시시 사용자를 경멸스럽게 지칭하는 이 단어를 니자리파의 놀라운 암살기술과 잘못 연결시켜서, 니자리파 암살자들이 마약에 취한 상태에서 죽음의 임무를 수행하거나 적어도 훈련이나 세뇌를 받을 때 마약의 도움을 받았을 것이라는 결론을 내렸다.

그러나 이 결론은 진실과 거리가 멀다. 이슬람 세계의 주류 저술가들이 니자리파를 '하시신'이라고 지칭한 것은, 그 단어가 중세 이슬람 문화권에서 도덕적으로 방종하고 방탕한 사람을 비난할 때 흔히 사용되는 말이었기 때문이다. 즉, 정통에 어긋나는 교리나 행동을 한다고 의심되는 많은 종파를 향해 이 단어가 사용되었으므로 암살과는 아무런 관련이 없었다.[10]

흔히 볼 수 있지만 전혀 근거가 없는 또 다른 전설(처음에 적대적인 무슬림 저술가들이 퍼뜨린 것)은 니자리파의 거점 몇 군데 내부에 비밀스러운 쾌락의 정원이 있는데, 니자리파가 젊은 신참들을 남몰래 그곳으로 데려가 여기가 낙원이라고 말해주었다는 것이다. 신참들은 이

●●●●●
유럽인들이 상상한 니자리파의 모습. 15세기 초에 작성된 마르코 폴로 여행기 원고 중 메트르 드 라 마자린의 그림. 중세에 가장 큰 영향을 끼친 여행기인 마르코 폴로의 이야기는 유럽에 서 니자리파의 이미지를 '암살결사'로 확립하는 데 그 어떤 문헌보다 큰 역할을 했다. 마르코 폴로에 따르면, 이 결사의 지도자인 알라 알딘 무함마드는 알라무트 성에 있는 비밀스러운 쾌락의 정원에서 암살자들을 훈련시키며 마약성 약물을 이용해 세뇌했다고 한다. 이 그림은 미래의 암살자들이 지도자 앞에 무릎을 꿇고 있고, 지도자는 그들에게 모종의 약이 가득 든 잔을 건네는 모습을 묘사한 것이다.

곳에서 성적인 쾌락을 비롯한 여러 세속적인 쾌락에 탐닉하다가 어느 날 밖으로 끌려나온다. 이제 낙원의 존재를 완전히 확신하게 된 신참들은 대의를 위해 목숨을 희생한다면 낙원으로 돌아가 영원히 그곳에서 살 수 있다는 말을 듣고 어떤 임무든 기꺼이 수행하게 된다. 심지어 자살 임무도 기쁘게 받아들일 정도다.

두 전설 모두 전혀 근거가 없지만, 피다이의 성공, 즉 어디서도 유례를 찾아볼 수 없을 만큼 기꺼이 목숨을 희생하는 태도에 가장 큰 영향을 미친 요소 중 하나를 잘 보여준다. 이 요소가 중요한 데에는 두 가지 이유가 있다. 첫째, 앞으로 보게 되겠지만, 피다이가 표적 근처에 잠입해서 몇 달 또는 몇 년 동안 측근으로 일하다가 임무를 수행할 때가 있었다. 이렇게 오랜 세월 동안 그들이 임무에 대한 충정을 잃지 않으려면 강력한 동기부여가 필요했다. 둘째, 일단 임무에 나선 뒤에는 대의를 위해 기꺼이 목숨을 내놓으려는 자세가 암살 성공을 용이하게 만들어주었다. 임무를 마친 뒤 탈출할 방법을 고민할 필요가 없을 때, 암살을 계획하고 실행하기가 훨씬 쉬워지기 때문이다.

그러나 피다이가 이처럼 강력한 동기를 갖게 된 것은 마약이나 관능적인 쾌락에 도취된 탓이 아니라 종교적인 확신 때문이었다. 중세는 물론 다른 시대에도 쾌락의 정원이나 마약의 도움 없이 기꺼이 고문을 당하거나 스스로 목숨을 버리는 많은 순교자가 여러 종교에서 만들어졌다. 주바이니가 글에서 쓴 것처럼, 피다이를 움직인 커다란 요인은 "내세에서 누릴 행복을 향한 잘못된 갈망"이었다.[11]

그러나 강력한 동기만으로는 충분하지 않았다. 그것만으로 사람이 효과적인 전사 겸 암살자로 변하는 것은 아니기 때문이다. 니자리파의 피다이는 확실히 잠입과 살인 분야에서 뛰어난 솜씨를 보유하고 있었다는 점에서 중세의 일반적인 광신도와 달랐다. 그들은 중세의 가장 무시무시한 전략무기 중 하나였다. 이런 솜씨가 피다이들 사이에서 대대로 전해진 것 같지는 않은데, 그렇다면 정확히 어떻게 그런 전사가 만들어졌을까?

니자리파가 은밀하게 움직이는 재주를 익힌 데에는 종교적으로 박해당한 역사가 큰 역할을 했다. 중세에 활동했던 이슬람, 기독교, 유대교의 많은 종파들이 박해에 맞서서 순교의 위험을 무릅쓰고라도 공개적으로 신앙을 천명하는 것에 큰 가치를 둔 반면, 니자리파는 시아파의 교리인 타끼야taqiyya를 받아들여 발전시켰다. 이 교리에 따르면, 신자들은 적에게 발각되어 박해당하는 것을 피하고 자신의 신앙을 전파하기 위해 신앙을 감추거나 부정하는 것이 허용되었다. 경우에 따라서는 오히려 그런 행위를 권장하기까지 했다.

니자리파는 산속에 자기들만의 신정체제를 확립한 뒤에도 신앙을 전파하기 위해 적대적인 지역에 선교사들을 파견했다. 그리고 이 선교사들은 자신이 개종시킨 사람들과 더불어 오랫동안 정체를 감추고 살아야 했기 때문에, 은밀하게 움직이는 여러 기술들을 풍부하게 익힐 수 있었다.

예를 들어 이븐 알칼라니시는 니자리파 선교사인 바흐람이 시리아에 도착한 뒤 "극도로 자신을 감추고 비밀스럽게 살면서 수시로 변장했기 때문에 도시와 도시, 성과 성을 옮겨다니는 동안 아무도 그의 정체를 알아차리지 못했다"고 썼다.[12] 시난의 자서전(카말 알딘과 주바이니 덕분에 이 자서전의 일부가 남아 있다)에 따르면, 시난은 알라무트에서 시리아로 파견되었을 때 여정 중에 위치한 여러 도시의 니자리파 요원들에게 내놓을 소개장을 갖고 있었다. 요원들은 소개장을 보고 그를 숨겨주고, 그가 타고 갈 말이나 수레를 수배해주었다. 그래서 그는 페르시아 북부에서 알레포까지 누구에게도 들키지 않고 비교적 편안히 여행할 수 있었다. 선교사들과 개종자들로 이루어진 이 은밀한 네트워크 덕분에 니자리파는 뛰어난 잠입기술을 익혀 암살을 쉽사리 수행할 수 있었다.

중동과 유럽을 막론하고 많은 문헌은 또한 니자리파가 은밀한 기술에 특별히 뛰어난 사람들을 모아 엘리트 부대를 만들었다고 강력히 주장한다. 니자리파 지도자들이 거점으로 여러 소년을 불러 올려서 어렸을 때부터 기르며 여러 종족의 예법과 언어를 가르쳤다는 것이다. 이 아이들이 자라면 다양한 임무를 맡아 선교사나 암살자로 외국에 파견되었다.

파라드 다프타리는 이것 역시 니자리파에 관한 근거 없는 전설 중 하나에 지나지 않는다고 주장하지만, 이 이야기를 뒷받침하는 탄탄한 증거가 존재한다. 시난의 자서전에 따르면, 그는 어렸을 때 고향에서 도망쳐 무일푼으로 알라무트에 처음 발을 디딘 뒤, 1138년부터 1162년까지 니자리파의 지도자였던 무함마드 이븐 부주르구미드에게 교육을 받았다. 무함마드에게는 두 아들이 있었는데, 시난은 무함마드가 "나를 그들과 함께 학교에 보냈으며, 그들과 정확히 똑같이 나를 부양하고, 교육하고, 입혀주었다"고 회고했다.[13] 교육이 끝난 뒤 시난은 메소포타미아와 시리아에 선교사로 파견되었다. 카말 알딘이 모아놓은 다른 기록들과 니자리파가 쓴 시난의 전기에 따르면, 시난은 시리아에 도착한 뒤 무려 7년 동안 남학교 교사로 일했다.

피다이의 언어능력과 다양한 문화권에서 융합될 수 있는 능력은 무지한 유럽인들뿐만 아니라 그들보다 훨씬 더 많은 것을 알고 있는 중동 저술가들도 자주 언급했다. 심지어 니자리파 저술가들도 마찬가지였다. 따라서 시난이 아크레에서 '프랑크족의 왕'을 어떻게 암살했는지를 묘사한, 출처를 알 수 없는 이야기도 니자리파가 작성한 시난의 전기에 포함되었다. 콘라트 살인 사건을 멋대로 윤색한 이 이야기는 피다이의 언어능력이 얼마나 중요한지 강조하면서, 프랑크족의 왕을 죽인 두 피다이가 시난에게서 프랑크족의 언어를 배웠으며, 프랑크족의 옷을 입고 프랑크족의 칼까지 찬 뒤 밤을 틈타 프랑크족 진영에 침투해서 왕의 천막으로 들어가 그의 목을 베었다고 설명한다.[14]

어린 아이들을 국가수반의 감독하에 '국영' 기숙학교에서 기르면서 미래의 군사적, 정치적 임무를 위해 여러 기술을 가르친다는 생각은 확실히 당시 이슬람 유력자들 사이에서 아주 흔하게 볼 수 있었다. 많은 이슬람 궁정에서는 이러한 맘루크나 굴람(둘 다 노예병사를 일컫는 말—옮긴이)을 흔하게 길러냈다. 일부는 군사훈련을 받아 엘리트 병사가 되었고, 또 다른 일부는 행정가가 되는 교육을 받았다. 이들과 니자리파를 비교한 문헌은 없지만, 니자리파 역시 이들의 본을 땄을 가능성이 있다. 다만 그들의 '맘루크'는 일반적인 전투나 행정업무 대신 주로 비밀작전을 위한 훈련을 받았다는 점이 다를 뿐이다.[15]

공포의 니자리파 암살자들

니자리파의 마지막 자산은 인내심과 선견지명이었다. 그들은 일단 누군가를 제거하기로 마음먹으면, 실제로 행동에 나설 때까지 몇 달이나 몇 년 동안 기다릴 때가 많았다. 예를 들어 뒤에 이야기할 다마스쿠스의 부리Buri를 노린 사건의 경우, 그가 다마스쿠스 시내에 모여 살던 니자리파 사람들을 학살한 지 거의 2년 뒤에야 실행되었다. 이 시간 동안 피다이는 표적 근처에 침투해 자리를 잡고 그와 그의 주변을 조사했다. 가끔은 니자리파가 피다이를 핵심적인 위치에 심어두었다가 필요한 때에 지령을 내려 움직이게 한 것이 아주 당연한 수순처럼 보이기도 한다. 미리 예측하지 못한 단기적인 위협에 대응하는 데에 이 방법이 항상 효과를 발휘한 것은 아니지만, 수십 년의 세월이 흐르면서 평판이 쌓여 사람들이 이 방법을 두려워하게 된 것만으로도 엄청난 효과를 내게 되었다.

카말 알딘이 들려주는 이야기를 하나 예로 들어보자. 1170년대 중반에 살라딘이 니자리파의 근거지를 공격했을 때, 시난은 반드시 살라딘에게 직접 은밀히 자신의 말을 전해야 한다는 지시와 함께 전령을 파견했다. 당연히 암살을 두려워한 살라딘은 전령의 몸을 철저히 수색했다. 그 결과 전령의 몸에는 무기가 전혀 없음이 드러났는데도, 살라딘은 호위병을 내보내려 하지 않았다. 전령은 살라딘과 단 둘이 있는 자리에서만 시난의 말을 전할 수 있다고 고집을 부렸다. 결국 살라딘은 시종들과 호위병을 물러나게 하는 데 동의했지만, 가장 충실한 맘루크 호위병 두 명은 남겨두었다. 전령이 그들도 내보내야 한다고 고집하자 살라딘은 "나는 이 아이들을 내 아들로 생각한다. 이 아이들과 나는 하나다"라고 말하며 전령의 요구를 거절했다. 그러자 전령은 두 맘루크를 향해 돌아서서 이렇게 말했다.

"만약 내가 내 주인의 이름으로 이 술탄을 죽이라고 명한다면 그리하겠느냐?"

맘루크들은 칼을 빼들고 명령만 내리시라고 말했다. 전령은 맘루크들을 데리고 그 자리를 떠났다. 기가 질린 살라딘은 서둘러 시난과 화해했다.[16]

니자리파가 1174년 12월과 1176년 5월, 두 번에 걸쳐 살라딘을 암살하려 시도한 것은 사실이지만, 방금 제시한 일화는 허구일 가능성이 매우 높다.[17] 그래도 이 이야기는 니자리파가 엄중한 호위를 받는 표적들에게 어떤 방식으로 접근하는지, 그리고 그 방식이 대상들에게 어떤 감정을 불러일으키는지 잘 보여준다. 피다이는 비밀스러운 무술 실력으로 기품 있게 경비를 돌파하는 중동의 닌자 같은 존재가 아니었다. 그들은 대개 선견지명, 훌륭한 교육, 인내심을 이용해서 표적에게 손을 뻗었다.

12세기 중동의 다문화 사회에서 모든 정치집단은 다양한 종족과 신앙이 얽힌 조각보와 같았으며, 모든 통치자의 군대와 행정관 중에는 다양한 종족과 종교 출신의 용병과 신참, 교육 수준이 높은 외국 젊은이 등이 포함되어 있었다. 따라서 언어능력이 뛰어난 사람이라면 군주의 수행원으로, 또는 하다못해 궁정과 아주 가까운 곳에서 일하는 사람으로라도 쉽사리 고용되었다. 그렇게 잠재적인 표적 근처에 자리를 잡고 나중에 표적과 함께 목숨을 잃는다 해도 개의치 않는 마음가짐을 갖춘다면, 적절한 암살 기회가 저절로 생기는 것은 시간 문제였다. 언젠가 시난은 살라딘의 위협에 다음과 같이 응수했다.

"나는 당신 진영의 내부에서부터 당신을 무너뜨리고, 당신의 집에서 당신에게 복수할 것이다."[18]

십자군 연대기 작가인 앙브루아즈도 피다이는 일단 표적이 정해지고 나면, "집을 떠나 그 거물을 염탐하고 감시하며 영리한 말솜씨로 그의 가솔이 된다. 그의 목숨을 앗아갈 때까지"라고 썼다.[19]

1126년 셀주크 제국의 재상인 무인 알딘 카시는 페르시아에 있는

○○○○○
1272년 피다이의 에드워드
1세 암살 시도, 귀스타브 도레,
1877.

니자리파 근거지를 치기 위해 군대를 보냈다. 니자리파는 이에 대한 복수를 하기 위해 피다이 두 명을 파견했다. 그들은 그의 집에 마부로 들어가서 일하다가 1127년 3월에 그를 죽였다. 1129년에 다마스쿠스의 통치자가 된 부리는 돌아가신 아버지의 동맹이었던 니자리파에게 등을 돌렸다. 부리가 많은 사람의 미움을 받는 이단인 니자리파에게 다마스쿠스의 민병대뿐만 아니라 광기에 젖은 수니파 폭도들을 풀어놓는 바람에 목숨을 잃은 니자리파가 6,000~2만 명이었다고 한다. 그날부터 부리는 당연히 무거운 갑옷과 중무장한 호위병이 없이는 어디에도 가지 않았다. 그러나 별로 소용은 없었다. 그가 받아들였던 투르크멘 병사 두 명이 알고 보니 피다이였기 때문이다. 그들은 1131년 5월 7일에 그에게 달려들어 중상을 입혔다. 부리는 그로부터

1년 동안 고통에 시달리다 세상을 떠났다. 1138년에는 아바스 왕조의 폐위된 칼리프 알라시드도 피다이로 밝혀진 하인 몇 명의 손에 목숨을 잃었다.

1270년에 피다이 두 명이 평범한 맘루크 병사로 변장하고 티레에 나타났다. 그들은 탈영병 행세를 하면서 티레의 영주이자 레반트의 프랑크족 지도자 중 가장 두드러진 존재인 필리프 드 몽포르에게 자신들에게 세례를 주고 병사로 써달라고 요청했다. 몽포르는 그들을 의심하지 않았다. 두 피다이 중 한 명은 새로 대부가 된 몽포르의 이름을 따서 필리프가 되었고, 다른 한 명은 줄리앙이 되었다. 얼마 뒤 술탄 바이바르스가 필리프를 죽이려고 피다이를 보냈다는 경고가 필리프에게 도달했다. 필리프는 부하들에게 티레로 들어오는 모든 사람을 철저히 감시하라고 지시했지만, 새로 받아들인 두 가신은 의심하지 않고 자신의 집에 함께 머물게 했다. 어느 일요일, 두 피다이 중 한 명이 미사를 보려고 개인 예배당으로 향하던 필리프를 칼로 찔러 죽였다. 그의 후계자인 아들도 하마터면 이 자리에서 함께 죽을 뻔했으나, 제단 뒤에 숨어 목숨을 건졌다. 이와 동시에 남은 한 명의 피다이는 시돈의 영주를 죽이려 했으나 정체가 발각되는 바람에 임무를 해내지 못하고 도망쳤다.[20]

피다이가 고행자나 수도사로 변장할 때가 많고, 모스크를 비롯한 신성한 장소 안이나 근처에서 살인을 저지르는 경우도 많았다는 점은 주목할 만하다. 니자리파가 암살한 최초의 유명 인물(니잠 알물크)도 수피즘 고행자로 위장한 피다이에게 목숨을 잃었다(1092).[21] 니자리파가 처음 시리아에 왔을 때, 그들의 가장 중요한 적 중에는 홈스의 통치자인 자나 알다울라도 포함되어 있었다. 자나 알다울라는 공격을 경계해서 가능한 한 성채를 떠나지 않았으며, 혹시 밖으로 나가는 경우에는 갑주를 완전히 차려 입고 호위병에게 둘러싸였다. 1103년 5월 1일 금요일에 그는 성채에서 나와 시내의 가장 큰 모스크로 금요 기도를 하러 갔다. 그가 평소 앉던 자리에 앉는 순간 고행자의 옷을 입은 피다이 세 명이 그에게 달려들었다. 그의 갑주도 호위병도 그들의 단검으로부터 그를 구해주지 못했다. 그 자리에 있던 진짜 수피즘 고행자 열 명도 즉석에서 살해되었다.[22] 1126년에도 비슷한 일이 있었다. 모술의 셀주크 통치자인 부르수키가 고행자로 변장한 피다이 여덟 명에 의해 모술의 가장 큰 모스크에서 암살당한 것이다.

고행자 행세를 하는 데에는 많은 이점이 있었다. 첫째, 누구든 그들에게 무례하게 질문을 던지거나 앞을 막는 것은 꼴사나운 일이었다. 둘째, 고행자는 대개 혈혈단신의 외국인이나 방랑자였으므로 피다이가 가장 효과적으로 신분을 위장할 수 있었다. 셋째, 고행자 중에는 박식한 사람이 드물지 않아서 그들의 언어능력과 행정능력이 신앙심만큼이나 귀하게 대우받았다. 따라서 박식한 외국인이 고행자 행세를 하면 교육 수준이 높은 것을 군이 설명할 필요가 없고, 과거에 대해 지나친 의심을 피할 수 있을 뿐만 아니라, 표적의 집으로 더욱 쉽게 꼬물꼬물 들어갈 수 있었다.[23]

피다이가 거물 밑에서 일할 자리를 찾지 못하더라도, 학식과 변장 경험 덕분에 몇 주나 몇 달 동안 표적 근처에 머무르며 암살 기회가 생길 때까지 기다릴 수 있었다.

실제 암살 수단과 관련해서는 피다이가 무술 훈련을 받았는지,

아니면 무기 다루는 법을 배웠는지 알려져 있지 않다. 확실한 것은 200년 동안 그들에게 당한 수백 명의 희생자 거의 모두가 공개된 장소에서 단검에 목숨을 잃었다는 사실이다. 군주들을 칼로 찌르기보다는 독을 푸는 편이 확실히 더 쉬웠을 것이다. 특히 암살을 두려워한 표적이 항상 갑주를 입고 호위병에 둘러싸인 채 돌아다닌다면 더욱 그렇다.

그러나 피다이는 단검을 고수했다. 독살을 시도하거나 활 같은 장거리 무기를 사용한 적은 거의 또는 전혀 없는 것 같다. 극적인 요소 때문이었다. 중세의 왕 노릇과 마찬가지로, 중세의 공포 또한 일종의 쇼였다. 단순히 적을 제거하는 것만으로는 공포의 효과를 제대로 낼 수 없었다. 다른 잠재적인 적들에게 두려움을 안겨주고, 동료와 잠재적인 친구들을 격려하는 것이 더 중요했다. 독은 단검에 비해 극적인 효과가 크게 떨어졌다. 거물의 죽음이 독살인지, 만약 그렇다면 독을 푼 사람이 누구인지 확인하기 불가능한 경우가 많았기 때문이다.

게다가 독살은 보통 궁의 개인 공간에서 벌어진다. 반면 피다이는 벌건 대낮에 길거리나 모스크 같은 공공장소에서 표적을 칼로 찔러 죽일 때가 많았다. 그것도 표적이 호위병과 시종들에게 둘러싸여 있는 상황에서. 피다이는 표적 휘하에서 일하는 신분을 획득했을 때에도 보통 일부러 공공장소에서 그를 칼로 찔렀다. 은밀한 방법을 깔보면서 가장 직접적이고 눈에 띄는 방법으로 표적을 살해함으로써 니자리파는 자신이 적의 보안 조치를 얼마나 하찮게 여기는지 보여주었다. 아무리 보안 조치를 취해도 자신을 도저히 방해할 수 없음을 드러내서, 잠재적인 표적과 일반 대중에게 모두 자신의 능력과 성공 사레를 널리 광고한 것이다.

그들은 기존의 정치체제와 종교 질서를 전복하고 싶어 하는 혁명적인 선교사들이었으므로, 그들이 행한 암살 또한 단순히 정치적인 도구일 뿐만 아니라 선교를 위한 선전이기도 했다고 봐야 한다. 그들의 경이로운 솜씨 앞에서 최강의 통치자들이 얼마나 무력했는지를 보여주는 이야기들은 니자리파의 신념을 널리 퍼뜨려 새로운 개종자들을 끌어들이기 위해 계산된 수단이었다.

사건의 재구성

콘라트의 암살자들은 사실 1192년 4월보다 훨씬 전에 티레에 도착했다. 콘라트가 시난의 배에 실린 재화를 탐냈다는 이야기가 진실이라면, 시난은 오랜 기다림 끝에 복수를 실행한 것이 된다. 암살을 의뢰한 사람이 아시켈론 회의 이후의 살라딘이든 리처드이든 상관없이, 시난이 콘라트를 제거할 명확한 계획을 짜기도 전에 이미 콘라트 측근에 자신의 요원을 심어두었다는 뜻이기도 하다. 앞에서 지적했듯이, 중요한 위치와 잠재적인 표적 근처에 조직적으로 피다이를 심어두는 것이 니자리파의 일반적인 행동이었을 가능성이 있다.

이마드 알딘(살라딘의 비서이자 역사가 ─ 옮긴이)과 이븐 알아티르는 피다이들이 1191년 11월경 티레에 도착해서 기독교 수도사나 고행자 행세를 했다고 말한다. 경건하고 금욕적인 생활을 하면서 교회에 자주 드나든 덕분에 그들은 이블랭 영주 발리앙 2세와 시돈 영주 르노에게서 신임을 얻어 그들의 휘하에서 일하게 되었다. 두 사람은 콘라트의 가까운 동료였다. 피다이들은 두 귀족을 수행하면서 콘라트도 자주 만났기 때문에, 콘라트 역시 그들의 얼굴을 익히게 되었다. 《해외에서 일어난 사건의 역사: 연속 편》에 따르면, 그들 중 한 명이 발리앙의 밑에서 일하고, 다른 한 명은 콘라트 본인의 휘하로 들어갔다고 한다. 그러나 앙브루아즈와《순례기》에 따르면, 두 피다이 모두 콘라트의 수행원이 되어 몇 달 동안 성실하게 그를 섬기다가 기회를 잡아 그를 죽였다고 한다.

시난이 정확히 언제 그들에게 작업개시를 명했는지는 확실히 알 수 없다. 만약 리처드나 살라딘이 아시켈론 회의 이후 콘라트를 살해하라고 시난을 설득한 거라면, 시난의 지시가 피다이들에게 도달한 시점은 4월 25일보다 크게 앞서지 않을 것이다(리처드나 살라딘의 전령들이 시리아 북부에 있는 시난의 거점까지 가서 그와 의논한 뒤, 시난이 티레로 자신의 전령을 파견했다고 보면 그렇다).

콘라트는 아시켈론의 소식을 듣기 전이나 그 후에도 자신의 안전을 위해 특별한 조치를 취하지는 않은 것 같다. 위협을 느낀 다른 통치자들은 스스로 갑주를 입고 호위병들을 거느리는 것 외에도, 니자리파를 막기 위해 정교한 보안 조치들을 취한 것으로 알려져 있다. 1122년 파티마 왕조의 칼리프 알마문은 니자리파가 자신을 노리고 있다는 느낌이 들자, 당시 이집트의 동쪽 관문이던 아시켈론의 총독에게 현지 주민들이 잘 알지 못하는 사람들을 모두 공직에서 내보내라고 명령했다. 아시켈론에 들어오려는 모든 사람을 철저히 조사할 것과 전에도 자주 이곳을 방문해서 신분이 확실한 사람들만 빼고는 누구든 도시에 들어오는 것을 금지할 것도 지시했다.

총독은 이 지시들을 이행한 뒤, 아시켈론에 들어오려던 사람들의 숫자, 그들의 이름, 그들이 거느린 하인들의 이름, 그들이 탄 낙타의 고삐를 잡은 사람의 이름, 그들이 가져온 상품의 목록 등이 포함된 서면 보고서를 카이로로 보내야 했다. 그리고 상인 행렬이 이집트에 도착하면, 당국은 총독의 보고서와 그들의 행렬을 비교하며 다시 조사를 했다. 그것뿐만 아니라 칼리프는 카이로의 관리들에게 모든 주민의 이름을 거리별로 일일이 등록하고, 누구든 허락 없이 거처를 바꾸는 것을 허용하지 말라고 지시했다. 도시에 새로 나타난 이방인의 감시를 용이하게 하기 위해서였다. 알마문은 마지막 조치로 수많은 첩자와 정보원을 고용했다. 그리고 이 모든 조치 덕분에 니자리파 요원 여러 명을 밝혀낼 수 있었다.

살라딘은 1174년과 1176년 두 차례에 걸쳐 암살 시도를 겪은 뒤 한동안 나무로 지은 탑을 침실로 삼고, 자신이 직접 알지 못하는 사람은 절대 가까이 다가오지 못하게 했다. 1332년 프랑스의 필리프 6세가 새로운 십자군을 구상하고 있을 때(이 십자군 원정은 실행되지 않았다—옮긴이), 아르메니아에서 한동안 머물다 온 독일 사제 브로카르두스가 왕에게 그 구상에 관해 조언하는 보고서를 작성했다. 그가 왕에게 경고한 여러 위험 중에는 '아사신파'의 위협도 있었다. 브로카르두스는 그들로부터 왕을 보호하는 유일한 방법은 "출신지, 집안, 건강상태, 사람됨이 확실하고 완전하고 명확하게 밝혀지지 않은 사람은 누구든 아무리 하찮은 직분이더라도, 아무리 짧은 기간이라도 결코 왕의 식솔로 받아들이지 않는 것"이라고 썼다.[24]

그러나 이런 보안 조치로도 니자리파의 피다이들을 완벽하게 막을 수 있다고 보장할 수는 없었다. 게다가 이런 조치들을 실행하는 것도 쉬운 일은 아니었다. 1192년의 콘라트는 특히 더욱 그러했다. 당시 대부분의 군주들이 그랬듯이, 콘라트도 알마문 같은 관료체제를 갖고 있지 못했다. 이런 체제가 없이는 도시를 찾은 외국인들은 물론이고 수많은 가솔들조차 일일이 감시할 수 없었다. 게다가 콘라트 본인도 티레에서는 외국인이었으므로, 1192년의 티레에 흘러넘치던 난민들과 십자군들을 효과적으로 감시할 길이 없었다.

엄중한 보안 조치 역시 이미 피다이들이 콘라트의 휘하나 동료들의 휘하에 잠입한 상태라면 별로 소용이 없었을 것이다. 게다가 그런 조치들은 예루살렘 왕국의 왕관을 노리는 콘라트에게 해롭게 작용할 가능성이 있었다. 중세의 군주에게는 능력뿐만 아니라 겉으로 보이는 모습도 중요했으므로, 백성들 앞에 자주 모습을 드러내서 친근하게 보여야 했다. 만약 군주가 안에 틀어박혀 꼼짝도 하지 않거나 호위병들과 엄중한 보안 조치 뒤에 몸을 숨긴다면, 그의 권위는 심각한 손상을 입었다. 심지어 비겁한 겁쟁이처럼 보일 수도 있었다. 어차피 중세의 군주들은 위험한 전장에 수시로 모습을 드러내야 하는 존재였다. 게다가 콘라트처럼 외국 출신으로 다른 사람들과 왕좌를 놓고 다투는 처지라면, 보안 조치가 특히 해로운 영향을 미칠 수 있었다.

십자군인 장 드 주앵빌은 보안 조치의 해로운 영향을 보여주는 사례를 들려준다. 루이 9세가 십자군 원정(1250~1254) 중에 시돈 근처에서 주앵빌과 함께 말을 타러 나갔을 때의 일이다. 두 사람은 말을 달리던 도중에 마침 미사가 진행 중이던 성당을 우연히 발견했다. 두 사람도 미사에 참여하려고 성당 안으로 들어갔는데, 주앵빌은 미사를 보조하는 이가 "키가 크고, 가무잡잡하고, 마르고, 몸에 털이 많은 사람"인 것을 보고 즉시 니자리파 암살자가 아닌지 의심하게 되었다. 그 보조자가 성패聖牌(십자가에 못 박힌 예수상으로, 사제와 신도들이 여기에 입을 맞추는 것이 관습이었다)를 들고 왕에게 다가오자 주앵빌은 그의 앞을 막고 그에게서 성패를 빼앗아 루이 9세에게 직접 들고 갔다. 보조자가 왕에게 가까이 다가갈 수 없게 하기 위해서였다.

겸손하고 성자 같은 사람이라는 이미지를 공들여 쌓아올린 덕에 권위와 명성을 얻은 루이 9세는 나중에 주앵빌에게 이 일에 대해 불평을 늘어놓았다. 자신이 평범한 보조자의 접근을 불허하는 거만한 사람처럼 보여서 평판이 나빠질 것이라고 생각했기 때문이다. 주앵빌이 그런 행동을 한 이유를 설명했는데도, 루이 9세는 그의 행동이 잘못이었다는 주장을 굽히지 않았다.[25]

자신을 보호할 여력이 없어서인지, 겁이 없어서인지, 백성들을 꺼리는 것처럼 보이기 싫어서인지는 잘 모르겠지만, 콘라트는 특별한 조치를 취하지 않았다. 따라서 암살 지령이 두 피다이에게 떨어졌을 때, 그들은 적절한 기회를 기다리기만 하면 되었다. 그들은 정교한 계획 같은 것은 세우지 않고, 그저 눈과 귀를 활짝 열어두기만 했던 것 같다. 실제 암살 당시에 벌어진 일들은, 미리 계획하려고 해도 그럴 수 없는 상황이었음을 증명해준다. 그 운명의 날, 콘라트의 행동이 지극히 변덕스러워서 계획된 스케줄을 전혀 따르지 않았기 때문이다.

암살 기회는 4월 28일에 저절로 모습을 드러냈다. 그날 콘라트의 딸을 임신 중이던 이자벨라 왕비가 목욕을 하러 갔다가 식사시간까지도 집으로 돌아오지 않았다. 콘라트는 아내를 기다렸지만, 아내가 느긋이 시간을 끌고 있어서 곧 도착할 것 같지 않다는 전갈이 왔을 뿐이었다. 콘라트는 배가 고팠지만 혼자 식사를 하기는 싫어서 친구인 보베의 주교를 찾아가 함께 식사하기로 했다. 콘라트는 기사 두 명만을 데리고 말을 몰아 주교의 거처로 갔으나, 당혹스럽게도 주교는 이미 식사를 마친 뒤였다. 콘라트는 "주교님, 함께 식사를 하려고 왔습니다만, 이미 식사를 하셨다니 저는 이만 돌아가겠습니다"[26]라고 말했다. 주교가 콘라트에게 기꺼이 먹을 것을 대접하겠다고 말하는데도 콘라트는 집으로 돌아가 식사하는 편이 낫겠다고 마음을 정하고 주교의 집을 나섰다. 환전상들과 티레 성당의 문 앞을 지나 좁은 골목에 들어섰을 때, 수도사의 로브를 입은 두 남자가 길 양편에 앉아 있는 것이 보였다.

그 두 수도사는 바로 시난이 보낸 피다이들이었다. 아마도 그들은 얼마 전부터 콘라트의 궁을 감시하다가 그가 주교의 집으로 향하는 것을 보고 적당한 곳에 자리를 잡은 뒤 다시 돌아올 콘라트를 기다리고 있었을 것이다. 6개월쯤 전부터 티레에 머물면서 시내 지리와 콘라트 본인에 대해 많은 것을 알아냈을 두 사람에게는 전혀 어렵지 않은 일이었다. 게다가 티레 사람들에게도 이미 친숙한 얼굴이 된 터라, 훤히 보이는 곳에서 기다리고 있어도 아무도 그들을 의심하지 않았다. 확실히 성당 앞에 두 수도사가 앉아 있는 광경은 딱히 의심스러운 것도 아니었다.

콘라트는 두 사람에게 전혀 신경을 쓰지 않고 계속 말을 몰아 나아갔다. 그가 두 사람 사이를 지날 때, 두 사람이 일어나더니 한 명이 편지를 건네려는 듯 한쪽 팔을 뻗은 채로 콘라트에게 다가왔다. 콘라트가 편지를 받으려고 손을 뻗는 순간, 남자가 갑자기 다른 손으로 칼을 빼들어 콘라트를 찔렀다. 모든 사람의 시선이 이 암살자에게 쏠린 틈을 타서 그의 동료가 벌떡 일어나 말을 향해 달려들더니 콘라트의 옆구리를 또 찔렀다. 두 피다이 중 한 명은 콘라트와 동행했던 두 기사의 손에 현장에서 목숨을 잃은 듯하지만, 나머지 한 명은 가까이에 있던 성당 안으로 도망쳤다.

어떤 문헌에 따르면, 콘라트가 현장에서 즉사해 말에서 떨어졌다고 한다. 또 다른 문헌은 그가 부상을 입은 몸으로 피다이가 도망친 바로 그 성당으로 운반되었다고 말한다. 사람들은 피다이가 그곳으로 도망친 사실을 알지 못했고, 피다이는 로브 덕분에 자신을 감출 수 있었다. 그러다 콘라트가 안으로 운반되어 뭐라고 말하는 소리를 듣고, 아직 임무가 완전히 끝나지 않았음을 깨달았다. 그는 콘라트에게 다시 달려들어 이번에는 치명적인 일격을 가하는 데 성공했다.

피다이는 그곳에서 붙잡혀 고문을 당했다. 그는 숨이 끊어지기 전, 자신이 잉글랜드 왕이 사주한 임무를 수행하기 위해 동료와 함께 파견되었다고 자백했다. 설사 이 설명이 정확하다 해도, 이것으로 증명할 수 있는 것은 별로 없다. 여러 문헌들은 시난이 피다이들에게 '만약 붙잡히면 리처드를 범인으로 끌어들이라'고 지시했다고 설명한다. 프랑크족 진영에 혼란의 씨앗을 뿌리기 위해서였다. 게다가 사로잡힌 암살자를 고문하고 심문한 사람들은 존엄왕 필리프의 일행이었다. 따라서 어쩌면 그들이 자백 자체를 꾸며내거나, 아니면 하다못해 암살자의 주장을 너무 쉽사리 믿어버렸을 수 있다.

***

콘라트의 살인 사건으로 프랑크족들은 진영을 막론하고 처음에는 모두 두려움과 혼란을 내비쳤다. 그러나 위기는 금방 해결되었다. 콘라트에게 왕좌의 주인으로 뽑혔다는 소식을 가져다준 샹파뉴 백작 앙리가 콘라트의 후임자 후보로 가장 적합하다는 데에 모두가 동의했기 때문이다. 그는 리처드와 존엄왕 필리프 모두와 혈연관계였으며, 현지의 프랑크 귀족들과 십자군 사이에서도 인기가 좋았다.

1192년 5월 5일, 즉 콘라트의 죽음으로부터 간신히 1주일이 지났을 때, 그는 임신한 이자벨라 왕비와 결혼했다. 유럽 쪽 연대기 작가들은 이 사건에 대해 당혹감을 드러내고, 무슬림과 동방정교 쪽 저술가들은 분명한 혐오를 드러냈다. 앙리와 이자벨라 부부는 곧 아크레에서 대관식을 치렀다. 적어도 이미 대관식을 위해 들인 많은 돈만은 물거품이 되지 않은 셈이었다.

콘라트 암살의 장기적인 영향에 대해서는 중세와 현대의 저술가들이 모두 의견을 달리한다. 어떤 이는 그 사건이 무슬림들에게 커다란 축복이었다고 말한다. 콘라트가 가차 없는 정치가이자 뛰어난 군인이라서 리처드의 자리를 메우며 성지 탈환 노력을 계속 이어갈 적임자였기 때문이다. 또 어떤 사람들은 그의 죽음이 사실 프랑크족에게 이득이 되었다고 주장한다. 그가 논란과 불화를 일으키는 존재였다면, 샹파뉴 백작은 모든 진영에서 인기가 있었기 때문이다. 리처드와 필리프는 자신의 친척이 예루살렘의 왕좌에 앉은 것을 보고 기뻐했다. 현지 프랑크 귀족사회의 여러 파벌들은 쉽사리 사라지지 않는 기의 지지자들까지 포함해서 샹파뉴 백작을 따라 하나가 될 수 있었다.

게다가 앙리는 곧 현명하고 유능한 통치자의 면모를 드러내, 재위 기간이 짧았음에도 새로이 정복한 영토의 안정을 다지고 다시 태어난 아크레 왕국의 기초를 단단히 마련했다.

콘라트의 죽음이 프랑크족에게 이득이었든 손실이었든, 시난과 니자리파에게는 확실히 이득이었다. 콘라트의 죽음이 프랑크족 권력 체계의 붕괴를 불러오지 않았어도 시난은 실망하지 않았다. 그는 프랑크족을 완전히 궤멸하는 데에는 관심이 없었기 때문이다. 그의 작은 나라가 살아남으려면 프랑크족과 정통파 무슬림들 사이에 균형이 유지되어야 했다. 무슬림이 압도적인 승리를 거뒀다면, 살라딘이 이단인 니자리파를 공격해 뿌리를 뽑아버릴 여유가 생겼을 것이다. 실제로 13세기 말에 그런 일이 벌어지기도 했다. 콘라트의 죽음에서 니자리파가 얻은 가장 커다란 이득은 심리적인 것이었다. 무슬림과 기독교인 사이에서 그렇지 않아도 이미 무시무시하던 그들의 명성이 때마침 더욱 높아진 것이다. 특히 앙리 드 샹파뉴는 전임자인 콘라트의 실수에서 교훈을 얻어, 재위 기간 내내 니자리파를 아주 정중하고 조심스럽게 대했다. 전임자의 죽음을 복수하려는 시도도 하지 않았다.

유럽에서는 니자리파의 능력을 크게 부풀린 터무니없는 소문들이 퍼져나갔다. 왕들과 연대기 작가들은 근거 없는 두려움에 사로잡혔다. 니자리파의 주적이 별로 해롭지도 않고 거리상으로도 멀리 있는 유럽의 가톨릭이 아니라 수니파 무슬림임을 모르는 그들은 니자리파의 암살자들이 유럽의 궁정에 침투해서 유럽의 군주들을 노리고 있다고 차츰 믿게 되었다.[27]

통치자들은 라이벌을 제거하기 위해 시난과 음모를 꾸몄다고 서로를 비난했다. 이런 비난이 나중에는 유럽 선전전의 주축이 되었다. 13세기 내내, 그리고 그 뒤에도 유럽인들은 니자리파를 경계하고 두려워했다. 실제로 암살된 기독교인 지도자는 몇 명밖에 되지 않고, 니자리파가 유럽의 일에 별로 관심이 없다는 사실은 상관없었다.

그러나 유럽과 중동의 권력자들이 니자리파의 방법을 베껴서 사용하는 일은 없었다. 그들의 방법이 너무나 성공적이었기 때문이다. 자칫하면 정치적 판도가 바뀔 판이었다.[28]

5장

◆

자루에 가득한
에퀴 금화를 위하여

칼레, 1350년

"칼레를 차지하라!"

1347년 8월 3일 정오 무렵, 칼레 시에서 슬픔에 잠긴 행렬이 모습을 드러냈다. 칼레의 가장 훌륭한 시민 여섯 명이 셔츠만 입은 차림으로 목에 올가미를 건 채 고개를 수그리고 성문을 나선 것이다. 손에는 시청의 열쇠들을 들고 있었다. 그들 뒤에서는 남녀노소를 막론하고 많은 사람들이 절망에 잠겨 양손을 비틀어대면서 비통하게 울었다. 성문 밖에서 분노에 찬 잉글랜드 왕 에드워드 3세, 그의 아내인 필리파 왕비, 그리고 수만 명의 적군이 그들을 맞이했다.

에드워드는 11개월 동안 칼레를 포위하고 공격했다. 그의 재위 기간 중 최대 규모의 군사행동이었던 이 공격은 중세를 통틀어 가장 많은 비용이 들어간 공성전이기도 했다. 약 3만 2,000명의 병력이 공성전을 위해 잉글랜드에서 배를 타고 건너왔다. 중세에 잉글랜드가 해외에 파견한 군대로는 최대 규모였다. 이들 외에 1만 5,000명의 선원들이 탄 함대도 나서서 칼레의 해안을 봉쇄했고, 육지에서는 동맹인 플랑드르의 야전군 2만 명이 잉글랜드를 도와주었다. 에드워드의 라이벌인 프랑스 국왕 필리프 6세는 적어도 2만 명에 이르는 엄청난 병력을 모아 에드워드에게 맞서면서 공성전을 방해하기 위해 온갖 노력을 기울였다.[1]

칼레가 마침내 항복을 결정한 것은 굶주림 때문이었다. 그때까지 칼레는 에드워드의 모든 공격과 위협을 성공적으로 버텨냈으나, 공성전으로 인해 잉글랜드와 프랑스 모두 재정이 파탄나기 직전이었다. 굶주림에 지친 칼레 시에는 이제 남은 식량이 전혀 없었고, 필리프의 군대는 크레시에서 대패한 직후라 위험을 무릅쓰고 평지 전투를 벌일 수 없었다.

칼레가 항복의사를 밝히자, 에드워드는 시민들과 수비대원들의 목숨을 보장해주겠다고 약속하면서도 이 도시를 이끄는 시민 여섯 명을 처형하겠다는 의지를 드러냈다. 자신의 분노를 달래기 위해서이자, 다른 도시들에게 겁을 주어 더 빨리 항복을 받아내기 위해서였다. 에드워드 휘하의 가장 뛰어난 군인 중 한 명인 월터 모니 경은 왕의 분노를 달래 칼레 시민들을 구하려고 애썼지만, 에드워드는 강경했다. 그러자 당시 임신 중이던 그의 아내 필리파 왕비가 무릎을 꿇고 시민들을 살려달라고 애원했다. 에드워드는 극적인 연출 감각으로 분노를 누그러뜨리고 시민들의 목숨을 살려주겠다고 말했다.

그러나 고마워하는 여섯 명의 시민들은 물론 칼레의 민간인들 거의 전원에게 칼레를 떠나라는 지시가 떨어졌다. 에드워드는 자신에게 충성하는 백성들로 칼레를 채워 이 도시를 프랑스 땅에 있는 자신

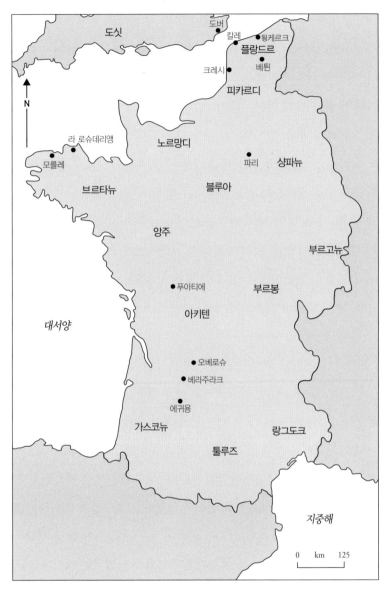

중세 프랑스의 주요 지명.

의 주요 해안 교두보로 삼을 작정이었다.

잉글랜드에서 유럽 대륙까지 군대를 움직이는 것은 힘든 일이었다. 적국의 해안에 군대를 상륙시키는 것도 지극히 힘들었다. 해안에 수비 병력이 있기 때문이라기보다는 14세기의 현실에서 병참 능력을 극단까지 발휘해야 하기 때문이었다. 수천 명 규모의 군대가 적국의 해안에 상륙하려면, 병사들은 물론 수천 마리의 말과 진을 치는 데 필요한 온갖 장비들과 보급품을 한꺼번에 배에 싣고 가서 상륙해야 했다. 즉, 수백 척의 배와 엄청난 양의 보급품과 장비를 단번에 모아야 한다는 뜻이었다. 그러나 군대가 아군에게 우호적인 항구에 상륙해서 다시 집합할 수 있다면 일이 훨씬 쉬울 터였다. 필요한 장비, 보급품, 말 등을 훨씬 적은 수의 배가 차근차근 상륙지 항구에 가져다둘 수 있기 때문이다.

1347년까지 에드워드는 프랑스에 물자를 부려둘 수 있는 좋은 항구를 갖고 있지 못했다. 가스코뉴의 아군 항구들은 너무 멀었다. 그와 동맹들이 브르타뉴에 갖고 있는 소수의 항구들은 가까웠지만 소유권이 안정적이지 못했고, 대부분 궁벽한 곳이라 그곳에서 프랑스 영토 내로 진입하기가 쉽지 않았다. 1340년대에 플랑드르 백작령을 휩쓴 반란 세력이 에드워드에게 한동안 플랑드르 항구들을 열어주기는 했다. 그러나 플랑드르의 정국이 지극히 소란스러웠다. 반란 세력이 권력을 유지하도록 돕느라 에드워드의 자원이 끊임없이 빠져나갔고, 그나마도 그들이 곧 몰락할 것이 분명해 보였다. 그들은 실제로 1349년에 무너졌다.

칼레는 에드워드가 안고 있던 전략적 고민의 답이었다. 샌드위치와 도버에서 출발한 배들이 몇 시간 만에 쉽사리 해협을 건널 수 있었으므로, 소규모 선단만으로도 비교적 짧은 시일 안에 대규모 침공을 준비할 수 있었다. 게다가 브르타뉴의 항구들과 달리 칼레에서는 프랑스 북부 평원과 지금의 베네룩스 지역에 쉽사리 접근할 수 있었다.

에드워드는 칼레를 점령하고 주민들을 추방한 뒤, 방어설비를 수리하고 약 1,200명 규모의 강력한 수비대를 이곳에 주둔시켰다. 그러고는 1347년 9월에 필리프와 임시 휴전협정을 맺고 잉글랜드로 돌아갔다. 그해에 또 군사 원정을 떠나기에는 너무 늦은 때였다. 게다가 에드워드의 금고에는 어차피 돈이 한 푼도 남아 있지 않았다.

1348년 7월에 휴전협정의 효력이 다하자 다시 적대행위가 시작되었지만, 그전부터 프랑스와 잉글랜드 모두 공동의 적에게 공격을 받고 있었다. 흑사병이 1347년 12월에 이미 지중해에 면한 프랑스 해안 지역에 나타난 것이다. 흑사병은 겨울 동안 다소 느린 속도로 론 강 상류와 가론 강 하류로 움직였다. 그러다 1348년 봄이 되자 속도를 얻어, 마침 휴전협정이 만료되는 시점에 프랑스 전역으로 들불처럼 번졌다. 8월에 파리에 도달한 흑사병은 파리 인구 중 적어도 3분의 1을 죽였고, 왕과 유력자들은 안전하다고 여겨지는 시골로 피신했다.

이와 동시에 흑사병은 프랑스 군대가 10년이 넘는 전투로도 성공하지 못한 일을 해냈다. 대서양 해안 어딘가에서 배에 올라탄 흑사병이 1348년 7월에 도싯에 상륙한 것이다. 승리에 젖어 있던 잉글랜드는 패배한 프랑스보다 더욱더 게걸스레 흑사병에 잡아먹혔다. 1년도 안 돼서 인구 중 절반이 목숨을 잃었다고 추정될 정도다.

1348년 11월, 잉글랜드와 프랑스의 두 왕은 1350년 5월까지 다시 휴전하기로 동의했다.

기사 샤르니의 음험한 결심

그러나 휴전과 흑사병만으로는 실제 전투에 종지부를 찍기에 역부족이었다. 끔찍한 해였던 1348년과 1349년 내내, 때로는 인류 전체가 스러질 것처럼 보일 정도였는데도 병사들은 싸움을 그치지 않았다. 왕들도 그들의 행동을 눈감아주었다.

특히 브르타뉴와 아키텐에서는 용병 무리들이 일종의 전쟁행위를 시작하더니, 곧 프랑스의 두통거리가 되었다. 용병 무리의 지도자들은 이편 저편을 가리지 않고 아무 왕에게나 말뿐인 충성을 천명하며, 스스로 작은 영지의 독자적인 통치자나 마찬가지인 자리에 올라 주민들에게서 보호비를 갈취하고 이웃 용병 무리들과 끊임없이 싸움을 벌였다.

이런 영토분쟁의 초점이 된 것이 성이었다. 용병 무리에게 공성전은 대개 무리였으므로, 사다리를 타고 성벽을 넘어가 침투하거나 내부의 배신자를 이용하는 방법이 중요 전략이 되었다. 장 르 벨은 이 약탈 부대가 일상적으로 사용한 방법들을 설명했다. 먼저 그들은 하루나 이틀 동안 표적으로 삼은 적의 거점을 염탐한다. 그다음에는 30~40명의 소규모 부대가 밤의 어둠을 틈타 표적에 접근한다. 날이 밝아올 무렵, 그들은 적의 거점을 기습해서 주택 몇 군데에 불을 놓고 최대한 소란을 피운다. 그러면 화들짝 놀란 수비대와 주민들은 대규모 부대가 공격하는 줄 알고 겁에 질려서 도망쳐버리기 일쑤다. 공격 부대는 비어버린 적의 거점을 약탈하거나 자기 것으로 삼는다. 르 벨은 약탈 부대들이 이런 방식으로 동즈냐크, 콩보른을 비롯한 많은 요새와 거점들을 손에 넣었다고 말했다.[2]

1348년과 1349년에 브르타뉴와 아키텐의 여러 마을과 성도 이런 식으로 여러 번 주인이 바뀌었다. 이 약탈자 무리의 두목들 중 라울 드 카우르 같은 자들은 원래 충성한다던 대상을 버리고 가장 높은 값을 부르는 사람에게 자신을 팔았다. 앞으로 다가올 현실을 미리 보여준 셈이었다. 이런 분위기를 감안하면, 존경받는 기사들이나 왕의 신임을 받는 지휘관들이 주군을 배신하고 적의 편으로 갈아타려 한 것도 놀랄 일이 아니다.

다른 일들과 마찬가지로 여기서도 왕과 도적 무리를 구분해준 것은 각자가 전투에 사용한 방식이 아니라 야망의 크기였다. 그래서 1349년 여름 프랑스 기사도의 모범이며 왕의 명령으로 플랑드르 전선을 지휘하던 조프루아 드 샤르니는 주군을 위해 칼레를 되찾기 위해 성내의 배신자를 이용하기로 결심했다.

샤르니의 일생은 밑바닥에서 출발해 최고의 기사가 된 자수성가 성공담 그 자체다. 1305년경에 태어난 그는 부르고뉴의 보잘것없는 귀족가문 차남이었다. 평화로운 시기에는 그가 출세할 수 있는 가망이 거의 없었지만, 1337년에 백년전쟁이 발발하자 많은 기회가 생겼다. 그는 당시 전쟁의 물결을 타고 최고의 명성과 부를 얻은 직업군인들 중 1세대에 속한다. 그는 전쟁 발발 후 5년 동안 전사로서 명성을 쌓은 덕분에 모를레 전투(1342)에서 프랑스 선봉대의 돌격을 이끄는 지휘관으로 발탁되었다. 그러나 돌격과 전투가 패배로 끝났기 때문에 샤르니는 잉글랜드에서 몇 달 동안 포로생활을 해야 했다. 그래도 그가 군인으로서 보여준 행동 덕분에 명성은 계속 높아졌던 것 같다. 그는 결국 몸값을 치르고 석방되어 다시 전장에 나섰다.

에드워드와 필리프가 말레트루아 휴전협정(1343~1345)에 서명하자 실망한 샤르니는 곧 소아시아로 향하는 십자군에 합류했다. 그리고 다시 유럽으로 돌아왔을 때는 마침 1345~1347년의 대원정이 시작되려는 참이었다. 프랑스 역사상 가장 참담한 사건 중 하나인 이 원정으로 프랑스 군대의 수뇌부 거의 전원이 베르주라크, 오베로슈, 에귀용, 라 로슈데리앙 등에서 수치를 당했다. 특히 크레시의 대패가 무엇보다 컸다.

이렇게 절망적인 상황에서 샤르니가 플랑드르 군대에 맞서 베튄을 영웅적으로 지켜내자(1346) 한 줄기 빛이 비치는 듯했다. 그 덕분에 샤르니는 당대의 가장 뛰어난 프랑스 전사 중 한 명으로 확고히 자리를 굳혔다. 국왕 필리프 6세도 그의 명성을 인정하고, 곧 이어진 칼레 탈환 작전에서 샤르니를 '오리플람,'[3] 즉 신성한 왕의 깃발을 드는 자로 임명했다. 그것은 전통적으로 나라에서 가장 뛰어난 기사에게 맡겨지는 임무였다. 필리프는 에드워드에게 포위선 밖으로 나와 벌판에서 맞붙자고 도전할 때도, 이 말을 전하기 위해 에드워드에게 보낼 왕의 사절 두 명 중 한 명으로 샤르니를 선택했다.

샤르니의 명성은 심지어 프랑스 밖에서도 널리 인정받고 있었다. 당시 잉글랜드 왕비를 섬기던 연대기 작가 프루아사르는 샤르니를 기사들 중에서 "가장 훌륭하고 용맹한 사람"이라고 묘사했다.[4] 잉글랜드의 연대기 작가로 보통 프랑스에 대한 상스러운 욕설이 가득한 연대기를 쓴 제프리 르 베이커도 샤르니를 다음과 같이 설명했다.

"그 어떤 프랑스인보다도 군사적 능력이 뛰어난 기사라서 명성이 널리 알려져 있었으며, 오랫동안 단련한 무예와 활기차고 현명한 성격으로 죽을 때까지 (…) 젊은 프랑스 기사들의 최고 조언자였다."[5]

샤르니 본인도 기사도에 관한 책을 세 권 써서 후세에 남겼다. 젊은 기사들에게 올바른 품행과 전투방법을 가르치기 위한 책이었다.

칼레 함락 이후 벌어진 정치적 위기 때 샤르니는 왕의 자문역으로 임명되어 외교적으로 여러 역할을 수행했다.[6] 1348년 7월에는 야전으로 돌아와, 왕에게 반기를 든 플랑드르 백작령과 칼레에 맞서는 군대의 사령관으로 임명되었다. 그는 임명되는 순간부터 칼레 탈환을 목적으로 삼았다. 그때까지 그는 많은 영예와 부를 얻었지만, 진정한 의미의 승리를 맛본 적은 없었다. 그의 중요한 성공 사례라고는 하층민인 플랑드르 방직공들을 상대로 베튄을 지켜낸 것이 전부였다. 모를레에서는 결정적인 패배를 맛보았고, 십자군을 따라간 소아시아에서는 아무 업적도 이룩하지 못했으며, 칼레는 함락되었다.

특히 칼레 함락은 굴욕적인 경험이었을 것이다. 에드워드가 프랑스 도시인 칼레를 서서히 굶겨 죽이는 동안 샤르니를 비롯한 프랑스 기사들은 무기력하게 지켜볼 수밖에 없었기 때문이다. 에드워드는 프랑스 구원군의 눈앞에서 프랑스 영토에 진을 치고 있었지만, 프랑스군은 감히 그를 공격하지 못했다. 따라서 만약 샤르니가 칼레를 탈환한다면, 그때의 수치를 지울 수 있을 뿐만 아니라 스스로 당대의 가장 위대한 프랑스 지휘관의 자리에 오를 수 있을 터였다. 그만한 업적이라면 그가 원수의 자리에 앉는 것도 어려운 일이 아니었다.

샤르니는 먼저 정규작전으로 칼레를 점령하려고 시도했다. 흑사병이 프랑스 북부를 공격하고 있고 온 세상의 종말이 점점 다가오는 것 같았지만, 샤르니는 휴전협정이 1348년 7월에 만료된다는 점을 이용해서 공격에 나섰다. 여러 도시의 거리에 병으로 죽은 사람들의 시체가 쌓이고, 스스로 채찍질을 하며 고행하는 사람들의 섬뜩한 행렬이 시골길을 돌아다니고 있을 때, 샤르니는 칼레로 통하는 둑길을 끊어 플랑드르와 연락을 주고받을 수 없게 만든 뒤, 작은 보루를 지어 적 수비대를 감시하고 괴롭혔다.

그러나 11월에 휴전협정이 다시 효력을 발휘할 때까지, 그의 공격은 이렇다 할 성과를 내지 못했다. 죽음조차 인간의 야망을 구속하지 못한다는 사실을 증명했을 뿐이었다.

샤르니는 자신과 주군에게 칼레를 공격하거나 굶주림으로 몰아넣을 군사적 자원이 부족하다는 사실을 깨달았다. 그래서 브르타뉴와 아키텐의 상황에서 영감을 얻기라도 했는지, 좀 더 음험한 방법들을 시도해보기로 했다.

탐욕스러운 롬바르디아인을 매수하다

1348년 11월에 재개된 휴전은 샤르니에게 은밀한 작전을 실시하는 데 필요한 은폐막이 되어주었다. 휴전 중에 사람들은 프랑스 영토인 피카르디와 칼레를 자유로이 오갔으므로, 프랑스 첩자들도 다른 여행자들과 쉽사리 섞일 수 있었다.

이 첩자들은 아이메릭 디 파비아라는 기사가 칼레 수비대의 최대 약점인 것 같다고 샤르니에게 알렸다. 이름을 보면 알 수 있듯이, 아이메릭은 잉글랜드가 아니라 이탈리아 롬바르디아 출신이었다. 《발루아 왕조 초기 4대의 연대기》에 따르면, 아이메릭은 처음에 프랑스 왕을 섬겼다. 그러나 1348년 4월 그는 에드워드에게 고용되어 칼레 소함대의 핵심인 갤리선의 지휘를 맡았다.

노를 젓게 되어 있는 갤리선은 칼레 주위의 얕은 바다를 돌아다니는 데 특히 적합했다. 범선들이 대서양은 물론 지중해까지 지배한 지 오래되었는데도, 프랑스 왕들은 칼레, 불로뉴, 됭케르크와 기타 인근 항구에서 갤리선단을 운영했다. 루이 14세의 조정에서 범죄자들과 이단들에게 내릴 수 있는 최악의 처벌은 바로 그들을 이 갤리선의 노 젓는 노예로 만드는 것이었다. 그러나 갤리선은 주로 지중해에서만 특별히 쓰이는 배라서, 14세기 잉글랜드에서는 많이 사용되지 않았다. 에드워드가 갤리선 지휘관이라는 중요한 자리를 롬바르디아 출신 용병에게 맡긴 것도 십중팔구 이런 이유 때문일 것이다.

에드워드는 아이메릭의 능력과 충성심에 감탄했는지, 곧 그에게 성채 망루 한 곳의 지휘도 맡겼다. 칼레 항으로 통하는 성문이 있는 곳이었다. 대부분의 문헌들은 아이메릭이 사실 칼레 수비대 전체의 지휘관이었거나, 적어도 성채의 지휘관이었다고 주장한다. 전임 성채 지휘관이 역병으로 사망하면서, 아이메릭이 정말로 그 성채의 임시 지휘권을 쥐게 되었을 가능성도 있다. 그러나 칼레를 다스리는 사

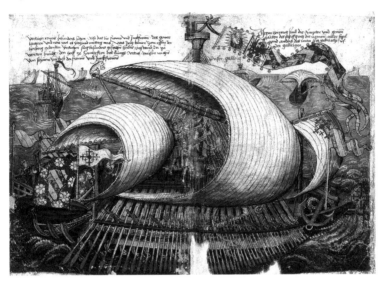

🔘🔘🔘🔘🔘
예루살렘 순례자들을 태운 베네치아의 거대 갤리선. 수많은 노가 인상적이다. 콘라트 그뤼넨 베르크, 1487.

람은 워릭 백작의 형제인 존 보챔프였다. 에드워드가 아이메릭에게 아무리 감탄했다 해도, 그에게 그렇게까지 중요한 자리를 맡길 리는 없었다.

샤르니는 아이메릭에 대해 에드워드와 다소 다른 인상을 받았다. 그가 오로지 돈만을 위해 일하는 외국인 용병이며, 그의 충성심을 지탱하는 것은 오랜 가신들 사이의 유대감도, 새로 싹을 틔우던 민족주의적 유대감도 아니라는 사실을 감안한 샤르니는 충분한 돈을 주면 그를 매수할 수 있을 것이라고 생각했다. 아이메릭이 롬바르디아 출신이라는 사실 또한 샤르니의 생각을 더욱 굳혀줄 뿐이었다. 14세기 서유럽에서 롬바르디아인들은 탐욕으로 유명했으며, 전사보다는 은

행가나 상인으로 훨씬 더 명성을 떨치고 있었기 때문이다. 프루아사르는 샤르니가, 아이메릭이 롬바르디아인이고 "롬바르디아인은 천성적으로 탐욕스럽기" 때문에 칼레를 쉽사리 배신할 것이라 보았다고 깔보는 듯한 투로 묘사했다.[7]

샤르니는 곧 아이메릭과 접촉했다. 아마도 롬바르디아 출신인 앙브루아즈라는 수하를 통해서였을 것이다. 아이메릭은 유혹적인 제안에 마음이 끌렸으나 처음에는 거부했다. 결국 샤르니는 금화로 2만 에퀴라는 금액을 제시했다. 칼레의 가치에 비하면 하찮은 금액이었다. 에드워드 3세는 칼레를 점령하는 데 엄청난 비용을 들였을 뿐만 아니라, 1347년부터 1361년까지 칼레 방어에 매년 평균 7만 에퀴를 썼다.[8] 한편 베이컨이라는 약탈꾼은 칼레보다 중요도가 훨씬 떨어지는 콩보른 성을 점령했을 때, 먼저 그곳 영주의 몸값으로 2만 에퀴를 받아낸 뒤, 성 자체를 필리프 6세에게 팔아넘겨 또 3만 에퀴를 벌었다.[9]

그래도 2만 에퀴는 무시할 수 없는 금액이었으므로, 아이메릭을 충분히 부자로 만들어줄 수 있었다. 그래서 그는 칼레를 배신하기로 했다. 장 르 벨에 따르면, 아이메릭은 비밀리에 샤르니와 만나서 샤르니가 선택하는 날 밤에 자신이 맡은 망루의 성문을 열고 해자 위로 도개교를 내려 프랑스 군대가 성채 안으로 들어올 수 있게 해주겠다고 맹세했다.

프루아사르는 이 거래를 냉소적으로 비꼰다. 아이메릭이 칼레를 샤르니에게 팔아넘겼다고.[10] 그는 일부러 전장의 용어가 아니라 시장의 용어를 썼다. 신원이 알려지지 않은 발랑시엔의 한 시민도 그의 기록에서 같은 단어를 사용하면서, 그 결정적인 만남이 1348년 7월 릴에서 이루어졌다는 정보를 덧붙였다. 그러나 이 시기에 그런 만남이 있었을 가능성이 지극히 희박하기 때문에, 어쩌면 그가 1349년 7월을 잘못 쓴 것일 수도 있다. 샤르니는 필리프 6세에게 거래가 성공했음을 알리고 작전을 준비하기 시작했다.

에드워드와 필리프가 맺은 휴전협정은 1350년 5월에 만료될 예정이었으나, 어차피 브르타뉴와 아키텐에서는 그 협정이 지켜진 적이 한 번도 없었다. 1349년 9월 프랑스 왕은 직접 이 협정을 무효로 돌렸는지 아니면 단순히 무시한 건지, 어쨌든 대규모 군대를 보내 에드워드가 점령한 프랑스 남서부 지역을 침공하게 했다. 에드워드는 이에 대한 대응으로 11월에 자신의 가장 유능한 장군인 랭커스터 백작을 보내 반격하게 했다. 따라서 샤르니는 자신으로 인해 휴전협정이 깨질까 봐 걱정할 이유가 전혀 없었다.

적의 수비대를 무너뜨리고 적의 배신자를 이용해서 거점을 손에 넣는 행동에 대해서도 샤르니는 기사도에 어긋난다는 생각을 하지 않았던 것 같다. 실제로 그가 쓴 기사도 지침서에도 용병을 이용하거나 "보상을 받고 이루어진 행동"을 이용하는 것은 전혀 잘못된 일이 아니라고 명확하게 적혀 있다.[11] 그러나 적군의 병사를 매수하는 일에 대해서는 추천도, 반대도 없이 아예 아무런 언급이 없다.

"아! 에드워드, 세인트 조지!"

아이메릭의 약속을 받았다고 해서 샤르니의 고민이 모두 해결된 것은 아니었다. 첫째, 그의 병사들이 적에게 들키지 않고 칼레까지 가는 것은 쉬운 일이 아니었다. 칼레는 수많은 개울이 얼기설기 흐르는 습지로 에워싸여 있으므로, 접근할 수 있는 도로가 제한되어 있었다. 모두 다리와 둑길로 습지를 가로지르는 길이었다. 그리고 이 길 곳곳에 초소, 정찰병, 첩자 등이 있었다.

둘째, 샤르니의 관점에서 보면 아이메릭이 지키는 망루의 위치가 최악이었다. 칼레의 북서쪽 가장자리에 숨어 있는 망루 한 편에는 항구가 있고, 반대편에는 시가지가 있기 때문이었다. 덕분에 아이메릭은 자신의 선단에 쉽게 접근할 수 있었지만, 육지에서 칼레를 습격하는 부대 입장에서는 아이메릭의 망루에 접근하기가 거의 불가능했다. 습격대가 시내를 거치지 않고 아이메릭의 망루로 가려면, 니욀레 다리 쪽에서 와서 칼레의 남서쪽 모퉁이를 살금살금 지난 뒤 서쪽 성벽과 항구 사이의 좁은 모랫길을 통과해야 했다. 이 모랫길의 너비는 밀물과 썰물에 따라 달라졌으며, 만조 때는 통행이 사실상 불가능했다.

셋째, 설사 소규모 습격대가 아이메릭의 망루를 공격하는 데 성공하더라도, 그것만으로 도시를 함락할 수는 없었다. 1098년의 안티오키아와 달리, 1349년의 칼레는 압도적인 병력에 포위당한 상태가 아니었으므로 방어선에 구멍 하나를 뚫는다고 무게추가 저절로 기울지는 않았다. 만약 샤르니가 소규모 습격대만 이끌고 칼레로 온다면, 설사 아이메릭의 망루를 손에 넣더라도 약 1,200명의 직업군인으로 이

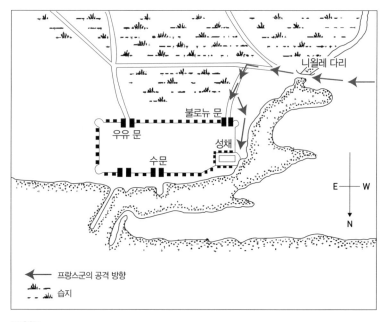

니윌레 다리

불로뉴 문

우유 문

성채

수문

E — W

N

⟵ 프랑스군의 공격 방향

습지

칼레 공격, 1350년 1월 1일.

루어진 수비대의 반격을 받을 터였다. 게다가 이 수비대 외에도 수백 명이나 되는 보조부대와 민병대가 있었다. 따라서 칼레를 점령하려 면 대략 수천 명 규모의 대군이 습격대를 곧바로 뒤따라와야 했다.

그러나 칼레의 위치가 독특해서 이 지원군은 같은 경로로 시내에 들어올 수 없었다. 수십 명 정도는 해안을 타고 몰래 접근해서 망루를 점령할 수 있을지 몰라도, 수천 명이나 되는 병력이 그런 흉내를 낼 수는 없었다. 만약 대군이 그런 시도를 한다면, 십중팔구 수비대가 그 들을 발견하고 그들이 도시 안으로 밀고 들어오기도 전에 공격을 퍼 부을 것이다. 그러면 프랑스군은 성벽과 밀물 사이의 좁은 해안에 갇 힌 꼴이 될 수밖에 없었다.

하지만 이런 문제들을 감안하더라도 이번 기회를 놓치기는 너무 아까웠다. 샤르니는 외스타슈 드 리브몽, 우다르 드 랑티 등 프랑스군의 여러 고위 지휘관들에게 자신의 계획을 알리고 도움을 청했다. 그들은 비밀리에 기병 약 1,500명, 보병 약 4,000명을 아르투아와 피카르디의 수비대와 징집병 중에서 차출했다. 이 부대의 목적은 대다수의 병사들에게 비밀이었다.

샤르니는 앞에서 언급한 문제들을 극복하기 위해 몇 가지 요소들을 이용하고자 했다. 첫째, 1349년 9월에 브르타뉴와 아키텐에서 전투가 다시 시작되었지만, 칼레 전선에서는 아니었다. 샤르니는 이로 인해 칼레 수비대가 방심해서 곧 위험이 닥칠 우려가 없다고 생각해버리기를 바랐다. 흑사병도 그에게 도움이 되는 요소였다. 주변 지역에 흑사병이 어떤 재앙을 몰고 왔는지 생각하면, 프랑스 군대가 전쟁 행위를 시작할 배짱이 없을 것이라는 결론을 내리기가 쉬웠기 때문이다.

둘째, 공격 일시가 1350년 1월 1일 동틀 무렵으로 정해졌다. 이런 시간을 택한 이유는 뻔했다. 밤의 어둠을 틈타 프랑스 군대가 원하는 곳까지 이동할 수 있다는 것. 날짜 또한 신중하게 결정된 것이었다. 역사를 통틀어 많은 군대가 휴일이나 명절을 기습 공격 날짜로 선택했다. 샤르니도 크리스마스와 새해의 축제 분위기 속에서 칼레 수비대가 프랑스 군대의 공격을 경계하며 감시하는 일보다는 다른 곳에 정신이 팔릴 것이라고 생각했을 것이다.

셋째, 칼레가 잉글랜드의 것이 된 지 대략 2년밖에 되지 않았기 때문에, 점령군인 잉글랜드 군대보다 주변 지리에 훤한 안내인을 구하는 일이 전혀 어렵지 않았다. 그들은 누구보다도 신중하게 프랑스군을 성벽 바로 앞까지 데려다줄 터였다.

아르투아의 농민들이 역병이 도래한 뒤 두 번째 맞는 크리스마스를 축하하면서 일부는 인류를 살려주신 하느님께 감사하고 또 다른 일부는 주인이 사라져버린 대량의 식량으로 잔치를 즐기는 동안, 샤르니는 생토메르에 부대를 결집시킨 뒤 은밀하게 서쪽으로 향했다. 얼어붙을 듯이 추운 밤의 어둠 속에 몸을 숨기고 적이 점령한 땅에 들어선 그들은 남서쪽에서 칼레에 접근해 자정이 지난 뒤 니윌레 다리에 다다랐다. 그때까지 잉글랜드 초소들의 병력은 그들을 알아차리지 못했다. 샤르니는 주력 부대를 다리 근처에 남겨놓은 채, 상급 지휘관들과 함께 선발대를 이끌고 성채로 향했다. 정찰을 위해 종자 둘을 앞서 보내는 것도 잊지 않았다.

종자들은 수비대에 들키지 않고 항구에 도착했다. 아이메릭이 직접 그들을 만나러 나와 있었다. 그는 모든 일이 잘 진행되고 있으며, 약속한 금액을 자신에게 건네주는 순간 프랑스 군대가 성문 안으로 들어올 수 있을 것이라고 약속했다. 종자들은 선발대로 되돌아가 샤르니에게 말을 전했다. 아이메릭의 아들을 인질로 데려간 것으로 보이는데, 아이메릭의 아들이 이미 얼마 전에 샤르니에게 인질로 보내졌다고 주장하는 문헌들도 있다. 아이메릭이 프랑스군에게 실제로 열쇠 꾸러미를 넘기면서 그것이 칼레의 열쇠라고 말했다는 질 르 미시의 주장은 과장된 공상일 가능성이 높다.[12]

지금까지는 아무런 문제가 없었지만, 이제부터가 까다로웠다. 기습 부대가 아이메릭의 망루를 점령한 뒤 주력 부대가 합류하는 과정에서 수비대에게 너무 일찍 들켜도 안 되고, 사방이 노출된 해안에서 부대가 발목 잡혀도 안 되기 때문이었다.

아이메릭과 예전에 칼레를 지키던 프랑스 수비대원들의 도움을 받았음이 분명한 샤르니의 계획은 지금까지 남아 있는 자료들을 토대로 조금 노력을 기울이면 재구성이 가능하다. 주력 부대는 처음부터 아이메릭의 망루를 통해 칼레로 들어갈 계획이 아니었다. 주력 부대가 불로뉴 문 앞에 모여 기다리는 동안, 중장병 100명과 기사 열두 명으로 이루어진 기습 부대가 아이메릭의 망루를 손에 넣은 다음 잠든 도시를 통과해 불로뉴 문으로 가서 기습 공격으로 성문을 장악하고 주력 부대에게 문을 열어주는 것이 계획이었다. 그때쯤이면 수비대가 십중팔구 알아차리겠지만, 기습 공격의 이점과 우월한 병력이 프랑스군에게 이점으로 작용할 것이라고 기대할 수 있었다.

샤르니는 기습 부대를 지휘하는 중대한 임무를 "대단히 용맹하고 놀라울 정도로 명석한 기사"[13]인 우다르 드 랑티에게 맡겼다. 사실 랑티도 얼마 전 배신을 저지른 적이 있었다. 1340년대 중반에 모종의 범죄로 프랑스에서 추방된 그는 에드워드 3세 휘하로 들어가 1347년에 에드워드의 칼레 점령을 도운 플랑드르 부대의 지휘를 맡았다. 그는 이 부대의 지휘관으로서 프랑스령인 베튄과 릴을 기습 공격하려고 여러 번 시도했으나 성공하지 못했다. 그러다 1347년 6월에 필리프 6세에게 비로소 사면을 받은 그는 에드워드 3세와 플랑드르 군대를 버리고 프랑스 왕의 휘하로 돌아왔다.

샤르니가 랑티에게 중대한 임무를 맡긴 것은 그에게 명예를 회복할 기회를 주고 싶었기 때문인지도 모른다. 아니면 랑티가 칼레의 분위기, 배신 음모, 배신자의 심정 등을 아주 잘 알고 있기 때문에 샤르니가 그를 선택했을 수도 있다.[14]

랑티는 부하들을 이끌고 출발했다. 아이메릭에게 줄 2만 에퀴도 자루 한두 개에 담아 들고 있었다. 그들은 썰물에 맞춰 성벽과 해안 사이의 모랫길을 걸었다. 부드러운 모래와 파도 소리가 그들의 발소리를 가려주었다. 약속대로 성채의 해자 위로 도개교가 드리워지고 성문이 열리자, 입구에서 초조하게 그들을 기다리는 아이메릭이 나타났다. 막 동이 트기 시작한 무렵이었다.

한편 샤르니는 부대와 함께 불로뉴 문 앞에서 기다리며 불안감을 감추고 시간도 보낼 겸 롬바르디아인들에 대한 우스갯소리를 주고받았다.

"저 롬바르디아인은 뭐가 이렇게 오래 걸려! 우릴 여기서 얼려 죽일 작정인가."

샤르니가 말했다(적어도 프루아사르에 따르면 그렇다). 그러자 페팽 드 비에르가 대답했다.

"장군님, 하느님께 맹세코 롬바르디아인들은 교활합니다. 놈도 지금쯤 금화를 일일이 살펴보고 있을 겁니다. 혹시 가짜가 섞여 있나 하고요. 금액이 맞는지도 확인할 겸 해서요."[5]

그때 마침내 불로뉴 문이 열렸다. 그런데 달려나온 것은 수백 명의 잉글랜드 병사들이었다. 에드워드 3세가 그들을 직접 이끌고 있었다. 잉글랜드 병사들이 소리쳤다.

"아! 에드워드, 세인트 조지(흰 바탕에 붉은 십자가가 있는 잉글랜드 국기 —옮긴이)! 아! 에드워드, 세인트 조지!"[16]

뜻밖의 반격

에드워드가 칼레 점령 음모를 처음 알게 된 것은 1주일 전이었다. 헤이버링에 있는 시골 저택에서 크리스마스 잔치를 준비하고 있을 때였다. 아이메릭과 샤르니는 자신들의 비밀이 철저히 지켜진 줄 알았지만, 그 일에 비밀스레 관여했던 사람(아마도 아이메릭의 보좌관 중 한 명)이 잉글랜드 왕에게 그 사실을 알리기로 한 덕분이었다. 에드워드는 상대방이 계속 계획을 진행하도록 내버려두면서 그들을 역으로 이용하기로 했다.

장 르 벨과 프루아사르에 따르면, 에드워드는 시급한 일이 생겼다며 아이메릭을 잉글랜드로 불렀다. 아이메릭은 에드워드가 음모에 대해 알 리가 없다고 마음을 다지며 도버 해협을 건넜다. 그러나 그가 가장 두려워하던 일이 곧 현실이 되었다. 프루아사르에 따르면, 에드워드는 자신이 아내와 자식들 다음으로 세상에서 가장 사랑하는 것, 즉 칼레를 맡긴 아이메릭이 그것을 프랑스에 팔아넘기려 한다고 비난하며 죽어 마땅한 죄라고 말했다고 한다.[17]

반역을 저지른 여자들은 화형을 당하지만, 잉글랜드의 남자 반역자들은 1241년부터 교수형 뒤 시체를 조각내는 벌을 받았다. 이 형의 집행방법은 다음과 같다. 먼저 반역자를 모든 사람 앞에서 처형장까지 끌고 간 뒤, 교수형을 집행하되 목이 부러져 죽기 전에 줄을 끊어 그를 아래로 내린다. 그리고 아직 의식이 있는 반역자의 생식기를 잘라 그의 눈앞에서 불태운 다음, 창자를 끄집어내 역시 불에 태운다. 마지막으로 시체의 목을 베고, 목이 없는 시체를 다시 네 조각으로 자

른다. 이 네 조각과 머리는 보통 여러 공공장소에 전시되어 왕의 법과
힘을 보여주는 역할을 했다.

　에드워드의 비난을 듣고 아이메릭이 이 무시무시한 광경을 눈앞
에 떠올렸다면, 다음에 이어진 에드워드의 말은 진정 효과가 있는 향
유와 같았다. 만약 아이메릭이 이중첩자 역할을 해준다면 그의 죄를
기꺼이 용서해주겠다는 제안이었다. 에드워드는 아이메릭이 역할을
훌륭하게 수행해서 샤르니를 함정으로 끌어들인다면, 적에게서 받은
2만 에퀴도 아이메릭이 그냥 가져가게 해주겠다는 말도 덧붙였다.

　이를 위해 아이메릭이 해야 하는 일은 사실 아주 간단했다. 첫째,
샤르니와의 거래에 대해서도, 에드워드와의 거래에 대해서도 입을

꾹 다물고 아무에게도 이야기하지 않는다. 둘째, 샤르니와의 약속을 착실하게 지켜서 실제로 성문을 열어주고 도개교를 내려 프랑스 군대를 칼레 시내로 불러들인다. 그다음부터는 에드워드가 알아서 할 것이었다. 아이메릭은 왕의 관대함과 자신의 엄청난 행운에 감사하며 이 제안을 받아들였다. 이로써 그는 목숨뿐만 아니라 돈까지도 지킬 수 있게 되었다. 에드워드는 만일의 경우를 대비해서, 아이메릭의 형제를 인질로 붙잡아두었다.

장 르 벨과 프루아사르가 극적인 흥미를 위해 실제 사건을 윤색했을 가능성은 있다. 어쩌면 에드워드가 아이메릭을 잉글랜드로 소환한 것도, 믿음직한 수하들을 보내 그와 거래를 한 것도 실제로는 일어나지 않은 일일 수 있다. 아이메릭 역시 프루아사르의 연대기에서는 처음부터 칼레를 배신할 생각이 없었던 것으로 그려진다. 그가 샤르니와 약정을 맺은 즉시 스스로 잉글랜드로 건너가 에드워드에게 모든 사실을 알렸다는 것이다.

그러나 이 이야기는 설득력이 한참 떨어진다. 우선, 샤르니가 5,000명이 넘는 병력을 모아 준비하는 데는 상당한 시간이 걸렸을 테니 아이메릭이 샤르니와 거래를 맺은 것은 적어도 섣달그믐 몇 주 전이었다. 하지만 에드워드는 크리스마스가 되어서야 비로소 이 거래에 대해 알게 되었다. 만약 아이메릭이 처음부터 샤르니를 배신할 생각이었다면, 마지막 순간까지 기다리다가 에드워드에게 알리지는 않았을 것이다. 둘째, 칼레에서 그런 일들이 벌어진 뒤, 에드워드는 아이메릭을 지휘관 자리에서 해임했다. 그에 대한 신뢰를 잃은 것으로 보인다. 만약 아이메릭이 처음부터 잉글랜드의 이중첩자로 활동한 거라면, 에드워드가 그를 불신하게 되었을 리가 없다. 오히려 아이메릭은 화려하게 프랑스를 배신함으로써 프랑스와 원수가 되어 에드워드에게 운을 걸 수밖에 없는 처지였다.

에드워드가 어떤 방법으로 음모를 알아냈든, 샤르니를 위해 따뜻한 환영회를 준비할 시간이 겨우 며칠밖에 되지 않았다. 그렇게 짧은 시간에 새로 군대를 모으는 것은 불가능했으므로, 에드워드는 당장 손을 쓸 수 있는 모든 부대에서 인력을 끌어와 소규모 원정군을 꾸리는 수밖에 없었다. 그는 자신에게 허락된 닷새 동안 도버에 중장병 약 300명과 궁수 600명을 집결시킬 수 있었다.

에드워드는 자신의 후계자인 미래의 흑세자와 함께 이 부대에 합류했지만, 정식 지휘권은 월터 모니에게 주었다. 그는 1346~1347년 칼레 점령작전을 기획한 사람 중 한 명일 뿐만 아니라, 칼레 최초의 잉글랜드 수비대장이기도 했다. 프루아사르는 크레시와 칼레에서 장군 노릇을 했던 호방한 에드워드가 이번에는 평범한 기사로 싸우기를 원했다고 말한다. 만약 프루아사르의 이 말이 꾸며낸 것이 아니고 모니가 정말로 명목상으로나마 이 원정군의 사령관 자리에 앉았다면, 그것은 비밀을 지키기 위한 조치였을 가능성이 있다. 잉글랜드 왕이 직접 이끄는 군대라면 월터 모니가 이끄는 군대보다 훨씬 더 많은 주의를 끌었을 것이다.

일부 병사들은 며칠 전부터 밤을 틈타 도버에서 칼레로 건너갔지만, 에드워드를 포함한 주력 부대는 12월 30일 밤, 즉 샤르니가 나타날 것이라고 예상되는 시간보다 24시간 전에 칼레로 건너간 것으로 보인다. 이것도 역시 비밀유지를 위해서였다. 주력 부대가 늦게 건너

가야 프랑스 첩자들이 이쪽의 움직임을 알아차리고 샤르니에게 보고할 가능성이 줄어들기 때문이다. 잉글랜드 군대는 적에게 들킬 위험을 더욱더 줄이기 위해, 칼레에 도착한 뒤 지하실과 비밀 장소에 몸을 숨겼다.

랑티가 아이메릭의 망루로 들어오자, 아이메릭은 만반의 준비를 갖추고 매복하고 있던 잉글랜드 군대 앞으로 랑티의 부대를 이끌었다. 15세기에 나온 프루아사르의 연대기에 이 순간이 잘 묘사되어 있다. 예술가의 솜씨가 확연히 보이는 이 그림은 프랑스 주력 부대가 뒤에서 대기하고 있는 상태에서 랑티의 부대가 아이메릭의 망루로 나아가는 모습을 보여준다(238쪽 그림). 아이메릭은 도개교에서 그들을 기다리고 있다가, 그들이 들고 온 금화 자루를 받았다. 그림에 곁들여진 글에는 랑티가 아이메릭에게 금액이 맞는지 금화를 세어봐도 된다고 말했지만 아이메릭이 그건 나중에 해도 되는 일이라고 친절하게 대답했다고 적혀 있다. 벌써 동이 트고 있으므로 단 한순간도 미적거릴 여유가 없다고 말했다는 것이다.

아이메릭은 무거운 자루를 들고 가 근처의 방 안에 던져넣은 뒤, 랑티의 부대를 잉글랜드군이 매복하고 있는 곳으로 곧장 이끌었다. 성문 옆 경비초소에서 우월한 병력의 잉글랜드군과 느닷없이 마주친 랑티의 부대는 당황해서 순식간에 제압되었다. 나팔로 미리 정해진 신호가 울려 퍼지고, 잉글랜드 주력 부대가 불로뉴 문에서 몰려나왔다. 이와 동시에 흑세자가 이끄는 소규모 부대도 칼레의 수문을 통해 밖으로 나와서 성벽을 돌아가 샤르니 부대의 측면을 쳤다.

"배신이다! 배신!"이라는 외침이 허공을 채우고,[18] 프랑스군의 절

ooooo
칼레 습격. 프랑스 주력 부대가 뒤에서 대기하는 가운데, 랑티가 부하들을 이끌고 아이메릭의
망루로 다가가고 있다. 아이메릭은 도개교에서 그들을 맞이한 뒤, 그들에게서 돈 자루를 받는
다. 그러나 그들이 입구 안쪽으로 들어갔을 때 매복하고 있던 잉글랜드 병사들이 기습한다. 루
아제 리에데Loyset Liedet, 15세기.

반가량이 당황해서 전열을 무너뜨리고 도망쳤다. 나머지 절반은 샤
르니의 지휘를 받으며 굳건히 자리를 지켰다. 프루아사르에 따르면,
샤르니는 거짓말쟁이 롬바르디아인에게 배신을 당했으나 그래도 최
대한 적을 막아내야 한다고 동료 지휘관들에게 외쳤다고 한다.

한동안은 에드워드가 생각보다 힘든 전투를 하는 것 같았다. 샤르
니가 주력 부대를 아이메릭의 망루까지 이어진 해안 길로 이끌지 않

고 사방이 탁 트인 곳에 둔 것이 얼마나 현명했는지 이제 분명해졌다. 또한 에드워드가 아이메릭의 음모를 이용할 생각에 골몰해서 샤르니가 데려온 군대를 과소평가했을 가능성도 있다. 샤르니의 병력은 칼레 수비대와 에드워드의 소규모 원정대를 합한 것보다도 많았다. 챈도스 헤럴드(흑세자의 절친한 친구인 존 챈도스의 '헤럴드', 즉 적진에 가서 교섭하는 임무를 수행하는 사람이었기 때문에 이런 이름으로 불렸다 —옮긴이)에 따르면, 칼레 성벽 아래에서 벌어진 전투가 에드워드의 가장 힘든 전투 중 하나였다고 한다.

그러나 마지막에는 잉글랜드가 우세를 점했다. 프랑스군은 급조된 2류 군대였으며, 손쉽게 칼레를 점령할 것이라고 기대하고 있다가 배신당한 충격에 사기가 떨어져버렸다. 반면 에드워드의 가신들이 내어놓은 군대는 훨씬 더 실력이 좋았으며, 적이 방심하다가 함정에 빠진 것을 보고 기세가 올랐다. 게다가 처음에는 계획에서 빠져 있었지만 지금은 무장을 갖추고 칼레에서 나온 잉글랜드 수비대가 계속 병력을 보충해주었다. 프랑스군의 측면을 친 흑세자의 부대도 있었다.

점점 햇빛이 밝아지는 가운데, 프랑스군은 상황이 절망적임을 깨달았다. 그들은 니월레 다리로 퇴각하려 했지만, 습지가 그들의 발목을 잡았다. 중무장을 한 기사들과 중장병이 좁은 둑길에서 싸우는 동안, 가볍게 무장한 잉글랜드 장궁병들이 습지로 들어와 훤히 드러난 프랑스군 측면에 소나기처럼 화살을 날렸다. 프랑스군이 그들에게 역공을 가하려고 해도 습지의 진흙이 궁병들을 보호해주는 역할을 했다. 프랑스군은 무너졌다. 그러나 도망치는 것도 쉽지 않았다. 여전히 칼레, 바다, 습지 사이에 갇혀 있었기 때문이다. 샤르니, 랑티, 외스타슈 드 리브몽, 그리고 서른 명가량의 주요 기사들이 사로잡히고, 페팽 드 비에르를 포함한 수백 명이 목숨을 잃었다.

속이려는 자가 속는다

그날 저녁 에드워드는 기사도의 전통에 따라 승리를 축하하는 연회를 열고 귀족 포로들을 그 자리에 초대했다. 그리고 사람들 사이를 돌아다니며 낮의 전투에 대해 이야기하고 뛰어난 공을 세운 사람들을 칭찬했다. 그러다 샤르니 앞에 이르렀을 때, 에드워드는 이렇게 말했다.

> 조프루아 공, 조프루아 공! 내가 싸워서 손에 넣은 것, 지금까지 많은 돈을 쏟은 것을 그대가 밤을 틈타 내게서 빼앗으려 했으니 내가 그대에게 애정을 느끼지 못하는 건 당연하오. 그러니 당신을 이리 한가하게 만든 것이 몹시 기쁘오. 그대는 이곳을 나보다 훨씬 적은 금액으로, 그러니까 2만 에퀴로 손에 넣으려고 했소. 그러나 하느님이 나를 도우셔서 그대가 실패하고 말았군. 하느님은 앞으로도 마음이 내키신다면 나의 더 커다란 사업을 도와주실 거요.[19]

그리고 나서 에드워드는 자신이 프랑스에 대해 전혀 적의를 품지 않았음을 보여주기 위해 전투 중 자신과 직접 육박전을 벌였던 외스타슈 드 리브몽에게 말을 걸었다. 그는 먼저 리브몽의 용기와 실력을 한껏 띄워주며 찬사를 보낸 뒤 자신이 걸고 있던 진주목걸이를 벗어 리브몽의 목에 걸어주었다. 그리고 리브몽에게 파리로 가서 프랑스 왕에게 이곳의 일들을 보고해도 좋다고 허락해주었다. 다만 보고를 마친 뒤 다시 돌아와 몸값을 치를 때까지 잉글랜드의 보호 아래 있어 야 한다는 조건을 덧붙였다.

프루아사르의 연대기에는 심지어 에드워드가 리브몽에게 여행경 비로 2만 에퀴를 주었다는 이야기까지 덧붙여져 있다. 그러나 이것은 리브몽의 명예로운 행동과 아이메릭의 배신을 대비시키기 위해 꾸며 낸 이야기임이 분명하다.

프루아사르의 예술적인 펜 끝에서 흘러나온 많은 이야기들과 마 찬가지로, 이 이야기에서 비교적 덜 의심스러운 부분들조차 현대 역 사가들에게는 의심의 대상이 되었다. 그러나 프루아사르의 이야기가 완전히 터무니없는 것은 아니다. 당시 대부분의 사람들이 그랬듯이, 에드워드도 연극적인 연출이 정치와 한 쌍을 이룬다는 사실을 잘 알 고 있었다.

게다가 그는 왕으로서 남에게 보여주기 위한 행동을 하는 분야에 서 타의 추종을 불허하는 정상급 예술가였다. 흑사병이 한창 맹위를 떨치던 시기에 에드워드가 시간과 힘을 쏟아 가터 기사단이라는 새 로운 기사단을 창설했다는 사실은 많은 것을 시사한다. 가터 기사단 은 지금도 세계에서 가장 유명하고 가장 사랑받는 기사단이다. 비록 에드워드가 프랑스를 무자비하게 짓밟아 수백만 명의 프랑스 평민들 을 죽음과 불행으로 몰아넣었지만, 리브몽이나 칼레의 부유한 시민 들처럼 존경받는 라이벌이나 포로에게는 아량을 과시하듯 베푸는 일에 주의를 기울였다.

승리를 거두고 며칠 뒤 에드워드의 부대는 포로들과 함께 배에 올라 잉글랜드로 돌아갔다. 샤르니는 부상 회복을 위해 칼레에 남았다가 나중에 런던으로 이송되어 1351년 여름까지 포로생활을 하면서 또 다른 기사도 지침서인 《기사도의 책》을 썼다. 이 책의 30절에서 샤르니는 독자들에게 "몇몇 사람들이 현명하다고 평가하는" 사람을 주의하라고 경고했다.

그러나 그들은 교활한 책략에 자신의 머리를 모두 동원하고 노력을 집중하기 때문에 오히려 때로는 진실하고 충실하고 분별 있는 결론에 이르지 못한다. 따라서 이렇게 머리 회전이 빠른 사람들은 모든 일에서 조화를 이루지 못한다. 잘 다져진 넓은 길을 놔두고 소로를 따라가다가 길을 잃는 사람처럼, 그들도 지나치게 머리를 쓴 나머지 자연스러운 양식에 따라 행동하지 못하기 때문에 타고난 지능에서 얻을 수 있는 이득을 모두 얻지 못할 것이다.[20]

이 배배 꼬인 글은 샤르니를 겨냥한 것인가, 아이메릭을 겨냥한 것인가?

아이메릭은 에드워드에게서 말 두 마리를 선물로 받았다. 2만 에퀴도 자기 것으로 챙길 수 있었다. 그의 아들이 어찌 되었는지는 어느 문헌에도 나오지 않는다.

벗어날 수 없는 운명

1352년 7월 말의 어느 날, 생토메르 사람들이 중앙 광장에 모여들었다. 포로로 잡혀 있다가 1년 전 돌아와서 아르투아에서 군 지휘관 자리에 복직한 조프루아 드 샤르니가 그들에게 중세의 대중적인 구경거리 중에서도 가장 놀랍고 인기 좋은 공개처형을 곧 보여줄 예정이었기 때문이다.

며칠 전 정찰에 나섰던 우다르 드 랑티가 반가운 소식을 가지고 돌아왔다. 잉글랜드가 칼레에 대한 지배권을 강화하기 위해 여러 성과 망루를 칼레 주위에 지어서 막처럼 도시를 에워쌌는데, 랑티와 샤르니가 1349년 12월의 그 불운한 밤에 지나갔던 길을 지키는 프레퇭의 망루를 사다리로 타고 올라가 점령할 수 있을 것 같다는 이야기였다. 랑티는 또한 이보다 훨씬 더 흥미로운 이야기도 가져왔다. 프레퇭의 책임자가 다름 아닌 아이메릭 디 파비아라는 것.

샤르니는 독실한 기독교 신자였다. 그는 십자군에 나갔을 뿐만 아니라, 평생 여러 수도원에 후한 기부를 하고, 성유물을 탐욕스럽게 수집하고(그는 저 유명한 '토리노의 수의'의 기록상 첫 소유자다), 기사도에 관한 책에서 영혼을 돌보는 직업에 찬사를 남겼다. 그래도 용서는 그의 가장 눈에 띄는 자질 중에 포함되지 않았다. 그는 랑티의 보고를 들은 뒤 재빨리 공격대를 구성해서 1352년 7월 25일 새벽에 프레퇭에 도착했다. 이번에는 은밀한 거래 같은 것은 전혀 없었다. 프랑스 공격대 전원이 망루를 기습해서 불운한 책임자를 사로잡았다.

아이메릭은 생토메르로 이송되었다. 그가 에드워드와 거래를 하면서까지 벗어나고자 했던 운명이 결국 그를 따라잡은 셈이었다. 귀족 출신 포로들은 원래 후한 대우를 받다가 몸값을 치르고 풀려나는 것이 관례였고 샤르니 본인도 칼레에서 패한 뒤 그런 특권을 누렸지만, 아이메릭만은 전쟁포로가 아니라 반역자로 취급할 작정이었다. 프루아사르는 아이메릭이 생토메르의 중앙시장으로 끌려간 것은 상인에게나 걸맞은 처사였다고 말한다.

《노르망디 연대기》의 저자는 생토메르 주민들이 놀란 표정으로 홀린 듯이 지켜보는 가운데, 사형집행인이 아이메릭의 두 젖꼭지를 벌겋게 달군 집게로 뜯어낸 뒤 비슷한 방법으로 혀와 발꿈치와 기타 여러 신체부위를 뜯어낸 과정을 묘사했다. 사형집행인은 이어서 아이메릭의 양쪽 허벅지, 두 팔, 머리를 잘라냈다. 잘라낸 신체부위들은 성문 위에 걸렸고, 머리는 시장에 전시되었다.[21] 아이메릭의 행동 때문에 기사도적 감수성에 상처를 입은 프루아사르는 잉글랜드 출신의 미인인 아이메릭의 정부가 기습 공격 때 함께 잡혀왔다가 프랑스군에 소속된 종자의 애인이 되었다고 덧붙였다.

4년 뒤에는 샤르니도 세상을 떠나 무덤에 묻혔다. 그는 프랑스군이 크레시에서보다 훨씬 더 참담한 패배를 맛본 푸아티에 전투(1356)에서 오리플람 깃발을 들고 있다가 목숨을 잃었다. 기사의 모범으로 살아오면서 거의 매번 패배를 맛본 덕분에 엄청난 명예와 부를 얻은 그의 삶과 똑 닮은 죽음이었다.

*
* *

샤르니의 칼레 습격이 실패한 뒤, 칼레는 200년 동안 잉글랜드의 영토로 남아 있었다. 칼레가 유럽 대륙에서 잉글랜드의 가장 중요한 해안 교두보 역할을 했기 때문에, 잉글랜드 군대가 여기서부터 프랑스와 저지대 지방(오늘날의 베네룩스 지역 —옮긴이)을 침략해 들어간 적이 몇 번이나 되는지 헤아리기도 어렵다.

칼레는 또한 대륙에서 활동하는 잉글랜드 첩자들의 중심지였으므로, 이곳을 기반으로 수많은 첩자가 활동했다.[22] 경제적으로도 점점 중요해져서 잉글랜드와 유럽 대륙 사이의 교역 물품 중 많은 양이 이곳의 항구를 통해 운반되었다.

프랑스가 몇 번이나 재탈환을 시도해서 공성전도 여러 번 벌어졌지만, 습지에 에워싸인 칼레의 위치가 워낙 좋아서 한 번도 성공하지 못했다. 성의 방어설비가 강화된 것과, 무슨 대가를 치르더라도 반드시 칼레를 지켜내겠다는 잉글랜드의 의지도 한몫을 했다.

1440년대와 1450년대에 잉글랜드가 가스코뉴와 노르망디의 땅을 모두 잃었을 때에도, 칼레만은 잉글랜드의 손아귀에 단단히 남아 있었다. 그로 인해 잉글랜드와 프랑스의 관계가 나빠졌고, 잉글랜드는 칼레를 발판으로 대륙을 정복하려고 몇 번이나 시도했다. 따라서 잉글랜드와 저지대 지방의 관계도 달라졌다. 칼레는 심지어 15세기 말과 16세기 초에 잉글랜드 내부에서 벌어진 전쟁에서도 중요한 역할을 했다. 칼레 수비대가 잉글랜드의 군대 중 직업군인으로 이루어진 상비군에 가장 가깝다는 사실이 적지 않은 의미가 있었기 때문이다.

프랑스는 1558년에야 마침내 칼레를 되찾았다. 기즈 공작이 칼레를 공격해 성공을 거둘 수 있었던 것은, 두 세기 전 실패로 끝난 샤르니의 계획을 참고로 작전을 짠 덕분인 듯하다는 점이 흥미롭다.

기즈 공작은 해만 다를 뿐 샤르니가 실패한 바로 그날, 즉 1558년 1월 1일에 칼레에 도착했다. 그리고 샤르니가 공격하려 했으나 실패했던 바로 그 성채를 공격하기로 했다. 항구 맞은편 모래언덕에 설치된 기즈 공작의 포대가 짧은 시간 동안 포격을 퍼붓자 성채 외벽에 구멍이 생겼다. 프랑스군은 썰물 때까지 기다렸다가 밤에 얕은 물속을 걸어 항구로 건너왔다.[23] 그리고 두 세기 전 랑티의 선발대가 잉글랜드의 함정 속으로 걸어들어간 바로 그 지점에서 외벽의 구멍 안으로 돌격해 칼레를 휩쓸었다.[24]

6장

◆

조준경 안의 군주들
발루아 부르고뉴의 흥망, 1407~1483년

부르고뉴 공작가의 형성

중세와 근대 초기의 많은 제국들은 기존의 군주 가문들이 자손을 생산하지 못한 덕분에 세워진 경우가 많다. 수백 년 동안 외부의 침략을 막아낸 왕국이나 제후령도 왕실의 씨가 마르면 통째로 잡아먹혔다. 군주가 정당한 후계자를 내놓지 못하면, 탐욕스러운 친척들과 이웃나라들이 곧 독수리 무리처럼 그 주위를 맴도는 것이 눈에 띄었다. 그다음에 침략 전쟁이나 내전이 일어나는 것은 당연한 수순이었다. 군주의 자손이 딸밖에 없을 때에는, 공주의 지참금을 노리는 구혼자들이 역시 순식간에 몰려들었다.

원래 서로 원수 같은 사이던 스코틀랜드와 잉글랜드, 아라곤과 카스티야가 각각 영국과 스페인으로 통일된 데에도 이런 사정이 있었다. 합스부르크 왕가가 근대 초기의 가장 위대한 제국을 건설한 경위도 마찬가지다.

중세 말기에 부르고뉴를 통치하던 발루아만큼 후사가 끊어진 이웃들에게 가차 없이 달려드는 방식으로 성공을 거둔 가문은 없다. 발루아 왕가가 제국을 이룩하는 데 디딤돌이 되어준 것은 군주들의 머리와 공주들의 자궁이었으므로, 그들의 군대 또한 적의 군대와 요새 못지않게 왕실의 머리와 자궁을 노렸다.

발루아 왕가는 987년부터 프랑스를 다스린 카페 왕조의 차남 이하 후손이 시조가 된 가문이었다. 발루아 왕가는 1328년 카페 왕조의 마지막 왕인 샤를 4세가 아들을 한 명도 남기지 못한 채 세상을 떠나자 권좌에 올랐다. 기독교 세계에서 가장 강력한 왕국이었던 프랑스의 왕좌를 노리고 처음에 나선 사람은 샤를 4세의 친척인 발루아 백작 필리프와 그의 조카인 잉글랜드의 국왕 에드워드 3세였다. 그러나 여러 가지 이유들이 한데 작용한 덕분에 필리프가 이 싸움에서 승리를 거뒀고, 에드워드에게는 그가 어머니를 통해 프랑스 왕좌에 대한 권리를 물려받았으나 프랑스 왕국에서는 여성이 땅이나 상속권을 아들에게 물려주는 것이 인정되지 않는다는 법적인 변명이 제시되었다 (에드워드 3세는 이와 관련한 문제를 빌미로 삼아 1346년 프랑스를 침공해 백년전쟁의 서막을 열었다 ―옮긴이).

필리프의 아들인 장 2세는 아들을 여럿 낳았다. 왕관은 장남의 차지가 되었고, 다른 아들들은 각각 공작에 봉해졌다. 이 아들들 중 '대담공 필리프'가 받은 땅이 부르고뉴 공작령이었다. 그는 곧 당대의 가장 부유한 상속녀인 마르그리트 드 말과 결혼했다. 그녀가 아버지에게서 물려받은 땅은 아르투아 백작령, 프랑슈콩테 등이었는데, 특히 부유한 플랑드르 백작령이 무엇보다 중요했다. 이곳은 중세 북유럽

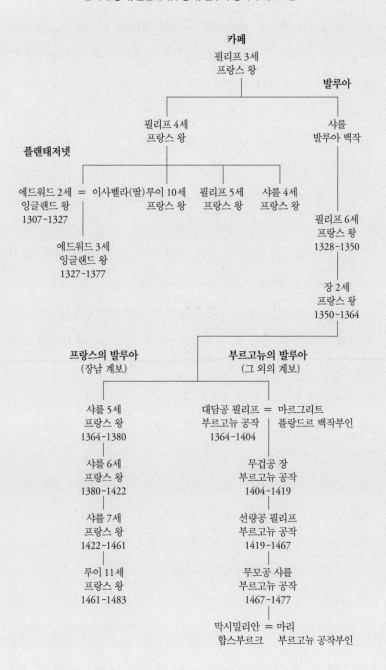

|| 카페 왕가, 플랜태저넷 왕가, 발루아 왕가의 계보도 ||

카페
필리프 3세
프랑스 왕

발루아

필리프 4세
프랑스 왕

샤를
발루아 백작

플랜태저넷

에드워드 2세 = 이사벨라(딸) 루이 10세   필리프 5세   샤를 4세
잉글랜드 왕   프랑스 왕   프랑스 왕   프랑스 왕
1307-1327

필리프 6세
프랑스 왕
1328-1350

에드워드 3세
잉글랜드 왕
1327-1377

장 2세
프랑스 왕
1350-1364

프랑스의 발루아
(장남 계보)

부르고뉴의 발루아
(그 외의 계보)

샤를 5세
프랑스 왕
1364-1380

대담공 필리프 = 마르그리트
부르고뉴 공작   플랑드르 백작부인
1364-1404

샤를 6세
프랑스 왕
1380-1422

무겁공 장
부르고뉴 공작
1404-1419

샤를 7세
프랑스 왕
1422-1461

선량공 필리프
부르고뉴 공작
1419-1467

루이 11세
프랑스 왕
1461-1483

무모공 샤를
부르고뉴 공작
1467-1477

막시밀리안 = 마리
합스부르크   부르고뉴 공작부인

에서 도시화와 산업화가 가장 많이 진행된 곳이었다. 필리프는 아내가 지참금으로 가져온 재산 덕분에 그냥 평범한 공작에서 기독교 세계의 가장 주목받는 군주로 뛰어올라 프랑스 정치에서 가장 강력한 힘을 발휘하게 되었다.

1392년 프랑스의 젊은 왕(샤를 6세 — 옮긴이)이 광인이 되자 대담공 필리프는 조정을 손에 넣으려고 했다. 그를 견제하는 사람은 권좌를 놓고 그와 경쟁하는 사이였던 오를레앙 공작 루이뿐이었다. 프랑스는 몇 년 동안이나 무장분쟁 발발 직전의 상태로 비틀거리며, 서로 경쟁하는 여러 파벌의 사냥감이 되었다.

대담공 필리프가 죽은 뒤 그의 뒤를 이어 부르고뉴 공작 겸 부르고뉴 파벌의 우두머리가 된 사람은 아들인 '무겁공 장'이었다. 두려움을 모르는 이 신임 공작은 곧 손을 써서 경쟁자인 오를레앙 공작을 암살했고(1407), 이것을 계기로 프랑스는 살육이 가득한 내전으로 빠져들었다.

장 공작은 한때 파리와 조정을 손에 넣기도 했으나, 이 분쟁의 가장 큰 수혜자는 잉글랜드 국왕 헨리 5세(헨리 5세는 소강 상태였던 양국 간의 전쟁, 즉 백년전쟁에 다시 불을 지폈다 — 옮긴이)였다. 그는 가문의 혈통에 의해 프랑스 왕좌의 계승권을 주장할 자격이 있었으므로, 부르고뉴와 오를레앙 사이의 전쟁을 빌미로 프랑스를 침공했다. 그는 아쟁쿠르에서 자신을 막아선 오를레앙 군대를 궤멸시키고(1415), 노르망디의 요새들과 도시들을 서서히 정복하기 시작했다.

그러나 프랑스 내전은 잉글랜드의 침공에도 거의 기세가 꺾이지 않았다. 이제 내전은 부르고뉴 공작과 젊은 프랑스 왕세자인 샤를 사

잉글랜드

신성로마제국

홀란드
백작령

겔더스
공작령

호린험

브라반트
공작령

칼레

플랑드르
백작령

랭부르
공작령

리에주

불로뉴
백작령

에댕

아르투아
백작령

에노
백작령

나뮈르
백작령

크로투아

솜의
도시들

페론

룩셈부르크
공작령

노르망디

룩셈부르크

프랑스

로렌
공작령

파리

라인 선제후령

로렌
공작령

알자스

0   km   100

0   miles   100

디종

부르고뉴
백작령
또는
프랑슈콩테

몽벨리아르

느베르
백작령

부르고뉴
공작령

스위스

모라

프랑스 왕국과
신성로마제국의 국경

그랑송

잉글랜드령 칼레

젝스

마콩
백작령

주교령 리에주

제네바

부르고뉴 가문의 영토, 1477년

샤롤레
백작령

사부아 공작령

발루아 부르고뉴의 영토.

이에서 벌어지고 있었다. 이들은 헨리가 노르망디의 수도인 루앙을 점령한 뒤에야(1419) 비로소 화해하는 데 동의했다. 장 공작과 샤를 왕세자는 평화회담을 위해 몽트로 다리에서 만났다. 양자 간에 영구적인 평화를 약속하고 잉글랜드에 맞서 함께 싸우기로 약속하는 것이 회담의 목표였다.

하지만 평화회담은 엉망이 되었다. 순간적인 충동이었는지 미리 계획된 음모였는지는 알 수 없으나, 어쨌든 왕세자 측 수행원 한 명이 전투 도끼로 장 공작의 머리를 쪼개버린 탓이었다.

장의 뒤를 이은 것은 그의 아들인 '선량공 필리프'였다. 처음에 필리프는 아버지의 복수를 위해 침략자인 잉글랜드와 탄탄한 동맹을 맺었다. 잉글랜드가 장 공작의 머리에 난 구멍을 통해 프랑스로 들어왔다는 독설이 나중에 나올 정도였다. 잉글랜드는 부르고뉴 공작의 도움으로 프랑스 북부의 많은 지역과 파리를 잠시나마 장악했다. 플랜태저넷 왕조가 프랑스와 잉글랜드를 곧 통일할 것만 같았다. 그러나 헨리 5세의 때 이른 죽음, 잔 다르크의 별똥별 같은 활약, 그리고 1435년 부르고뉴의 변절이 결과를 바꿔놓았다.

상속을 통한 영토의 확장

사실 1435년보다 훨씬 전에 이미 선량공 필리프는 잉글랜드와 프랑스의 분쟁에 대한 관심을 잃었다. 그는 잉글랜드에 제한적인 도움만 주었으며, 프랑스로 편을 바꾼 뒤 프랑스에게는 훨씬 더 제한적인 도움만 제공했다. 그는 아버지처럼 프랑스의 정치에 휩쓸리기보다는 할아버지처럼 덜 위험한 길을 선호했다. 프랑스 왕들이 생존을 위해 싸우느라 여념이 없는 동안, 필리프는 죽어가는 가문의 유산을 주워 지금의 베네룩스 지역에 부르고뉴 제국을 세우고자 했다.

그의 첫 번째 사냥감은 나뮈르 백작령이었다. 이곳의 백작인 장 3세에게는 자녀가 없었으므로, 필리프는 그를 설득해서 1420년에 자신을 후계자로 지명하게 만들었다. 그 대가로 그는 장 3세에게 거액을 주었다. 장이 1429년에 세상을 떠나자 필리프가 당연히 새로운 나뮈르 백작이 되었다.

그다음 목표는 브라반트 공작령이었다. 1427년에 브라반트는 선량공 필리프의 어린 친척인 필리프 드 생폴의 소유였다. 그도 필리프를 자신의 잠정적인 후계자로 지명하는 데 동의했다. 그가 자식을 낳지 못한다면 필리프가 후계자가 된다는 조건이었다. 그 직후 필리프 드 생폴은 부르고뉴 가문의 적인 앙주 가문의 딸에게 청혼했다. 그러나 그는 결혼식을 치르기 전 1430년 8월 4일에 세상을 떠났고, 브라반트는 부르고뉴의 것이 되었다. 악의를 품은 사람들은 부르고뉴 공작이 사람을 시켜 필리프 드 생폴을 죽였다고 수군거렸다.

그러나 필리프가 이다음에 손에 넣은 것에 비하면 나뮈르와 브라반트는 아무것도 아니다. 1420년대 내내 한창 번창하던 홀란드, 제일란트, 에노 지역을 놓고 선량공 필리프의 또 다른 친척인 젊은 공작부인 자클린과 필리프의 삼촌인 바이에른 공작 요한이 다툼을 벌였다. 요한은 생애의 대부분을 성직자로 살았으므로 자녀가 없었다. 1424년 4월 6일 필리프는 자신을 후계자로 지명해주면 자클린과 싸우는 것을 도와주겠다고 요한을 설득했다.

정확히 9개월 뒤 요한은 세상을 떠났다. 많은 사람들이 성급한 조카가 그를 죽였다고 떠들어댔다. 아니면 자클린이 그를 죽였거나. 용의자로 의심받던 첩자들 중 한 명은 고문을 못 이겨, 독을 바른 기도서를 이용해서 전직 주교인 요한을 제거했다고 자백하기까지 했다.[1]

선량공 필리프는 이제 바이에른 공작 요한의 후계자 자격으로 자클린과의 전쟁에 한층 더 힘을 쏟았다. 몽스 시를 자신의 본거지로 삼으려고 했던 공작부인은 불행히도 시민들에게 배신당했다. 그들이 포위 공격을 막기 위해 1425년 6월 13일에 자클린을 선량공 필리프 앞에 대령한 것이다. 필리프는 그녀를 헨트로 보내 가택연금하고 그녀의 보호자를 자처했다.[2] 부르고뉴 공작들이 귀부인의 땅을 손에 넣으려고 그녀를 탑에 가둔 일은 이때가 마지막이 아니었다.

그러나 승리는 공작의 손가락 사이로 빠져나가버렸다. 필리프가 자신을 더 튼튼한 릴 성으로 옮길 예정임을 알아낸 자클린은 9월 초에 탈출을 결심했다. 그래서 남장을 하고, 감시인들이 식사를 하는 동안 일행 두 명과 함께 갇혀 있던 집을 빠져나왔다. 누구에게도 들키지 않고 도시를 빠져나오는 데 성공한 그녀는 여전히 남장을 한 채 말을 몰아 안트베르펜으로 갔다. 그곳에서 비로소 안전하다는 확신을 얻은 그녀는 자신의 진짜 신분을 드러낸 뒤 아직 자신을 지지하는 홀란드로 갔다.

이렇게 해서 끝난 것처럼 보였던 상속전쟁이 훨씬 더 강렬하게 다시 타올랐다.[3] 자클린의 지지자들은 3년 동안 더 강력한 군사적 저항을 한 뒤에야 패배를 인정했다. 자클린은 1428년에 어쩔 수 없이 항복했다. 젊은 공작부인이던 그녀도 이제는 재앙으로 끝난 두 번의 결혼을 겪은 몸이었지만 자녀는 없었다.

평화조약에서 그녀는 친척인 선량공 필리프를 잠정적인 후계자 겸 보호자로 인정하는 데 동의했다. 또한 필리프의 승인이 없이는 그녀가 다시 결혼할 수 없다는 조항도 조약에 포함되었다. 만약 그녀가 이 조건을 어긴다면 조약에 따라 땅을 빼앗길 것이고, 그 땅은 곧바로 필리프의 것이 될 터였다. 물론 필리프는 자신의 상속권이 위험해질 줄 뻔히 알면서 자클린에게 재혼을 허락해줄 생각이 별로 없었다. 1433년 그녀가 프랑크 반 보르셀렌과 비밀리에 결혼한 것을 알게 된 필리프는 불운한 남편을 납치해서 구금해버린 뒤 자클린에게 모든 권리를 포기하라고 강요했다.

몽스트렐레에 따르면, 속이 상한 자클린과 그녀의 어머니인 마르그리트 드 에노가 필리프에게 복수하려고 그의 암살을 시도했다. 마르그리트의 가신인 질 드 포스텔이 에노의 귀족 여러 명과 머리를 맞대고, 부르고뉴 공작이 숲에서 사냥할 때 기습할 음모를 꾸몄다. 그러나 이 음모는 미리 발각되었고, 포스텔은 공모자들과 함께 붙잡혀서 처형당했다.[4]

그 직후 필리프는 아라스에서 프랑스 왕 샤를 7세와 평화를 약속했다(1435). 샤를은 필리프가 잉글랜드와의 동맹을 파기하는 대가로 솜 강변의 도시들을 그에게 저당잡혔다. 그곳은 프랑스의 북쪽 국경에서 전략적으로도 경제적으로도 중요한 지역이었다. 그러나 필리프는 아버지의 살인자를 위해 예전의 동맹과 전쟁을 벌이는 것을 꺼렸다. 그래서 몇 번 시끄럽게 과시하듯 일을 벌인 것을 제외하면, 계속 지금의 베네룩스 지역에 힘을 집중했다.

한편 그동안 자식이 없는 또 다른 친척이 필리프의 시야에 들어와 있었다. 룩셈부르크의 공작부인인 엘리자베트 폰 괴를리츠였다. 처음에 필리프의 삼촌인 안토니와 결혼했던 그녀는 그가 죽은 뒤 바이에른 공작 요한과 결혼했으나 자식을 모두 일찍 잃었다. 필리프는 늙어가는 숙모를 20년 동안 괴롭힌 끝에 결국 매년 7,000플로린의 연금을 받는 대가로 그를 후계자로 지명하겠다는 동의를 얻어냈다(1441).

이런 경우 으레 그렇듯이, 그 자리가 자신의 것이라고 주장하는 사람들이 나타났다. 작센 공작 빌헬름은 많은 룩셈부르크 주민들의 지지를 받으며 공작령을 차지하고 주요 방어거점들에 수비대를 배치했다. 그 뒤로 2년 동안 산발적인 충돌을 벌인 끝에 1443년 부르고뉴 군대가 룩셈부르크로 쳐들어갔다. 시골 지방을 차지하는 것은 쉬웠지만, 주요 방어거점인 티옹빌과 룩셈부르크는 침략군의 손이 닿을 수 없는 곳 같았다.

부르고뉴 군대는 성벽을 사다리로 오른 경험이 풍부한 로베르 드 베르사와 요하네스 드 몬터규를 독일어 통역과 함께 파견해서 두 도시에 침투해 방어의 약점을 찾아보게 했다. 그들은 먼저 티옹빌에 침투했지만 쓸 만한 것을 찾을 수 없었다. 그다음 차례는 룩셈부르크였다. 그들은 비단 사다리를 이용해 성벽을 타넘은 뒤, 독일식 로브로 변장했다. 이번에는 몬터규가 평화 시에 주민들이 사용하던 뒷문을 찾아냈다. 은밀하게 숨겨진 이 뒷문은 창살로 막혀 있었다. 몬터규는 아무 일도 아닌 것처럼 느긋하게 이 뒷문과 그 주위를 정찰한 뒤, 기습으로 이 문을 비교적 쉽사리 손에 넣을 수 있겠다는 결론을 내렸다.

부르고뉴의 선량공 필리프가 시집을 선물받고 있다. 당시 부르고뉴 궁정의 화려함과 위세는 명성이 자자했다. 로히어르 판 데르 베이던, 1446~1448.

1443년 11월 21일에서 22일로 넘어가는 밤은 그해의 가장 어두운 밤 중 하나였다. 200명 규모의 부르고뉴 군대는 몬터규와 현지 안내인들의 안내로 룩셈부르크 성벽에 접근했다. 성벽까지 0.5리그(거리의 단위. 1리그는 약 4.8킬로미터 ─옮긴이)가 남았을 때, 그들은 말에서 내려 걷기 시작했다. 그들이 적에게 들키지 않고 목적지에 도착한 시각은 오전 두 시경이었다. 60~80명의 병사들이 성벽에 사다리를 걸고 오르기 시작했다. 몬터규가 앞장서고, 뛰어난 전사 몇 명과 필리프 공작의 개인 호위병 중 궁수 여섯 명이 그 뒤를 따랐다. 그들은 커다란 철 집게를 하나 들고 있었다. 성벽을 다 올라간 선발대는 마주친 경비병 몇 명을 처리한 뒤, 뒷문으로 뛰어가 별 어려움 없이 그 문을 확보한 뒤 집게로 창살을 부수고 문을 열었다. 부르고뉴 부대의 나머지 병력이 도시 안으로 들어와 전투 함성을 질렀다.

"성모 마리아시여, 도시는 우리 것! 부르고뉴! 부르고뉴!"

수비대는 깜짝 놀라서 깨어났지만 이렇다 할 저항을 거의 하지 못했다. 일부는 밖으로 도망쳤고, 나머지는 성채에 틀어박혀 문을 걸어 잠갔다. 룩셈부르크는 주먹 한 방 제대로 휘둘러보지도 못하고 함락되었다. 부르고뉴의 병사 중에 부상자도 나오지 않았을 정도였다.

성채는 몇 주 뒤 항복했다. 이 패배로 낙담한 작센 공작은 평화를 간청하며 티옹빌도 비워주겠다고 약속했다. 후한 대가를 받고 공작령에 대한 모든 권리를 필리프에게 넘기겠다는 약속도 했다.[5]

그 뒤 공작령의 계승권을 주장하는 사람이 1457년에 또 나타났다. 보헤미아 왕 라디슬라스였다. 그러나 열일곱 살의 라디슬라스는 적극적으로 계승권을 주장하고 나서자마자 갑자기 세상을 떠났다. 이번에는 그가 부르고뉴 측 첩자들에 의해 독살당했다는 소문을 일축해도 무리가 없다. 그보다는 그와 더 가까운 곳에 있던 적들이 그의 죽음에 한 손을 거들었을 가능성이 있다.

룩셈부르크는 필리프가 마지막으로 손에 넣은 큰 먹잇감이었다. 친척들과 이웃들이 자손을 낳지 못했고 잉글랜드의 프랑스 침공으로 프랑스 왕이 다른 곳에 신경 쓸 여유가 없었다는 점 덕분에 부르고뉴 공작가는 이제 부르고뉴 공작령뿐만 아니라 현대의 벨기에, 네덜란드, 룩셈부르크에 해당하는 지역 중 대부분, 그리고 프랑스 북부와 독일 서부의 상당히 넓은 땅을 다스리게 되었다. 잉글랜드는 1453년 무렵, 칼레를 제외하고는 대륙의 모든 영토를 잃었다.

필리프로서는 프랑스 왕이 정신을 차리고 자신에게 달려들어 복수를 하려고 들지도 모른다는 생각을 할 만한 상황이었다. 그래서 그는 그런 경우에도 대비를 해두었다. 백년전쟁이 끝난 상황에서 프랑스 군주의 반격을 걱정하는 프랑스 귀족은 부르고뉴 공작만이 아니었다. 따라서 1450년대와 1460년대에 영지를 지닌 프랑스 귀족들이 부르고뉴 공작 발루아를 중심으로 모였다. 모두들 프랑스 왕의 권력을 억누르고 싶어 하는 사람들이었다.

이렇게 해서 발루아 가문의 두 지파가 충돌할 무대가 마련되었다. 신임 국왕인 루이 11세가 이끄는 장남 계보는 프랑스를 다시 통일해서 중앙집권적인 왕국으로 변신시키고자 했다. 장남이 아닌 사람이 시조가 된 계보는 프랑스를 지금처럼 자율적인 영지들의 집합으로 유지하면서 동시에 그 이질적인 지역들을 하나의 중앙집권국가로 융합하고자 했다.

상속권자 샤를의 불안한 입지

그러나 부르고뉴는 얼마 전부터 프랑스 왕보다 훨씬 더 고약한 적과 맞서고 있었다. 지금까지 부르고뉴 공작이 지닌 힘의 원천이 되어주었던 바로 그 계보상의 문제 때문에 부르고뉴 가문이 사라질 위기에 처한 것이다. 선량공 필리프에게는 형제가 없고 누이만 여럿 있었다. 그의 아버지는 가문의 유산을 지키기 위해 필리프를 비교적 어린 나이인 열세 살 때 결혼시켰다(1409). 그러나 그가 고른 며느릿

감인 프랑스의 미셸은 필리프에게 아이를 한 명도 낳아주지 못하고 1422년에 세상을 떠났다. 어떤 사람들은 그녀가 자기 시녀의 손에 독살당했다고 주장하기도 한다.[6]

필리프는 재빨리 재혼했다. 이번에 그의 아내가 된 사람은 수많은 숙모들 중 한 명인 느베르 백작부인 본이었다. 그녀는 1425년에 죽으면서 필리프에게 느베르 백작령을 남겨주었지만, 역시 후계자는 낳지 못했다.

1430년 필리프는 또 결혼했다. 세 번째 아내인 포르투갈의 공주 이사벨은 1431년과 1432년에 각각 아들을 낳았지만, 둘 다 갓난아기 때 세상을 떠났다. 이때쯤 필리프에게는 이미 사생아가 거의 한 부대나 있었다. 기록된 사생아만 무려 스물여섯 명이다.[7] 그러나 이 사생아들은 누구도 가문의 유산을 물려받을 수 없었다. 1433년에 다시 적자가 태어나 샤를이라는 세례명을 받았다. 그 뒤로 이사벨은 더 이상 아이를 낳지 못했다.

태어나자마자 샤롤레 백작이 된 샤를은 위험한 시기인 유아기를 무사히 넘겼다. 그의 출생으로 가문의 앞날이 잠시 밝아지는 듯했으나 위험은 여전했다. 만약 샤를이 일찍 죽거나 적자를 낳지 못한다면, 가문의 유산은 수많은 먼 친척들이 갈기갈기 찢어 가지게 될 가능성이 높았다. 그들 중에 가장 중요한 인물이 바로 발루아 가문 출신인 프랑스 왕이었다.

필리프는 가문의 유산을 지키기 위해 샤를을 다섯 살 때 결혼시켰다. 그러나 샤를의 신부가 1446년에 세상을 떠나는 바람에 계승권 문제는 여전히 해결되지 못했다. 샤를은 친척인 이자벨 드 부르봉과 재혼했다. 이자벨은 딸 마리를 낳은 뒤 1465년에 세상을 떠났다. 1457년생인 마리는 샤를의 유일한 후계자로서, 유럽 결혼시장에서 가장 부유한 상품이었다. 그녀 덕분에 발루아 가문 부르고뉴 공작가의 이야기는 완전히 한 바퀴를 돌아 원점으로 돌아왔다. 부유한 여자 상속인으로 시작된 가문이니, 종지부를 찍는 사람도 부유한 여자 상속인이 되는 것이 운명인 듯싶었다.

1457년부터 부르고뉴의 계승권 문제가 유럽 왕가들 사이의 정치적 이해관계를 지배했다. 여자인 마리가 광대한 부르고뉴의 땅을 상속받을 수 있을까? 이것은 결코 확신할 수 없는 문제였다. 적어도 프랑스 왕국 내에 있는 부르고뉴의 땅에 대해서는 그랬다. 또한 만약 마리가 아버지의 제국을 상속받을 수 있다면, 그녀와 결혼해서 그녀의 제국을 자신의 것으로 만들 사람은 누구인지도 문제였다.

마리의 상속권이 불분명했으므로, 샤를은 최대한 빨리 그녀를 결혼시켜야 했다. 자신이 죽기 전에 마리의 남편과 자식들이 탄탄히 자리를 잡아야 하기 때문이었다.[8] 그러나 그는 마리를 결혼시키지 못했다. 몇 번이나 마리를 통한 결혼 동맹의 기회를 물색했으면서도, 샤를 본인이 번번이 협상을 깨버렸다. 딸에 대한 통제권을 포기하고 외국인 남자를 자신의 후계자로 세우는 것에 대한 심리적 거부감 때문이기도 하고, 마리가 외교적인 수단으로서 그에게 너무나 귀한 존재였기 때문이기도 했다.

샤를은 마리를 신부로 내어주겠다는 약속으로 동맹을 얻기를 반복했다. 자신의 적이 될 만한 상대에게 마리와의 결혼을 약속하는 방식으로 적들의 동맹을 깬 적도 거의 그만큼이나 많았다. 그러나 단기적인 이득을 노린 이런 행동들이 장기적으로는 샤를의 입지를 악화시켰다. 마리가 남편도 자식도 없는 상태를 유지하는 한, 부르고뉴 가문의 미래는 여전히 불투명했기 때문이다.

샤를은 태어나는 순간부터 죽는 날까지, 가문의 운명과 막 싹을 틔우던 부르고뉴 국가의 운명이 오로지 자신의 목숨에 달려 있음을 알고 있었다. 과거 아버지가 수많은 땅을 손에 넣은 과정은, 샤를이 후계자가 될 적자를 남기지 못한 채 세상을 떠나는 경우 부르고뉴의 운명이 어떻게 될지를 신랄하게 일깨워주었다. 또한 부르고뉴 조정에서 돌아다니던 수많은 독살과 암살 이야기들, 실화와 허구가 뒤섞인 그 이야기들은 샤를의 목숨이 얼마나 위태로운지를 신랄하게 일깨워주었다. 특히 그의 할아버지가 몽트로에서 목숨을 잃은 이야기를 공작령의 가신들은 한 번도 잊지 않았다.

샤를이 어렸을 때는, 조르주 드 라 트레무아유가 더러운 전쟁의 달인으로 점차 명성을 얻으면서 불안이 더욱 커졌다. 라 트레무아유는 1420년대와 1430년대에 프랑스 왕 샤를 7세를 뒷받침해준 실세였다. 1427년에 그는 샤를 7세가 한때 총애했던 지아크 영주와 볼리외 영주의 살해를 지휘했고, 그 뒤에도 다른 라이벌들과 적들의 납치, 암살, 암살 시도 등에 관여했다고 알려졌다.

1432년 그는 부르고뉴의 재상인 니콜라 롤랭을 부르고뉴 영토 깊숙한 곳에서 납치할 음모를 꾸몄다. 롤랭은 다행히 1432년과 1433년에 모두 납치를 모면했고, 그 뒤로 스물네 명의 궁수들을 개인 호위병으로 데리고 다녀도 좋다는 허락을 받았다. 선량공 필리프도 자신의 개인 호위병을 궁수 열두 명에서 스물네 명으로 늘렸다. 1438년에는

이 숫자가 다시 쉰 명으로 늘어났다.[9]

샤를이 자라면서 이탈리아와 긴밀한 유대를 확립하자, 그의 고향에서는 걱정이 더욱 커졌다. 이탈리아가 암살자와 독살의 땅으로 유명했고, 매년 이탈리아 반도의 화려하지만 소란스러운 궁정들에서 또 암살 사건이 발생하거나 암살 음모가 발각되었다는 소식이 들려왔기 때문이다. 영국제도에서 들려오는 소식도 크게 다르지 않았다. 세련되지 못한 섬나라 사람들은 독과 단검을 사용하는 데에 이탈리아인들만큼 훌륭한 솜씨를 보여주지는 못했지만, 15세기 내내 잉글랜드와 스코틀랜드의 왕족들과 귀족들은 야만스럽고 사납게 서로를 초토화했다. 헤아릴 수 없이 많은 공작들과 백작들은 물론, 적어도 세 명의 왕과 두 명의 왕세자가 이 폭력적인 시기에 감금되거나 살해당했다.

샤를의 어머니인 포르투갈의 이사벨도 걱정을 더하는 요소였다. 남편의 증언에 따르면, 그녀는 "그가 지금까지 본 가장 무서운 여성"이었다.[10] 그러니 그의 아들이 다소 편집증을 갖게 된 것도 무리가 아니었다.

샤를은 공작이 되기 전부터 이미 암살 음모를 두려워했다. 1450년 대 말과 1460년대 초에 공작의 궁정에서 그의 위치는 불안했다. 그의 아버지는 점점 늙어서 쇠약해지고 있었고, 여러 파벌들이 늙은 공작과 그의 궁정을 손에 넣으려고 싸웠다. 샤를은 반항적인 아들이자 무능한 신하였으므로 아버지와의 관계가 계속 악화되었다. 노老공작은 후계자에게서 모든 권한을 빼앗은 뒤, 대신 강력한 귀족인 크루이 가문에 점점 더 의존하게 되었다. 따라서 크루이 가문은 한동안 부르고뉴의 실질적인 통치자나 다름없었다.

당연히 샤를과 크루이 가문 사이에 깊은 적의가 생겨났다. 샤를은 크루이 가문이 사실상 부르고뉴의 섭정이 될지도 모른다고 걱정했다. 그들이 프랑스의 루이 11세와 공모해서 자신을 제거하려 할 것 같다는 의심도 품고 있었다. 크루이 가문은 1435년부터 정기적으로 프랑스에서 뇌물을 받고 있었다. 따라서 그들이 문자 그대로 배신자는 아니라 할지라도, 충성의 대상이 헷갈리는 것은 사실이었다. 필리프 공작이 살아 있는 한, 그들이 가장 충성을 바치는 대상은 그였다. 노공작을 손에 넣고 그들이 부르고뉴에서 더 많은 땅과 재산을 모으고 있으니 더욱더 그러했다. 그러나 필리프의 생이 그리 많이 남지 않았음을 그들도 알고 있었다. 만약 샤를이 그의 뒤를 이어 공작이 된다면, 그들은 몹시 가혹한 심판의 날을 맞이하게 될 터였다.

1462년 7월 샤를은 크루이 가문의 피후견인이자 공작의 신하인 장 쿠스탱이 자신을 독살하려 했다고 고발했다. 그는 브뤼셀에서 쿠스탱을 체포해 자신이 있는 루펠몽드 성으로 데려오게 한 뒤, 크루이 가문이나 필리프 공작이 끼어들기 전에 재빨리 처형해버렸다. 그러나 이 흥미진진한 이야기에 진실이 얼마나 들어 있는지는 알 수 없다. 어쩌면 크루이 가문이 정말로 샤를을 없애버리고, 선량공 필리프와 아직 갓난아기인 손녀의 이름으로 부르고뉴를 다스리려 했을지도 모른다. 게다가 필리프의 손녀는 크루이 가문이 마음대로 상대를 정해 결혼시킬 수 있었다. 아니면 쿠스탱과 크루이 가문이 아무런 음모도 꾸미지 않았는데 샤를이 처음부터 끝까지 날조된 이야기로 그들에게 죄를 씌우고 아버지의 총애를 회복하려 했을 수도 있다. 또는 크루이 가문이 무고한데도, 걱정과 불만으로 가득 찬 샤를이 크루이 가문이 음모를 꾸미고 있다고 진심으로 믿어버렸을 가능성도 있다.

어쨌든 이 쿠스탱 사건으로 부르고뉴 조정에서는 긴장이 고조되었고, 암살 문제가 분명하게 표면으로 떠올랐다.[11] 1년 뒤 샤를은 또 다른 라이벌인 에탕프 백작이 자신에게 주문을 걸기 위해 자신의 밀랍 인형을 만들었다고 고발했다.

샤를은 쿠스탱 사건으로도 아버지와 관계를 회복하지 못했다. 필리프는 아들의 말을 믿지 않고 계속 크루이 가문을 신임했다. 사실 크루이 가문은 이제 그 권력이 정점에 이르러 프랑스 국왕 루이 11세를 위해 주요한 음모를 성공적으로 해낼 정도가 되었다. 샤를 7세가 선량공 필리프를 동맹으로 포섭하기 위해 그에게 솜 지역의 도시들을 주었을 때(1435), 조약에는 프랑스 왕이 거액의 돈을 주고 이 도시들을 되찾을 수 있다는 조항이 포함되어 있었다. 그러나 샤를 7세는 끝내 그 땅을 다시 사들이는 데 성공하지 못했다. 루이 11세가 아버지의 뒤를 이어 즉위하면서 가장 먼저 해내려고 했던 일 중의 하나가 바로 이 중요한 지역을 되찾는 것이었다.

1463년 크루이 가문은 샤를 백작의 맹렬한 반대를 무릅쓰고 이 지역을 프랑스 왕에게 되팔아야 한다고 필리프를 설득했다. 이 거래는 아버지와 아들 사이에 또다시 커다란 위기를 불러오는 한편, 크루이 가문의 힘을 만방에 보여주었다. 이때쯤 샤를은 크루이 가문이 자신을 붙잡아 가둬버릴 것이라는 두려움에 시달렸다고 한다.[12] 그는 조정과 거리를 두고, 혹시 아버지가 자신과 완전히 의절할 경우에 대비해서 홀란드에 독자적인 권력기반을 구축하려고 시도했다.

루이 11세는 솜 지역을 손에 넣은 직후, 또 다른 제안을 들고 나왔다. 크루이 가문을 통해 필리프에게 행사할 수 있는 힘을 최대한 이용하고 싶어 안달이 난 그는 필리프에게서 릴, 두에, 오르시를 사겠다고 제안했다. 이 도시들 역시 경제적, 전략적으로 중요한 곳이었으나 솜지역과는 달리 원래 부르고뉴의 영토였다. 마르그리트 드 말이 가져온 지참금의 핵심이었기 때문이다. 루이 11세는 오래전 프랑스 왕들이 이 도시들을 플랑드르 백작과 그의 '남성' 후계자에게 하사했으므로 이 도시들이 여성에게 상속되거나 여성을 통해 상속될 수는 없다고 주장했다.

크루이 가문은 전쟁을 피하기 위해 이 도시들을 팔아버리라고 필리프에게 압력을 넣었고, 필리프는 에댕에서 루이를 여러 차례 만나그의 제안은 물론 아직 해결되지 않은 다른 문제들에 대해서도 의견을 나눴다. 샤를은 이 일에 격렬히 반대했다. 크루이 가문을 배신자로 몰아붙인 그의 지적은 옳은 것이었다. 그러나 그의 의견은 무게 있게 받아들여지지 않았다. 필리프와 크루이 가문이 에댕에서 루이 11세와 협상하고 있을 때, 샤를은 홀란드에 있는 자신의 호린험 성에서 분루를 삼킬 수밖에 없었다.

뤼방프레의 사생아 사건

호린험 성은 메르베더 강을 따라 로테르담에서 동쪽으로 약 40킬로미터 떨어진 곳에 있었다. 이곳에서 쿠스탱 사건보다 훨씬 더 심각한 스캔들이 터져나왔다. 루이 11세 휘하에서 일하는, 뤼방프레의 사생아(또는 뤼방프레)라는 수상쩍은 인물이 관련된 일이었다. 그는 "용감하고 진취적인 사람"으로 알려져 있었지만,[13] "평판이 나쁜 사람, 살인자, 못된 청년"이라는 평판도 있었다.[14] "이름은 사악하고, 의견은 가볍고, 행동은 못된 사람"이라고 말하는 사람도 있었다.[15] 이 사생아는 또한 크루이 가문의 조카이기도 했다.

1464년 9월 루이가 그에게 부르고뉴 영토 깊숙한 곳에서 민감한 임무를 수행하라는 비밀지령을 내렸다. 그는 40~80명의 흉악한 인간들을 모아 크로투아 항구에서 가벼운 사략선 한 척을 구해 북쪽으로 향했다. 와브랭의 연대기는 "사생아가 그들을 어디로 데려가는지, 그가 어떤 명령을 받았는지 선원들 중 누구도 몰랐다. 다만 어디든 그가 이끄는 곳으로 따라가서 무엇이든 명령대로 해야 한다는 말을 들었을 뿐"이라고 말한다.[16]

뤼방프레의 배는 9월 중순쯤 제일란트 해안의 아르뮈던에 도착했다. 뤼방프레는 그곳에 배를 정박해두고, 가장 믿을 만한 사람 몇 명과 함께 걸어서 호린험으로 향했다. 성에 도착한 뒤 최고급 호텔에 숙박한 그들은 사업차 이곳을 찾은 상인 행세를 했다. 헤이그의 연대기에 따르면, 그들은 이곳에 3주 동안 머무르며 샤를의 습관과 그의 주변을 조사하기 시작했다고 한다. 그는 주로 언제 바다에 나가는가? 그가 보통 이용하는 배는 어떤 종류인가? 그는 언제 사냥에 나가는가? 그가 데리고 다니는 수행원의 규모는 큰가, 작은가? 그가 나가는 시간은 아침인가, 저녁인가? 뤼방프레는 성과 그 주변을 정찰하며 성벽에 올라가 해안으로 돌아가는 길을 특히 유심히 살펴보았다.

군주들의 궁정에는 항상 그들에 대한 정보를 열심히 좇는 식객들
이 많지만, 뤼방프레가 던지는 질문들은 의심을 불러일으켰다. 헤이
그의 연대기에 따르면, 그가 묵고 있던 호텔의 여주인이 손님들을 의
심해서 당국에 신고했다고 한다. 샤스텔렝에 따르면, 뤼방프레가 과
거에 샤를을 섬긴 적이 있기 때문에 샤를의 가솔 중 몇 명이 그를 알
아보았다고 한다. 그가 호린험에 와서 한 일들이 백작에게 보고되었
고, 그 사실을 알게 된 뤼방프레는 겁에 질려 성당으로 피신했으나 그
곳에서 끌려나와 감옥에 던져졌다.

또 다른 기록에 따르면, 뤼방프레가 아닌 그의 일행 한 명이 술집
에서 아는 사람과 마주쳐 무슨 일로 왔느냐는 질문을 받았다고 한다.
그는 뤼방프레의 사생아가 이끄는 무장 부대에 속해 있으며, 프랑스 왕이 그 부대를 홀란드로 보냈다고 대답했다. 하지만 부대의 임무에 대해서는 그도 아는 것이 없으니 대답할 수 없었다. 이 보고를 받은 샤를은 깜짝 놀라서 곧바로 사람을 보내 뤼방프레를 체포했고, 해안으로도 병력을 보내 배를 압류했다.

감옥에 갇힌 뤼방프레는 처음에는 스코틀랜드로 가는 길에 이곳에 들른 상인이라고 주장했다. 하지만 곧 진술을 바꿔서, 크루이 경의 딸인 몽포르 백작부인을 만나러 가는 길이라고 말했다. 그러나 그는 오래 버티지 못하고 모든 것을 자백하고 말았다. 그가 자백한 내용을 철저히 비밀로 했는데도, 소문이 퍼지는 것은 막을 수 없었다. 십중팔구 샤를 백작이 일부러 소문을 부추겼을 것이다. 프랑스 왕 루이가 샤를을 납치해서 프랑스로 데려오려고 뤼방프레를 홀란드로 보냈다는 얘기가 지금의 베네룩스 지역과 프랑스 전역의 술집, 성당, 궁전에 흘러들어갔다. 어떤 사람들은 뤼방프레가 백작을 납치하는 데 실패하는 경우 아예 죽여버리라는 지시를 받았다는 말을 잘 아는 척 덧붙이기도 했다.

루이 11세에게 지극히 적대적이었던 토마 바쟁(1412~1491, 프랑스의 성직자 겸 역사가—옮긴이)은 뤼방프레가 전혀 고문받지 않은 상태로 여러 믿을 만한 사람들 앞에서 자신이 샤를을 납치해 배에 태워서 루이에게 데려갈 생각이었으며, 샤를을 반드시 생포할 필요는 없었다고 자백했다고 썼다. 일부 기록들은 이 이야기를 다음과 같이 이어갔다. 샤를을 납치해서 가두거나 죽여버린 뒤, 루이가 에댕에 있는 필리프 공작을 급습해서 그의 신병도 확보할 작정이었다고. 그리고 나서 마리는 누구든 자신이 원하는 사람과 결혼시키고, 부르고뉴의 영토 또한 자기 마음대로 처리할 생각이었다고.

헤이그 연대기는 뤼방프레가 세운 샤를 백작의 납치 계획을 가장 자세하게 설명해준다. 우선 사생아가 구한 배는 설계가 독특했다. 또한 그 배의 선장은 잉글랜드와 홀란드의 모든 함대가 길을 막아선다 하더라도 홀란드까지 안전하게 갔다 올 수 있다고 뤼방프레에게 장담했다.

샤를은 바다와 배를 몹시 좋아했다. 그의 절친한 친구인 올리비에 드 라 마르슈도 "그는 무엇보다도 바다와 배를 선천적으로 좋아했다"고 확인해준다.[17] 따라서 뤼방프레는 자신이 타고 온 멋진 배에 대한 소문을 호린험에 퍼뜨리면, 샤를이 호기심이 동해서 직접 배를 살펴보러 올 것이라고 확신했다. 일단 샤를이 배에 오르고 나면, 뤼방프레의 부하들이 그의 호위병들을 제압하고 그를 잡을 것이다. 아니면 샤를이 평소 습관대로 해안에 소풍을 나왔을 때 그를 기습해서 억지로 배에 태우는 방법도 있었다.

헤이그 연대기는 뤼방프레가 붙잡혔을 때, 그의 몸에서 루이 11세의 개인 인장이 찍힌 편지가 발견되었다고 말한다. 그 편지에서 루이는 만약 뤼방프레가 샤를 백작을 데려온다면 커다란 보상을 주겠다고 약속했다. 그러나 이 편지와 보상 부분 때문에 헤이그 연대기 기록의 진실성에 의문이 생긴다. 뤼방프레가 자신의 혐의를 그토록 분명하게 밝혀주는 증거를 직접 소지한 채 돌아다녔다면 제정신이라고 보기 힘들기 때문이다.[18]

뤼방프레를 붙잡아 심문하자마자 샤를은 자신의 호위대장인 올리비에 드 라 마르슈를 에댕에 보내 소문보다 먼저 아버지 필리프 공작에게 사건의 전말을 신중히 알리려고 했다. 라 마르슈는 10월 7일, 필리프가 점심식사를 하고 있을 때 에댕에 도착했다. 그는 샤를 백작이 납치 시도를 간신히 모면했으며, 필리프 또한 위험해질지도 모른다는 말을 필리프에게 전한 것으로 보인다. 밀라노의 프란체스코 스포르차 공작이 받은 편지에 따르면, 라 마르슈는 에댕에 올 때 뤼방프레의 심문록을 가지고 있었다. 사생아가 프랑스 왕의 명령으로 80명을 이끌고 와서 샤를 백작을 납치하려 했다고 자백한 내용이 거기에 적혀 있었다.

필리프는 깜짝 놀랐다. 쿠스탱 사건 때는 아들의 주장을 무시해버렸지만, 이번에는 루이 11세를 의심할 이유가 충분했다. 사부아 공작의 작은 아들인 필리프 드 사부아의 일을 생각할 때 특히 그러했다. 루이 11세는 프랑스와 부르고뉴의 동남쪽에서 국경을 접하고 있는 알프스 산맥의 공작령인 사부아 공작령의 일에 항상 커다란 관심을 드러냈다. 사부아 공작령에는 이탈리아와 북서 유럽을 이어주는 중요한 고갯길들이 포함되어 있었다. 루이는 심지어 사부아 공작의 딸을 아내로 맞은 적도 있었다. 그의 누이인 욜랑다도 사부아의 후계자인 아마데우스와 결혼했다. 필리프 드 사부아는 반反프랑스 파벌을 이끌면서, 프랑스가 사부아의 내정에 간섭하는 것에 강력히 반발했다.

뤼방프레 사건 몇 달 전, 루이는 서로의 의견 차이를 좁히기 위해 필리프 드 사부아를 자신의 궁으로 초대하면서 여행에 필요한 것들을 모두 보장해주고, 안전한 통행을 보장하는 편지도 보내주었다. 그러나 막상 필리프 드 사부아가 도착하자 루이는 약속을 깨고 그를 황량한 요새인 로슈에 가둬버렸다. 이런 비열한 행위에 유럽의 모든 군주들이 항의했지만, 루이는 물러서지 않았다.

사부아 공작은 선량공 필리프의 친척이었으며, 필리프 드 사부아라는 이름도 사실 부르고뉴 공작인 필리프를 기념해서 지은 것이었다. 1464년 8월 사부아 공작은 슬픔에 차서 에댕을 찾아와 루이 왕과 협상해서 아들이 풀려나도록 힘을 써달라고 25일 동안 부르고뉴 공작에게 간청했다. 선량공 필리프는 루이와 만난 자리에서 이 문제를 꺼내기는 했으나 아무런 성과도 없었다. 사부아 공작은 9월 초에 낙담해서 에댕을 떠났다. 필리프 드 사부아는 그 뒤로도 2년 동안 로슈에서 시들어가며 프랑스 왕의 배신을 이야기하는 쓸쓸한 노래들을 지었다. 그렇다면 홀란드에서 들려온 소식은 루이 11세가 부르고뉴 가문 또한 비슷한 방식으로 배신하려 한다는 것을 뜻하는가?[19]

샤스텔랭은 필리프의 가신들도 몽트로 다리 사건을 비롯해서 과거 프랑스가 배반한 사례들을 이야기하기 시작했다고 말한다. 의심을 부채질한 것은, 라 마르슈가 루이의 궁정에 도착하기 직전, 필리프 공작이 루이의 전갈을 받았다는 점이었다. 거기에는 루이가 에댕으로 오는 중이며, 다음 날 필리프를 만나러 갈 것이라고 적혀 있었다. 또한 루이는 강한 호위병 한 명을 대동하고 오는 것으로 알려졌다. 에댕의 필리프에게는 소규모 부대밖에 없었다.

필리프는 잠시 생각해본 뒤 위험을 무릅쓰지 않기로 했다. 그래서 식사도 제대로 마치지 못하고, 겨우 6~8명의 기병만을 데리고 서둘러 에댕을 떠났다. 그리고 이 사실을 최대한 비밀로 유지했다. 그가 가장 먼저 향한 곳은 20킬로미터쯤 떨어진 생폴이었다. 그는 어둠이 내릴 무렵 이곳에 도착했다. 그리고 다음 날 아침 일찍 또 길을 떠나,

부르고뉴 영토 깊숙한 곳에 있어서 프랑스 왕의 위협으로부터 멀리 떨어진 릴에 10월 10일에 도착했다.

루이는 필리프가 갑자기 떠났다는 소식을 듣고 낙담했다. 그가 왜 그런 행동을 했는지 알지 못한 채 루이는 아브빌로 돌아갔다가, 거기서 루앙으로 향했다. 그때까지 뤼방프레에게서는 아무런 소식이 없었다. 하지만 며칠 뒤 소식들이 쏟아져 들어오기 시작했다. 루이 왕이 뤼방프레의 사생아를 홀란드에 보내 샤롤레 백작을 납치하거나 암살하려 했다는 이야기가 사방을 돌아다녔다. 루이는 당황했다. 이것은 정치적, 외교적으로 어디에도 견줄 수 없는 대재앙이었다.

결정적인 승리

루이는 재빨리 대응에 나서서 전령들을 사방으로 멀리까지 파견해 그 사건에 대한 자신의 이야기를 퍼뜨리게 했다. 자신이 뤼방프레를 50명의 일행과 함께 홀란드로 파견한 것은 맞다, 그들에게 그곳의 중요한 인물을 납치하라고 지시한 것도 맞다, 그러나 그들의 표적은 샤롤레 백작 샤를이 아니라 브르타뉴 공작령의 부재상인 장 드 렌빌이라는 내용이었다.

부르고뉴와 마찬가지로 브르타뉴도 공식적으로는 프랑스의 공작령이었지만, 실질적으로는 독립적인 제후령이었다. 역대 브르타뉴 공작들은 프랑스 왕의 권위를 제대로 인정하지 않았으며, 지난 세기의 대부분 기간 동안 오히려 프랑스 왕의 적들과 동맹을 맺었다.

1420년대에는 브르타뉴, 부르고뉴, 잉글랜드의 삼각동맹이 거의 프랑스 왕을 제거할 뻔하기도 했다. 루이 11세가 즉위한 뒤, 브르타뉴 공작은 두려운 마음에 그 삼각동맹을 되살리려고 애썼다. 그가 부재상을 잉글랜드로 파견한 것도 조약을 마무리하기 위해서였다. 그는 장 드 렌빌에게 잉글랜드에서 홀란드로 곧장 가서 부르고뉴의 후계자를 만나 동맹으로 끌어들이라고 지시했다.

루이 11세는 브르타뉴에 깔아둔 첩보망을 통해 이런 일들을 자세히 알고 있었으므로, 렌빌이 샤를 백작을 만나기 전에 그를 납치하기 위해 뤼방프레를 홀란드로 보낸 것이라고 주장했다. 동맹이 결성되는 것을 미연에 방지하거나 지연시키고, 동맹의 조건을 자세히 알아내기 위해 그런 조치를 취했다는 것이다.

루이는 브르타뉴 공작이 엄밀히 따지면 자신의 봉신이므로, 그런 납치 사건도 사실 자신의 신민에 대한 합법적인 체포에 해당한다고 항변했다. 또한 자신은 처음부터 샤를을 납치하거나 어떤 식으로든 해를 끼칠 생각이 조금도 없었다고 강력하게 주장했다. 샤를이 뤼방프레를 의심해서 체포한 것은 순전히 그의 걱정이 지나친 탓이라는 것이었다. 루이는 자신의 주장을 더욱 강조하기 위해, 겨우 50명으로 샤를을 납치하는 것은 거의 불가능한 일일 터이니, 만약 자신이 정말로 그를 납치할 작정이었다면 피카르디의 해적 나부랭이에게 그 일을 맡기지 않았을 것이라고 덧붙였다.

루이의 말은 진실이었을까, 아니면 혐의를 벗기 위해 꾸며낸 정교한 거짓말이었을까? 이런 경우 대개 그렇듯이, 500년이 흐른 지금은 진실을 확실히 알아내기 힘들다. 뤼방프레 사건의 자세한 내용은 산

사태처럼 쏟아져 나온 각종 선전에 금방 파묻혀버렸다. 이 사건이 정치적, 외교적 위기로 번져 엄청난 결과를 야기할 수 있기 때문이었다. 샤를 백작은 이것이 아버지의 총애를 되찾고 부르고뉴 조정에서 루이와 크루이 가문의 영향력을 무너뜨릴 절호의 기회임을 깨달았다. 한편 루이는 자신의 명예를 지키고, 크루이 가문을 구하고, 부르고뉴와의 공공연한 불화를 피하려고 필사적이었다.

최고의 방어는 활발한 공격이라고 생각한 루이는 자백에서 비난으로 재빨리 태도를 바꿨다. 자신이 고위 외교사절을 납치하려고 우호적인 지역에 해적 무리를 보냈음을 스스로 인정했다는 사실은 옆으로 제쳐놓고, 그는 마치 억울한 일을 당한 사람처럼 굴기 시작했다. 홀란드의 소식을 들은 지 며칠 안 돼서 그는 필리프 공작에게 불만에 찬 메시지를 급행으로 보냈다. 필리프 공이 자신을 기다리지 않고 에댕에서 그렇게 갑자기 떠나버린 것에 놀라고 당황했다는 내용이었다. 그는 또한 자신이 샤를 백작을 납치하거나 살해하려 했다는 소문을 브뤼헤의 일부 성직자들이 퍼뜨리고 있다는 이야기를 들었다면서, 이런 중상모략에 분노를 주체할 수 없으니 부르고뉴 공작이 즉시 소문을 가라앉히고, 유언비어를 퍼뜨린 죄인들을 벌할 것이라 기대한다고 썼다.

그리고 얼마 되지 않아 루이 왕은 부르고뉴 공작에게 또 메시지를 보냈다. 소문을 퍼뜨린 진범은 이름을 알 수 없는 브뤼헤의 성직자들이 아니라 올리비에 드 라 마르슈라는 말을 들었다는 내용이었다. 왕은 다음과 같이 단언했다. 뤼방프레가 체포된 것도 라 마르슈 때문이고,[20] 필리프 공작에게 뤼방프레의 체포 소식을 가장 먼저 전한 사람도 라 마르슈이며, 사생아가 샤를을 납치하려 했다는 잘못된 정보를 공작에게 말한 사람도 라 마르슈였다. 심지어 홀란드에서 에댕으로 가는 동안에도 라 마르슈는 입을 다물지 못하고 거짓 소문을 널리널리 퍼뜨렸다. 따라서 왕은 필리프에게 브뤼헤의 성직자와 라 마르슈를 모두 자신에게 넘기라고 요구했다. 그리고 마지막으로, 뤼방프레도 자신에게 돌려보내주기 바란다고 썼다.

이런 요구를 통해 루이는 샤를을 궁지로 몰아넣었고, 부르고뉴 조정에 권력투쟁의 불씨를 던졌다. 만약 부르고뉴가 라 마르슈를 루이에게 넘긴다면, 그것은 곧 샤를이 이번 일을 처음부터 끝까지 거짓으로 꾸며냈다는 뜻이 될 터였다. 즉, 샤를이 거짓말쟁이 아니면 바보라는 얘기였다. 게다가 샤롤레 백작이 가장 충실하고 절친한 부하조차 지켜주지 못하는 사람이라는 뜻이기도 했다. 그렇게 되면 부르고뉴에서든 외부에서든 그의 명예와 입지가 치명적인 타격을 입을 수밖에 없었다.

이 문제를 해결하기 위해 샤를, 크루이 가문, 프랑스 왕의 사절이 1464년 11월 4~5일 릴의 필리프 공작 앞에 섰다. 프랑스 왕의 사절은 이 사건에 대한 프랑스의 주장을 되풀이하면서 뤼방프레, 브뤼헤 성직자들, 라 마르슈를 넘기라고 요구했다. 그러자 샤를이 무릎을 꿇고 늙은 아버지에게 간언했다. 출판되지 않은 어떤 연대기에 따르면, 샤를은 사건에 대한 루이의 설명이 말이 되지 않는다고 주장했다고 한다. 만약 뤼방프레가 잉글랜드에서 출발한 브르타뉴 부재상을 도중에 붙잡을 생각이었다면, 왜 배를 제일란트 해안에 정박해두고 자신은 호린험으로 왔는가? 호린험은 내륙으로 아마 60킬로미터는 들어와야 하는 곳인데. 게다가 만약 그가 반역자 체포라는 정당한 임무를 띠고 파견된 프랑스 왕의 수하라면, 호린험에 도착했을 때 왜 일반적인 에티켓에 따라 샤롤레 백작 앞에 나서지 않았는가?

샤를의 주장 중 후자는 확실히 좀 무리가 있었지만, 전자는 말이 되었다. 그날의 승리는 샤를의 것이었다. 필리프는 샤를의 이야기가 진실이라고 믿었거나, 아니면 적어도 어느 편이 자신에게 이로운지 깨달았던 것 같다. 샤를의 말이 진실이든 아니든, 필리프는 크루이 가문이나 루이보다는 자신의 아들이자 후계자인 샤를을 충실하게 뒷받침할 의무가 있었다. 필리프는 루이의 모든 요구를 거부했다. 뤼방프레는 홀란드에서 잡혔고, 필리프는 이곳의 군주로서 하느님 이외의 주군을 인정하지 않으므로 그를 프랑스 왕에게 넘기지 않고 자신이 직접 재판하겠다고 말했다.[21] 브뤼헤의 성직자들에 대해서는, 자신이 세속의 군주라서 성직자들의 일에 개입하는 것을 자제하고 있다는 핑계를 내놓았다. 그는 또한 루이에게 "많은 성직자들은 그리 현명하지 않습니다. 그래서 남의 조언도 구해보지 않고 자신의 권한도 아닌 일들을 쉽사리 입에 담습니다"라고 설명했다.[22] 마지막으로 라 마르슈에 대해서는, 자신이 아는 한 잘못된 언행을 한 적이 없다고 답변했다.

프랑스 사절들은 당혹스러운 표정으로 그 자리를 떠났다. 루이 왕에게 돌아가는 여정 중에 그들은 투르네, 두에, 아라스, 아미앵 등 프랑스의 주요 도시 여러 곳을 거치면서 매번 고위 인사들을 모아놓고 루이에 대한 더러운 소문을 공식적으로 부정하며 왕의 명예를 걸고 왕은 샤를을 납치하려 한 적이 없다고 맹세했다. 만약 누가 또 이런 소문을 입에 올린다면, 체포해서 왕에게 보내 왕의 분노와 정의로운 판결을 감당하게 하라는 말도 덧붙였다.[23]

뤼방프레 사건은 이렇게 해서 샤를의 결정적인 승리로 끝났다. 루이의 손아귀에서 벗어난 것이 샤를 본인인지 브르타뉴의 부재상인지는 불확실했으나, 왕의 명예는 국내외에서 심각한 타격을 받았다. 무엇보다 중요한 것은, 1464년 11월부터 샤를과 필리프가 화해했다는 점이다. 크루이 가문은 부르고뉴 조정에서 세력을 잃었고, 샤를이 진정한 권력자가 되었다.

그리고 몇 달 만에 크루이 가문은 프랑스에서 도망자 신세가 된 반면, 샤를은 브르타뉴 공작을 비롯한 프랑스의 여러 유력 귀족들과 동맹을 맺고 루이 11세를 상대로 전쟁을 일으켰다. 루이를 무너뜨리고 프랑스 왕국을 조각내기 직전까지 간 전쟁이었다.

루이 11세와의 전쟁

샤를이 여러 귀족들과 합심해서 1465년에 일으킨 전쟁에서는 다양한 특수작전이 시행되었다. 예를 들어 1465년 10월 3일에서 4일로 넘어가는 밤에 부르고뉴 기습 부대가 페론의 성벽을 사다리로 타고 올라가 도시를 함락하고, 주술을 신봉하던 영주 에탕프 백작을 사로잡았다. 그러나 암살이라는 측면에서 흥미를 끄는 사건은 몽레리 전투 직후에 벌어진 일뿐이다.

부르고뉴 군대가 이 전투 이후 에탕프에서 동맹군과 합류했을 때,

ooooo
부르고뉴 공작 샤를의
초상. 루벤스, 1618년경.

거리에서 병사들이 즐거운 시간을 보내는 동안 샤롤레 백작 샤를과
프랑스의 샤를 공(루이 11세의 반항적인 형제)은 시내의 한 주택에서 만
나 회의를 했다. 이 두 지휘관이 "창가에서 서로 아주 긴밀한 대화를
나누고" 있을 때, 장 부트푀라는 불운한 브르타뉴 병사는 동료들을
놀리며 즐거워하고 있었다. 어느 주택 안에서 거리를 내려다보며 아
래를 지나가는 병사들에게 폭죽을 던진 것이다. 그런데 폭죽 하나가
지휘관들이 있던 집의 창틀에 우연히 부딪혔다. 두 지휘관은 혹시 누
가 자신들을 암살하려는 건가 싶어서 화들짝 놀라 즉시 호위병들과
가문의 병사들을 무장시키라는 지시를 내렸다. 200~300명의 중장
병과 궁수들이 몇 분 만에 그 집을 에워싸고 암살 용의자를 찾기 위
해 수색을 벌였다. 말썽꾸러기 부트푀는 결국 사실을 자백한 뒤 용서
를 받았고, 이 일은 잘 마무리되었다.[24]

이 사건은 두 귀족들의 신경이 얼마나 곤두서 있었는지를 보여준

다. 하지만 흥미롭게도 그들의 보안 조치가 얼마나 빈약했는지 또한 알 수 있다. 부트뢰가 폭약을 잔뜩 들고 사령관의 거처에 접근하는 것을 아무도 막지 않았고, 호위병은 폭죽이 터진 뒤에야 비로소 입구에 배치되었다. 몽레리 전투 직후의 혼란 속에서 어쩌면 일반적인 절차가 일시적으로 정지되었는지도 모른다. 아니면 샤를의 호위대장인 올리비에 드 라 마르슈의 보안 조치가 아주 부족했을 수도 있다. 라 마르슈가 회고록에서 이 사건을 언급하지 않은 것이 무리도 아니다.

샤를과 루이 11세의 전쟁은 부르고뉴의 승리로 끝났다. 루이 11세는 힘이 위축되었을 뿐만 아니라, 솜 지역을 부르고뉴에 돌려줄 수밖에 없었다. 그 뒤 2년여 동안 루이는 수세에 몰렸고, 샤를은 점점 강해졌다. 1467년에 아버지가 세상을 떠나자 그는 부르고뉴 공작이 되었다. 루이 11세의 견제가 목표인, 서로 유대가 탄탄하지는 않지만 세력만은 만만치 않은 프랑스 귀족동맹의 지도자 자리도 그의 것이었다. 1468년 샤를은 세 번째 결혼을 했다. 그전의 두 아내는 프랑스 귀족이었지만, 새로운 아내는 잉글랜드 국왕 에드워드 4세의 누이인 요크의 마거릿이었다. 그녀는 아이를 낳아주지는 못했으나, 부르고뉴와 잉글랜드의 관계를 강화하는 데 크게 기여했다.

샤를의 힘이 커지는 것을 예전부터 걱정하고 있던 루이 11세는 이제 잉글랜드-부르고뉴 동맹의 망령 앞에서 잔뜩 긴장했다. 1468년에 프랑스 귀족들과 루이 사이에 다시 적대행위가 시작되자 루이는 부르고뉴의 신임공작을 직접 만나 협상하는 편이 낫겠다는 결단을 내렸다. 루이는 몽트로의 전례, 암살과 납치를 두려워하던 샤를의 과거 모습 등을 감안해서 자신이 수행원 몇 명만 데리고 부르고뉴의 도시 페론으로 직접 그를 만나러 가겠다는 대담한 제안을 했다.

샤를은 이 제안을 받아들였다. 여우가 오로지 자신의 영리한 머리만 믿고 자의로 늑대굴에 발을 들인 꼴이었다. 루이가 페론으로 데려간 부하들은 겨우 50명에 불과했다. 반면 페론을 단단히 장악한 샤를에게는 근처에 진을 친 수천 명의 군사가 있었다. 뤼방프레가 체포된 날로부터 정확히 4년 뒤인, 1468년 10월 9일의 모습이 이러했다.

그다음에 일어난 일들은 몇 번이나 설명과 분석의 대상이 되었다. 언제나 루이를 의심하던 샤를은 프랑스 왕을 페론 성내로 받아들이자마자 리에주 시가 자신의 뒤를 쳤다는 소식을 들었다. 지금의 베네룩스 지역에서 가장 강력하고 소란스러운 도시 중 하나였던 리에주는 수십 년 동안 부르고뉴의 옆구리를 찔러대는 가시 같은 존재였다. 1465년에 이 도시는 통치자인 제후주교prince-bishop 루이 드 부르봉을 상대로 반란을 일으켰다(리에주는 주교령이므로 주교가 제후라는 의미에서 '제후주교'라고 한다 ─ 옮긴이). 루이 드 부르봉은 부르고뉴 공작의 동맹이자 친척이었으므로, 부르고뉴 공작은 그를 돕기 위해 연달아 세 번이나 원정군을 보낸 끝에 반란군을 물리치고 그들의 요새를 파괴했다. 반란군 지도자들은 다른 지역으로 도망쳤다.

1468년 9월 루이 11세는 부르고뉴와의 분쟁이 또 임박했음을 알아차리고, 리에주 주민들에게 다시 반란을 일으키라고 부추겼다. 도망쳤던 예전 반란군 지도자들이 왕의 격려에 힘입어 9월 9일에 리에주로 돌아와서 적들을 학살하고 전쟁을 준비했다. 샤를 공작은 이 소식을 대수롭지 않게 받아들이고는, 프랑스를 상대하는 데 계속 대부분의 병력을 집중했다. 리에주에는 고작 수천 명 규모의 작은 부대만을 보내주었다. 새 반란군을 무찌르기가 그리 어렵지 않을 것이라고 판단했기 때문이었다.

루이 11세는 직접 만나서 평화협상을 하자고 샤를에게 요청하면서도, 계속 리에주에 사람을 보내 반군을 돕겠다고 약속하며 제후주교와 그의 동맹인 부르고뉴를 공격하라고 선동했다. 샤를이 페론에서 만나자는 루이의 제안을 받아들였을 때, 루이는 자신이 보낸 사람들이 어떤 성과를 올렸는지 알지 못하는 상태였다. 리에주에 새로 사람을 보내 예전의 약속을 취소하고 리에주 사람들에게 평화를 촉구하려면 시간이 너무 오래 걸릴 터였다. 루이 11세는 리에주 사람들이 아직 대규모 작전에 나설 여유가 없기를 바라며 자신 있게 페론으로 향했다.

그러나 안타깝게도 리에주 사람들은 이미 루이 11세가 제시한 미끼를 물어서, 그 어느 때보다 신속하고 대담하게 움직이고 있었다. 10월 9일에서 10일로 넘어가는 밤에, 소규모 습격대가 장 드 윌드와 고쉬앵 드 스트릴의 지휘로 리에주를 떠나 제후주교와 부르고뉴 군대의 본부가 있는 통에런으로 향했다. 공격을 전혀 예상하지 못하고 있던 부르고뉴 군대는 당황했다. 그들은 리에주가 무방비 상태라서 오로지 프랑스의 도움에 기댈 수밖에 없을 것이라고 믿고 있었다. 그래서 9일 저녁에 루이가 페론에 도착했다는 소식이 들려오자, 그들은 프랑스가 리에주를 도우러 오는 일은 일어나지 않을 터이니 리에주는 이제 가망이 없다는 결론을 내렸다. 그런데 몇 시간 뒤인 한밤중에 리에주 습격대가 통에런에 나타나자 부르고뉴 군대는 놀란 나머지 제대로 저항도 하지 못했다. 부대 전체가 그대로 무너져 우왕좌왕 도망칠 뿐이었다.

리에주 병사들은 도망치는 자들을 그냥 내버려둔 채, 루이 제후주교를 붙잡아 의기양양하게 리에주로 데려왔다. 돌아오는 길에 시민들이 주교의 시종들과 대신들 여럿을 죽였다. 기록에 따르면, 그들은 증오의 대상이던 리에주 성당의 부주교 로베르 드 모리알름의 시체를 조각내서 서로의 머리에 시체 조각을 던지며 즐거워했다고 한다.

시민들은 이제 포로가 된 제후주교와 별도의 평화협정을 맺어, 장차 부르고뉴가 다시 개입할 여지를 없애버리고자 했다. 중세와 현대의 여러 권위 있는 기록에 따르면, 제후주교 본인은 이때쯤 부르고뉴 공작의 입맛대로 평화협정을 맺는 경우 자신이 아무 힘도 없는 꼭두각시가 될 것임을 깨닫고, 리에주와 독자적인 거래를 하게 된 것을 상당히 반가워했을 가능성이 있다.

샤를이 페론에서 이 참담한 소식을 들은 것은 10월 11일 저녁이었다. 맨 처음 보고에 따르면, 부르고뉴 군대가 참패했고 리에주 제후주교는 살해당했으며 프랑스 왕의 사람들이 공격 부대에 섞여 있었다고 했다. 샤를은 루이 11세가 전에 리에주 사람들과 거래한 것을 알고 있었지만, 별로 중요하지 않은 정보로 치부해버렸다. 그러나 이제 패배로 인해 자부심에 상처를 입은 그의 마음속에서 깊고 깊은 의심이 다시 타올랐다.

1419년에 루이 11세의 아버지는 샤를의 할아버지와 평화협상을 하겠다며 몽트로에 와서 그를 암살해버렸다. 1464년에는 루이 11세 본인이 에댕에서 필리프 공작과 평화협상을 하자고 하면서, 뒤로는 뤼방프레를 홀란드로 보내 샤를을 납치하거나 죽이려 했다. 1468년인 지금도 루이 11세는 또 평화협상을 하자며 샤를을 만나러 페론으로 와놓고, 뒤에서는 리에주 사람들을 부추겨 제후주교를 납치 또는 살해했다. 샤를은 분노에 압도되었다. 프랑스 왕의 수많은 배신행위에 이번에야말로 확실히 앙갚음을 해야 할 것 같았다. 어쩌면 샤를은 자신이 오랫동안 시달렸던 두려움과 걱정을 최고의 적에게 그대로 돌려주고 싶다는 유혹에 넘어갔던 것인지도 모른다.

페론의 성문은 굳게 닫혔고, 무장한 경비병들이 루이 11세의 숙소 주위에 배치되었다. 그가 공식적으로 감금당한 것은 아니었으나, 항상 감시의 눈초리가 따라다녔다. 모두들 왕과 대화할 때는 목소리를 크게 높였다. 비밀스러운 탈출계획을 짜고 있을 거라는 의심을 피하기 위해서였다. 어떤 연대기 작가들은 샤를이 루이 11세를 당장 죽여버리고 그의 연약한 형제를 대신 그 자리에 세우는 방안을 고민했다고 말한다. 루이 11세는 며칠 동안 이런 일이 실제로 일어날까봐 두려움에 떨었다.

샤를 주위에 자신의 적들이 여럿 포진해 있는 것도 그에게는 두려운 요소였다. 특히 얼마 전에야 로슈에서 풀려난 필리프 드 사부아가 눈에 띄었다. 예전에 어떤 프랑스 왕이 페론 성에 갇혀 있었다는 사실을 샤를이 일깨워준 것도 루이 11세에게는 전혀 위안이 되지 않았다. 샤를이 말한 사람은 '단순왕 카롤루스'로, 923년에 베르망두아 백작에게 붙잡혀 페론에서 6년 동안 포로 생활을 하다가 세상을 떠났다.

샤를 공작은 결국 왕을 살려두되, 가혹하기 짝이 없는 평화조약을 그에게 강요하기로 결정했다. 이렇게 맺어진 페론 평화조약에서 샤를은 자신이 생각해낼 수 있는 모든 것을 루이 11세에게서 얻어냈다.

부르고뉴가 사실상 독립국의 지위를 얻었고, 프랑스 왕국은 영원히 조각난 거나 다름없었다.

무모한 습격

아무런 힘이 없는 루이 11세는 얌전히 조약에 서명했다. 하지만 샤를은 그를 풀어주는 순간 서명이 가치를 잃을 것이라는 데 생각이 미쳤다.[25] 루이를 조금 더 붙잡아두면서 창피를 주기 위해 샤를은 새로운 요구를 들고 나왔다. 리에주의 소식이 페론에 처음 들려왔을 때, 루이는 자신의 무고함을 밝히기 위해서라면 기꺼이 샤를과 함께 리에주로 가서 힘을 합쳐 그 반항적인 도시를 제압할 수도 있다고 말했다. 샤를은 이제 평화조약도 맺고 했으니 그 약속을 지킬 생각이 없느냐고 물었다. 자신과 같이 리에주에 원정을 가지 않겠느냐고. 루이는 어떻게든 빠져나오려고 했지만, 결국은 함께 가겠다고 하는 수밖에 없었다.

이렇게 해서 샤를은 프랑스 왕을 끌고 리에주로 출발했다. 두 사람 모두 겉치레를 위해 루이가 자의로 샤를을 따라가는 척했다. 샤를은 심지어 루이가 소규모 프랑스 부대를 데려오는 것까지도 허락해주었다. 스코틀랜드 용병 궁수 100명과 중장병 300명으로 이루어진 근위대도 거기에 포함되어 있었다. 그러나 그들의 대우는 몹시 열악했다. 루이 11세의 종자로 페론과 리에주에 모두 따라갔던 스위스 출신의 루트비히 폰 디스바흐는 나중에 자서전에서 자신을 비롯한 수행원들이 굶주림과 추위로 크게 고생했으며, 주위의 부르고뉴 사람들이 자신들을 미워한 나머지 죽이지나 않을까 두려움에 떨었다고 썼다.

리에주 사람들은 페론의 소식을 듣고 당연히 사기를 잃었다. 자기들만의 힘으로는 부르고뉴와 맞설 수 없었기 때문에 그들은 제후주교를 포함해서 통에런에서 붙잡은 포로들을 서둘러 풀어주고 평화를 간청했다. 그러나 샤를은 단호했다. 3년 동안 벌써 네 번째로 리에주원정에 나선 그는 이 도시를 완전히 납작하게 지워버릴 생각이었다. 다급해진 리에주 사람들은 무섭게 다가오는 부르고뉴 군대에 맞서몇 번 대담한 돌격을 감행했지만, 별로 소용이 없었다.

10월 27일 샤를과 루이는 부르고뉴 주력 부대와 함께 폐허가 된리에주 성벽 앞에 도착했다. 병사들 대부분은 도시 서쪽의 성 왈부르게 문 앞에 진을 쳤고, 북쪽에도 대규모 병력이 배치되었다. 샤를은동쪽과 남쪽 방면은 굳이 봉쇄하지 않았다. 리에주의 방어설비와 병력을 감안하면, 정면 공격으로 쉽게 함락할 수 있을 것이라고 봤기 때문이다.

샤를은 성 왈부르게 문에서 약 500미터 떨어진 지점에서 아직 무너지지 않은 주택 한 곳에 본부를 차렸다. 루이의 숙소는 인근의 다른주택으로 정해졌다. 이틀 낮과 밤 동안 산발적인 충돌이 벌어졌고, 부르고뉴 군은 리에주 돌격대를 여러 차례 물리쳤다. 리에주 시민들 대다수가 파멸이 예정된 도시에서 도망치는 동안, 포위군은 최종 공격을 준비했다. 처음 정해진 공격 날짜는 10월 29일이었으나 그날 폭우가 내리는 바람에 샤를은 다음 날 아침까지 공격을 미뤘다. 필리프 드코민(1447~1511, 부르고뉴와 프랑스의 저술가 겸 외교관—옮긴이)은 이때쯤 리에주의 "수비대에는 직업군인이 한 명도 없었다. (…) 리에주에는 성문도, 성벽도, 방어설비도, 어떻게든 작동하는 대포 한 문도 없었다"고 썼다.[26]

이제 몇 명 남지 않은 리에주 군대는 매번 실패로 끝난 돌격 시도로 심각한 피해를 입었다. 따라서 부르고뉴 진영에서는 누구나 낙승을 기대했다. 병사들은 다음 날 쉽사리 도시를 점령해서 약탈과 파괴를 즐길 꿈을 꾸며 행복하게 잠자리에 들었다. 공작은 리에주를 아예 없애버릴 작정이었기 때문에, 병사들은 평소보다 제약 없이 날뛸 수 있을 터였다.

리에주 사람들은 정말로 무기력한 사냥감처럼 보였다. 그러나 통에런 습격을 지휘했던 고쉬앵 드 스트릴이 필사적인 계책을 들고 나왔다. 그들이 이렇게 궁지에 몰리게 된 것은 밤에 통에런을 기습해서 제후주교를 사로잡았기 때문이었다. 그렇다면 이번에도 똑같은 행동을 한다면? 다만 기습의 목표를 부르고뉴 공작으로 바꾸기만 하면 되지 않겠는가.

몇몇 사람이 결연하게 부르고뉴 진영에 침투해서 공작을 죽이거나 사로잡는다면, 리에주가 살아날 수 있을지도 몰랐다. 사실 그들이 공작을 죽이는 데 성공한다면, 부르고뉴라는 나라 전체가 해체될 가능성이 높았다. 스트릴은 도시를 구할 방법은 이것뿐이라고 아직 살아 있는 리에주 지도자들을 설득했다. 그래서 그들은 한 번 시도라도 해보기로 했다. 샤를 공작을 죽이든지, 아니면 작전 중에 목숨을 버릴 각오였다.

샤를의 주위에는 수천 명의 부르고뉴 병사들이 있었다. 무너진 성벽 앞에는 적의 돌격을 미리 감지하기 위해 초소들이 설치되어 있었다. 샤를은 또한 최고의 궁수 40명으로 구성된 호위대를 항상 데리고 다녔으며, 호위대장인 올리비에 드 라 마르슈는 전쟁 때에도 평화 시에도 샤를의 옆에서 결코 떨어지지 않았다.[27] 궁수들은 열두 명씩 조를 짜서 24시간 내내 돌아가며 공작을 호위하는 것 같았다. 숙소도 샤를이 머무르는 집의 2층을 사용했다.

또 다른 문제는 바로 루이 11세의 존재였다. 그는 스코틀랜드인 궁수 100명을 자신의 숙소 주위에 배치했고, 중장병들은 근처 막사에서 생활했다. 샤를은 루이가 탈출을 시도하거나 밤을 틈타 자신의 엘리트 부대로 공격을 시도할지 모른다고 걱정했기 때문에, 자신이 가장 신뢰하는 최고의 중장병 300명을 뽑아 프랑스 왕의 숙소와 자신의 숙소 사이에 있는 큰 헛간에 배치해두었다. 이 중장병들은 프랑스 왕의 근위대가 갑자기 공격할 경우 샤를을 지키는 것이 가장 중요한 임무였지만, 리에주에서 돌격대가 쳐들어오는 경우에도 역시 그들을 막을 터였다.

리에주가 탁 트인 벌판에서 돌격대만으로 이런 병력과 싸워 이길 수는 없었다. 그러나 스트릴은 결연한 의지를 다진 소규모 병력이 밤을 틈타 부르고뉴 진영에 침투해서 경보가 울리기 전에 공작에게 접근하는 것이 가능할 것 같다는 희망을 품었다. 그는 샤를과 루이의 숙소가 정확히 어디에 있는지 알고 있었다. 그들이 잠을 자는 두 주택은 군주의 거처답게 화려한 냄새를 폴폴 풍겼으며, 파괴된 성벽에서 겨우 몇백 미터 거리에 있었다. 게다가 리에주 사람들은 이 일대의 지리를 완벽하게 꿰고 있었다.

그러나 무엇보다 중요한 것은, 공작과 왕이 머무르고 있는 두 집의 주인들이 리에주 성내에 들어와 있다는 점이었다. 그들은 그 집과 인근의 지리에 대해 스트릴에게 필요한 정보를 모두 알려주었다. 그중에 핵심적인 정보 하나는 샤를의 숙소 근처에 깊은 바위계곡이 있다는 것이었다. 퐁피레트로 불리는 이 계곡 덕분에 샤를은 측면 공격을 걱정할 필요가 없었다. 하지만 이 계곡은 또한 비밀스럽게 침투하려는 사람들에게 이상적인 통로이기도 했다. 앙심을 품은 두 집주인은 직접 안내인으로 나서서 공격대를 이끌기로 했다.

코민에 따르면, 스트릴은 부르고뉴 군대가 10월 30일 아침 여덟 시 리에주에 대한 최종 공격에 나설 예정이라는 정보를 10월 29일에 입수했다고 한다. 공작이 공격 전야에 병사들 전원은 물론 자신의 호위병들에게까지 무장을 풀고 휴식을 취하라는 지시를 내렸다는 정보도 들어왔다. 이로써 스트릴의 작전이 성공할 가망이 높아졌다. 스트릴이 보기에는 날씨도 자신들에게 이로울 것 같았다. 29일의 날씨는 폭풍이 불 것처럼 험악했다. 이 날씨가 십중팔구 비밀스러운 이동을 감추는 데 도움이 될 터였다.

200~600명이 공격대로 선발되고, 뱅상 드 뷔르와 스트릴이 지휘를 맡았다. 그들은 어떻게 봐도 특수부대가 아니었지만, 리에주의 남은 병력 중 최고의 병사들을 모았다고 해도 될 것 같았다. 그들 중에서 특히 눈에 띄는 것은 산악지대인 프랑시몽 출신 부대였다. 리에주의 나머지 병력에도 비상이 걸렸다. 부르고뉴 진영에서 전투의 함성이 들려오면, 그들도 성문 밖으로 돌격해서 최대한 소란을 일으켜야 했다. 부르고뉴 병사들을 혼란에 빠뜨려, 전쟁의 승패를 쥔 사람이 있

는 곳에 지원 병력이 파견되는 것을 막기 위해서였다.

하지만 아직 커다란 의문이 하나 남아 있었다. 루이 11세를 어찌해야 할까. 스트릴과 리에주 사람들이 그를 어떻게 할 예정이었는지는 알 수 없다. 그들의 첫 번째 목표는 의심의 여지없이 샤를 공작이었다. 프랑스 왕은, 만약 가능하다면, 자유롭게 풀어줄 터였다. 아니면 많은 문헌이 암시하듯이, 프랑스 왕 또한 배신에 대한 보복으로 죽일 생각이었는지도 모른다. 아니면 한밤중에 경보가 울리면 왕이 호위병들에게 공격 부대와 힘을 합쳐 샤를 공작 처리를 도우라고 지시할 것이라는 희망을 품었을 수도 있다.

10월 29일 밤 열 시경 스트릴 일행이 성 마르그리트 문에서 나왔다. 부르고뉴인들이 지키지 않는 문이었다. 그들은 성벽을 빙 돌아서 퐁피레트 계곡으로 조심스레 나아갔다. 그들이 계곡 안으로 감쪽같이 사라지는 동안, 부르고뉴의 감시초소들은 아무것도 알아차리지 못했다. 스트릴의 부대는 돌바닥을 걸어 계곡 반대편으로 나왔다.

부르고뉴 진영은 조용했다. 공작과 왕은 각자 숙소에서 곤히 잠들어 있었다. 스트릴이 입수한 정보는 정확했다. 심지어 근처 헛간에 묵고 있는 호위병들조차 두 시간 전 갑주를 벗고 휴식을 취하는 중이었다. 지난 사흘 밤낮 동안 끊임없이 적과 소소한 무력충돌을 한 그들에게 샤를이 다음 날의 공격을 위해 푹 쉬라고 말해두었기 때문이다. 샤를의 개인 호위병으로 당직을 서고 있는 궁수 열두 명은 샤를의 침실 위층에 있는 방에서 주사위놀이를 하느라 여념이 없었다.

정신을 바짝 차리고 있는 사람은 부르고뉴 파수병들뿐이었다. 밤에 파수병들의 지휘를 맡은 가판 영주는 진영과 무너진 성벽 사이에 정찰병과 파수병을 배치해서 언제든 경보를 울릴 수 있게 해두었다. 그러나 그도, 그의 부하들도 리에주 병사들이 측면에서 들어오는 것을 감지하지 못했다. 퐁피레트 계곡에는 파수병이 전혀 배치되지 않았던 것 같다.

리에주 병사들이 진영 안으로 살금살금 들어왔다. 진영 내에는 병사들뿐만 아니라 각각 다른 부대와 나라 소속으로 다른 언어를 쓰는 상인, 매춘부, 일꾼 등 모두 합해 수천 명의 사람들이 있었다. 이곳에 부르고뉴 군대가 막사를 설치하고 자리를 잡은 지 겨우 사흘밖에 되지 않았으므로, 리에주 병사들은 다양한 사람들 속에서 자신들의 정체가 일찌감치 발각되지는 않을 것이라고 기대했다. 여러 문헌에는 그들이 진영 내의 사람들 속에 무난히 섞이기 위해서 옷에 부르고뉴의 상징인 성 안드레아의 십자가를 꿰매 붙였으며, 누가 정체를 물어보면 부르고뉴 병사라고 주장했다고 기록되어 있다.

그런데 그들이 공작의 숙소에 거의 다다랐을 때 문제가 생겼다. 그날 밤 바로 샤를의 방에서 잠들었던 코민에 따르면, 실수를 저지른 것은 분명히 리에주 병사들이었다. 코민은 습격자들 중 일부가 조급함 때문인지 아니면 샤를의 숙소를 착각한 탓인지는 모르겠으나 근처의 알랑송 공작 막사와 방어가 강화된 헛간을 성급하게 공격했으며, 이 일만 아니었다면 샤를은 분명히 그날 밤 목숨을 잃었을 것이라고 썼다.

그러나 장 드 에냉과 오노프리오 데 산타 크로체는 습격자들이 그런 실수를 저지르지 않았으며, 공작의 침대 근처까지 왔을 때 진영 내의 민간인들 중 여자 몇 명에게 들키는 바람에 일이 틀어졌다고 말한

ⓞⓞⓞⓞⓞ
성 안드레아의 십자가. 하얀 바탕에 붉은 도형으로 구성되어 있다. 이후 혈연인 합스부르크와 스페인 왕실 등에 계승 발전되었다. 오른쪽은 스페인 왕실 문장(1761~1843).

다. 에닝에 따르면, 습격대의 전위는 샤를이 묵고 있는 집의 부엌 앞까지 무사히 도착했다. 그런데 그들이 막 안으로 들어가려는 순간, 라베스라는 이름(어쩌면 수녀원장Abbess이라는 뜻의 별명이었는지도 모른다)의 세탁부가 그들을 붙잡고 정체를 물었다. 그녀 옆에는 다른 여자들이 몇 명 같이 있었던 것 같다. 습격자들은 부르고뉴 병사라고 대답했지만, 라베스 또는 옆에 있던 다른 여자가 그들의 말씨에 의심을 품고 여기 리에주 사람들이 있다고 소리를 질렀다. 리에주 병사들은 정체가 발각될 것을 우려해서 무기를 빼들고 그 불운한 여자들을 덮쳤다.

여자들은 순식간에 목숨을 잃었지만, 오노프리오에 따르면 그들 중 한 명이 어쩌다 빠진 건지 스스로 뛰어들었는지 하여튼 구덩이 안으로 들어가 소리를 질렀다. 에닝은 습격자 한 명이 벌써 공작의 숙소 안으로 들어가던 중이었으나, 부대에 경보가 울리자 습격자들이 당황해서 도망쳐버렸다고 썼다. 그러나 대부분의 다른 문헌들은 정반대의 일이 일어났다고 단언한다. 습격자들 중 일부가 지금이 아니면 영원히 기회가 없을 것이라는 생각에 사방으로 퍼져서 막사와 짐에 불을 지르는 등 최대한 소란을 피웠고, 그 틈을 타서 특수 타격대 두 팀이 앙심을 품은 집주인들의 안내를 받아 공작과 왕의 침실로 곧장 밀고 들어갔다는 것이다. 그들은 "국왕 만세!"를 외치며 샤를의 숙소를 공격했다. 리에주는 여전히 프랑스 왕의 충실한 동맹을 자처했기 때문이다. 또한 적들 사이에 혼란을 초래하고, 부르고뉴 사람들이 자신들을 프랑스 근위대로 착각하게 만들려는 생각도 있었을 것이다.

샤를이 깨어보니 사방이 악몽이었다. 습격자들이 집 안으로 돌진해 들어와 이미 안에 있던 종자 두 명과 시종 한 명을 죽인 것 같았다. 위층의 궁수들은 주사위놀이를 팽개치고 무기를 잡은 뒤 공작을 구하기 위해 계단을 뛰어 내려왔다. 격렬한 싸움이 벌어지자 궁수들은 자신의 목숨을 바쳐서 귀한 시간을 단 몇 초라도 벌려고 했다. 헛간에 있던 중장병들도 무엇이든 손에 닿는 무기를 움켜쥐고 공작을 구하러 달려왔다. 샤를의 침실에서는 그의 종자 두 명과 코민이 필사적으로 공작에게 갑주를 입히려고 했으나, 흉갑과 가슴받이를 입히고 머리에 강철 쬠쇠를 찰칵 고정해줄 시간밖에 없었다.

코민은 회고록에서 그때의 소음과 혼란을 묘사했다. 집 주위와 거리 사방에서 무시무시한 소리들과 고함이 들려오고, "부르고뉴 만세!"라는 외침에 프랑스 근위대와 리에주 습격자들이 외치는 "국왕 만세!"라는 함성이 뒤섞였다. 정확히 무슨 일이 벌어지고 있는 건지 아무도 알지 못했다. 리에주의 공격인가? 아니면 배신자 루이가 또 못된 짓을 벌였나?

왕도 잠에서 깨어 떨고 있었다. 그의 종자였던 루트비히 폰 디스바흐에 따르면, 왕의 숙소에 불이 붙었고 습격자들이 루이를 거의 죽일 뻔했다고 한다. 코민도 습격자들이 실제로 왕의 숙소 안까지 침투했다가 스코틀랜드인 호위병들에게 격퇴되었다며 루트비히의 주장을 뒷받침했다. 스코틀랜드인 호위병들은 인간방패처럼 루이를 단단히 에워싸고, 바깥의 혼란을 향해 비처럼 화살을 날렸다. 그 바람에 리에주 병사건 부르고뉴 병사건 할 것 없이 무차별적으로 그 화살에 맞아 쓰러졌다.

시시각각 습격이 성공할 가능성이 줄어들었다. 공작과 왕의 숙소에서 모두 습격자들이 격퇴되었고, 무장을 갖춘 채 뛰어나오는 부르고뉴 병사들의 숫자는 계속 늘어났다. 현장에 횃불이 밝혀지자 곧 상황이 분명히 드러났다. 리에주 병사들은 완전히 퇴각에만 힘을 쏟을 수밖에 없었다. 올리비에 드 라 마르슈가 이날의 사건을 더 자세히 설명해줄 수도 있었을 텐데, 그는 회고록에서 이 일을 전혀 언급하지 않았다. 앙투안 드 루아제의 편지에 따르면, 리에주 병사들이 민간인과 종자까지 합해서 모두 약 200명을 죽였다고 한다. 그들 자신의 피해는 이보다 적었던 것 같다. 에냉은 그들 중 사망자가 겨우 열네 명에 불과했다고 말한다. 코민은 공작이 머무르던 집의 주인, 즉 습격대의 안내인 노릇을 했던 사람이 가장 먼저 공격을 받고 쓰러졌으나 몇 시간 더 살아 있었다고 썼다. 코민 자신이 그의 목소리를 직접 들었다는 것이다. 습격대의 나머지 인원은 스트릴의 지휘로 리에주까지 무사히 돌아갔다.[28]

다음 날 아침 리에주 공격이 개시되었다. 리에주 측의 저항은 거의 없었다. 침략자들은 도시를 철저히 약탈하고 불을 질러 초토화했다. 샤를이 직접 그 파괴의 현장을 감독한 뒤, 그를 죽이려던 자들 대부분의 고향인 프랑시몽으로도 부대를 보내 징벌했다.

더러운 전쟁

샤를은 며칠 더 루이를 붙잡고 있었지만, 이제는 핑계가 모두 떨어져서 왕을 풀어주거나 아니면 공개적으로 루이가 자신의 포로라고 천명하는 수밖에 없었다. 그는 전자를 택했다. 왕에게서 페론 조약을 지키겠다는 알맹이 없는 약속을 몇 번 더 받아낸 뒤 샤를은 마지못해 그를 풀어주었다.[29]

페론 조약은 2년도 안 돼서 사문화되었다. 1470년에는 왕과 공작이 또다시 서로를 수상쩍게 바라보며 대결을 준비하고 있었다. 둘 사이의 선전전도 기세를 잃지 않고 계속되었다. 샤를은 암살과 납치라는 오랜 테마를 이용해서 루이가 더러운 전쟁을 하고 있다고 계속 비난했다.

1470년 12월 13일 샤를은 얼마 전 자신을 암살하거나 납치하려 했던 음모의 배후에 루이가 있다고 주장하는 공개 성명서를 발표했다. 이때의 상황을 가장 과장되게 묘사한 기록에 따르면, 루이 11세 휘하에 비밀리에 합류한 부르고뉴 귀족 장 다르종이 선량공 필리프의 수많은 사생아 중 한 명인 보두앵 드 부르고뉴와 접촉해 유혹적인 제안을 했다고 한다. 보두앵이 어떤 수단으로든 샤를 공작을 제거해준다면, 루이가 상상할 수 있는 최고의 보상을 해주겠다고 약속했다는 내용이었다. 다르종은 샤를 공작에게 딸 한 명을 제외하고는 자식이 없으므로 만약 그가 죽는다면 많은 사람들이 그의 땅을 나눠가질 것이라고 설명했다. 그때 루이가 보두앵에게 그가 원하는 만큼 샤를의 땅을 떼어줄 수 있다는 것이었다.

보두앵은 제안을 받아들였다. 그리고 샤를에게 불만을 품은 귀족들 중에서 자신을 도와줄 사람들을 모았다. 그들은 샤를이 소수의 수행원만 데리고 자주 사냥을 나가는 에댕의 공원에 갔을 때나 피카르디 해안의 크로투아 항구(전에 뤼방프레가 배에 올랐던 곳)에 갔을 때를 노려 그를 기습할 생각이었다. 샤를의 호위병들을 제압하고, 그를 죽이거나 프랑스로 납치한다는 것이 그들의 희망사항이었다.

그러나 음모는 발각되었고, 보두앵과 그의 공범 대부분은 1470년 11월에 간신히 부르고뉴에서 도망쳤다. 이 이야기가 사실인지 판단하기는 쉽지 않다. 우리가 확실히 알고 있는 것은 보두앵을 비롯한 여러 귀족들이 1470년 11월에 정말로 부르고뉴에서 프랑스로 도망쳤으며, 루이 11세에게서 다소 빈약한 보상을 받았다는 사실뿐이다.[30]

1472년 5월 루이의 남동생이 세상을 떠남으로써, 그를 이용해서 루이를 견제하려던 샤를과 프랑스 유력 귀족들의 희망이 사라졌다. 샤를과 그의 동맹들은 루이가 동생의 독살을 지시했다는 소문을 즉시 퍼뜨렸다. 그리고 심지어 죽은 사람의 지근 시종들을 납치해서 고문을 가해 죄를 억지로 자백하게 만들었다. 현대 학자들은 이런 주장들을 버릇처럼 선전으로 치부해버린다. 그러나 15세기의 여론은 이 주장을 심각하게 받아들였으므로, 샤를과 그의 동맹들은 이것을 기화로 서로 군사력을 합쳐 루이를 공격하려 했다.[31] 이와 비슷한 시기에 샤를은 또한 독살의 위험을 막기 위해 자신의 식사를 준비하는 주방과 음식을 먹는 식당에 세심한 조치를 취했다.[32]

한편 루이는 샤를의 주장을 반박하는 주장을 내놓았다. 물론 루이의 주장 또한 사실인지 아닌지 판단할 길이 없다. 1473년 루이의 주방에서 장 아르디라는 사람이 독을 푼 혐의로 붙잡혔다. 프랑스는 그가 부르고뉴의 첩자이며, 프랑스 왕을 독살하려 했다고 선전했다. 1476년 왕의 주방에서 또 독을 푼 사람이 붙잡혔다. 이번에는 왕세자가 표적이었다고 했다.[33]

의심으로 얼룩진 무거운 분위기를 잘 보여주는 것은 페론 회담 이후 열린 여러 차례의 정상회담에서 아주 세심한 예방조치들이 시행되었다는 사실이다. 루이 11세는 자신의 형제인 베리 공작 샤를을 니오르에서 만날 때(1469), 여러 척의 배들을 세브르 강에 다리처럼 늘어세우고 그 중간에 탄탄한 나무로 짠 격자판을 세웠다. 그리고 두 형제는 이 판을 사이에 두고 얼굴을 마주했다. 서로 이야기를 나누고 악수를 할 수는 있지만, 상대를 죽이거나 납치를 할 수는 없도록 예방조치를 취한 것이다.

1475년에 루이가 잉글랜드의 에드워드 4세와 평화회담을 위해 피키니에서 만났을 때도 솜 강 위에 비슷한 다리가 만들어졌다. 코민은 이 다리 중간에 튼튼한 나무격자가 설치되었다면서, "마치 사자우리 같았다. 격자 한 칸의 크기는 사람의 팔보다 크지 않았다"고 썼다.[34] 두 왕은 격자를 사이에 두고 서로를 끌어안고 이야기를 나눴다. 두 왕의 수행원들 중 일부는 암살의 위험을 더욱더 줄이기 위해서 자신의 왕과 똑같은 옷을 입고 있었다.

1477년 샤를 공작의 친척이자 동맹인 포르투갈 왕 아퐁수 5세가 부르고뉴 공작과 프랑스 왕 사이의 평화협상을 중재하기 위해 프랑스를 방문했다. 그런데 파리에 머물던 그가 어느 시점부터 루이가 자신을 붙잡아 자신과 적대관계인 카스티야의 왕에게 넘길 것 같다는 의심을 하게 되었다. 아퐁수는 변장을 하고 시종 두 명만을 거느린 채 프랑스를 빠져나가려고 했다. 그러나 루이의 부하 한 명이 아퐁수를 붙잡았다. 코민에 따르면, 루이는 이 일을 몹시 부끄럽게 생각했다고 한다. 그는 포르투갈 왕을 해칠 생각이 조금도 없었으므로, 자신의 무고함을 증명하기 위해 그를 포르투갈까지 무사히 안내해주었다.[35]

루이 11세의 막후 공작을 걱정하는 사람들이 이렇게 많았으나, 그 세월 동안 외국의 군주와 귀족을 납치하는 데 맛을 들인 사람은 페론의 납치범이었던 것 같다. 가장 먼저 이 교훈을 깨달은 사람은 겔더스의 공작인 아돌프와 아르놀트였다. 1450년대와 1460년대에 아돌프는 아버지 아르놀트와 심한 불화를 빚고 있었다. 아버지가 너무 오래 사는 것에 좌절감을 느낀 아돌프는 아르놀트가 이만하면 충분히 가주의 자리에 있었으니 이제 물러나서 아들에게 그 자리를 허락해주어야 한다고 주장했다. 아르놀트가 거부하자 사실상의 내전이 발발했다.

두 사람은 오랜 동맹이자 강력한 이웃인 부르고뉴 공작에게 중재를 부탁했다. 한동안은 부르고뉴 공작의 개입 덕분에 억지로나마 겔더스에 평화가 돌아오는 것 같았다. 그러나 1465년 1월 10일 아돌프가 아르놀트의 성인 그라베를 기습했다. 부르고뉴가 이 공격을 도왔다고 한다. 아르놀트는 아들에게 사로잡혀 5년 동안 뷰렌 성에 갇혀 있었다. 아돌프는 아버지의 뒤를 이어 공작이 되었으나, 아르놀트의 지지자들은 그의 권위를 인정하지 않았으므로 다시 전쟁이 발발했다.

1470년 아돌프와 그의 라이벌들은 당시 권력의 정점에 있던 샤를 공작의 궁정으로 가서 자신들의 주장을 펼치고 그의 지지를 얻어내려 했다. 아돌프의 동의가 있었는지는 모르겠지만, 1471년 1월 샤를은 엔리크 판 오른과 소규모 군대를 겔더스로 보냈다. 오른은 감옥에 갇혀 있던 아르놀트를 샤를 공작 앞으로 데려왔다. 샤를은 아르놀트와 아돌프 부자를 모두 에댕에 붙잡아두었고, 평화협상이 지지부진하게 이어지는 동안 겔더스의 내전은 계속 불을 뿜었다.

아돌프는 샤를이 자신과 아버지를 모두 사실상의 포로로 붙잡아두고 아예 겔더스를 차지할 속셈이 아닌지 점점 걱정되었다. 1471년 2월 10일 밤에 아돌프는 에댕에서 몰래 탈출했다. 샤를은 그를 찾으려고 지금의 베네룩스 지역을 샅샅이 뒤졌지만, 아돌프는 여행 중인 프랑스인으로 변장하고 시종 한 명만을 대동한 채 겔더스로 돌아가려고 시도했다. 그러나 목적지에 거의 다다랐을 때 나뮈르 근처에서 배에 오르는 그를 어떤 사제가 알아보는 바람에 체포되고 말았다. 그는 부르고뉴의 여러 성으로 끌려다니며 6년 동안 엄중한 감시를 받았다. 외국의 유력한 인물들이 그를 풀어달라고 몇 번이나 요청했는데도 소용없었다.

그동안 그의 아버지는 그와 의절하고 1472년 12월 7일에 부르고뉴의 샤를을 자신의 후계자로 지명했다. 이번에는 겔더스 노공작의 후계자가 오래 기다릴 필요가 없었다. 그가 석 달 뒤 세상을 떠났기 때문이다. 샤를은 재빨리 군대를 모아 겔더스로 쳐들어가서 자신의 권리를 확립했다. 7월까지 모든 작업이 끝나자 겔더스는 부르고뉴의 재산 중 일부가 되었다.[36]

1년 뒤에는 뷔르템베르크 백작 하인리히의 차례였다. 아직 열일곱 살의 어린 청년이던 하인리히는 라인 강 상류 지역의 최고 전략 요충지인 몽벨리아르를 물려받았다. 당시 샤를 공작이 한창 팽창정책을 펼치던 곳이었다. 하인리히의 유산 중에는 부르고뉴 안에 있는 영지 여러 곳도 포함되어 있었다. 이곳에서 그의 권리가 침해되었는데도, 하인리히는 샤를 공작과 좋은 관계를 유지하는 것 같았다.

1474년 4월 하인리히는 소수의 호위대와 함께 티옹빌 근처를 여행하고 있었다. 부르고뉴에 있는 자신의 영지 문제를 해결하려고 샤를 공작을 만나러 가는 길이었거나, 순례여행 중이었거나, 독일 황제를 만나러 가는 길이었을 것이다. 샤를은 이 소식을 듣고 소규모 부대를 보내 하인리히 백작을 잡아오게 했다. 백작은 자신을 풀어주는 대가로 몽벨리아르를 샤를에게 넘기겠다고 약속했다. 이 조심스러운 임무를 맡은 사람은 올리비에 드 라 마르슈였다.

라 마르슈는 백작과 함께 몽벨리아르 성벽 앞에 나타나 수비대에게 항복하지 않으면 그들의 주인인 백작의 목을 베겠다고 위협했다. 수비대는 라 마르슈의 협박은 물론 하인리히 백작의 필사적인 간청에도 귀를 닫아버렸다. 이렇게 심리전이 실패하고, 막강한 방어설비를 갖춘 성에 일반적인 공격을 가하는 것은 생각할 필요도 없는 일이었으므로 라 마르슈는 빈손으로 돌아가는 수밖에 없었다.

화가 치민 샤를 공작은 하인리히 백작을 다시 가뒀다. 처음에는 마스트리히트에 두었다가, 나중에는 불로뉴로 옮겼다. 젊은 백작은 이런 운명의 반전에 절망해서 미쳐버리고 말았다. 그래도 샤를은 그를 계속 가둬두었다. 백작은 훗날 샤를이 죽은 뒤에야 폐인의 몰골로 석방되었다.[37]

기울어가는 부르고뉴

샤를 공작은 점차 광기를 드러내기 시작했다. 그의 권력은 정점에 이르렀으나, 그로 인해 기고만장한 나머지 과욕을 부리게 되었다. 루이 11세가 샤를의 군대를 지켜보며 견제하던 4년 동안 샤를은 점점 더 감당 못할 모험들을 벌이며 수렁에 빠져들었다. 그는 알자스, 로렌, 쾰른을 거의 동시에 정복하려 했을 뿐만 아니라, 사부아도 보호령으로 삼으려 했다. 여기에 프랑스의 교묘한 외교적 술수가 덧붙여지자, 독일의 권력자들이 강력한 반反부르고뉴 동맹을 결성하게 되었다.

특히 라인 분지와 스위스의 도시들이 이 동맹의 선두에 섰다. 고집불통 샤를은 몇 번이나 이 동맹에 맞서 몸을 던졌으나, 원정에 번번이 실패할 뿐이었다. 아무런 소득이 없었던 노이스 공성전 때 부르고뉴 군대는 사방으로 흩어지고 말았다(1474~1475). 1476년 3월 2일에는 그랑송 전투에서 신흥 강국인 스위스에게 참패했다. 샤를은 6월에 또 군대를 소집했으나, 이 군대는 1476년 6월 22일 모라에서 스위스군에게 학살당하다시피 했다.

이렇게 연달아 이어진 재앙으로 부르고뉴의 군사력이 무너지고,

샤를은 최근의 정복지들을 하나씩 차례로 잃어버렸다. 루이 11세는 언제든 그의 배후를 치려고 벼르는 것 같았고, 샤를의 장밋빛 성공이 이어지던 시기에 몰려온 많은 동맹들은 이제 그에게 등을 돌렸다. 샤를은 새로 군대를 모으는 한편, 없어서는 안 되는 동맹인 사부아 공작령만이라도 곁에 붙잡아두려고 필사적으로 애썼다. 사부아는 샤를의 남동쪽 측면을 지켜주고 그의 적인 스위스의 남쪽 측면을 위협하는 역할을 할 뿐만 아니라, 이탈리아와 부르고뉴를 이어주는 길도 관할하고 있었다. 당시 샤를이 구한 용병들은 대부분 이탈리아 출신이었다.

1472년 아마데우스 9세 공작이 사망한 뒤, 그의 아들인 필리베르가 사부아 공작으로 추대되었다. 그러나 필리베르는 고작 일곱 살이었으므로, 그의 어머니 욜랑다가 섭정으로 공작령을 다스렸다. 욜랑다는 프랑스 왕의 누이였지만, 1470년대 내내 부르고뉴의 확실한 동맹이었다. 샤를이 딸 마리를 필리베르와 결혼시키겠다는 약속으로 그녀를 유혹한 것이 어느 정도 영향을 미쳤을 것이다.

사실 부르고뉴와 스위스가 분쟁을 벌이게 된 데에는 스위스의 제국주의적 팽창 정책에 맞서 부르고뉴가 사부아를 지키려고 나선 것이 큰 역할을 했다. 따라서 그랑송 전투와 모라 전투 모두 스위스 침략군을 물리치기 위해 사부아 영토에서 벌어진 싸움이었다. 1475년에 욜랑다가 부르고뉴 출신 용병 80명을 호위병으로 거느리고 있었다는 사실이 흥미롭다. 그러나 그들의 역할이 정말로 그녀를 보호하는 것이었는지 아니면 감독하는 것이었는지는 확실히 알 수 없다.[38]

그랑송 전투 이후, 사부아에 대한 부르고뉴의 권한은 더욱 강화되었다. 욜랑다가 스위스와의 싸움에서 전적으로 부르고뉴의 도움에 의존하게 되었기 때문이다. 1476년 3월 22일 욜랑다는 다섯 자녀와 함께 로잔으로 샤를을 만나러 왔다. 자신이 그에게 계속 의리를 지킬 것임을 다시 확실히 하기 위해서였다. 사부아는 또한 샤를이 다시 살려낸 군대에 자기네 병력 4,000명을 보냈다. 샤를은 부르고뉴 수비대를 사부아의 여러 방어거점에 배치하고, 그 뒤로 줄곧 욜랑다와 그녀의 자녀들을 감시했다. 공주가 여러 차례 납치 사건을 저지른 부르고뉴 공작에게 어떻게 기꺼이 자신과 자녀들을 맡길 수 있었는지 이해하기가 쉽지 않다.

욜랑다와 샤를이 로잔에서 만난 지 정확히 석 달 뒤, 샤를의 군대가 모라에서 궤멸되었다. 당시 욜랑다는 사부아 공작령의 작은 도시인 젝스에 머물고 있었다. 부르고뉴 공작의 영토인 프랑슈콩테와 사부아 사이의 경계 근처에 있는 젝스는 모라에서 남서쪽으로 약 100킬로미터, 제네바에서 북서쪽으로 15킬로미터 떨어져 있었다. 제네바는 1444년부터 사부아의 영토가 된 도시였다. 부르고뉴의 패배 소식이 처음 젝스에 도달한 것은 6월 23일이었다. 그리고 곧 도망병들이 몰려들었다. 샤를 본인은 처음에 제네바 호반에 있는 모르주로 도망쳤다가 젝스로 갔다. 로렌에서 휘청거리고 있는 자신의 입지에 대한 걱정보다 사부아를 지켜야 한다는 생각이 더 강했던 것 같다.

그는 23일 저녁에 우울한 얼굴로 젝스에 도착해, 욜랑다가 자녀들과 함께 머물고 있는 성으로 곧장 갔다. 샤를은 그들과 인사를 나눈 뒤, 욜랑다와 단 둘이서 이야기를 나눴다. 그 뒤 욜랑다는 자신의 거처를 샤를에게 양보하고 필리베르의 방으로 옮겨갔다. 패배의 충격

이 아직도 역력한 샤를 공작은 방에 틀어박혀서 아침까지 아무도 만나지 않았다.

욜랑다는 모라의 소식을 듣고, 낙담한 샤를과 도망병들의 모습을 보면서 자신이 잘못된 쪽에 운명을 걸었음을 비로소 깨달았다. 그녀는 즉시 프랑스 왕에게 전령을 보내 그와 스위스를 상대로 모종의 화해를 도모하려고 했다. 그동안 샤를도 욜랑다가 자신을 배신할지도 모른다는 의심을 품었다. 그는 그녀가 곤궁한 처지가 된 자신을 두고 도망치려 한다고 비난했다. 또한 희생양을 찾아야 한다는 절박한 마음에, 욜랑다가 처음부터 자신을 배신할 작정으로 형제인 프랑스 왕과 음모를 꾸며 자신을 무너뜨리려 했다고 주장하기 시작했다.

욜랑다는 그의 불안을 가라앉히려고 최선을 다했으나, 겔더스 공작들과 뷔르템베르크 백작 하인리히의 사례를 보며 속이 쓰리기도 했고 자신이 부르고뉴의 감시를 받는 신세인 한 프랑스, 스위스와 협상을 진행할 수 없다는 사실도 깨닫게 되었기 때문에 불안정한 부르고뉴 공작과 최대한 거리를 두기로 마음먹었다. 그녀는 여전히 샤를의 탄탄한 동맹인 척하면서 자신이 사부아의 수도인 토리노로 물러나 승승장구하는 스위스 군대와 밀라노 공작과 프랑스 왕의 위협에 맞서 사부아의 방어를 강화하는 편이 자신과 샤를에게 모두 이롭다고 그를 설득했다. 샤를은 그녀가 젝스에 있어야 자신이 그녀를 지켜주기가 더 용이하다고 말했지만, 욜랑다는 이 주장을 받아들이지 않았다. 그리고 결국 샤를의 동의를 얻어 6월 26일에 자녀들과 수행원들을 데리고 자신의 도시인 제네바로 떠날 준비를 했다. 충성스러운 사부아 부대가 그녀를 호위할 예정이었다.

샤를도 젝스를 떠나는 욜랑다를 배웅하려고 함께 길을 나섰다. 도시를 벗어난 지 얼마 되지 않아 날이 어두워지자 그는 말에서 내려 욜랑다 앞으로 와서 다시 한 번 떠나지 말라고 설득하려 했다. 욜랑다는 한 시간 반 동안 샤를에게 사과하며 협상한 끝에 샤를의 양보를 얻어냈다. 1년 중 낮이 가장 긴 시기인데도, 이미 해가 진 뒤였다. 샤를은 욜랑다와 예의바르게 인사를 나눈 뒤 젝스로 돌아갔다. 욜랑다는 그가 돌아가는 것을 보고 몹시 기뻐하며 일행과 함께 칠흑 같은 어둠 속에서 계속 제네바로 향했다.

그러나 샤를은 욜랑다가 자신의 손아귀에서 빠져나가는 것을 기꺼이 내버려둘 생각이 없었다. 그가 배웅을 한답시고 나와서 길게 시간을 끌었던 것은 불길한 책략을 시행할 시간을 벌기 위한 수작에 불과했다. 그는 사부아에 대한 통제권을 유지하고 배신한 것으로 짐작되는 욜랑다를 벌하기 위해 그녀와 자식들을 붙잡은 뒤 그들의 '보호자' 자격으로 사부아를 다스릴 생각이었다.

그가 왜 젝스에서 욜랑다 일행을 그냥 체포해버리지 않았는지는 알 길이 없다. 그는 욜랑다가 여행 준비를 하는 동안 발 빠른 전령을 충직한 라 마르슈에게 보냈다. 마침 그는 엄선된 병사들과 함께 이미 제네바에 가 있었다. 프랑스와 밀라노의 사부아 침공 위험이 점점 커지자 샤를은 모라 전투 며칠 전 사부아를 지키기 위해 600~1,200명 규모의 부대와 함께 라 마르슈를 이미 토리노 쪽으로 보내두었다. 라 마르슈는 6월 22일 저녁 제네바를 지나던 중 모라에서 부르고뉴 군대가 참패했다는 소식을 듣고 그대로 제네바에 남아 더 정확한 소식을 기다리고 있었다. 23일 아침에 새로운 소식이 들어왔다. 부르고뉴가 패배한 것은 사실이나, 샤를 공작은 무사히 전장을 벗어났다는 내용이었다.

라 마르슈가 여전히 제네바에 머물러 있던 6월 26일, 샤를의 비밀 전령이 전속력으로 말을 달려 도착했다. 욜랑다가 자녀들과 함께 제네바로 향하고 있으니, 무슨 수를 써서라도 그들을 도중에 막아서서 사로잡으라는 내용이었다. 만약 라 마르슈가 이 임무를 해내지 못하거나 거절하는 경우, 공작에게 머리를 내어놓아야 할 것이라는 말도 함께 적혀 있었다. 라 마르슈는 이미 군주와 귀족을 납치하는 일에 있어서는 세계 최고의 전문가라고 해도 될 정도였다. 하지만 회고록에서 그는 이때의 명령이 "자신의 마음과 어긋났다"고 썼다. 그래도 그는 자신의 목숨을 지키기 위해 지시에 복종했다.

언뜻 보기에는 쉬운 일 같았다. 라 마르슈는 이미 욜랑다의 도주를 가로막을 수 있는 위치에 있었고, 자신의 부하들뿐만 아니라 제네바에 파견된 부르고뉴 병력 또한 이용할 수 있었다. 그들은 대부분 이탈리아 용병들이었다. 그러나 일을 복잡하게 만드는 요소도 여럿 있었다. 첫째, 제네바는 사부아 영토 깊숙한 곳에 있었다. 만약 공개적으로 싸움이 벌어진다면 제네바 민병대와 주민들은 외지인인 부르고뉴 사람들보다 자신의 통치자를 당연히 지지할 터였다. 게다가 부르고뉴 사람들은 이미 현지 주민들에게서 미움을 받고 있었다. 둘째, 제네바에는 사부아에 충성하는 병력도 있었다. 그들도 필요한 경우 욜랑다 편에 설 것이 분명했다.

가장 중요한 세 번째 요소는 라 마르슈의 임무가 단순히 욜랑다의 호위 병력을 무찌르는 것이 아니라 그녀와 그녀의 자녀들을 사로잡는 것이라는 점이었다. 특히 필리베르와 그의 두 남동생이 중요했다. 이제 열한 살의 공작인 필리베르, 그의 남동생들, 욜랑다 중 한 명이라도 라 마르슈를 피해 도망친다면, 샤를 공작의 계획 전체가 어그러질 수 있었다. 그렇게 도망친 사람이 사부아에서 반反부르고뉴의 기치를 든 조정의 간판이 될 수 있기 때문이었다. 따라서 라 마르슈는 제네바의 부르고뉴 부대를 모두 동원해서 대놓고 욜랑다를 공격하는 방법을 쓸 수 없었다. 그랬다가는 욜랑다에게 자신의 의도를 미리 알려주는 꼴이 될 것이고, 공작 일가가 흩어져서 몸을 숨기거나 충성스러운 신하들의 손에 이끌려 사라지는 데는 몇 분이면 충분할 터였다. 그러면 적대적인 주민들 사이에서 마을들과 그 주변을 꼼꼼히 수색

해야만 간신히 그들을 찾아낼 수 있을 텐데, 라 마르슈에게는 그럴 시간도 그런 일에 동원할 병력도 없었다.

라 마르슈는 은밀한 작전을 시행하기로 마음을 정했다. 대담한 공격으로 단번에 공작 일가를 쓸어담을 계획을 짠 것이다. 그 계획은 이러했다. 우선 그가 엘리트 기병 약 600명만을 데리고 제네바를 떠난다. 비밀누설을 막기 위해 시내의 다른 부르고뉴 부대들은 이용하지 않는다. 그들에게 미리 알리지도 않는다. 라 마르슈는 욜랑다 일행의 앞길을 가로막고 기습한 뒤, 그 소식이 제네바에 닿기 전에 부르고뉴로 도망친다. 샤를이 젝스에서 배웅을 핑계로 시간을 끈 것은 욜랑다의 행렬이 한밤중에 제네바에 접근하게 만들려는 수작이었다.

제네바에 어둠이 내리자 라 마르슈는 부하들을 소집해 도시를 빠져나갔다. 욜랑다가 오고 있다는 소식이 시내에 파다하게 퍼져 있었지만, 라 마르슈의 행동을 의심한 사람은 아무도 없었던 것 같다. 어쩌면 그가 처음 명령받은 대로 고갯길을 넘어 토리노로 향할 예정이라고 사람들에게 알렸는지도 모른다. 하지만 그가 향한 곳은 토리노가 있는 남동쪽이 아니었다. 그는 젝스가 있는 북서쪽으로 잠깐 말을 타고 이동해서 시내 바로 외곽에 부하들을 매복시켰다. 성문이 가까워서 욜랑다의 행렬을 확실히 가로막을 수는 있지만, 싸우는 소리가 제네바까지 들리거나 구원군이 제시간에 도착하기는 어려운 거리였다.

새벽 두 시 또는 어둠이 내린 지 두 시간 뒤 사부아 공작의 행렬이 함정에 걸렸다. 라 마르슈의 부르고뉴 병사들은 아무도 도망치지 못하게 재빨리 행렬을 에워싼 뒤 점점 죄어들었다. 호위대는 공작 일가를 구하기 위해 필사적으로 싸웠지만 부르고뉴 병사들에게 제압되었다. 라 마르슈가 욜랑다의 마차 앞에 나서서 예의바르게 말했다.

"누구보다 빛나시는 부인, 부르고뉴로 가주셔야겠습니다. 제 주군께서 원하십니다."

그는 욜랑다를 위협하기 위해 자신에게 4,000명의 병력이 있다고 덧붙였다.

"난 절대 그곳에 가지 않아."

욜랑다가 신랄한 말투로 대꾸했다. 그러나 라 마르슈는 그녀를 붙잡아 억지로 자신이 타고 있는 말 뒤쪽에 태웠다. 그녀의 세 아들과 두 딸도 다른 병사들에게 붙잡힌 상태였다. 그들은 밤의 어둠 속에서 낼 수 있는 최고의 속도로 산을 넘어 생클로드로 향했다. 제네바에서 달려올지도 모르는 추격대를 떨쳐내기 위해서였다.

그렇게 얼마쯤 달리던 중 라 마르슈는 잡아온 새들 중 두 마리가 날아가버린 것을 알아차리고 경악했다. 공작가의 막내인 자크루이와 필리베르 공작 본인이 보이지 않았다.

샤를 공작의 몰락

나중에 밝혀졌지만, 라 마르슈의 부하들 중 사부아 출신 용병 두 명이 월급을 주는 사람보다는 고향의 공작가에게 충성을 바쳐야 한다는 생각에 어둠과 혼란을 틈타 두 형제를 구출한 것이었다. 루도비크 탈리안티 또는 고프레도 디 리바롤로라는 병사가 먼저 필리베르를 자신의 망토에 숨겼다가 말을 타고 달려가는 부르고뉴 병사들의 눈을 피해 옥수수밭에 숨겨두었다. 라 마르슈도, 그의 부하들도 추적대를 피해 달아나야 한다는 생각에만 집중한 나머지 필리베르 형제가 사라진 것을 알아차리지 못했다. 그들은 그저 누군가가 그 둘을 붙잡고 있을 것이라고만 생각했다.

그러다 사실이 밝혀졌을 때는 이미 제네바로 되돌아가기에 너무 늦은 상황이었다. 게다가 이제 와서 사라진 공작을 찾아 헤매는 것은 건초더미에서 바늘 찾기나 마찬가지였다. 그래서 그들은 무거운 분위기 속에서 계속 말을 달려, 젝스에서 북서쪽으로 약 7킬로미터 떨어진 미주를 지나 마침내 부르고뉴의 도시인 생클로드에 도착했다.

한편 제네바에서는 사부아 충성파들이 도망쳐 온 사람들에게서 습격 소식을 듣고 급히 길을 나섰다. 어떤 사람들은 습격자들을 따라잡겠다고 헛고생을 했지만, 나머지 사람들은 횃불과 무기를 들고 주변을 샅샅이 뒤졌다. 마침내 옥수수밭에서 필리베르 공작을 찾아냈을 때는 다들 기뻐서 어쩔 줄 몰랐다. 제네바 주민들은 납치 소식을 듣고 분노해서 폭동을 일으켜, 라 마르슈의 작전을 까맣게 모른 채 적대적으로 돌변한 도시에 남아 있던 부르고뉴 병사들을 학살했다.

라 마르슈가 회고록에서 자신을 배신하고 공작 형제를 구출한 부하들을 비난하지 않은 것이 주목할 만하다. 그는 그들이 사실 의무를 다했을 뿐이라고 말했다. 또한 자신이 이 불쾌한 임무에 나선 것은 순전히 자신의 머리가 걸려 있었기 때문이라고 고백했다. 샤를 공작은 작전이 틀어졌다는 소식을 듣고 몹시 화를 냈기 때문에, 실제로 라 마르슈는 한동안 목이 베일 수도 있는 위험한 처지가 되었다. 그러나 공작은 충성스러운 호위대장을 죽이고도 버틸 수 있는 여유가 없었으므로, 결국 그를 용서해주었다. 욜랑다와 그녀의 아들 샤를, 그리고 두 딸 마리와 루이즈는 먼저 돌 근처의 로슈포르로 끌려갔다가 나중에는 디종 근처의 루브르로 옮겨졌다.

샤를 공작은 욜랑다를 손에 넣었어도 원하는 것을 전혀 이룰 수 없었다. 사부아 여론이 그의 행동에 분노해 날뛰면서 프랑스 쪽으로 완전히 돌아서버렸기 때문이다. 제네바에 있던 한 밀라노 외교관은 6월 29일에 벌써 사부아 사람들이 스위스와 협상을 위해 사절을 보낼 예정이며 부르고뉴 공작을 불구대천의 원수로 보고 있다고 보고했다. 사부아에 와 있던 부르고뉴 인사들이 체포되었고, 부르고뉴 부대들도 공격을 받고 쫓겨났다. 이와 동시에 루이 11세가 부르고뉴의 침공을 막기 위해 미리 무장병력을 사부아로 보내 기선을 제압했다.

필리베르 공작은 프랑스의 보호와 압력 덕분에 사부아와 프랑스의 경계선에 있는 샹베리로 옮겨졌다. 부르고뉴에서 충분히 멀어서 안전한 곳이었다. 사부아의 유력자들은 그를 위해 친親프랑스 성향의 섭정을 골라주었고, 사부아는 그 뒤 몇 년 동안 프랑스의 보호령이 되었다. 샤를의 공격이 부메랑이 되어서 사부아를 최악의 적의 손에 넘겨준 꼴이 된 것이다. 그는 욜랑다의 섭정 권한을 지켜준다는 핑계로 사부아를 침공해 복수할까 생각해보았다. 그러나 로렌에서 부르고뉴의 입지가 위태로워지면서 그의 관심을 북쪽으로 돌려놓았다. 게다가 욜랑다의 납치 사건으로, 그나마 아직까지 남아 있던 샤를의 이탈리아 동맹들은 그를 명예롭게 버릴 수 있는 구실을 얻게 되었다.

루브르에서 욜랑다는 잉글랜드 용병들의 감시를 받았다. 샤를이 아직 신뢰하는 소수의 부대 중 하나였다. 욜랑다의 감금생활은 비교적 느슨했다. 비록 그녀와 그녀의 자녀들은 성 밖으로 나갈 수 없었지만, 그녀의 시종들은 상당히 자유로이 돌아다닐 수 있었다. 욜랑다는 그들을 통해 사부아는 물론 자신의 형제인 프랑스 왕과 자주 연락을 주고받았다. 프랑스 왕과는 은밀한 협상도 진행했다. 욜랑다가 루이 11세에게 자신을 구출해주면 그의 충실한 종이 되겠다고 약속한 것이다. 루이는 이 조건을 받아들여, 휘하의 가장 유능한 지휘관 중 한 명인 샤를 당부아즈에게 이 의로운 임무를 맡겼다.

루브르는 부르고뉴 공작령 한복판에 있었다. 부르고뉴의 수도인 디종과도 가까웠다. 그러나 샤를 공작은 자신이 운용할 수 있는 모든 병력을 공작령의 동쪽 경계로 보냈기 때문에 공작령 자체에는 군대가 없었다. 루브르의 잉글랜드 용병들은 샤를 공작의 신뢰를 받으면서도 직접 싸움에 나설 생각은 없었던 것 같다. 샤를 당부아즈는 욜랑다의 전령들을 통해 루브르 일대의 상황을 전해 들었다. 그리고 무력보다 신속한 기습에 중점을 둔다면, 적과 조우하지 않고 무사히 루브르에 갔다가 돌아올 수 있겠다는 결론을 내렸다. 그는 700~1,200명 규모의 부대를 이끌고 루브르로 질주해서 1476년 10월 2일 성 앞에 도착했다. 깜짝 놀라서 사기가 떨어진 수비대를 제압하고, 욜랑다와 그녀의 자녀들을 데리고 나와 플레시레투르에 있는 루이의 거처까지 가는 것은 쉬운 일이었다. 루이와 욜랑다 남매는 거기서 화해했다.[39]

1476년 11월 욜랑다는 프랑스 군대의 지원을 받아 사부아로 돌아와서 아들의 섭정으로 인정받았다. 그녀는 아직 프랑스 영토에 있던 9월에 자신과 아들들을 지키기 위해 충성스러운 궁수 100명으로 구성된 공작 호위대를 구성했다. 그리고 그녀가 사부아에서 다시 섭정으로 자리 잡은 뒤인 1477년 6월에는 호위대 규모를 72명으로 줄였다.[40]

이때 샤를 공작은 이미 세상을 떠난 뒤였다. 그는 1477년 1월 낭시 공성전을 벌였지만, 그가 이끄는 소규모 부대는 이미 사기가 떨어진 상태였다. 그러나 이보다 훨씬 더 뛰어난 구원군이 오고 있다는 소식에 그는 퇴각을 거부했다. 어쩌면 그의 현실감각이 이미 완전히 뒤틀린 상태였거나, 아니면 죽고 싶다는 욕망이 아주 강했던 건지도 모르겠다. 그의 군대는 첫 번째 충돌에서 와해되었다. 그도 도끼창에 맞아 정수리부터 턱까지 머리가 쪼개진 채 죽음을 맞았다. 그가 마침내 할아버지의 발자취를 따라잡은 것이다.

스무 살인 그의 딸 마리는 아직 혼자였으며 자식도 없었다. 루이 11세는 곧바로 프랑스 안에 있는 광대한 부르고뉴 땅에 대한 소유권을 주장하고 나섰다. 여자가 유산을 상속받을 수 없다는 법률이 근거였다. 군사력도 그의 주장을 뒷받침해주었다. 모든 도시들이 차례로 프랑스 군대에게 문을 열어주었으므로, 프랑스 영토 내에 있는 부르고뉴 땅이 거의 모두 순식간에 루이의 손에 떨어졌다. 루이는 또한 미래의 샤를 8세인 자기 아들을 마리와 결혼시켜 부르고뉴의 나머지 재산도 차지하려는 생각을 하고 있었다. 그러나 마리는 신성로마제국 황제 프리드리히 3세의 아들이자 후계자인 막시밀리안 합스부르크를 결혼 상대로 선택했다. 마리 부부와 루이 사이의 계승권 전쟁의 시작이었다.

마리와 막시밀리안은 지금의 베네룩스 지역에 있던 부르고뉴의 영

카를 5세의 초상. 부르고뉴 가문은 합
스부르크 가문으로 명맥을 이어간다.
베르나르 반 오를레, 1515~1516년경.

토 대부분을 지키는 데 성공했다. 이 땅은 나중에 합스부르크의 다른
영토와 함께 마리 부부의 아들인 필리프의 것이 되었다. 필리프 합스
부르크는 아라곤 왕 페르디난드와 카스티야 여왕 이사벨라의 외동딸
인 후아나와 결혼해 가문의 전통을 이어갔다. 이 부부의 아들이 근대
초기 유럽의 가장 위대한 황제인 카를 5세다. 그는 통일된 스페인, 베
네룩스 지역의 상당 부분, 이탈리아와 독일 내의 광대한 땅을 물려받
았으며, 나중에는 신세계의 많은 땅도 다스리게 되었다. 오스트리아
합스부르크 왕가에 대한 유명한 말이 세계 권력의 정점까지 올라간
그들의 역사를 잘 요약해준다.

'남들이 전쟁을 하는 동안, 그대 행복한 오스트리아는 결혼을
한다.'

승리의 지독한 그림자

한편 루이 11세는 부르고뉴 공작령, 피카르디, 아르투아 등을 포함해서 프랑스 내에 있는 부르고뉴 영토를 거의 모두 자신의 것으로 만들었다. 그러나 신화 속 영웅처럼 루이는 죽은 라이벌의 땅을 삼키면서 그의 권력뿐만 아니라 약점과 두려움까지도 함께 받아들이고 말았다. 부르고뉴 공작령을 정복한 순간부터 1483년에 세상을 떠날 때까지 루이 11세는 자신의 안전에 대해 점점 커지는 걱정 속에 갇혀 있었다.

이런 걱정의 씨앗은 이미 루이의 유년기 초기에 뿌려져 있었다. 1430년대에 그의 아버지 샤를 7세는 그가 경쟁 파벌들에게 납치되어 꼭두각시로 이용되는 사태를 막기 위해 그를 로슈 요새에 가둬버렸다(루이가 1464년에 필리프 드 사부아를 바로 이 요새에 감금한 것이 흥미롭다). 1460년대와 1470년대에 벌어진 일들도 루이의 걱정을 부채질했기 때문에 페론의 일이 있기 전부터 걱정의 싹이 잘 자라고 있었다. 예를 들어 앙주 공작 장이 1466년에 묑쉬르루아르 성으로 루이를 만나러 왔을 때 루이는 성질이 급하고 폭력적이라고 알려진 장이 자신을 납치하거나 살해하려 할지도 모른다고 두려워했다. 그래서 장이 도착하기 전에 루이 본인이 직접 성안의 방들을 일일이 조사해서 자신이 미처 알지 못하던 비밀통로가 발견되자 재빨리 막아버렸다고 한다.

페론의 사건 또한 루이의 걱정을 잠재우는 데에는 전혀 도움이 되지 않았다. 그러나 루이가 완전히 걱정에 사로잡혀 심각한 행동을 하기 시작한 것은 1477년 이후다. 이제 나이를 먹어 늙어가는 왕 루이는 친척이나 불만을 품은 귀족이 자신이나 아들을 사로잡은 뒤, 자신이 너무 쇠약하거나 제정신이 아니라서 프랑스를 다스릴 수 없다는 핑계로 스스로 섭정의 자리에 오르려 할지도 모른다는 생각에 집착했다.

그래서 아버지가 그랬던 것처럼 아들 샤를을 앙부아즈 성에 가둬버렸다. 어린 샤를은 혼자서 엄중한 호위 속에 살아가야 했다. 낯선 사람들은 성 근처에도 오지 못했고, 왕에게서 샤를의 방문허가를 받은 사람도 거의 없었다. 루이 본인도 플레시의 장원에 틀어박혀 감히 밖으로 나올 엄두를 내지 못했다. 플레시 방문허가도 최대한 내어주지 않으려 했다. 친척이나 고위 귀족은 특히 그가 꺼리는 상대였다. 사랑하는 딸이 사위와 함께 찾아왔을 때도 그는 시종들을 시켜 무기를 소지하고 있지 않은지 철저히 몸수색을 했다. 주위 사람들을 모두 첩자, 암살자, 납치범으로 의심한 그는 예전부터 자신을 모시던 시종들을 모두 물러나게 하고 끊임없이 시종들을 바꿨다. 또한 자신을 해치려는 사람들의 음모를 방해하기 위해 변칙적인 일정을 짠 듯하다.

루이는 무장공격으로부터 자신을 지키기 위해 장원 주위에 도랑을 파고, 철창을 담처럼 둘렀다. 장원의 네 귀퉁이에는 두꺼운 철판으로 망루를 지어 석궁병 스무 명을 배치하고, 성문이 열리기 전에 접근하는 사람이 보이면 무조건 활을 쏘라고 지시했다. 밤이면 성문은 항상 굳게 닫혔고, 아침에도 여덟 시 전에는 결코 열리지 않았다. 400명의 궁수들이 성문을 지키면서 밤낮으로 주변을 순찰하며 기습을 경계했다. 루이는 특히 인근 마을과 도시를 감시하고, 수상쩍은 외지인을 쫓아내라고 그들에게 지시했다. 루이가 아직 어느 정도 신뢰하던 소

수의 사람들 중 한 명인 코민은 플레시의 방어가 마치 변경 요새처럼 엄중했다고 썼다.[41]

코민의 설명처럼, 호위병을 세우고 방어를 강화해도 대규모 군대의 공성전이나 본격적인 공격을 막아낼 수는 없었다. 그러나 루이는 그런 공격에 대해서는 전혀 두려움이 없었다. 그가 두려워한 것은 어딘가의 군주나 귀족이 내부에 첩자를 심어두었다가 틈을 보아 성벽을 타고 올라와 장원을 장악한 뒤 그를 포로로 잡고는 섭정을 자처하는 일이었다. 따라서 그는 소규모 습격대의 기습 공격을 특히 염두에 두고 플레시의 방어를 설계하게 했다.[42] 코민은 승승장구하던 왕이 생의 마지막 몇 달 동안 마치 사로잡힌 범죄자처럼 자신만의 두려움 속에 갇혀 살았다면서, 인간의 얄궂은 운명을 돌아보는 말을 남겼다.

*
* *

이번 장에서는 많은 납치 사건과 암살작전을 다뤘다. 그중에 몇 건은 성공을 거뒀다. 예를 들어 겔더스 공작들을 납치함으로써 부르고뉴의 샤를은 그들의 공작령을 비교적 수월하게 손에 넣을 수 있었다. 어쩌면 성공한 작전이 이보다 훨씬 더 많았는지도 모른다. 루이 11세가 형제인 샤를을 독살했다는 주장 같은 것이 모두 사실이라면 말이다. 사실 독살 음모가 제대로 성공을 거둔다면 원래 발각되지 않은 채 그냥 묻히는 법이다.

그러나 이렇게 긴가민가한 사례들까지 고려한다 하더라도, 이번 장에서 다룬 사례들 중 가장 화려한 납치와 암살 시도들은 모두 실패로 끝났다. 뤼방프레의 사생아는 프랑스 왕의 입지를 강화하기 위해 홀란드로 파견되었으나, 그의 임무는 오히려 부르고뉴에서 궁내 혁명이 일어나는 도화선이 되고 말았다. 그리고 이 혁명으로 친親프랑스 성향의 크루이 가문이 무너지고 반反프랑스 성향인 샤를이 권력을 잡았다. 샤를은 1468년 루이 11세를 납치해서 페론 조약을 강요했다. 그러나 이 조약은 루이가 풀려난 지 몇 달 되지도 않아서 휴지조각이 되고 말았다.

또한 통에런에서 리에주의 제후주교 루이가 납치된 사건은 평화를 이룩하려는 노력을 물거품으로 만들고 리에주의 파괴를 몰고 온 재앙이었다. 그 뒤 샤를 공작을 암살하려던 시도가 성공했다면 리에주가 살고 부르고뉴가 망했겠지만, 그 시도는 실패로 돌아갔다. 뷔르템베르크 백작 하인리히의 납치 사건도 샤를 공작의 명예에 더욱더 흠집을 냈을 뿐이었다. 그리고 욜랑다의 납치 사건은 완전히 부메랑이 되어 돌아왔다. 사부아를 지키려던 원래 목적과는 정반대로, 부르고뉴 공작령이 이미 기다리고 있던 프랑스 왕의 손에 떨어지는 결과를 초래했기 때문이다.

이런 실패 사례들, 특히 뤼방프레의 실패와 루이 주교 및 욜랑다의 납치 사건은 엄청난 정치적 피해의 직접적인 원인이 되었다. 이런 사건을 저지른 사람들의 체면과 외교적 입지 또한 장기적으로 크게 손상되었다. 게다가 성공한 작전들까지도 모두 포함해서 이런 음흉한 작전들은 사람들의 마음에 두려움과 의심을 심었다. 누구보다도 사건에 관련되었던 수장들의 피해가 특히 컸다.

그러나 이런 결과가 반드시 나쁘기만 한 것은 아니었다. 토머스 모어의 유토피아인들도 틀림없이 이런 결과에 고개를 끄덕였을 것이다. 대부분의 전쟁에서 적대행위를 시작한 사람은 군주와 귀족이었지만, 전쟁의 비참함을 가장 심하게 겪은 것은 백성들이었다. '더러운 전쟁'은 물리적인 면에서나 심리적인 면에서나 전쟁에 가장 책임이 있는 사람을 표적으로 삼아 노리는 것이 장점이다. 루트비히 폰 디스바흐는 리에주 사람들이 샤를 공작을 죽이려다 실패한 사건에 대해 다음과 같이 썼다.

"그가 살아남았다는 것이 많은 기사들과 시종들에게는 불행한 일이었다. 그 한 사람으로 인해 그들이 나중에 목숨을 잃었기 때문이다."[43]

7장

◆

오리올의 방앗간

오리올, 1536년

몰려오는 황제의 군대

　16세기 초 두 왕국이 서유럽의 주도권을 놓고 다퉜다. 처음에는 프랑스의 발루아 왕조 왕들이 라이벌인 잉글랜드를 유럽 대륙에서 쫓아내고, 지나치게 강력했던 부르고뉴의 봉신들을 제압하고, 조각그림 퍼즐처럼 갈라진 봉건국가를 중앙집권국가로 탈바꿈시키고는 이제 유럽의 조정자가 될 태세를 갖춘 것처럼 보였다. 프랑스 왕이 이탈리아를 정복하려고 나섰을 때, 이탈리아의 유력자들과 신성로마제국(즉 독일) 황제, 얼마 전에 통일국가가 된 스페인 왕국이 나서서 프랑스를 간신히 막아낼 수 있었다.

　그러나 1516년 통일국가 스페인의 왕관이 카를 합스부르크에게 넘어갔다. 그는 이미 오스트리아 가문의 수장이자 저지대 지방(지금의 베네룩스 지역 — 옮긴이)의 통치자였다. 1519년에는 신성로마제국의 황좌도 그의 것이 되었다. 그해에 스페인의 모험가 에르난도 코르테스가 멕시코에 발을 내디뎠다. 그리고 곧 신세계에서 쏟아져 들어오는 보물들이 유럽에 있는 합스부르크 왕가의 금고를 넉넉히 채워주기 시작했다.

1520년대 중반쯤 프랑스는 북쪽, 남동쪽, 남서쪽이 모두 합스부르크 영토에 둘러싸인 채 수세에 몰려 있었다. 프랑스 왕 프랑수아 1세와 카를 5세 사이의 전쟁은 파비아 전투로 막을 내렸다(1525). 이 전투에서 프랑스군은 궤멸되었고, 프랑수아는 포로가 되었다. 그는 1526년 굴욕적인 마드리드 조약에 서명했으나, 포로 신세에서 풀려나자마자 조약 이행을 거부했다. 그 뒤에 벌어진 두 번째 전쟁에서 프랑스는 연달아 패배를 당했다. 그나마 그들이 버틸 수 있었던 것은 순전히 교파 분리를 주장하던 독일의 개신교도 귀족들과 이교도인 오스만튀르크의 도움 덕분이었다. 이 두 세력은 모두 합스부르크의 힘이 점점 강해지는 것을 경계하고 있었다. 오스만 제국을 몹시 경계하던 카를 5세는 1529년 캉브레에서 프랑스와 조약을 맺으면서 너그러운 조건들을 허락해주었다.

프랑수아는 상처를 달래면서 다음 싸움을 준비하기 위해 군대조직 개편을 단행했다. 카를은 조약을 통해 평화가 보장된 기간 동안 오스만 제국에 힘을 집중했다. 1536년 프랑수아는 다시 공세에 나설 때가 되었다고 판단했다. 과거의 패배를 복수하려는 마음도 있었지만, 그보다는 궁지에 몰린 동맹 오스만 제국을 돕는 것이 더 중요했다. 프랑스 군대가 이탈리아로 밀고 들어가 사부아를 휩쓸고 밀라노를 위협하자, 카를은 지중해에서 계속 오스만 제국과 싸우려던 계획을 폐기하는 수밖에 없었다. 한편 프랑스는 지중해에서 무슬림 해적들도 적

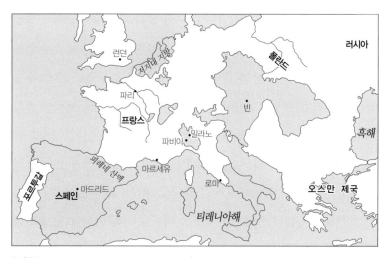

1547년의 합스부르크 영토.

극적으로 돕고 있었다. 튀르크 함대들이 프로방스 항구에 들어와 환영을 받는 것이 일상이었다. 그들은 항구에서 보급품을 채운 뒤 기독교 국가들의 배를 습격했다.

카를 5세는 이번에는 단순히 프랑스를 이탈리아에서 쫓아내는 것만으로 만족하지 않겠다고 마음을 정했다. 프랑스 왕은 이교도 해적들이 기독교도를 공격할 수 있게 돕고, 카를 5세가 십자군을 이끌고 있을 때 그의 등을 찌름으로써 10년 동안 이미 두 건의 평화조약을 위반했다. 그러니 이번에는 프랑수아를 완전히 눌러버려야 했다.

카를이 프랑스로 쳐들어갈 수 있는 길은 크게 세 가지였다. 스페인에서 피레네 산맥을 넘는 길, 저지대 지방에서 들어가는 길, 이탈리아에서 알프스를 넘는 길. 카를은 세 번째 길을 택했다. 그의 군대는 먼저 이탈리아 북부에서 프랑스 침략군을 쓸어버렸다. 그리고 1536년

7월 24일 카를은 기독교를 믿는 적군에 맞서 자신이 지금껏 소집한 군대 중 최대 규모의 군대를 이끌고 바르 강을 건너 프로방스로 들어 갔다. 6만의 병력[1]을 그의 휘하에 있는 최고의 장군들인 알바 공작, 바스토 후작, 페르난도 데 곤사가 등이 지휘했다. 특히 빼놓을 수 없는 장군은 안토니오 데 레이바였다. 당시 가장 위대한 지휘관 중 한 명으로 꼽히던 그는 이번 침공 계획을 짜는 데도 가장 중요한 역할을 한 인물이었다. 제노바 출신의 가공할 해군제독 안드레아 도리아가 지휘하는 카를의 함대가 프로방스 해안을 따라 이동했다. 그와 동시에 소규모의 합스부르크 군대가 저지대 지방에서 출발해 프랑스를 침공했다. 피레네 산맥 쪽에서도 위협적인 소란이 일어났다. 프랑스가 프로방스에 병력을 집중하지 못하게 하려는 계책이었다.

카를은 성공을 확신한 나머지, 공식적인 역사서 집필을 맡은 파울루스 요비우스에게 다가올 승리를 기록할 지면을 많이 남겨두라고 지시했다.[2] 마르탱 뒤 벨레(1495~1559, 프랑스의 귀족이자 연대기 작가 — 옮긴이)는 황제가 프랑스를 배신하고 자신에게 붙은 용병대장에게서 프로방스의 상세한 군사지도를 얻었다고 썼다. 16세기 초에 군사지도는 아직 신기한 물건이었다. 카를 5세는 이 지도를 얻고 몹시 흡족해하며 철저히 지도를 연구하는 데에 "자신의 욕망과 애정을 모두 쏟아부었다." 지도를 손에 넣었으니 그 지역을 이미 손에 넣은 것이나 마찬가지라고 생각할 정도였다.[3]

프랑스군의 지구전 태세

황제의 군대와 맞선 프랑스군은 처음에 겨우 약 3만 명 규모였다. 그나마 실력이 천차만별인 용병들이 많았다. 8월이 되자 병력은 거의 두 배로 늘었지만, 합스부르크 군대에 비하면 확실히 질이 떨어졌다. 신병들이 많았고, 용병들 중 일부는 신뢰하기 힘들었다. 심지어 군대 내의 여러 부대들 사이에서 폭력 사건도 여러 번 벌어졌다. 프랑스군의 사령관인 안 드 몽모랑시는 이런 상황에서 전투를 벌이는 것은 위험하다는 판단을 내렸다. 사실 그가 믿을 만한 군대를 휘하에 거느리고 있다 해도, 정정당당하게 전투를 벌이는 것은 지극히 위험한 도박이었다. 그가 패배한다면 프랑스는 완전히 무방비한 상태가 될 터였다.

그래서 몽모랑시는 지구전을 택했다. 그는 아를과 타라스콩에서 론 강을 건널 수 있는 다리들의 방어설비를 강화하고 엄중하게 경비했다. 주력 야전군은 아비뇽 근처의 유리한 위치에 배치해 론 강 동편 강둑을 따라 뻗은 길을 봉쇄했다. 국왕 프랑수아 본인은 상류인 발랑스에 진을 쳤다. 거기서 그는 전투를 감독하며 하류 쪽으로 보급품과 원군을 보내는 역할을 했다. 프로방스에서 가장 중요한 항구인 마르세유에서도 방어설비를 강화하고, 약 6,000명 규모의 강력한 수비대를 배치했다. 지휘관은 바르브지외 경이 맡았다.

프로방스의 수도인 엑스를 포함해 나머지 도시들에서 프랑스군은 보급품이 저장된 창고를 모두 파괴한 뒤, 한 번 싸워보지도 않고 주민들을 소개시켰다. 시골 마을들도 프랑스군이 퇴각하면서 역시 비슷한 방식으로 초토화했다. 그러다 가끔은 프로방스 농민들의 격렬한 저항에 부딪히기도 했다. 저장된 물품 중 가져갈 수 없는 것은 불에 태우거나 망가뜨렸다. 농가의 가축들은 도살하고, 밀밭에는 불을 지르고, 우물은 막아버리거나 더러운 것으로 오염시켰다. 방앗간들도 부숴버렸다. 과일나무와 덩굴만 일부러 남겨두었다. 침략군이 과일만 지나치게 먹어대다 보면 설사병에 걸릴 가능성이 높기 때문이었다.

몽모랑시는 이렇게 해서 카를의 군대를 불모의 막다른 골목으로 끌어들였다. 그들은 프로방스에서 먹을 것을 전혀 발견할 수 없을 터였다. 마르세유 항구를 통해 보급품을 받을 수도 없을 터였다. 뒤편에 우뚝 솟은 알프스 산맥 때문에 이탈리아에서 육상으로 보급품을 운송하는 것도 불가능했다. 북쪽으로 통하는 길 역시 알프스 산맥으로 막혀 있었고, 남쪽으로 통하는 길에는 지중해가 있었다. 그들이 갈 수 있는 길은 서쪽뿐이었지만, 론 강을 건널 수 있는 길목들이 모두 단단한 방어시설을 갖추고 있었다. 또한 론 강의 동쪽 강둑을 따라 뻗은 길 역시 아비뇽에 진을 친 몽모랑시의 부대가 막고 있었다.

아비뇽 자체는 신성로마제국 군대에게 함정을 빠져나가는 탈출구가 될 수도 있었다. 아비뇽은 교황의 도시고, 당시의 교황은 카를의 동맹이었기 때문이다. 프랑스군은 이 도시를 포위할 시간이 없었다. 그렇다고 도시를 그냥 습격하자니 비용이 많이 들 것 같았다. 게다가 프랑스는 가톨릭 국가였으므로, 프랑수아는 가능한 한 교황의 도시를 습격하고 싶지 않았다. 그의 보병대에서 큰 부분을 차지하는 독일 출신의 개신교도 용병들이 그 도시를 약탈한다면, 대외적인 이미지가 재앙 수준의 타격을 입을 수 있었다. 그래서 그는 아비뇽을 손에

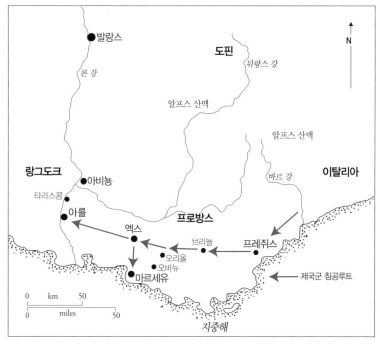

신성로마제국의 프로방스 침공, 1536년.

넣기 위해 계략을 썼다.

    프랑수아 드 비에유빌이 겨우 여섯 명의 호위병을 거느리고 성벽 앞으로 나와, 프랑스 왕의 이름으로 이 도시의 책임자와 대화를 요구했다. 교황이 임명한 부특사이기도 한 도시 책임자가 성벽 위에 모습을 드러냈지만, 비에유빌은 그에게 아래로 내려와 좀 더 가까이서 이야기를 나누자고 요구했다. 중요한 할 말이 있다는 것이었다. 비에유빌은 호위병을 몇 명 데려오지 않은 자신과 달리 부특사에게는 호위병을 원하는 만큼 얼마든지 데려와도 좋다고 말했다. 부특사는 그의 요구를 받아들여 성문을 열고, 병사 스무 명과 중요한 부하들 몇 명을 데리고 밖으로 나왔다.

비에유빌은 프랑수아 왕이 아비뇽을 점령할 생각이 전혀 없으며, 다만 신성로마제국 사람들이 도시 안으로 들어가지 못하게 되기를 바랄 뿐이라고 말했다. 그리고 부특사에게 프랑수아의 요청을 들어주겠다는 보증으로 인질을 몇 명 넘겨달라고 요구했다. 부특사는 양편의 군대 모두 도시 안에 들이지 말라는 엄격한 명령이 교황에게서 내려왔다면서, 자신은 결코 인질을 넘길 생각이 없으므로 프랑스 군대는 그냥 자신의 말을 액면 그대로 믿어야 할 것이라고 대답했다. 비에유빌은 화가 난 척하면서 부특사를 위협하는 말을 소리 높여 외쳐대기 시작했다. 이렇게 그가 모든 사람의 주의를 끄는 사이에 그의 부하 네 명은 아비뇽 수비대원들이 성문을 닫지 못하게 하려고 성문 근처에 자리를 잡았다.

비에유빌은 부특사에게 달려들어 그를 바닥으로 쓰러뜨리고 칼로 위협했다. 비에유빌 옆에 남아 있던 부하 두 명도 즉시 화승총을 발사해 부특사의 호위병 두 명을 죽였다. 그리고 나서 비에유빌을 포함한 세 명은 칼을 들고 나머지 호위병들에게 달려들었다. 전혀 외교적이라고 할 수 없는 이런 행동에 당황한 호위병들은 도시 안으로 도망쳤다. 성문 옆에 미리 가 있던 비에유빌의 부하 네 명은 혼란 속에서 성문이 닫히는 것을 막는 데 성공했다. 그리고 그 순간 성문 근처의 옥수수밭에 숨어 있던 프랑스 병사 1,000~1,200명이 달려 나와 성문 안으로 쏟아져 들어갔다. 아비뇽은 더 이상 저항하지 않고 항복했다.[4]

아비뇽 함락으로, 몽모랑시가 신성로마제국 군대를 위해 마련한 함정이 완성되었다. 그러나 이 함정이 사냥감을 붙들어둘 수 있을 만큼 튼튼했는지는 알 수 없다. 카를은 바르 강을 건넌 뒤 한 번 싸워보지도 않고 프레쥐스와 브리뇰을 차례로 점령했다. 그의 군대는 프로방스 남부를 거의 전부 휩쓸었지만, 시골 마을들이 이미 초토화된 상태라 식량을 구하기가 힘들었다. 프랑스 군대가 밭에 불을 지를 때도 저항했던 프로방스 농민들은 약탈에 나선 제국군 병사들에게는 훨씬 더 강력하게 저항했다. 심지어 진형을 갖춘 제국군을 공격하는 경우도 있었다.

이런 게릴라 공격이 귀찮기는 했지만, 압도적으로 밀고 들어오는 제국군을 멈춰 세울 정도는 아니었다. 이 사실을 깨달은 농민 50명은 8월 10일을 전후한 어느 즈음에 카를 황제 본인을 죽이려고 시도했다. 가장 핵심적인 인물인 그를 제거하면, 거대한 전쟁 엔진이 산산이 부서질지도 모른다고 기대했기 때문이다.

황제는 좁은 산길을 통해 뮈 마을에 접근하는 중이었다. 농민 무리는 화승총으로 무장하고 마을 안 탑에 몸을 숨겼다. 나중에 인근 주민들에게 전해진 이야기에 따르면, '샤를캥의 탑'(카를 5세의 탑이라는 뜻—옮긴이)으로 불리던 곳이었다. 그들은 숨어서 기다리다가 황제가 다가오는 것이 보이면 동시에 총을 발사할 작정이었다. 그러면 자신들 중 한 명 정도는 황제를 맞힐 수도 있을 것 같았다(16세기 화승총은 명중률이 낮기로 악명이 높았다).

그러나 카를의 얼굴을 아는 사람이 한 명도 없다는 점이 큰 문제였다. 불행히도 그들은 카를 휘하의 장군 중 화려한 옷을 입고 많은 수행원을 거느린 사람을 황제로 착각하고 말았다. 장군이 가까워지자 농민들은 계획대로 그에게 총을 발사했고, 그는 목숨을 잃은 것으로 보인다. 제국군 행렬이 즉시 그 자리에 멈춰 선 뒤, 대포가 앞으로 운반되었다. 농민들은 포탄이 탑을 때리기 시작한 뒤에야 항복했다. 카를은 그들 모두에게 교수형을 선고했다.[5]

카를이 이렇게 간발의 차로 위험에서 벗어나고 있을 때, 프랑스 왕세자 프랑수아는 투르농에서 갑자기 세상을 떠났다. 8월 10일의 일이다. 그가 신성로마제국 첩자들에 의해 독살되었다는 광적인 주장이 나왔다. 죽은 왕세자의 시종이자 이탈리아인인 세바스티아노 데 몬테쿠쿨리가 고문 끝에 자신이 레이바와 곤사가의 지시로 왕세자를 독살했다고 자백했다. 프랑스 선전 담당자들은 이 기회를 놓치지 않고 카를을 살인자로 몰아붙였다. 한편 프랑스 내부에서는 또 다른 이탈리아인이 범인으로 지목되었다. 프랑수아의 동생 앙리의 부인인 카트린 드 메디치였다. 프랑수아의 죽음 덕분에 그녀는 곧 프랑스의 왕비가 될 터였다. 그녀가 이런 비난을 받은 것은 이때가 마지막이 아니었다. 그리고 이런 주장은 확실히 프랑스 진영의 분위기에 도움이 되지 않았다.[6]

프랑수아 왕이 아들의 죽음을 슬퍼하고 프랑스 진영에서는 소문과 비난이 난무하는 동안, 카를 5세는 행군을 계속해서 8월 13일 프로방스의 수도인 엑스에 들어섰다. 그는 근처의 아얀 평원에 진을 치고 아비뇽, 아를, 타라스콩, 마르세유로 선발대를 보내 프랑스군의 방어태세를 조사하게 했다. 프로방스에서 치고 나가거나 자신이 정복한 지역을 지키려면 이 핵심적인 도시들 중 적어도 한 곳을 반드시 손에 넣어야 했다. 그것도 아주 빨리. 그에게 주어진 시간이 식량부족으로 급속히 줄어들고 있었다. 식량이 모두 떨어지기 전에 이 함정을 벗어나지 못한다면, 그의 군대는 굶어 죽든지 아니면 서둘러 굴욕적인 퇴각을 하는 수밖에 없었다. 밭을 태운 몽모랑시의 전략과 프로방스 농민들의 게릴라전으로 인해 현지에서 먹을 것을 구하려던 카를의 희망이 부서지고, 도리아의 함대에서 보급을 받으려던 계획도 실현되지 못했다. 함대는 처음에 역풍으로 속도를 내지 못하더니, 바람이 바뀐 뒤에는 좋은 항구를 찾지 못해 카를에게 보내는 보급품의 양을 크게 줄일 수밖에 없었다.

불가능한 작전

몽모랑시와 국왕 프랑수아는 그래도 걱정을 떨치지 못했다. 카를의 군대가 슬슬 굶주림의 고통을 느끼고 있다 하더라도, 여전히 프랑스 군대보다 훨씬 더 뛰어났다. 게다가 아쟁쿠르의 경우(1415)처럼 굶주린 군대라 해도 전투에 이기고 도시를 점령하는 것은 얼마든지 가능했다(당시 헨리 5세가 이끄는 잉글랜드 군대는 노르망디에 상륙하자마자 전염병으로 큰 타격을 입고 귀환하던 중이었다. 프랑스 군대는 패잔병과 같은 이들을 공격했으나 엄청난 손실을 입고 패배했다 — 옮긴이). 예를 들어 만약 카를이 아를을 습격하고 론 강을 건너 랑그도크로 들어오거나 몽모랑시의 진영까지 행군해서 프랑스 군대와 전투를 벌여 승리한다면 그가 일시적으로 식량부족에 시달렸던 일은 사람들의 기억 속에 거의 남지 않을 것이다. 또한 카를이 마르세유를 점령해서 그곳에 해상 보급기지를 확보한다면, 프로방스에 영원히 머물면서 그곳을 자신의 영토로 병합할 수도 있을 터였다. 따라서 프랑스 지휘관들은 카를을 더욱더 압박해 그에게 남은 시간을 줄이기 위해 할 수 있는 모든 일을 하기로 결심했다.

이때 점령지 프로방스에서 활동하는 프랑스 첩자들의 정보가 프랑수아 진영에 도착했다. 그렇지 않아도 위태로운 제국군 보급체계의 아킬레스건은 그들에게 옥수숫가루와 빵을 공급해주는 소수의 방앗간들이라는 내용이었다.

중세와 근대 초기 군대의 보급체계에서 방앗간은 옥수수만큼이나 중요한 존재였다. 방앗간이 없으면 병사들은 옥수수가 손에 있어도 먹기가 힘들었다. 그렇다고 병사들이 직접 옥수수를 빻을 수는 없었다. 빻지 않은 옥수수로도 다양한 죽을 끓일 수는 있지만 시간이 너무 오래 걸렸다. 게다가 빻지 않은 옥수수를 너무 많이 먹으면 소화가 잘되지 않아 병에 걸리거나 심한 경우 목숨까지 잃는 경우가 허다했다.[7] 따라서 밭을 태워 식량을 없애는 방어 전략을 짤 때는 항상 방앗간도 함께 파괴하기 마련이었다. 때로 이런 전략에 대응하기 위해 침략군이 절구와 맷돌을 들고 다니기도 했지만, 수력, 풍력, 동물의 힘을 이용하는 대형 방앗간에 비하면 확실히 효율이 크게 떨어졌다.[8]

몽모랑시는 프랑스 군대에게 프로방스에서 퇴각하는 동안 방앗간들을 모두 못쓰게 만들라는 지시를 내렸다. 뒤 벨레는 "방앗간들이 파괴되었다. 병사들은 방앗간의 맷돌들을 조각내고 철제 구조물을 뜯어갔다. 방앗간을 지을 줄 아는 시골사람들은 모두 일자리를 미끼로 꾀어내 우리 진영으로 보냈다. 사실 우리는 그들이 적을 도와 파괴된 방앗간들을 수리할까 봐 두려워하고 있었다"고 썼다.[9] 그런데 프랑스 첩자들이 아직 방앗간 몇 곳이 남아 있다고 알려온 것이다. 오리올에 한 곳, 아를 근처에 두어 곳이 더 있다고 했다.

프랑수아와 몽모랑시는 제국군에게 압력을 가하려면 그 방앗간들을 파괴하는 것이 가장 좋은 방법이라는 결론을 내렸다. 그들은 먼저 아를의 방앗간들을 공격했다. 아를은 대부분 프랑스군의 영역이었고, 그 일대의 전선은 아직 안정되지 않았으며, 방앗간들의 방어는 그리 엄중하지 않았다. 라 가르드 경이 이끄는 습격대는 훌륭한 작전을 통해 적의 이렇다 할 저항 없이 방앗간들을 차지하고 태워버리는 데 성공했다.

그러나 오리올의 방앗간은 사정이 완전히 달랐다. 오리올은 마르세유에서 북동쪽으로 25킬로미터쯤 떨어진, 위본 강변의 자그마한 요새 도시였다. 엑스에서도 남동쪽으로 비슷한 거리만큼 떨어져 있었다. 즉 제국군이 점령한 영역 깊숙한 곳에 있다는 뜻이었다. 프랑스군이 밭을 태울 때 왜 이 방앗간을 놓쳤는지는 확실히 알 수 없다. 어쩌면 이 방앗간이 생빅토르 수도원 소유이고, 이곳의 수도원장인 트리뷜지오 추기경이 프랑수아와 카를 사이의 평화협상을 중재하던 교황의 사절이었기 때문인지도 모른다.[10] 정말로 그런 이유 때문이었다면, 프랑스 왕은 상황을 따지느라 누군가를 봐주고 넘어가는 바람에 이런 결과가 생긴 것을 몹시 유감스럽게 여겼을 것이다.

아를의 방앗간들이 파괴된 뒤, 오리올의 방앗간은 제국군 보급체계의 초석이 되어 있었다. 프랑스 첩자들은 이 제분소 한 곳에서 나오는 옥수숫가루만으로 황제 본인과 황실 식솔들 전부, 나폴리와 시칠리아 출신 베테랑 스페인 보병 6,000명이 식사를 해결하고 있다고 프랑수아에게 알렸다. 나폴리와 시칠리아 출신 보병들은 특히 카를의 엘리트 부대로서 항상 그의 측근에 머물렀다.

프랑수아는 마르세유에 있던 바르브지외에게 설사 부대 전체를 희생하는 한이 있더라도 오리올 방앗간을 파괴하라는 지시를 다시 내려보냈다. 바르브지외와 그의 부관 몽프자에게는 이런 일을 수행할 특수부대가 없었으므로, 가장 유능한 부하 중 한 명인 크리스토프 구아스코를 불러 정규부대원 중 일부를 데리고 오리올에 가서 방앗간을 태워달라고 요청했다. 이탈리아 출신의 노련한 용병인 구아스코는 그것은 자살행위라며 일언지하에 거절했다.

마르세유에서 오리올까지는 직선거리로 25킬로미터였다. 오리올 인근에는 제국군 정찰병과 부대들이 우글거렸다. 오리올에서 엑스 외곽에 진을 친 제국군 본대까지의 거리도 겨우 20킬로미터밖에 되지 않았다. 오리올에는 부대 하나가 완전히 주둔하고 있었는데, 1536년의 스페인군 편제에서 한 부대는 약 250명이었다. 게다가 방앗간 자체도 노련한 대장이 지휘하는 별도의 병력 60명이 지키고 있었다. 그들에게 떨어진 명령은 밤이나 낮이나 그 자리에서 꿈쩍도 하지 말라는 것이었다. 도시 자체가 공격받더라도 방앗간을 지키는 병사들이 자리를 비우지 않도록 하기 위해, 방앗간 수비대는 별도의 지휘체계를 따랐으며 대장은 오리올 사령관이 아니라 황제의 명에만 복종했다. 황제도 이 방앗간이 얼마나 중요한지 프랑수아만큼 잘 알고 있었다.

구아스코는 기습 공격을 하려면 자신의 부하들이 적어도 25킬로미터를 행군한 몸으로 즉시 힘겨운 싸움을 벌여야 한다고 설명했다.

설사 그들이 오리올 수비대를 제압하는 데 성공하더라도, 기진맥진한 몸으로는 엑스 진영에서 달려올 제국군에게 발목을 잡히지 않고 마르세유까지 무사히 25킬로미터를 행군해 돌아올 수 없었다. 잠시도 쉬지 않고 50킬로미터가 넘는 거리를 행군하고, 그 사이에 힘든 싸움까지 벌여야 하는 임무를 해낼 수 있는 부대는 역사를 통틀어도 그리 많지 않을 것이다.

구아스코가 임무를 거절했다는 소식은 프랑수아에게도 전해졌다. 그러나 프랑수아는 애당초 이 임무가 불가능한 것이라는 설명을 듣고도 시큰둥했다. 바르브지외가 무능하고 게으른 지휘관이라는 보고를 이미 여러 번 받았기 때문에 그에게서 부정적인 답변을 들은 것이 마음에 들지 않았다. 프랑수아는 바르브지외와 몽프자에게 그 임무를 기꺼이 맡을 사람을 찾아내라고 더욱더 단호한 지시를 내렸다. 그리고 설사 병력 1,000명을 잃더라도 걱정할 필요가 없다고 그들을 달랬다. 방앗간을 불태우는 일이 그만큼 가치가 있다는 뜻이었다.

바르브지외와 몽프자는 뜨거운 감자가 된 이 임무를 퐁트라유 경에게 제안했다. 퐁트라유 경은 자신에게 그런 제안이 온 것에 우쭐해서 긍정적인 답변을 했지만, 그의 친구들이 그 임무를 수행하다 큰코다칠 것이 분명하다고 충고하자 생각을 바꿨다. 프랑수아는 마르세유 지휘관들에게 계속 방앗간을 파괴하라고 압박을 가하면서, 그들이 행동에 나서지 않는 것에 점점 더 불만을 품었다. 고전적인 동화에 자주 나오는 것처럼, 마르세유의 프랑스 진영에 소문이 돌기 시작했다. 임무를 제안받은 두 사람이 이미 거절한 뒤라, 누구든 이 위험한 임무를 기꺼이 맡겠다고 나서는 사람은 왕에게서 후한 보상을 받을 것이라는 소문이었다.

이때 30대 중반의 이름 없는 보병장교인 블레즈 드 몽뤼크가 등장
했다.

야심적 모험 혹은 위험한 도박

1501년경에 태어난 몽뤼크는 가스코뉴의 한 귀족가문 출신으
로 형제는 열 명이나 되지만 돈은 거의 없었다. 보잘것없는 가문의 땅
으로는 이렇게 많은 자식들을 먹여살릴 수 없었다. 모든 하급 귀족들,
특히 가스코뉴의 귀족들은 자신이 왕과 동등하다고 생각했지만, 그
들이 품고 있던 한없는 포부 역시 보잘것없는 재산으로 감당할 수 없
었음은 말할 필요도 없다. 피레네 산맥 바로 남쪽의 스페인에서는 귀
족 남성들이 낮에는 한껏 으스대면서 "돈만 몇 푼 없을 뿐 왕과 맞먹
을 만큼 훌륭한 신사"라고 말하고 다니다가 밤이면 구걸을 한다는 이
야기가 파다했다.[11]

가스코뉴의 가난한 귀족집안에서 장남이 아닌 아들로 태어난 수많
은 남자들과 마찬가지로, 몽뤼크도 미끄러운 신분의 사다리를 올라
가 자신의 포부를 펼칠 수 있는 명예로운 길은 군대밖에 없다는 것을
알고 있었다. 그래서 스무 살 때 이탈리아의 부유함과 용감한 사람들
에 대한 이야기에 마음이 들떠서 고향을 떠나 경기병으로 군대에 발
을 들여놓았다. 아직 병사들이 자신의 돈으로 장비를 마련해야 하는
시대였으므로, 그는 기병대원으로 있기 위해 필요한 비용을 감당할

블레즈 드 몽뤼크의 초상. 16세기
의 에콜 프랑세즈.

수 없음을 깨달았다. 그는 비교적 돈이 덜 드는 보병대로 자리를 옮기
면서, 가문의 연줄을 동원해 하급 장교의 직위를 얻었다.

　그는 군인으로서 명성을 쌓아 명예와 부를 모두 얻겠다는 야망으
로 불타고 있었다. 회고록에서 그는 자신의 야망을 위해 놀이, 술, 허
영, 연애 등 젊은이들이 빠지기 쉬운 것들과 완전히 관계를 끊었다고
자랑한다. 실제로 이런 것들로 인해 신세를 망치는 장교들이 예나 지
금이나 아주 많다. 그는 "자랑스럽게 말하건대, 나는 애정이나 어리
석은 연애로 인해 내게 주어진 명령을 실행하는 일에서 한눈을 판 적
이 없다"고 썼다.[12] 그러나 몽뤼크는 훌륭한 품성을 지키며 용맹하게
싸우는 것만으로는 부족했다고 강조한다. 그의 용맹한 행동이 상관

들에게 호의적인 인상을 주어야 했다. 그는 처음 전쟁에 나섰을 때 팔다리나 목숨을 잃을 위험을 무릅쓰고 대담한 모험에 나서서 높은 사람들의 시선과 관심을 끌어야 한다고 조언했다.[13] 위에서 누가 도와주어야만 아랫사람이 미끄러운 출세의 사다리를 올라갈 수 있기 때문이었다.

몽뤼크의 말은 모두 쓰라린 경험에서 나온 것이었다. 그는 1521년부터 1528년까지 프랑스의 스페인 국경과 독일 국경에서, 그리고 이탈리아에서 수많은 싸움에 참전해 뚜렷하게 두각을 나타냈다. 그동안 여러 번 부상을 당했고, 하마터면 손을 잃을 뻔한 적도 있었다. 그는 특히 대담한 공격에서 작은 부대를 지휘하는 데 뛰어난 재능이 있었다. 그의 이러한 재능이 가장 먼저 드러난 것은 생장드뤼즈에서 작은 분쟁이 벌어졌을 때(1523)였고, 그다음은 막달레나 강에서 벌어진 분쟁 때(1528)였다.

그러나 그를 눈여겨본 중요 지휘관들이 곧 죽어버렸기 때문에, 몽뤼크는 1528년에 불만에 차서 군대를 떠날 때까지도 하급 장교에 머물러 있었다. 그가 이탈리아에서 가져온 전리품은 호박단 30엘(길이를 재는 옛 척도. 1엘은 약 114센티미터 ─옮긴이)이 전부였다. 그는 이 천으로 부상당한 팔을 싸매고, 남은 천은 팔이 충격을 받지 않게 완충재로 썼다. 그리고 나서 6년 동안 그는 가스코뉴에서 가난한 지주로 살면서, 나바라 왕의 군대에서 일반 중장병으로 복무했다. 가정을 이루어 살면서도 그는 전쟁을 꿈꾸고, 안달하며 짜증을 냈다.

프랑수아 1세가 1534년에 다시 적대행위가 시작될 것을 예상하고 새로 군대를 모으기 시작했을 때, 몽뤼크는 자신이 그동안 만든 수많은 아이들과 농사를 아내에게 맡겨버리고 30대의 나이로 기꺼이 군에 다시 입대했다.

그는 프랑스 태생 보병들로 구성된 신생부대인 랑그도크 군단에 합류했다. 프랑수아가 모은 네 개의 군단에는 각각 1,000명 단위의 부대 여섯 개가 소속되어 있었다. 랑그도크 군단에서 1,000명 부대 중 하나를 이끌던 앙투안 드 로슈슈아르는 몽뤼크를 휘하의 두 부관 중 한 명으로 임명했다. 몽뤼크는 이번에야말로 젊은 시절의 꿈을 이루겠다고 굳게 결심했다. 그러나 그는 사부아 침공에서 기억에 남을 만한 전공을 세우지 못했다. 1536년 8월 그는 로슈슈아르의 부대 소속으로 마르세유 수비대에서 복무하고 있었다.

몽뤼크는 왕이 오리올 방앗간을 파괴하고 싶어 안달하고 있으나 부하들이 꾸물거리는 통에 화를 내고 있다는 소식을 듣고 희망에 부풀어 올랐다. 어쩌면 몽뤼크 자신이 그 어려운 임무에 성공해서 상관들뿐만 아니라 왕 본인에게서 한없는 감사를 받게 될 수도 있지 않겠는가. 물론 문제는 임무가 어렵다는 데에 있었다. 구아스코가 거절하면서 내건 이유들은 합당했다. 그래도 몽뤼크는 곰곰이 생각해본 끝에 설사 목숨을 잃게 되는 한이 있더라도 이 임무를 맡아야겠다는 결론을 내렸다.

마르세유 수비대에는 막사가 없었기 때문에 병사들은 민간인의 집에서 머무르고 있었다. 그런데 무슨 행운인지 몽뤼크가 묵고 있는 집의 주인이 마침 오리올 출신이었다. 몽뤼크는 기록에 이름이 나와 있지 않은 이 민간인에게 자신의 고민을 털어놓고 조언을 구했다. 집주인은 오리올이 작은 도시이며, 사방이 높은 담에 에워싸여 있고, 방어

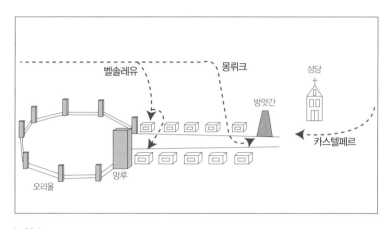

●●●●●
오리올 습격, 1536년 8월 19~20일.

시설이 튼튼한 성이 도시를 지키고 있다고 설명해주었다. 방앗간은
성벽 밖 위본 강 근처에 있었다. 방앗간에서부터 도시까지 이어진 긴
거리 양편에는 집들이 늘어서서 근교마을을 이루고 있고, 성문에 지
어진 높은 망루에서 방앗간으로 가는 길을 완벽히 감시할 수 있었다.
누구든 방앗간 안으로 들어가는 사람을 망루에서 쏠 수 있다는 뜻이
었다. 방앗간에서 오리올 반대편으로 30~40걸음쯤 떨어진 곳에는
교구 성당이 있었다.

집주인은 마르세유에서 오리올로 가려면 먼저 오바뉴로 가야 한다
고 설명했다. 거기서 택할 수 있는 길은 둘인데, 하나는 위본 계곡을
통과하는 대로로 사람과 말의 통행이 모두 가능했다. 그러나 이 길로
가다보면 적어도 한 번은 폭이 넓은 수로를 건너야 하는데, 현재 다리
가 부서진 상태였다. 게다가 대로에서는 적의 눈을 피해서 움직이기
가 힘들었다. 대로가 싫다면 루사르그 산맥을 넘어 오리올로 가는 길

을 택할 수도 있었다. 위본 계곡 동편에 있는 이 산맥에서는 말을 타고 움직일 수 없었다. 따라서 도보로 움직이다 보면 속도가 한참 느려지겠지만, 적의 기병 역시 이곳에 들어와 순찰하지 못한다는 이점이 있었다.

몽뤼크는 여러 가지 요인들을 생각해본 뒤, 구아스코와 마찬가지로 임무를 마치고 돌아오는 길이 가장 큰 문제라는 결론을 내렸다. 방앗간에 쳐들어가서 파괴할 자신은 있었다. 하지만 필연적으로 따라붙을 적의 추적을 따돌리면서 지친 병사들을 이끌고 마르세유까지 적어도 25킬로미터나 되는 거리를 어떻게 돌아올 수 있을까? 설사 그가 오리올에서 출발한 적들보다 빨리 달려서 추적을 따돌릴 수 있다 하더라도, 엑스에서 달려와 중간에서 그의 길을 막으려 들 제국군은 어떻게 피할 수 있을까?

그는 약 120명의 엘리트 병사들을 데리고 산길을 통해 도보로 오리올까지 가서 다시 그 길로 돌아오는 것이 최선이라는 결론에 도달했다. 120명의 소규모 부대라면 가는 길에 적 초소들의 감시망에 들킬 위험이 적고, 돌아올 때도 적의 순찰병들을 피하기가 비교적 쉬울 터였다. 1,000명의 병사들을 찾아내는 것과 120명의 작은 무리를 찾아내는 것은 완전히 다른 문제였다. 적의 추격대 중에 가장 위험한 존재는 경기병이었다. 산길을 이용한다면 그들과 마주칠 위험이 크게 줄어들겠지만, 길이 험하다는 단점이 있었다. 그러나 몽뤼크는 의욕이 넘치고 튼튼한 병사들로 이루어진 소규모 엘리트 부대라면 대규모 정규군에 비해 이런 어려움을 잘 극복할 수 있을 것이라고 보았다.

물론 소규모 부대의 문제는 압도적인 병력으로 오리올에 쳐들어가지 못한다는 점이었다. 몽뤄크는 방어도 튼튼하고 병력도 두 배가 넘는 적과 맞서야 했다. 그래도 그는 도시를 함락하는 것이 아니라 방앗간만 파괴하면 되기 때문에 기습에 성공한다면 아무리 적의 병력이 우월해도 임무를 해낼 수 있을 것이라고 자신했다. 마르세유까지 무사히 돌아오기 위해서는 공격대의 규모를 최소한으로 줄여야 한다는 결론을 내린 것은 그가 여러 요소들을 신중하게 가늠해본 결과였다. 게다가 만약 대규모 부대를 이끌고 임무에 나섰다가 실패해서 병력을 잃는다면 마르세유의 수비까지 위험해지겠지만, 120명 정도의 병력이라면 전멸하더라도 전체적인 상황에는 별로 영향이 미치지 않을 터였다.

몽뤄크는 이제 정보장교 겸 작전장교 역할을 하고 있는 집주인에게 자신의 결정을 알렸다. 그리고 8월의 짧은 밤이 몇 시간이고, 오리올까지 행군하는 데 걸리는 시간은 얼마나 되는지 함께 계산해본 뒤, 몽뤄크가 해질녘에 마르세유를 출발해 중간에 길을 헤매는 일 없이 부지런히 걷는다면 동이 트기 두 시간 전에 오리올에 닿을 수 있을 것이라는 결과를 얻었다. 하지만 돌아올 때는 환한 낮에 길을 걸어야 했다.

집주인에게 몹시 까다롭고 중요한 임무가 떨어졌다. 밤에 산을 넘어 오리올로 가는 길을 잘 아는 안내인 세 명을 구해오는 것. 재미있는 것은, 몽뤄크가 군대 정찰병보다 민간인을 선호했다는 점이다. 발이 넓은 집주인은 적합한 인물 세 명을 금방 찾아냈다. 하지만 그 세 명은 임무를 듣고 풀이 죽었다. 집주인은 말로 그들을 구슬렸고, 몽뤄크는 반짝이는 금화를 그들에게 한 움큼 쥐어주었다. 그러고 나서 비밀이 새어나가는 것을 막기 위해 세 사람을 자신의 숙소에 가둬둔 채,

몽프자를 만나러 갔다. 8월 19일 한낮의 일이었다.[14] 몽뤼크는 작전계획이 새어나가기 전, 바로 그날 저녁에 오리올로 출발할 수 있기를 원하고 있었다.

방앗간 쪽으로

몽뤼크는 먼저 몽프자에게 오리올 습격 임무를 기꺼이 맡겠다고 말했다. 로슈슈아르의 부대에서 자신이 직접 120명을 골라 그들만 데리고 가겠다는 말도 했다. 몽프자는 몽뤼크와 오랜 친구 사이였다. 1520년대에 이탈리아에서 함께 복무했기 때문에 몽프자는 몽뤼크가 유능하고 노련한 장교라는 사실을 알고 있었다. 방앗간을 파괴하는 임무에 기꺼이 도전하겠다는 사람이 마침내 나타난 것도 반가웠다.

하지만 그는 몽뤼크가 제정신이 아니라고 생각했다. 그리고 몽뤼크에게 정말로 오리올을 습격하고 싶다면 적어도 500명 정도는 데려가는 것이 좋을 것이라고 말했다. 몽뤼크는 그의 말을 들으려 하지 않고 120명만 데려가겠다고 고집을 피웠다. 몽프자도 몽뤼크의 말을 받아들이려 하지 않았다. 회고록에서 몽뤼크는 자신이 몽프자를 끈질기게 물고 늘어진 덕분에, 결국 몽프자가 몽뤼크의 계획을 사령관인 바르브지외에게 털어놓고 의견을 들어보자며 한 발 물러섰다고 썼다.

바르브지외는 몽뤼크의 계획에 대해 몽프자보다 훨씬 더 회의적인 반응을 보였다. 그는 몽뤼크에게 그렇게 적은 병력으로 정확히 어떻게 방앗간을 파괴할 생각인지 자세히 설명할 것을 요구했다. 구아스코와 퐁트라유는 1,000명의 병력을 주겠다는데도 임무를 거절했다는 이야기 또한 덧붙였다. 몽뤼크는 자신의 계획을 누구에게도 밝힐 생각이 없다며 사령관의 요구를 거절했다. 그러자 몽프자가 친구 대신 나서서 바르브지외에게 말했다.

"이 친구를 보내시죠. 워낙 적은 병력을 데려가니 설사 이 친구가 실패하더라도 이 도시가 위험해지지는 않을 겁니다. 그리고 최소한 왕께서는 만족하실 것 아닙니까."

전에 성질 급한 몽뤼크와 싸운 적이 있는 빌봉 경도 그 자리에 함께 있었는데, 그가 몽뤼크를 조롱하며 바르브지외에게 그냥 원하는 대로 보내주라고 말했다.

"저놈이 황제를 붙잡아서 내일 아침에 이리로 데려오면 우리 모두 그걸 보면서 부끄러워해야겠는걸요."

스스로도 성질 급한 가스코뉴 사람임을 인정하던 몽뤼크는 더 이상 입을 다물고 참을 수가 없어서 빌봉을 향해 '자기가 먹을 것도 아니면서 여물통 속에 들어가 다른 동물들까지 아무것도 먹지 못하게 만드는 심술쟁이 개 같다'고 말했다. 그 뒤로도 몇 마디 말이 더 이어졌다. 절반은 화를 내는 말이고, 나머지 절반은 농담처럼 내뱉은 말이었다. 그러는 중 몽뤼크의 직속상관인 로슈슈아르가 몽뤼크에게 자유로운 재량권을 주자고 바르브지외를 설득하는 데 마침내 성공했다. 사령관은 몽뤼크에게 120명을 직접 뽑아서 몇 시간 안에 오리올로 떠나라고 허락해주었다.

몽뤼크는 신속하게 움직였다. 랑그도크 군단에서 최고의 병사 120

명을 특히 귀족들로만 골라서 뽑았다. 그는 그들이 평범한 병사 500명 이상의 몫을 해낼 수 있는 뛰어난 인재들이었다고 썼다. 그는 또한 자신이 지휘권을 잡을 때마다 항상 부하들을 유심히 살피며 그들과 친해졌다는 말도 회고록에 썼다. 병사들 각자의 재주를 파악해서 누구를 어디에 써야 하는지 그런 방식으로 파악했다는 것이다.[16] 이번 임무에서도 그의 이러한 버릇이 크게 도움이 되었다.

한 시간도 안 돼서 마르세유의 모든 사람이 몽뤼크의 임무에 대해 알게 되었다. 몽뤼크는 용맹을 떨치려는 사람들이 자신을 뒤따라와서 일을 망치는 경우를 예방하고 자신의 작전에 대한 이야기가 제국군에 미리 새어나가는 것을 막기 위해 바르브지외에게 성문을 굳게 닫아주기를 부탁했다.[17]

해질녘에 몽뤼크는 자신이 직접 선발한 병사들과 함께 성문으로 향했다. 병사들이 성문을 거의 막아버릴 것처럼 몰려들어 그들과 함께 가고 싶다고 소리를 질러댔다. 나중에 최고사령관이 되었지만 이때는 아직 몽뤼크처럼 하급 장교이던 타반 영주 가스파르 드 소가 다른 귀족 스무 명과 함께 자원하겠다고 몽뤼크를 특히 심하게 몰아붙였다. 결국 몽뤼크는 자신이 고른 병사 스무 명을 남겨두고 타반 영주 일행을 대신 데려가기로 했다. 이렇게 언쟁을 벌이고 사람을 바꾸느라 귀한 시간을 허비한 탓에 그들이 긴 행군을 시작한 것은 이미 어둠이 내린 뒤였다.

몽뤼크는 부대를 둘로 나눴다. 병사 60명과 안내인 두 명은 자신의 휘하에 두고, 나머지 60명과 안내인 한 명은 벨솔레유에게 맡기면서 상당한 거리를 두고 뒤따라오라고 지시했다. 그들이 막 행군을 시작하려는데 기병 스무 명이 갑자기 마르세유에서 나왔다. 카스텔페르 경이 지휘하는 가스코뉴 출신 기병들이었다. 카스텔페르는 몽뤼크에게 모든 가스코뉴 사람들의 명예가 걸려 있다면서 꼭 함께 가게 해달라고 말했다. 만약 몽뤼크가 작전에 실패한다면, 프랑스 사람들이 마르세유에 있는 가스코뉴 병사들에게 소식을 전해줄 리가 없다는 것이었다. 또 30분 동안 옥신각신한 끝에 몽뤼크는 기병들을 받아들이고, 자기 휘하의 안내인 두 명 중 한 명을 카스텔페르에게 주었다. 그리고 그에게 말을 타고 대로를 따라 오리올로 가라고 말했다. 만약 카스텔페르가 다른 사람들보다 일찍 오리올에 도착한다면, 교구성당 뒤에 몸을 숨기고 다른 일행이 도착할 때까지 아무것도 하지 말라는 명령도 내렸다.

그들은 프로방스 평원을 약 17킬로미터 걸어서 오바뉴까지 빨리 이동했다. 오리올까지는 거기서 직선거리로 12킬로미터를 더 가야 했다. 카스텔페르의 부대는 말을 타고 계속 대로를 달려갔고, 몽뤼크와 벨솔레유는 산길로 들어갔다. 그들은 안내인의 인도로 염소들이 다니는 좁은 길을 따라 루사르그의 가파른 산길을 이동했다. 힘든 행군 끝에 산을 빠져나온 그들은 오리올에서 남서쪽으로 몇백 미터 떨어진 곳에 멈춰 섰다. 이미 밤이 다 지나고 여명이 다가오고 있었다. 카스텔페르의 기척은 없었지만, 그를 기다리느라 꾸물거릴 여유가 없었다.

몽뤼크는 자신의 부대를 타반 영주의 지휘에 맡긴 뒤, 벨솔레유와 머리를 맞댔다. 그는 벨솔레유와 그의 안내인에게 부하 60명을 데리고 뒤를 따라오라고 명령했다. 몽뤼크가 방앗간을 공격하기 위해 나아가는 동안, 벨솔레유는 옆으로 돌아서 성벽에 둘러싸이지 않은 근교마을을 통과해 곧바로 성문을 향해 가기로 했다. 그리고 성문 옆의 집 두 채를 장악해서 방어 채비를 갖춘 뒤 성문을 막아, 수비대가 돌격해 나오거나 방앗간으로 구원군을 보내지 못하게 막는 것이 그의 임무였다(344쪽 지도). 몽뤼크는 혹시 모를 실수를 방지하기 위해, 벨솔레유의 병사 60명에게도 자신의 계획을 설명해주었다. 오로지 성문을 막는 데만 전력해야 한다고. 무슨 일이 있어도 방앗간 공격을 돕겠다고 달려오면 안 된다고.

몽뤼크의 계획은 오로지 그가 부하 60명으로 방앗간을 지키는 적군 60명을 물리칠 수 있다는 가정을 바탕으로 한 것이었다. 그는 방앗간을 지키는 적군보다, 성벽 안에서 수비대가 달려나오는 경우를 더 걱정했다. 그들이 대거 돌격해 나온다면, 몽뤼크는 그들을 물리칠 수 없었다. 방앗간을 장악해서 파괴하는 임무 역시 말할 필요도 없었다. 그러나 그는 적어도 날이 밝기 전에는 습격대의 규모가 얼마나 작은지 수비대가 알아차리지 못할 것이며, 습격대의 규모를 모르는 한 그들이 위험을 무릅쓰고 전력을 다해 돌격하지는 않을 것이라고 믿었다. 그렇게 달려 나왔다가 함정에 빠지거나, 뒤에 매복하고 있던 다른 부대에게 공격당할 우려가 있기 때문이었다.[18] 수비대는 기껏해야 방앗간에 구원군을 보내 상황을 살피려 할 터였다. 만약 벨솔레유가 수비대의 이런 시도를 막는 데 혼신의 힘을 다한다면, 몽뤼크는 날이 밝기 전에 방앗간을 손에 넣어 파괴할 수 있는 시간을 벌 수 있을 터였다.

어둠 속의 습격

몽뤼크는 자신의 부대로 돌아와 방앗간으로 출발했다. 먼저 그들은 성벽을 에둘러 갔다. 성벽 위의 제국군 파수병들은 그들이 움직이는 소리를 듣고 "거기 누구냐?" 하고 외쳤다. 프랑스 병사들은 아무 대답도 하지 않고 걸음을 서둘렀다. 성문 앞을 지나칠 때 벨솔레유는 옆으로 방향을 틀었고, 몽뤼크는 부대를 이끌고 계속 방앗간으로 향했다. 방앗간 수비대는 잠들어 있었지만, 파수병 서너 명이 입구 앞에서 경비를 서고 있었다. 그중 한 명이 습격자들의 존재를 눈 또는 귀로 알아차리고 제국군의 신분확인 암호를 외쳤다.

"누구냐?"

몽뤼크가 대꾸했다. "에스파뉴."

하지만 틀린 암호였다. 올바른 답변은 '황제의 영토'였다. 파수병은 그들에게 사격을 가했지만 빗나갔다.

몽뤼크와 타반 영주가 앞장서서 방앗간으로 돌격했다. 파수병들은 안으로 뛰어 들어가 두 짝으로 되어 있는 무거운 접이식 문을 닫으려고 했다. 그들은 한쪽 문을 완전히 닫는 데 성공한 뒤 커다란 궤짝을 그 뒤에 놓아 문이 다시 열리지 않게 했다. 그리고 나머지 문 한 짝도 닫아 쇠막대로 고정했지만, 두 문 사이에는 사람 하나가 간신히 지나갈 수 있을 만큼의 틈이 있었다. 파수병들은 그 옆에 자리를 잡고 누구든 감히 안으로 들어오기만 하면 쏘아버릴 준비를 했다. 한편 자고 있던 방앗간 수비대 60명이 소란스러운 소리를 듣고 깨어났기 때문에 그들 역시 1~2분 안에 합류할 수 있을 터였다.

몽뤼크의 머리가 빠르게 돌아갔다. 그들에게 화승총을 쏜 파수병은 지금쯤 다시 장전하느라 여념이 없을 터였다. 아주 편안한 상황에서도 화승총 장전에는 적어도 1분이 걸렸다. 그렇다면 지금 몽뤼크의 부대가 상대해야 하는 화승총은 두세 정밖에 되지 않는다는 얘기였다. 타반 영주가 앞으로 튀어나갔다. 일부러 용감하게 함정에 머리를 들이밀 작정이었다. 그러나 몽뤼크가 그의 팔을 잡고 뒤로 끌어당겼다. 그리고 뒤에 서 있던 병사를 붙잡아 안쪽으로 밀어버렸다. 확실히 명예에도 한도가 있는 모양이었다.

20년 뒤 몽뤼크가 티옹빌 습격(1558)을 지휘할 때에도 똑같은 수법을 썼다는 사실이 흥미롭다. 병사들이 위험한 곳에 뛰어들지 않으려고 하자 그는 그때도 한 명을 붙잡고 먼저 안으로 뛰어든다면 20에퀴를 주겠다고 꼬드겼다. 병사는 죽은 사람한테 20에퀴가 무슨 소용이겠느냐면서 몽뤼크의 제안을 거부했다. 그러자 몽뤼크는 휘하 장교들에게 일을 맡겼다. 장교들은 그 병사를 붙잡아 적들이 있는 곳을 향해 머리부터 향하도록 억지로 던져버렸다.

"우리는 그의 의사와 상관없이 그를 용맹한 병사로 만들었다."[19]

몽뤼크는 이렇게 빈정거렸다. 티옹빌의 그 병사에게는 다행스럽게도, 적이 있을 것이라고 짐작되던 장소는 텅 비어 있었다.

그러나 오리올의 제국군 파수병들은 공격을 대비해 무장을 갖춘 상태였다. 병사가 안으로 밀려 들어가자마자 화승총 두 정이 불을 뿜을 뿐이었다.

"이제 들어가게. 자네가 원한다면."[20]

몽뤼크가 타반 영주에게 말했다. 타반 영주가 먼저 들어가고 몽뤼크와 병사 몇 명이 그 뒤를 따랐다. 단 하나의 램프에만 불이 켜져 있는 어둠 속에서 육박전이 벌어졌다. 몽뤼크 일행은 파수병들을 신속히 제압했다. 아직 반쯤 졸음에 겨워 무장도 제대로 갖추지 못한 다른 제국군 병사들은 1층에서 그들에게 이렇다 할 저항을 해보지도 못하고 2층으로 도망쳤다.

결국 계단에서 치열한 싸움이 벌어졌다. 몽뤼크는 무력으로 계단을 확보할 수 없음을 깨닫고, 방앗간 밖에 남겨둔 부하들에게 지붕으로 올라가 구멍을 낸 뒤 2층의 제국군 병사들에게 총을 쏘라는 지시를 전달했다. 부하들은 재빨리 그의 지시를 따랐다. 제국군들은 위에서 총알이 쏟아지기 시작하자 금방 전의를 잃고 방앗간 뒤편의 창문을 억지로 열고는 건물 옆을 흐르는 강물 속으로 대부분 뛰어들었다. 몽뤼크는 2층으로 치고 올라가 아직 저항하고 있던 병사들을 모조리 죽이고, 부상당한 수비대장과 다른 부상병 일곱 명을 포로로 잡았다.

몽뤼크가 방앗간을 점령하는 동안 벨솔레유는 성문 옆의 집 두 채를 장악하고 밖으로 돌격해 나오려는 수비대의 미지근한 시도를 세 번 저지했다. 성문에서 방앗간까지 이어진 길 위로 총알이 마구 날아다녔지만, 제국군 병사들은 도시를 벗어나 동료를 도우러 달려가는 데 하나같이 실패했다. 몽뤼크가 예상했듯이, 그들은 자신을 공격하는 프랑스군의 병력이 우월하다고 착각했기 때문에 굳이 기를 쓰고 안전한 성벽 밖으로 나오려고 하지 않았다.

방앗간을 장악한 뒤 몽뤼크는 부하들 대부분을 벨솔레유에게 원군으로 보내주며 어떤 희생을 치르더라도 계속 용감하게 성문을 막아달라고 말했다. 그리고 남은 부하들과 함께 방앗간의 장비들을 해체

중세의 수력 방앗간. 작자 미상, 1320~1340년경.

하고, 맷돌을 굴려 강에 빠뜨린 뒤, 건물을 완전히 불태웠다.

　그가 작업을 완료하는 데 걸린 시간은 딱 계획 그대로였다. 슬슬 동이 트기 시작했다. 오리올 수비대가 이제 곧 자신들의 착각을 깨닫고 대거 돌격해 나올 터였다. 몽뤼크가 막 퇴각 명령을 내리려는데, 카스텔페르가 마침내 도착했다. 그는 교구성당 뒤에 부하들을 숨겨 두고 불타는 방앗간으로 와서 몽뤼크에게 지시를 내려달라고 청했다. 몽뤼크는 성당 뒤에 계속 숨어 있으라고 말했다. 그곳에서는 성안에서 우박처럼 쏟아지는 총알에 맞을 염려가 없었다. 타반 영주에게도 방앗간 주위의 부하들을 모아 카스텔페르가 있는 성당 뒤편으로 가라고 지시했다.

　몽뤼크 본인은 벨솔레유를 데리러 갔다. 성문 옆 집 안에서 자리를 잡고 있던 병사들이 한 명씩 차례로 빠져나와 목숨을 걸고 성당 쪽으로 뛰었다. 몽뤼크는 벨솔레유의 부하들이 도망치는 동안 수비대가 치고 나와서 자신들을 제압할까 봐 걱정했으나, 다행히 카스텔페르가 기왕 마르세유에서 여기까지 왔으니 조금이라도 싸워보고 싶다는 마음에 멋대로 기병 스무 명을 이끌고 거리 끝에 모습을 드러냈다. 제국군은 기병들의 모습을 보고 감히 몽뤼크를 추적하지 못했다. 몽뤼크는 마지막까지 남아 있던 병사들을 데리고 무사히 성당으로 갈 수 있었다.

운명에 맡긴 귀환 길

날이 점점 밝아오는 가운데 몽뤼크는 마르세유로 돌아갈 준비를 하면서 부대를 점검해보았다. 다행히 부상자가 일고여덟 명밖에 되지 않았다. 게다가 중상자는 비뇨라는 병사 한 명뿐이었다. 맨 처음 방앗간 안으로 내던져졌던 병사도 다행히 잘 도망친 모양이었다. 16세기 화승총의 명중률이 형편없었다는 점을 생각하면 불가능한 일도 아니다(아니면 몽뤼크가 이미 그 병사를 머릿속에서 지워버렸을 가능성도 있다).

그들은 비뇨를 당나귀 위에 태운 뒤 오바뉴를 향해 걷기 시작했다. 카스텔페르의 기병들은 말의 고삐를 잡고 걸었다. 병사들이 기진맥진한 상태이고 땅이 고르지 못했기 때문에 그들의 행군속도는 지극히 느렸다. 그래도 그들은 오리올 수비대의 추적을 따돌리고 산길로 무사히 들어설 수 있었다. 그 뒤로 그들은 휴식 없이 계속 행군하며 빵을 우적우적 씹어 먹었다. 아직 갈 길이 멀었다. 엑스의 제국군 진영에서 파견된 부대가 길을 막고 있을지도 모른다는 두려움도 있었다. 몽뤼크는 임무의 성공 가능성을 높이기 위해 자신이 할 수 있는 일을 모두 했지만, 이제 그들의 앞날은 순전히 운에 달려 있었다.

그들은 제국군에게 들키지 않고 오바뉴에 무사히 도착했다. 근대 초기 군대의 눈과 귀 역할을 하던 경기병들이 몽뤼크 일행을 찾으려고 들판을 훑어보기는 했겠지만, 산길로 들어올 엄두를 내지는 못했을 것이다. 오바뉴에 도착했을 때 몽뤼크는 시내에서 조금 쉴 수 있을 것이라고 생각했으나, 성문 안으로 들어서는 순간 마르세유 쪽에서 포성이 들렸다. 그들이 마르세유에서 오리올로 행군하던 밤사이에 카를 황제가 8,000∼1만 2,000명의 병력을 이끌고 엑스에서 마르세유로 가서 마르세유의 방어가 얼마나 단단한지 시험하고 있었던 것이다. 마르세유의 외곽 초소들은 물론 프랑스 함대도 그에게 맹렬하게 포격을 퍼부었다.[21]

사실 몽뤼크에게 이것은 대단한 행운이었다. 그의 부대가 방앗간을 공격했을 때, 수비대장은 가장 먼저 엑스의 황제에게 전령을 보내 상황을 알리려 했다. 그런데 몽뤼크의 설명에 따르면, 전령이 엑스에 도착한 것은 이미 카를 황제가 그곳을 떠난 뒤였다. 따라서 전령은 다시 마르세유까지 말을 타고 가야 했다. 만약 카를이 진영에 남아 있다가 전령에게서 소식을 듣고 병력을 보냈다면, 몽뤼크와 프랑스 병사들은 과거 구아스코가 걱정했던 것처럼 반드시 붙잡히고 말았을 것이다. 카를은 날이 밝은 뒤에야 오리올의 습격 소식을 들었다. 이미 마르세유 코앞까지 와 있을 때였다. 그는 습격자들을 잡기 위해 즉시 400∼500명의 기병들을 파견했다. 마르세유에서 서둘러 달려간 그들이 오바뉴에 거의 다 왔을 때, 몽뤼크도 지친 병사들을 이끌고 도시

반대편에서 도시 안으로 발을 들여놓고 있었다.

마르세유에서 들려오는 포성이 무엇을 의미하는지 몽뤼크로서는 알 길이 없었다. 처음에 그들은 제국군 전군이 밤사이 마르세유로 가서 그곳을 공격하거나 포위할 준비를 하는 줄 알았다. 서두르면 슬쩍 마르세유 시내로 들어갈 수 있을 테지만, 오바뉴에서 미적거린다면 마르세유와 연락이 끊길 우려가 있었다. 몽뤼크는 오바뉴에서 시간을 보내는 것이 위험하다는 결론을 내렸다. 그는 또한 오바뉴에서 마르세유까지 대로를 이용하려던 원래 계획을 포기했다. 중간에 제국군과 마주칠 수 있다는 우려 때문이었다. 산길을 감당할 수 없는 부상병들과 당나귀에 태운 비뇨만 평탄한 길로 보내고, 나머지 병사들은 몽뤼크의 인도로 다시 산길로 들어가 카르피아뉴 산과 마르세유베르 산의 가파른 비탈을 탔다.

몽뤼크가 평탄한 길을 벗어나는 것이 조금만 더 늦었더라면 큰일이 날 뻔했다. 비뇨를 비롯한 부상병들은 오바뉴에서 겨우 500걸음이나 갔을까 싶은 무렵, 마르세유에서 오던 제국군 기병대와 마주쳐 모두 포로로 잡혔다. 반면 몽뤼크 일행은 남쪽을 향해 힘들게 산길을 걸어 무사히 도망쳤다.

그러나 8월의 프로방스 태양에게서 도망칠 길은 없었다. 시간이 갈수록 길은 더 멀어지는 것 같고, 온도가 올라가면서 땀이 줄줄 흘렀다. 가져온 물도 없고, 프랑스군이 미리 태워버린 벌판에서 물을 찾을 길도 없었다. 그들은 금방이라도 목이 말라 죽을 것 같다는 생각을 하면서 계속 가파른 산길을 걸었다. 마침내 마르세유의 외곽 초소 중 한 곳인 노스트르 담 드 라 가르드 요새가 보였다. 처음에는 요새 쪽에서 그들에게 총을 쏘았지만, 곧 그들을 알아보고 문을 열어주었다. 한편 제국군은 마르세유 공격을 중단하고 엑스 쪽으로 물러났다. 마르세유의 방어가 지나치게 단단하다는 것을 알게 된 탓이었다.

몽뤼크 일행은 제국군이 물러나는 것을 보고 노스트르 담 드 라 가르드를 떠나 마르세유 성문으로 향했다. 거기에 바르브지외와 몽프자를 비롯한 여러 지휘관들이 서 있었다. 처음에 그들은 몽뤼크 일행을 제국군의 또 다른 선봉대로 착각했지만, 금방 그들을 알아보고 크게 기뻐하며 맞이했다. 몽뤼크 일행이 임무를 성공적으로 마쳤다는 소식을 듣고 몹시 좋아하면서, 그들이 포로로 붙잡아온 오리올 방앗간 수비대장을 빨리 심문하고 싶어서 안달했다.

몽뤼크는 회고록에서 자신이 마르세유까지 무사히 돌아온 데에는 이성적인 조치뿐만 아니라 행운도 따른 덕분이었다고 고백했다. 그는 방앗간을 점령하고 불태우는 임무에 반드시 성공할 것이라고 처음부터 자신했지만, 마르세유로 돌아오는 길에는 하르푸트에 잠입했던 아르메니아인들(제3장 참조)처럼 운명 또는 하느님을 믿는 수밖에 없었다. 그리고 가엾은 아르메니아인들과 달리, 몽뤼크의 믿음은 배신당하지 않았다.

승리와 그 이후의 삶

방앗간이 파괴된 일은 그 뒤로 이어진 제국군의 패배에 커다란 영향을 미쳤다. 제국군의 보급 문제가 더욱 심각해져서 병사들이 과일과 포도, 절구로 옥수수를 빻아 만든 빵으로만 연명해야 하는 경우가 크게 늘어난 탓이었다. 이런 식으로 빵을 만드는 데에는 시간이 많이 들었고, 품질도 형편없어서 프랑스 군대의 놀림감이 되었다. 몽모랑시는 수도 사람들에게 제국군이 곧 무너질 것이라는 확신을 줘서 사기를 높이기 위해 이 빵의 표본을 파리로 보냈다.[22]

부실한 식사 때문에 제국군 진영에는 설사병이 번졌다. 수천 명이 목숨을 잃었고, 또 다른 수천 명은 제대로 움직일 수 없는 처지가 되었다. 9월 2일까지 제국군은 단 한 번 싸워보지도 못하고 최대 8,000명의 병력을 잃었다. 9월 7일에는 레이바도 산산이 부서져가는 제국군 진영에서 숨을 거뒀다.

오리올 방앗간의 파괴가 제국군의 상황을 악화시키는 데 미친 영향이 어느 정도나 됐는지 정확히 파악하기는 힘들다. 몽뤼크가 이 사건을 최후의 결정적 타격으로 묘사한 것은 이해할 만한 일이다. 다른 문헌들은 이 사건을 제국군 패배의 주요 요인으로 꼽은 적이 없지만, 이용할 수 있는 방앗간이 모두 파괴된 것이 제국군을 괴롭힌 커다란 원인 중 하나였다고 주장하는 문헌은 많다.[23] 카를 황제 본인도 원정 실패의 원인을 설명한 여러 통의 편지에서 자신이 프로방스에서 퇴각하기로 한 것은 주로 보급품의 부족 때문이었으며, 이런 상황이 빚어진 중요한 원인 중 하나가 바로 모든 방앗간의 파괴라고 썼다.[24]

9월 11일 카를은 패배를 인정하고, 병사들이 아직 스스로 걸으면서 공격을 방어할 능력이 있을 때 이탈리아로 퇴각하기로 결정했다. 그는 엑스의 숙영지를 떠나 프레쥐스와 국경이 있는 동쪽으로 방향을 잡았다. 8월 초에 제국군이 넘치는 자신감을 안고 걸어온 길이 이제는 병자, 망자, 낙오병 등으로 뒤덮였다. 프랑스인 도적들이 그들의 뒤를 밟다가 가끔 가장 약한 자를 노리고 달려들었다. 경기병 부대를 이끌고 제국군을 추적한 마르탱 뒤 벨레는 엑스에서 프레쥐스까지 "모든 길에 시체와 병자, 갑옷, 창, 화승총, 기진맥진한 말이 흩어져 있었다. (…) 죽어가는 자들과 이미 죽은 시체가 뒤섞여 끔찍하고 안쓰러운 광경을 연출하고 있었다"고 썼다.[25]

7월 24일에 바르 강을 건넌 병사들 6만 명 중에서 그 강을 다시 건너 이탈리아로 돌아온 사람은 절반도 되지 않았다. 수천 명이 탈영했고, 적군인 프랑스 편으로 넘어간 사람도 많았다. 포로로 잡힌 사람도 많았다. 사망자는 수천 명에 달했다. 프랑스 주력 부대는 아비뇽 근처의 숙영지를 요새처럼 꾸며놓고 꿈쩍도 하지 않았다. 그들은 단 한 번의 교전도 없이 엄청난 승리를 거뒀다.

적이 완전히 물러간 뒤 프랑수아 1세가 발랑스에서 와서 파괴된 지역들을 돌아보며 효과적으로 적을 막아낸 프랑스군의 공을 치하했다. 9월 20일에는 마르세유를 방문했다.[26] 몽뤼크가 어렸을 때부터 꿈꾸던 순간이 온 것이다. 그는 오리올 방앗간을 파괴하라고 신하들을 그토록 채근하던 왕 앞에 의기양양하게 나서는 자신의 모습을 벌써 머릿속으로 그리고 있었다. 모두들 불가능한 임무라던 그 일을 몽뤼크가 어떻게 해냈는지 바르브지외가 화려하게 설명하면, 프랑수아가 그에게 고마워하며 후한 보상을 내릴 터였다.[27]

그러나 몽뤼크의 꿈은 무참히 깨졌다. 우선 바르브지외가 문제였다. 그는 원정 중에 심한 비난을 받았기 때문에 자신의 이름을 지키기 위해 공이란 공을 있는 대로 끌어모아 자신의 것으로 내세워야 했으므로, 다른 사람의 공을 가로채는 일도 서슴지 않았다. 따라서 몽모랑시와 프랑수아에게 방앗간 파괴 소식을 전하면서 그 공을 독차지해 버렸다. 임무를 성공으로 이끈 참신한 계획을 짠 사람이 바로 자신이라고 말한 것이다. 몽뤼크의 이름은 아예 언급하지도 않았다.

몽모랑시 역시 재빨리 그 공을 자신의 몫으로 돌렸다. 9월 2일에 작성한 편지에서 그는 도피네에 있던 프랑스군 사령관 위미에르 경에게 "제가 보낸 상당수의 기병과 보병이 방앗간을 완전히 파괴한 뒤 불태우고, 그곳을 지키던 스페인 병사 100~120명 또한 난도질해버렸습니다. 적에게 큰 피해를 입힌 작전입니다. 그들이 옥수숫가루를 구할 수 있는 곳이 그곳뿐이었을 것이라고 짐작되기 때문입니다. 이제 적이 어떻게 나올지 두고 봐야겠습니다"라고 말했다.[28] 이 성공적인 임무를 지휘한 사람에 대해서는 한마디도 없었다.

프랑수아가 의기양양하게 마르세유에 입성하자 바르브지외는 왕 앞에서 다시 방앗간 습격작전의 기획자를 자처하며 왕이 내려주는 치하와 명예를 독식했다. 하필이면 몽프자가 그 순간 중병에 걸려 누워 있었기 때문에 몽뤼크를 위해 왕에게 말을 해줄 사람이 아무도 없었다. 몽뤼크는 프랑수아 앞에 한 번도 나서지 못했다. 프랑수아도 '바르브지외의 작전'을 실행한 사람이 누구인지 물어보지 않은 것 같다. 타반 영주의 아들인 장 드 소는 부하들이 야전에서 전투를 지휘하고 있을 때 침대에서 잠이나 자고 있던 상관들이 부하의 공을 가로채는 일이 많았다고 회고록에 썼다. 위험한 일은 야전 지휘관들이 다 하고, 승리의 영광은 상관들이 가져갔다는 것이다.[29]

이렇게 해서 몽뤼크의 이름은 프랑수아 왕과 안 드 몽모랑시는 물론 대다수의 프랑스 장군들에게도 알려지지 않았다. 그를 잘 알던 단 한 명의 장군인 바르브지외와 그의 사이가 틀어진 것은 당연한 일이 다. 프랑수아와 카를이 니스에서 휴전협정에 서명할 때(1538), 거의 마흔 살이 다 된 몽뤼크는 고작 대위 계급장을 달고 있었다.

*
* *

1543년에 전쟁이 다시 시작되어 1559년 카토 캉브레시 조약이 체 결될 때까지 계속된 것은 몽뤼크에게 다행한 일이었다. 게다가 이 전 쟁이 끝난 뒤에도 곧바로 프랑스 종교전쟁이 벌어졌다. 이렇게 끊 임없는 전쟁 덕분에 몽뤼크는 실력을 보여줄 수 있는 기회를 몇 번 더 얻었고, 마침내 어린 시절의 꿈을 훨씬 뛰어넘는 성공을 거뒀다. 1543년 그는 여러 교전에서 뛰어난 실력을 뽐냈다. 카리냐노에서 전 략적으로 몹시 중요한 포 다리를 파괴한 작전(1544) 같은 특수작전에 도 여러 번 참여했다.[30]

그리고 그해에 마침내 프랑수아 왕과 직접 대면할 기회를 얻었다. 전쟁에서 신중을 기하는 것이 좋다는 쪽으로 갈수록 마음이 기운 프 랑수아는 이탈리아에 있던 사령관 앙기앵 공작에게 교전을 엄금했 다. 그러나 앙기앵은 그 명령을 철회해달라고 왕을 설득하기 위해 몽 뤼크를 보냈다. 몽뤼크는 힘차고 영웅적인 언변으로 분위기를 휘어 잡은 뒤 부대로 돌아와 앙기앵의 환영을 받았다. 그는 몽뤼크에게 소 리쳤다.

"자네가 우리에게 평화를 가져오지 않으리라는 걸 난 잘 알고 있 었네!"[31]

그 뒤에 벌어진 체레솔레 전투(1544)는 하마터면 프랑스군의 패배로 끝날 뻔했으나, 몽뤼크의 활약을 비롯한 몇 가지 요인 덕분에 결국 프랑스가 승리를 거뒀다. 몽뤼크는 현장에서 바로 기사 작위를 받았다. 사흘 동안 그가 전투에서 패배하는 악몽 때문에 소스라치게 놀라서 한밤중에 잠에서 깨어났다고 나중에 밝혔을 정도로 급박한 전투였다.[32]

이때부터 그는 승리에 승리를 거듭하며 신속하게 승진했다. 종교 전쟁 때는 프랑스 육군원수 겸 기엔의 가톨릭 총독 자리까지 올라갔다. 특히 가톨릭 총독으로서 그는 위그노 반군들을 상대로 공포의 원정을 이끌었다. 오리올의 방앗간 문 앞에서 그가 보여주었던 냉혹함은 시에나(1555)에서 이탈리아 민간인들을 처리하는 방식에서도 무서울 정도로 드러났지만, 이 공포의 원정 때와는 상대가 되지 않았다. 용감하게 특수작전을 이끌던 장교가 이제는 늙고 잔혹한 폭군이 되어 기엔의 위그노 교도들을 상대로 거의 인종청소에 버금가는 짓을 저지르고 있었다.

그는 1577년에 세상을 떠났다.[33]

나가는 말

    특수작전은 근대 말에야 시작된 신기한 일이 아니다. 중세와 르네상스 시대에도 이미 매우 중요하고 필수적인 군사적, 정치적 도구였다. 중세와 르네상스 시대의 전쟁에서 가장 중요한 표적이었던 방어 거점과 최고지휘관은 정규전보다 특수작전에 더 취약한 경우가 많았다.

    특수작전이 광범위하게 사용되었다는 사실은, 중세와 르네상스 시대의 전쟁이 항상 기사도를 따라 공정하게 진행되지만은 않았음을 보여준다. 지휘관들은 간계와 책략뿐만 아니라 뇌물, 배신, 암살, 납치 등도 익숙하게 사용했다. 그럼에도 기사도는 중세와 르네상스 시대 전쟁에서 중요한 부분을 차지하고 있었다. 그래서 특수작전, 특히 암살과 납치를 구속하는 영향을 발휘했다. 그러나 중세와 르네상스 시대에는 정치적인 충성심이 기본적으로 봉건적인 사고와 기사도에 따라 좌우되었으므로 암살과 납치는 잠재적으로 몹시 유용한 방법이었다.

이 책에서 아직 결론을 내리지 못한 여러 중요한 의문들에 대해서는 더욱 많은 연구가 필요하다. 예를 들어 기사도 문화 속에서 암살과 독살의 실행방법과 그 중요성도 더 많은 연구가 필요한 대상이다. 중세 절정기 유럽의 군사문화와 정치문화에서 암살의 비중이 비교적 적었고, 16세기 종교전쟁에 이르러서야 그 중요성이 훌쩍 커졌다는 프랭클린 L. 포드의 가설[1]이 옳은지 그른지도 그런 연구를 통해 알아볼 수 있을 것이다. 이 책에서는 암살이 중세 내내 몹시 중요한 자리를 차지했다고 넌지시 주장했지만, 확고한 결론을 내리기 위해서는 훨씬 더 상세한 연구가 필요하다.

정규작전과 특수작전의 상대적인 중요성을 파악하기 위해서는 중세와 르네상스 시대 공성전에 대해서도 더욱 상세한 연구가 필요하다. 일단 대충 살펴본 바에 따르면, 공성전에서 특수작전은 예를 들어 대포 같은 것보다 훨씬 더 중요했던 것으로 보이지만, 이 가설이 옳은지 그른지 판별하려면 더욱 철저한 연구가 필요하다. 만약 이 가설이 옳다면, 전쟁사가들은 특수작전뿐만 아니라 심리전에도 더욱 주의를 기울여야 할 것이다. 적의 진영에서 배신자가 나오도록 유도하는 데 심리전이 핵심적인 역할을 하는 경우가 많았기 때문이다.

해전은 이 책에서 의도적으로 주의를 기울이지 않은 분야다. 해상 특수작전은 실행방법과 표적 면에서 육상 특수작전과 다른 경우가 많다. 그러나 전략적, 정치적 결과만을 따진다면 중요성은 비슷했을 것으로 짐작된다. 따라서 이런 특수작전을 염두에 둔다면, 중세와 르네상스 시대 해전 연구에 도움이 될 것이다.

마지막으로, 이 책은 화약혁명이 한창 진행 중이던 1550년까지만 다뤘다. 이 시기는 군사혁명의 초기 단계 어디쯤에 해당한다. 1550년까지 이 두 혁명은 특수작전에 그다지 영향을 미치지 못한 것 같지만, 1550년부터 1914년 사이에 육상과 해상의 특수작전이 모두 실행 방법, 표적, 문화적 지위 측면에서 중대한 변화를 겪었음이 분명하다. 이러한 변화들을 이야기하려면 별도로 책을 한 권 더 써야 할 것이다.

감사의 말

내게 역사를 사랑하는 마음을 길러주고, 인류의 역사를 현명하고 통찰력 있게 바라보는 방법을 가르쳐준 선생님들께 이 책을 바친다.

먼저 고등학교 시절 백년전쟁 때의 장궁을 연구하는 프로젝트를 감독해주신 알론 클레바노프 선생님 덕분에 나는 학자의 길에 들어서게 되었다. 내가 학문의 길을 택한 데에는 선생님이 보여주신 모범과 지도가 결정적인 영향을 미쳤다. 그로부터 10여 년의 세월이 흐르는 동안 나는 세계 최고의 대학 여러 곳에서 많은 시간을 보내는 행운을 누렸지만, 클레바노프 선생님만큼 전쟁사에 박식하고 흘러간 시대의 전투와 병사들에 대해 커다란 사랑과 열정을 품은 사람은 아직 만나지 못했다.

히브리대학교 시절 나의 멘토였으며 학사과정과 석사과정을 거치는 동안 지도를 맡아주신 베냐민 Z. 케다르 선생님은 나의 학문적 능력의 토대뿐만 아니라 학자로서 지니게 될 성격의 토대까지도 다져주셨다. 강의실 안에서나 밖에서나 나와 오랜 시간을 함께 보내며 역사가가 지녀야 할 솜씨를 내게 전해주고, 처음으로 연구를 시작한 나의 발걸음을 주의 깊게 바로잡아주신 것에 감사드린다. 하지만 그보다 더 고마운 것은, 학자로서의 탄탄한 토대와 더불어 역사 연구에서 이미 많은 사람의 발길로 다져진 길을 벗어나 미처 전부 개척되지 않은 곳들을 돌아다닐 수 있도록 내게 자유를 주고 적극적으로 격려해주셨다는 점이다.

케다르 선생님과 함께 나의 첫 연구 프로젝트 여러 편을 지도해주신 마르틴 반 크레벨드 선생님은 넓은 역사적 시야를 제공해주고, 때로 나를 거칠게 밀어 올바른 방향으로 돌려놓으셨다. 특히 편협함과 자기중심주의라는 함정들을 조심하라고 경고해주신 것이 힘이 되었다. 그런 것들이 학자를 불모의 거품 속에 가둬버릴 수 있기 때문이다. 지금 이 책은 크레벨드 선생님과 여러 번에 걸쳐 토론하는 과정에서 싹을 틔웠다. 선생님은 이 책 앞부분의 초고를 읽고 논평을 해주셨다. 하지만 이 책이 선생님의 기준에 조금이라도 다가갔다고 말할 수는 없다. 선생님의 연구들에 비하면, 이 책은 그저 재미있는 흔들목마에 지나지 않기 때문이다.

박사과정 지도교수인 스티븐 J. 군 선생님은 내가 그동안 축적한 지식과 기술을 한데 모아 정돈할 수 있게 해주고, 역사 이론과 실제 글쓰기 사이의 엄청난 틈새를 메우는 법을 가르쳐주셨다. 군 선생님의 헌신적이고 이타적인 도움이 없었다면, 나는 내 머릿속을 덧없이 스쳐가던 생각들을 유형의 박사논문으로 만들어내지 못했을 것이다. 마치 연금술 실험을 하듯이 생각을 논문으로 바꾸며 우리가 함께 보낸 시간은 내게 가치를 따질 수 없는 교훈이 되었다. 그 덕분에 나는 이 책을 훨씬 더 매끄럽게 빚어낼 수 있었다.

이 선생님들의 상냥하고 너그러운 지도가 없었다면 나는 이 책을 쓸 수 없었을 것이다. 선생님들이 이 책을 재미있게 읽고 그래도 대견한 구석이 있다고 생각해주시면 좋겠다.

학창시절 역사 선생님들에게도 감사드린다. 특히 대니 페슬러 선생님과 다프나 하란 선생님은 처음 내가 역사에 품었던 애정을 잘 키워주셨다. 두 분과 함께 보낸 시간은 학창시절 중 최고의 추억이기도 하다. 내게 계속 지적인 자극을 주는 오랜 친구 사라이 아로니, 니자리파에 관한 참고 자료들을 찾아주고 깊이 있는 논평을 해준 조나단 레위에게도 감사한다.

내가 일리야 베르코비치와 에얄 카츠라는 뛰어난 연구조수와 함께 일할 수 있었던 것은 행운이었다. 일리야는 마음만 먹으면 곧 뛰어난 학자로서 명성을 얻을 것이라고 확신한다. 에얄은 직무 상담치료사로서 사람들에게 훨씬 더 직접적인 도움을 주게 될 것 같다. 그가 특수작전의 희생자들을 돕게 되는 일은 결코 없어야 할 텐데.

이번 연구를 지원해준 야드 하나디브 연구 트러스트에도 신세를 졌다. 특히 나타니아 이사크 덕분에 나는 이 트러스트의 지원을 받으면서 즐거움 또한 누릴 수 있었다.

마지막으로, 물심양면으로 지원해준 가족들에게 감사한다. 특히 내 평생의 동반자이자 배우자인 이치크는 이 책에 삽입된 지도들을 훌륭하게 준비해주었다.

주

1장 **기사도 시대의 특수작전**

1. 특수작전의 정의에 대해서는 McRaven, *Spec Ops,* pp. 1-23; Thomas, 'Importance of Commando Operations', p. 689. 참조.

2. Baker, *Chronicon*, pp. 45-6, 225-9; Le Bel, *Chronique*, 1: 102-3; Lescot, *Chronique*, pp. 21-2; Sumption, *Hundred Years War*, 1: 115-16. 중세에는 부모와 자식 사이의 내전이 드물지 않았다. 1152년에 예루살렘 왕국에서는 보두앵 3세와 그의 어머니 멜리장드 왕비(보두앵 2세의 딸 — 옮긴이) 사이에 내전이 발발하기도 했다. 아들이 벌써 스물한 살이나 됐는데도 왕비가 섭정의 권한을 포기하려 하지 않았기 때문이다. 멜리장드의 자매인 안티오키아 공작부인 알리스의 기록은 이보다 더하다. 그녀는 여러 차례의 내전을 치렀는데, 첫 번째 내전의 상대는 아버지였고, 그다음 상대는 딸이었다. 이때 그녀는 안티오키아의 섭정 지위를 유지하기 위해 딸과 싸웠다. 잉글랜드의 헨리 2세는 아들들을 상대로 여러 차례 전쟁을 치렀다. 아들들이 권력에 대해 지나친 열정을 품은 탓이었다. 헝가리의 벨라 4세도 말년에 아들의 반란으로 비슷한 어려움을 겪었다. 그의 아들은 나중에 이슈트반 5세가 되었다. 1460년대 겔더스 공작과 그의 성질 급한 후계자 사이에 벌어진 내전은 공작령을 갈기갈기 찢어 놓았다.

3. 중세와 근대 초기 첩보 활동을 다룬 글을 보려면 다음을 참조하라. 'Excerpts of Polyaenus', section 7, ed. Krentz, 2: 870-2; Leo VI, 'Stratagems', sections 8.1-2, ed. Krentz, 2: 1030; Archer, *Sovereignty and Intelligence;* Dvornik, *Origins of Intelligence Services;* Haynes, *Invisible Power;* Sheldon, *Espionage;* Thomas, 'Französische

Spionage'; Marshall, *Warfare*, pp. 262-7; Amitai, 'Mamluk Espionage'; Prestwich, *Armies*, pp. 211-17; Prestwich, 'Military Intelligence', pp. 2-15, 17, 19-28; Hewitt, *Organization of War*, pp. 4, 165-8; Allmand, 'Intelligence'; Crook, 'Confession of a Spy'; Alban and Allmand, 'Spies', pp. 73-101; Arthurson, 'Espionage and Intelligence'; Contamine, *War in the Middle Ages*, p. 226.

4. Brundage, *Richard Lion Heart*, pp. 237-41; Gillingham, *Richard Cœur de Lion*, pp. 66-7; Gillingham, 'Unromantic Death', p. 155.

5. McRaven, *Spec Ops*, pp. 29-72.

6. Dahl, *Heavy Water*, pp. 169, 192-208, 225-33.

7. McRaven, *Spec Ops*, pp. 163-200.

8. Dam, *Niels Bohr*, p. 56.

9. 최근의 다른 사례들로는 잠무카슈미르 주의 주의회 공격(2001년 10월 1일), 인도의회 공격(2001년 12월 13일), 이라크 사마라의 아스카리야 모스크 공격(2006년 2월 22일) 등이 있다.

10. Braudy, *From Chivalry to Terrorism*, pp. 544-7; Klein, *Striking Back*.

11. 예를 들어 테러리스트들에게 인질로 잡혀 있던 이스라엘 국민 100여 명을 구출한 1976년 이스라엘의 엔테베 작전은 이스라엘 국민들의 사기와 정부의 정치적 입지를 크게 높여주었다(McRaven, *Spec Ops*, pp. 333-80).

12. McRaven, *Spec Ops*, pp. 245-332; Thomas, 'Importance of Commando Operations', pp. 694-5, 701. 참조.

13. Dawson, *Soldier Heroes*, p. 190. 그리고 Paris, *Warrior Nation*, pp. 138-57, 184-5, 257-8; Neillands, *In the Combat Zone*, p. 2도 참조. 제1차 세계대전이 전쟁의 이미지에 미친 영향을 개괄한 글을 보려면, Harari, 'Martial Illusions', pp. 43-8 참조.

14. SAS 백과사전이 출간될 수 있었다는 사실이 현실을 잘 보여준다!(Crawford, *SAS Encyclopedia.*)

15. 예를 들어, 영화 〈파이널 디씨전〉과 〈프루프 오브 라이프〉 참조.

16. 정치풍자 영화 〈왝 더 독〉이 클린턴과 비슷한 미국 대통령을 묘사하고 있다는 점이 흥미롭다. 대통령은 자신의 성추문에서 대중의 관심을 돌리기 위해 알바니아와의 전쟁을 꾸며낸다. 순전히 텔레비전 화면 속에서만 벌어지는 이 전쟁의 유일한 작전은 핵폭탄의 통제권 확보, 테러집단의 본거지 습격, 미국인 포로 구출을 목표로 한 가짜 특수작전뿐이다.

17. Newsinger, *Dangerous Men*, pp. 105-36. 군인과 국가적 남성성 이미지 사이의 현대적 관계를 보려면, Braudy, *From Chivalry to Terrorism*, pp. 338-555 참조.

18. 샤론은 이스라엘에서 가장 먼저 창설된 특수부대 중 하나인 101부대를 만들었다. 이 부대는 1950년대에 전설적인 명성을 얻었으며, 그 뒤로 창설된 이스라엘 특수부대

들은 대부분 이 명성을 바탕으로 삼았다(Sharon and Chanoff, *Warrior*, pp. 83-91). 네타냐후와 바라크는 사이렛 매트칼(엘리트 특수부대)의 장교였다. 나중에 바라크는 참모총장이 되었으나, 이스라엘 국민들의 마음속에서 그는 사베나 항공 비행기 인질구출(1972), 젊음의 샘 작전(1973)과 함께 떠오르는 인물이다. 젊음의 샘 작전 때 바라크는 베이루트에서 여장을 하고 팔레스타인 테러단체의 지도자들을 암살하기 위한 특수작전을 이끌었다. 바라크의 군 경력에 대한 가장 강력한 비판 또한 특수작전과 관련되어 있다는 점이 의미심장하다(사담 후세인의 암살을 준비 중이었다고 알려진 특수부대의 훈련 중 사고가 일어났을 때 그가 보여준 행동에 대해 비판이 있다).

19. 예를 들어 다음을 참조하라. Barnett et al., *Special Operations*; Bohrer, *America's Special Forces*; Dockery and Albrecht, *Special Forces in Action*; Dunnigan, *Perfect Soldier*; Harclerode, *Secret Soldiers*; Harclerode, *Fighting Dirty*; Kiras, *Special Operations*; Marquis, *Unconventional Warfare*; Neillands, *In the Combat Zone*; Sarkesian, *New Battlefield*; Taillon, *Evolution of Special Forces*; Vandenbroucke, *Perilous Options*; Waller, *Commandos*; White, *Swords of Lightning*.

20. Thomas, 'Importance of Commando Operations', pp. 689-90, 701.

21. 예를 들어 Weale, *Secret Warfare* 참조. 미국 특수작전을 다룬 책들은 때로 미국 독립전쟁 때 활약했던 로저스 공격대까지 역사를 거슬러 올라간다(Landau, *U.S. Special Forces*, pp. 8-16; Dunnigan, *Perfect Soldier*, pp. 20, 34-44; Neillands, *In the Combat Zone*, pp. 9-11).

22. Arquilla, *From Troy to Entebbe*.

23. Dunnigan, *Perfect Soldier*, pp. 14-33.

24. Neillands, *In the Combat Zone*, pp. 1, 12-17.

25. 이 논의를 개괄적으로 보려면 다음을 참조하라. Vale, *War and Chivalry*, pp. 1-10; Keen, *Chivalry*, pp. 1-3. 또한 다음 역시 참조하라. Keen, 'Chivalry, Nobility'; Keen, 'Huizinga, Kilgour'; Strickland, *War and Chivalry*; Anglo, *Chivalry in the Renaissance*; Gillingham, 'War and Chivalry'; Ferguson, *Chivalric Tradition*; Hale, *War and Society*, pp. 37-8; Tallett, *War and Society*, pp. 17-18; Prestwich, *Armies*, p. 222.

26. 최근 수십 년 동안 이 견해를 가장 명확하게 설파한 사람은 질링엄이다. Gillingham, 'War and Chivalry', pp. 237-40 참조.

27. Maurice Keen(특히 *Chivalry, in Laws of War*, and in 'Chivalry, Nobility'), Malcolm Vale(*War and Chivalry*), Matthew Strickland(*War and Chivalry*)는 중세 내내 기사도가 몹시 중요했음을 강조한다. 르네상스 시대의 기사도에 대해서는 다음을 참조하라. Anglo, *Chivalry in the Renaissance*; Goodman, *Chivalry and Exploration*; Ferguson, *Chivalric Tradition*; Davis, *Chivalry and Romance*; Day, 'Losing One's Character';

Prestwich, *Armies*, p. 243; Vale, *War and Chivalry*, p. 174; Keen, 'Changing Scene', pp. 290-1. 이 이슈에 대한 중세 논쟁에 대해서는 Pizan, *Book of Deeds*, pp. 163-4를 참조하라.

28. 명예의 핵심적인 비중에 대해서는 다음을 참조하라. Vale, *War and Chivalry*, pp. 15-31, 166-7, 174, 249-51; Dewald, *Aristocratic Experience*, p. 45; Ruff, *Violence*, pp. 75-80; Groebner, *Defaced*, pp. 80-2; Keen, *Chivalry*, pp. 249-51; Kaeuper, *Chivalry and Violence*, pp. 153-5; Fallows, 'Knighthood', p. 130; Harari, *Renaissance Military Memoirs*, pp. 39-40, 98-103, 112-16, 128-9, 159-65, 170-8, 182-3, 194-5; Harari, 'Martial Illusions', pp. 70-2.

29. Keen, *Chivalry*, pp. 220, 228-37; Contamine, *War in the Middle Ages*, pp. 284-92; Prestwich, *Armies*, pp. 233-7; Strickland, *War and Chivalry*, pp. 124-31; Showalter, 'Caste, Skill, and Training', p. 417; Vale, *War and Chivalry*, p. 33; Gillingham, 'War and Chivalry', pp. 231-9.

30. Keegan, *History of Warfare*, pp. 1-12, 23-46.

31. 예를 들어 고대 그리스와 19세기 유럽에서 모두 전쟁에 관한 허구적인 이야기들은 대부대의 움직임보다는 개별 영웅의 행동에 초점을 맞췄다. 하지만 영웅의 용맹한 행동은 대부분 정규작전 중에 이루어진 것이었다.

32. *Le Charroi de Nîmes*, sections 34-55, ed. Perrier, pp. 30-46. 비잔티움 황제 레오 6세도 자신이 쓴 군사 지침서에서 바빌론 시가 바구니 안에 숨어 들어온 병사들에게 함락된, 비슷한 사례를 이야기한다(Leo VI, 'Stratagems', section 2.2, ed. Krentz, 2: 1014-15).

33. *Chanson du Chevalier au Cygne*, chs. 10-20, lines 2166-4221, ed. Hippeau, 2: 79-153.

34 Contamine, *War in the Middle Ages*, pp. 110-11; Gillingham, 'Richard I and the Science of War', p. 224; Kagay, 'Shattered Circle', pp. 111-36; Davies, *Age of Conquest*, p. 358; Marshall, *Warfare*, pp. 94-8; Toch, 'Medieval German City', pp. 46-8; Wolfe, 'Siege Warfare', pp. 55-63; Pringle, 'Town Defences', pp. 98-9; Chevedden, 'Fortifications', pp. 39-42; DeVries, 'Impact of Gunpowder Weaponry', pp. 233-4.

35. 성의 비非군사적 기능에 대해서는 다음을 참조하라. Molin, 'Non-Military Functions'; Contamine, *War in the Middle Ages*, pp. 114-15; Ellenblum, 'Borders and Borderlines', pp. 112-18; Ellenblum, *Frankish Rural Settlement*, pp. 95-102, 205-9; Pounds, *Medieval Castle*, pp. 24-5, 96-101, 184, 201-7, 222-4; Strickland, *War and Chivalry*, pp. 204-5; France, *Western Warfare*, pp. 77-106; Davies, *Age of Conquest*, pp. 357-60; Marshall, *Warfare*, pp. 113-19, 122-6, 136-9.

36. Prestwich, *Armies*, pp. 206-11, 281-4; Strickland, 'Securing the North', p. 186; McGlynn, 'Myths', pp. 32-4; Gillingham, 'Richard I and the Science of War', pp. 216-17, 225-6; Harari, 'Strategy and Supply', pp. 331-3; Jones, 'Fortifications and Sieges', pp. 164-5; Smail, *Crusading Warfare*, pp. 60-2, 209, 214-15; Marshall, *Warfare*, pp. 93-4; Powers, 'Life on the Cutting Edge', pp. 17-26; Vann, 'Twelfth-Century Castile', pp. 22-6; Chase, *Firearms*, p. 61; Parrot, 'Strategy and Tactics', pp. 242-4; Parker, *Military Revolution*, pp. 57-60.

37. Harari, 'Strategy and Supply', pp. 305, 307-8, 310-11, 321, 324-33; Prestwich, *Armies*, pp. 206-11, 245, 251-2; Prestwich, *War, Politics, and Finance*, pp. 122-6; Bachrach, 'Logistics', pp. 57-78; Mott, 'Battle of Malta', pp. 167-8, 171; Morillo, *Warfare*, pp. 77-80, 124-31; France, *Western Warfare*, pp. 34-7; Hewitt, 'Organisation of War', pp. 290-2; Hall, 'Changing Face of Siege Warfare', pp. 265-7; Gillingham, 'Richard I and the Science of War', pp. 219-24; Gillingham, 'William the Bastard', pp. 152-3; Gillingham, 'Up with Orthodoxy!', p. 152; Warner, *Sieges*, pp. 32-4; Pounds, *Medieval Castle*, pp. 54-5, 152-63, 178-83; Marshall, *Warfare*, pp. 126-31.

38. Sumption, *Hundred Years War*, 1: 485; Harari, 'Inter-Frontal Cooperation', pp. 383-4.

39. Sumption, *Hundred Years War*, 1: 485-8, 496-7, 512-14, 519-20; Harari, 'Strategy and Supply', p. 331; Harari, 'Inter-Frontal Cooperation', pp. 383-4, 393.

40. Bachrach, 'Medieval Siege Warfare'; Prestwich, *Armies*, pp. 296-301; Contamine, *War in the Middle Ages*, pp. 101-6, 200-7; Gillingham, 'William the Bastard', pp. 150-3; Bradbury, *Medieval Siege*, pp. 78-88; Pounds, *Medieval Castle*, pp. 106-13; Strickland, *War and Chivalry*, pp. 206-8; Morillo, *Warfare*, pp. 136-43; Ayton, 'English Armies', p. 36; France, *Western Warfare*, pp. 108-27; Toch, 'Medieval German City', pp. 35, 45-8; Contamine, *War in the Middle Ages*, pp. 102-6, 193-207, 211-12, 240-1, 247-8; Marshall, *Warfare*, pp. 226-48; DeVries, 'Impact of Gunpowder Weaponry', pp. 238-44; DeVries, 'Catapults are not Atomic Bombs', pp. 466-7; Arnold, 'Fortifications'; Lynn, 'Trace italienne'.

41. 원정과 전쟁에서 방어거점과 포위공격의 핵심적인 비중을 다룬 글들: France, 'Recent Writing', pp. 456-8, 462-3; France, *Victory in the East*, pp. 26-7, 41; France, *Western Warfare*, pp. 153-4; Rogers, *Latin Siege Warfare*; Ellenblum, 'Borders and Borderlines', pp. 112-18; Ellenblum, 'Frankish and Muslim Siege Warfare'; Bachrach, 'Medieval Siege Warfare'; Pounds, *Medieval Castle*, pp. 44, 113-21, 152-63, 178-83; Strickland, *War and Chivalry*, pp. 204-8; Warner, *Sieges*, pp. 8-11; Morillo, *Warfare*, pp. 94-7; Toch, 'Medieval German City', pp. 37-40; Bradbury,

Medieval Siege, p. 71; Jones, 'Fortifications and Sieges', pp. 164-5; Marshall, *Warfare*, pp. 210-12; Parker, *Military Revolution*, pp. 6-13; Eltis, *Military Revolution*, p. 29; Smail, *Crusading Warfare*, pp. 210-14; DeVries, 'Impact of Gunpowder Weaponry', pp. 241-4; Mallett, 'Siegecraft', pp. 247-55; Hall, 'Changing Face of Siege Warfare', pp. 258-64; Hall, *Weapons and Warfare*, pp. 158-63; Chase, *Firearms*, pp. 61-5; Arnold, 'Fortifications'; Rogers, 'Vegetian "Science of Warfare"'; Morillo, 'Battle Seeking'.

42. Rogers, *War Cruel and Sharp*, pp. 48-76; Nicholson, *Scotland*, pp. 128-30.

43. Brown et al., *History of the King's Works*, vols. 1-2: *The Middle Ages*, 1: 563-8; *Rotuli Scotiae*, 1: 782-3; Bower, *Scotichronicon*, 7: 278-87; Froissart, *Œuvres*, ed. Lettenhove, 5: 323-39; Froissart, *Chroniques*, ed. Luce, 4: 140-1, 151-2, 359-60, 369-70; Wyntoun, *Orygynale Chronykil*, 2: 482-4; Fordun, *Chronica gentis Scotorum*, 1: 372-3; *Chronicon Angliae*, pp. 32-5; Walsingham, *Historia Anglicana*, 1: 280-1; Le Bel, *Chronique*, 2: 207-19; *Chronique Normande*, pp. 106-7; *Chronique des quatre premiers Valois*, pp. 31-2; Baker, *Chronicon*, pp. 126-7; Venette, *Chronicle*, p. 58; Rogers, *War Cruel and Sharp*, p. 335; Nicholson, *Scotland*, pp. 160-1; Sumption, *Hundred Years War*, 2: 173-4, 187-8. 1378년에 베릭에서 또 특수작전이 벌어졌다. 이번에는 소수의 스코틀랜드 부대가 성채에 침투해서 장악하는 데 성공했으나, 베릭 시가 저항하며 버티는 바람에 결국 스코틀랜드 부대가 패배했다(Brown et al., *History of the King's Works*, vols. 1-2: *The Middle Ages*, 1: 568; Fordun, *Chronica gentis Scotorum*, 1: 382; Bower, *Scotichronicon*, 7: 379; Froissart, *Œuvres*, ed. Lettenhove, 9: 26-44). 1384년 베릭의 성채는 밤에 사다리로 성벽을 오른 자들에게 또 장악되었다(Fordun, *Chronica gentis Scotorum*, 1: 382).

44. Chartier, *Chronique*, 1: 181; Monstrelet, *Chronique*, 5: 187; Basin, *Histoire*, 1: 119; *Journal d'un bourgeois de Paris*, p. 308; Gruel, *Chronique*, p. 106; Bully, *Charles VII*, pp. 207-9. 그러나 오비니는 묄랑이 책략에 의해 함락되었다고 말한다. 생드니 공성전에서 부상을 입고 돌아오는 잉글랜드 병사로 변장한 프랑스 병사들을 내부의 배신자들이 안으로 불러들였다는 것이다(Aubigny, *Traité*, p. 21).

45. 예를 들어, Chartier, *Chronique*, 1: 178; Basin, *Histoire*, 1: 119.

46. Vitalis, *Ecclesiastical History*, 6: 538.

47. Froissart, *Voyage* pp. 101-3. 다음과 함께 비교해서 보라. Aubigny, *Traité*, pp. 20-1; Machiavelli, *Art of War*, 7.99, 101, ed. Lynch, p. 152. 1356년 에브뢰 함락 또한 참조(Froissart, *Chroniques*, ed. Luce, 5: 87-93).

48. Monstrelet, *Chronique*, 5: 21-5; Aubigny, *Traité*, p. 22; Chartier, *Chronique*, 1: 141-3. 퐁드라르슈 시도 1449년에 비슷한 책략에 무릎을 꿇었다. 1432년 몽스트렐레는

기욤 도랑주가 쓴 방법을 훨씬 더 비슷하게 베낀 방법으로 로마의 산탄젤로 성을 점령하려는 시도가 있었다고 보고했다. 그가 전하는 이야기에 따르면, 베네딕트회 수도사가 성에 자신의 물건을 보관할 수 있게 해달라고 요청했다고 한다. 허락이 떨어지자 그는 열두 개의 커다란 상자를 준비해 병사 열두 명을 숨기고, 또다른 병사 스물네 명을 짐꾼으로 변장시키려 했다. 이렇게 성안으로 잠입한 병사 서른여섯 명은 성을 살레르노 공작에게 넘길 예정이었다. 그러나 이 음모가 발각되는 바람에 수도사는 교수형을 당했다(Monstrelet, *Chronique*, 5: 47-8).

49. Chartier, *Chronique*, 1: 233-5; Monstrelet, *Chronique*, 5: 274; Burne, *Agincourt War*, pp. 282-4. 이런 작전의 사례를 더 보려면, 1364년 4월 7일 망트 기습(Froissart, *Chroniques*, ed. Luce, 6: 100-4, 311-12) 참조. 사다리로 성벽을 오른 사람들에게 함락당한 도시와 성의 사례를 보려면, 1360년 퐁생테스프리 기습(Froissart, *Chroniques*, ed. Luce, 6: 71-3), 1382년 우드나르드와 마르켈 성 기습(Froissart, *Œuvres*, ed. Lettenhove, 10: 256-64), 1430년 루비에 기습(Monstrelet, *Chronique*, 4: 372-3), 1432년 도마르탕퐁티외 기습(Monstrelet, *Chronique*, 5: 16-17) 참조.

50. Aeneas Tacticus, 'Defence of Fortified Positions', sections x-xiv, xvii, xxii, xxix-xxxi, xxxix, ed. Illinois Greek Club, pp. 62-74, 88-92, 106-18, 148-74, 192-4; 'Excerpts of Polyaenus', sections 31.5, 40.1-3, 54.6-7, 54.9, 54.17, 56.2, ed. Krentz, 2: 926, 950-2, 980-6; al-Ansarī, *Muslim Manual of War*, pp. 114-15, 120-2; *Three Byzantine Military Treatises*, pp. 120-5; Frontinus, *Stratagems*, book 3, ed. McElwain, pp. 205-66; Vegetius, *Epitome*, 4.24-30, ed. Milner, pp. 128-31; Pizan, *Book of Deeds*, pp. 112-14; Machiavelli, *Art of War*, 7.108, 115, ed. Lynch, pp. 153-4; Aubigny, *Traité*, pp. 17, 20-2. 고전고대 군략 지침서의 전반적인 중요성에 대해서는, Polyaenus, *Stratagems of War*, 1: vi-ix 참조.

51. 예를 들어, 1554~1555년 시에나 공성전 때 이 도시의 지휘관으로서 블레즈 드 몽뤼크의 경험담 참조(Monluc, *Commentaires*, pp. 271-346). 제2장과 제5장도 참조.

52. Rogers, *Latin Siege Warfare*, p. 122.

53. Vitalis, *Ecclesiastical History*, 6: 216-18. 1358년 아미앵 함락 시도와 비교하라 (Froissart, *Chroniques*, ed. Luce, 5: 127-31).

54. Monstrelet, *Chronique*, 5: 12-15.

55. Du Bellay, *Memoires*, 3: 410-13. 배신자를 이용하려다 실패한 다른 사례를 보려면, 예를 들어 Usāmah, *Kitāb al-I'tibār*, p. 112 참조.

56. Monluc, *Commentaires*, pp. 109-18; Courteault, *Blaise de Monluc*, pp. 145-7; Miolo, *Cronaca*, 1: 179.

57. Bar Hebraeus, *Chronography*, 1: 343-4. 이중첩자에 대해서는 다음 역시 참조하라. Vitalis, *Ecclesiastical History*, 6: 80-2; 'Excerpts of Polyaenus', sections 41.1-5, 44.3,

ed. Krentz, 2: 952-6, 960-2; Leo VI, 'Stratagems', section 2.4, ed. Krentz, 2: 1016.

58. 도시와 요새의 배신자를 이용하는 음모, 이런 음모에 대한 만연한 공포에 대해서
는 예를 들어 다음을 참조하라. Vitalis, *Ecclesiastical History*, 6: 192, 342-4; *Gesta Stephani*, pp. 5, 69; *Istore et Croniques de Flandres*, 2: 53; Groebner, *Defaced*, pp. 58-62; Bradbury, *Medieval Siege*, p. 281; Marshall, *Warfare*, pp. 267-70.

59. 중세와 근대 초기 공성전에 관한 관심이 늘어나고 있음에도, 공성전의 은밀한 측면
들은 비교적 주목받지 못한다는 점이 눈에 띈다. 예를 들어 중세와 근대 초기 공성
전에 관한 획기적인 연구서들인 Jim Bradbury's *The Medieval Siege*, Randall Rogers's *Latin Siege Warfare in the Twelfth Century*, 그리고 Christopher Duffy's *Siege Warfare: The Fortress in the Early Modern World, 1494-1660*은 정규 공성전에 초점을 맞추느
라 배신, 간계, 기습의 핵심적인 역할은 무시하는 경향이 있다(그러나 Bradbury, *Medieval Siege*, pp. 82, 281 참조).

60. Monluc, *Commentaires*, pp. 133-6.

61. 16세기 내내 파괴 장비들의 성능이 점차 좋아졌다. 예를 들어, 1585년 4월 4일과
5일 사이 밤에 만토바의 기술자로 네덜란드 진영에 복무하던 페데리고 지암벨리는
포위된 안트베르펜으로 가는 길목을 막고 있던 스페인 군대의 다리를 날려버릴 때
화약 6,500~7,500파운드를 가득 실은 배 두 척을 이용했다. 스페인 병사 800명도
다리와 함께 산산조각 났다(Duffy, *Siege Warfare*, pp. 76-8).

62. *Istore et Croniques de Flandres*, 2: 64; Sumption, *Hundred Years War*, 1: 567.

63. Vaughan, *Philip the Good*, p. 84.

64. Rogers, *War Cruel and Sharp*, p. 50.

65. Vitalis, *Ecclesiastical History*, 6: 526-8. 1118년 루이 6세는 레글 시를 공격했다. 신
원미상의 인물(어쩌면 왕의 첩자였을지도 모른다)이 불을 질렀는데, 강풍 때문
에 불길이 계속 번져서 도시 전체를 태워버리자 결국 레글 시가 항복했다(Vitalis, *Ecclesiastical History*, 6: 198).

66. Lewis, *Assassins*, p. 117.

67. France, *Western Warfare*, pp. 30-4; Morillo, *Warfare*, pp. 79-80.

68. Bachrach, 'Origins of the Crossbow Industry', p. 87.

69. Burns, '100,000 Crossbow Bolts', p. 163. 또한 Bachrach, 'Origins of the Crossbow Industry', pp. 86-7; Pounds, *Medieval Castle*, p. 109.

70. Prestwich, *Armies*, pp. 140-1.

71. Bachrach, 'Origins of the Crossbow Industry', pp. 77-9, 81-6; Burns, '100,000 Crossbow Bolts', p. 162. 1250년 루이 9세는 석궁을 만들기 위해 다마스쿠스 시장에
서 뿔과 아교를 구입했다. 당시 그는 다마스쿠스의 술탄과 전쟁 중이었다(Joinville, *Vie*, section 446, ed. Monfrin, pp. 218-20).

72. Burns, '100,000 Crossbow Bolts', pp. 160-1.

73. Bachrach, 'Origins of the Crossbow Industry', pp. 82-7.

74. Contamine, *War in the Middle Ages*, p. 149.

75. Bradbury, *Medieval Siege*, p. 293. 16세기 군대가 사용한 화약과 화살의 양에 대해서는, Bradbury, *Medieval Siege*, pp. 290-5; Contamine, *War in the Middle Ages*, pp. 145-50; Prestwich, *Armies*, pp. 245-54; DeVries, 'Impact of Gunpowder Weaponry', p. 231; DeVries, 'Gunpowder and Early Gunpowder Weapons', pp. 127-30 참조.

76. DeVries, 'Gunpowder and Early Gunpowder Weapons', pp. 125-30; DeVries, 'Gunpowder Weaponry', pp. 130-45.

77. 화약고에 대해서는, DeVries, 'Gunpowder and Early Gunpowder Weapons', pp. 127-8 참조.

78. DeVries, 'Gunpowder and Early Gunpowder Weapons', p. 122; Vaughan, *Philip the Good*, p. 331. 뜻하지 않은 화약고 폭발사고의 또 다른 사례를 보려면, Wavrin, *Recueil des croniques*, 5: 529 참조.

79. 예를 들어, 'Gunpowder and Early Gunpowder Weapons', p. 130 참조.

80. 혹시 예외적인 사례가 있을 가능성에 대해서는, Vaughan, *Philip the Good*, p. 327 참조.

81. 또한 DeVries, 'Gunpowder and Early Gunpowder Weapons', p. 123 참조.

82. Prestwich, *Armies*, pp. 141, 147-57, 160, 178-81; Morillo, *Warfare*, pp. 51-6, 60-73; France, *Western Warfare*, pp. 124, 135-6; Marshall, *Warfare*, pp. 51-6; Hale, *War and Society*, pp. 127-78; Showalter, 'Caste, Skill, and Training', pp. 411, 418, 422; Arnold, 'War in Sixteenth-Century Europe', p. 40; Smail, *Crusading Warfare*, pp. 97-9.

83. Fowler, *Medieval Mercenaries, passim*; Mallett, 'Mercenaries', pp. 209-29; Isaac, 'Problem with Mercenaries', pp. 101-10; Allmand, *Society at War*, pp. 157-9; Prestwich, *Armies*, pp. 147-57; Van Creveld, *Command in War*, pp. 49-50; Contamine, 'Compagnies d'aventure', pp. 365-96; Contamine, *War in the Middle Ages*, pp. 98-100; Marshall, *Warfare*, pp. 85-6; Hale, *War and Society*, pp. 127-78; Tallett, *War and Society*, pp. 116-17; Luard, *War in International Society*, p. 188; McCormack, *One Million Mercenaries*, pp. 39, 46, 109; Black, *European Warfare*, pp. 14-19; Glete, *War and the State*, p. 132; Parker, *Army of Flanders*, pp. 185-7, 198-9, 206, 216-18, 290-2; Smail, *Crusading Warfare*, pp. 97-9. 봉건 영주에 대한 가신의 충성심과 용병의 충성심을 명확히 구분하기 힘든 경우가 흔했음을 잊으면 안 된다. 특히 중세 말 무렵에는 봉건군대가 대개 봉급을 받은 반면, 용병들은 봉건적인 충성심에 어느 정도 영향을 받을 때가 많았다.

84. Hale, *War and Society*, pp. 75-126; Contamine, *War in the Middle Ages*, pp. 253-

5; Black, *European Warfare*, pp. 10, 13-19; Black, *Why Wars Happen*, pp. 61, 77; McCormack, *One Million Mercenaries*, pp. 21-2, 74, 79-81; Harari, *Renaissance Military Memoirs*, pp. 237-66, 303-6; Tallett, *War and Society*, pp. 94-104.

85. DeVries, *Infantry Warfare*, pp. 196-7; Strickland, *War and Chivalry*, p. 101; France, *Western Warfare*, pp. 139-49; Van Creveld, *Command in War*, pp. 49-50.

86. 이때쯤에는 가신들이 봉급을 받는 병사인 경우가 아주 많았음을 잊으면 안 된다. 따라서 용병과 가신을 가르는 선이 날이 갈수록 희미해졌다.

87. Prestwich, *Armies*, pp. 160-7, 178-81; Strickland, *War and Chivalry*, pp. 113-17; Morillo, *Warfare*, pp. 60-73; France, *Western Warfare*, pp. 139-49; Van Creveld, *Command in War*, pp. 22-3, 34-5, 49-50; Black, *European Warfare*, pp. 7-8; Showalter, 'Caste, Skill, and Training', p. 411; Eltis, *Military Revolution*, p. 28.

88. Gillingam, *Richard Cœur de Lion*, pp. 34-49.

89. Hale, *War and Society*, p. 29.

90. Hale, *War and Society*, pp. 15-16, 23-5, 29; Black, *Why Wars Happen*, pp. 15-20, 24, 63, 69-70; Black, 'Introduction', pp. 9-10; Black, *European Warfare*, pp. 5-6; Luard, *War in International Society*, pp. 24-6, 85-92, 135-44, 187; Howard, *Causes of Wars, passim*; Howard, *Weapons and Peace*, pp. 7-22; Gunn, 'French Wars', pp. 28-35; Tallett, *War and Society*, pp. 15-20; Wilson, 'European Warfare', *passim*; Glete, *War and the State, passim*.

91. Galbert de Bruges, *Histoire du meurtre*, pp. 162-5; Oman, *History of the Art of War in the Middle Ages*, 1: 443-5.

92. Galbert de Bruges, *Histoire du meurtre*, pp. 170-6; Oman, *History of the Art of War in the Middle Ages*, 1: 445; Vitalis, *Ecclesiastical History*, 6: 376-8.

93. Gillingham, 'Up with Orthodoxy!', p. 154; Gillingham, 'Richard I and the Science of War', p. 217; Gillingham, 'William the Bastard', pp. 148-9. 또한 Strickland, *War and Chivalry*, pp. 101, 103-4, 122 참조.

94. France, *Victory in the East*, p. 27.

95. 또한 Vitalis, *Ecclesiastical History*, 6: 48, 81-2, 238 참조.

96. Novare, 'Estoire de la guerre', section 145, ed. Raynaud, p. 59.

97. Joinville, Vie, sections 451-6, ed. Monfrin, pp. 222-4. 또한 Bartlett, *Assassins*, pp. 190-2 참조.

98. 아사신파에 대해서는 4장 참조. Lewis, *Assassins*, pp. 125-34; Bartlett, *Assassins*, pp. xv, 48-9, 59, 64, 68-9, 74, 78, 90-1, 94, 97-8, 100-1, 107-11, 133-5도 참조.

99. More, *Utopia*, pp. 111-12.

100. 6장도 참조.

101. Amatus of Montecassino, *History of the Normans*, V. xxvii, ed. Dunbar, p. 144의 주 참조.

102. Vitalis, *Ecclesiastical History*, 6: 76.

103. Vitalis, *Ecclesiastical History*, 6: 212-14.

104. Galbert de Bruges, *Histoire du meurtre*, pp. 20-8.

105. Novare, 'Estoire de la guerre', sections 127-8, ed. Raynaud, pp. 39-44.

106. Novare, 'Estoire de la guerre', section 152, ed. Raynaud, pp. 67-8.

107. Rogers, *War Cruel and Sharp*, p. 57.

108. Sumption, *Hundred Years War*, 2: 124.

109. Sumption, *Hundred Years War*, 2: 205.

110. Venette, *Chronicle,* pp. 57-9; *Chronique des quatre premiers Valois*, pp. 25-8; Froissart, *Œuvres*, ed. Lettenhove, 18: 350-61; Sumption, *Hundred Years War*, 2: 205-6.

111. Ford, *Political Murder*, p. 111.

112. Monstrelet, *Chronique*, 5: 275-7.

113. Schertlin, *Leben und Thaten*, pp. 50-2.

114. Thomas, *Conquest of Mexico*, pp. 304-7.

115. Lockhart, *Men of Cajamarca*, pp. 6-13; Tracy, *Emperor Charles V*, p. 155. On Castile and Tunis, see Tracy, *Emperor Charles V*, pp. 66, 155.

116. 르네상스 시대 이탈리아 정치에서 이용된 암살에 대해서는 예를 들어 Simon, *Renaissance Tapestry*, pp. 20, 22-3, 37, 46; Ford, *Political Murder*, pp. 134-45 참조.

117. Harari, *Renaissance Military Memoirs*, p. 162.

118. Bartlett, *Assassins*, pp. 176-7, 182-3; Juvaini, *History of the World-Conqueror*, 2: 723-5.

119. 확실히 현대 서구의 정치문화에서 암살은 중세에 비해 덜 효과적인 전쟁방법이다. 현대 지도자들은 중세의 왕보다는, 기사단의 대체 가능한 관료인 기사단장과 더 흡사하기 때문이다. 그러나 암살의 잠재력은, 특히 서구가 아닌 곳에서는 여전히 어마어마하다.

120. Thomas, 'Importance of Commando Operations', p. 689.

121. 1976년 2월 18일에 나온 포드의 행정명령 제11905호는 5g항에서 "미국 정부의 공무원은 누구라도 정치적 암살에 동참하거나 동참할 음모를 꾸며서는 안 된다" (from *Weekly Compilation of Presidential Documents*, vol. 12, no.8, February 23, 1976)고 규정한다. 1981년 12월 4일에 나온 레이건의 행정명령 제12333호는 2.11 항에서 "미국 정부에 고용되거나 미국 정부를 대표해서 일하는 사람은 누구라도 암살에 동참하거나 동참할 음모를 꾸며서는 안 된다"고 규정한다. '명예'가 암살이 라는 방법에 가하는 제한은 역시 명예가 간첩 활동에 가하는 제한과도 비교될 수

있다. Alban, 'Spies', pp. 76-7 참조.

122. 잉카 아타후알파가 지불한 몸값뿐만 아니라 프랑스 왕 장 2세의 몸값도 주목할 만하다. 장 2세의 몸값은 무려 금화로 300만 에퀴에 달했다. 비교를 위해 말하자면, 필립 6세가 도피네 전역을 사들인 금액이 40만 에퀴였다(Rogers, *War Cruel and Sharp*, pp. 398-9).

123. *Gesta Stephani*, pp. 94-5; Prestwich, 'Military Intelligence', p. 16. 포위된 도시나 감옥에서 탈출하는 법을 지도자들에게 충고한 지침서에 대해서는, 'Excerpts of Polyaenus', sections 52.1-9, ed. Krentz, 2: 976-8; Leo VI, 'Stratagems', sections 20.5-10, ed. Krentz, 2: 1056-68 참조.

124. Froissart, *Chroniques*, ed. Luce, 5: 97-8; Venette, *Chronicle*, pp. 69, 226-7; Sumption, *Hundred Years War*, 2: 295.

125. Le Bel, *Chronique*, 2: 133-9; *Istore et Croniques de Flandres*, 2: 50, 62-3; Rymer, *Foedera*, vol. 3, part 1, p. 8; Sumption, *Hundred Years War*, 1: 563-4; Tuchman, *Distant Mirror*, pp. 89-90.

126. Tuchman, *Distant Mirror*, pp. 200-3; Neillands, *Hundred Years War*, p. 160.

127. DeVries, 'Gunpowder and Early Gunpowder Weapons', pp. 123-5; Hale, *War and Society*, p. 57.

128. 예를 들어 Fowler, *Medieval Mercenaries*, pp. 32, 95; Rogers, *Wars of Edward III*, p. 77 참조.

129. Geary, *Furta Sacra*, pp. 88-94; Norwich, *Venice*, 1: 52-4; Hodgson, *Early History of Venice*, pp. 81-5.

130. 성유물 절도의 많은 사례들을 보려면, Geary, *Furta Sacra* 참조.

131. Beaune, *Birth of an Ideology*, pp. 57-62, 176, 331; Jackson, *Vive le Roi!*, pp. 13, 31-2, 37-8, 176-8, 188-9, 195-6; Schramm, *History*, p. 131. 1793년 혁명정부는 신성한 성유병을 파괴하는 의식을 위해 랭스에 특사를 파견했다. 부르봉 왕가가 다시 자리를 찾은 뒤에는, 1793년에 파괴된 것이 가짜였으며, 감춰져 있던 '진품'을 다시 꺼내왔다는 주장이 나왔다.

132. Schramm, *History*, p. 13; Grant, *Independence and Nationhood*, p. 18; Webster, *Medieval Scotland*, pp. 45-6; Hamilton, *No Stone Unturned*.

133. Runciman, *History of the Crusades*, 3: 53, 59, 68, 74, 161, 169-70; Murray, 'Mighty Against the Enemies of Christ'.

134. Pizan, *Book of Deeds*, p. 132. 포위된 수비대가 자신들을 포위한 군대의 공성무기를 파괴하기 위해 기습을 실시한 사례를 보려면 예를 들어, Ambroise, *History*, lines 3656-94, ed. Ailes, 1: 59 참조.

135. Prestwich, *Armies*, pp. 287-91; Contamine, *War in the Middle Ages*, pp. 103-4,

194-6; DeVries, *Medieval Military Technology*, pp. 127-40; Pounds, *Medieval Castle*, pp. 109-12; Nicholson, *Medieval Warfare*, pp. 88-98; Warner, *Sieges*, pp. 25-32; Hall, *Weapons and Warfare*, pp. 20-2; Chevedden *et al.*, 'Trebuchet', pp. 66-71; Chevedden, 'Fortifications', pp. 36-8; France, *Western Warfare*, pp. 119-24; Marshall, *Warfare*, pp. 212-14; Bradbury, *Medieval Siege*, pp. 241-70; Rogers, *Latin Siege Warfare*, pp. 243-8, 251-73; Bachrach, 'Military Administration of England'; France, *Victory in the East*, pp. 48-50.

136. Prestwich, *Armies*, pp. 292-3; DeVries, *Medieval Military Technology*, pp. 143-63; Pounds, *Medieval Castle*, pp. 252-5; Warner, *Sieges*, pp. 40-3; Contamine, *War in the Middle Ages*, pp. 138-50, 196-200; Smith, 'Artillery', pp. 151-60; Bradbury, *Medieval Siege*, pp. 282-95; DeVries, 'Impact of Gunpowder Weaponry', pp. 227-33; DeVries, 'Use of Gunpowder Weaponry', pp. 2-6; DeVries, 'Gunpowder Weapons at the Siege of Constantinople', pp. 347-50, 354-62; DeVries, 'Gunpowder and Early Gunpowder Weapons', pp. 121-35; DeVries, 'Technology of Gunpowder Weaponry', pp. 285-93; Chase, *Firearms*, pp. 58-65. 콘스탄티노플에 대해서 는, DeVries, 'Gunpowder Weapons at the Siege of Constantinople', p. 359; Hall, *Weapons and Warfare*, pp. 87-95, 135-46, 151-4 참조.

137. McRaven, *Spec Ops*, pp. 13-14.

138. Neillands, *In the Combat Zone*, pp. 2, 4; McRaven, *Spec Ops*, pp. 2, 10, 15-16; Thomas, 'Importance of Commando Operations', pp. 689, 696.

139. *Regle du Temple*; Glete, *War and the State*, p. 128.

140. For regiments, see Keegan, *History of Warfare*, pp. 12-15.

141. Nicholson, *Medieval Warfare*, pp. 114-22; Prestwich, *Armies*, pp. 160, 178-81; Morillo, *Warfare*, pp. 88-91; Showalter, 'Caste, Skill, and Training', pp. 408-11. 16세기 말의 훈련에 대해서는, Wilson, 'European Warfare', p. 180; Eltis, *Military Revolution*, p. 19; Roberts, 'Military Revolution', pp. 14-16; Parker, *Military Revolution*, pp. 20-3; Parker, 'Military Revolution', pp. 40-1; Tallett, *War and Society*, p. 25; Parrott, *Richelieu's Army*, pp. 20-1; Lynn, *Giant of the Grand Siècle*, pp. 481-4, 515-25; Vaughan, *Charles the Bold*, pp. 209-10 참조.

142. Haynin, *Mémoires*, 1: 215-20.

143. 제7장 참조.

144. 병사들은 한 번에 훨씬 더 오랜 기간 복무하는 경우가 많았다. 예를 들어, Prestwich, *Armies*, pp. 8-9; Showalter, 'Caste, Skill, and Training', p. 416 참조.

145. Marshall, *Men against Fire*; Janowitz and Shils, 'Cohesion and Disintegration'; Van Creveld, *Fighting Power*; Lynn, *Bayonets of the Republic*, pp. 21-40, 163-4; Strachan,

'Experience', pp. 371-2.

146. 군대 수행원들과 기타 소규모 부대의 출신 지역에 따른 충성심과 끈끈한 유대감에 대해서는 Prestwich, *Armies*, pp. 41-8; Showalter, 'Caste, Skill, and Training', pp. 409-10, 413, 416; Morris, *Welsh Wars*, pp. 92-3 참조.

147. 봉건적인 관계에 따른 의무가 중요하기는 했지만, 피엔의 군대에 속한 모든 사람이 봉급을 받았다는 점을 다시 강조해야겠다.

148. Haynin, *Mémoires*, 1: 149, 230-1, 2: 100.

149. Haynin, *Mémoires*, 1: 14, 59, 130-1, 162, 213, 221-30, 236, 2: 100.

150. Haynin, *Mémoires*, 1: 131.

151. Froissart, *Voyage*, pp. 89-111 참조. 용병대의 응집력에 대해서는 다음을 보라. Fowler, *Medieval Mercenaries, passim*; Showalter, 'Caste, Skill, and Training', pp. 418-19, 422, 425-30; Redlich, *German Military Enterpriser*, p. 14 그리고 *passim*; McCormack, *One Million Mercenaries*, pp. 22, 74.

152. La Noue, *Discours*, pp. 341-7.

153. La Noue, *Discours*, pp. 343-5. 이보다 더 자세한 논의를 보려면, Parker, *Army of Flanders*, p. 177; Harari, *Renaissance Military Memoirs*, pp. 139-41 참조. 오랫동안 지속된 카메라다의 사례를 보려면, Guyon, *Mémoires*, pp. 90-1, 94, 106, 109, 135 참조.

154. Thomas, 'Importance of Commando Operations', p. 706; McRaven, *Spec Ops*, pp. 2-3, 12, 29-33, 115-16, 163.

155. 느린 통신 속도가 군대의 의사결정 절차에 미친 영향에 대해서는, Van Creveld, *Command in War*, pp. 23-6; Arthurson, 'Espionage and Intelligence', p. 152; Harari, 'Inter-Frontal Cooperation', pp. 380-3 참조.

156. Fantosme, 'Chronicle', lines 1702-1840; Prestwich, 'Military Intelligence', p. 20.

157. 서기 2500년의 역사가가 20세기 말의 여러 이야기들을 임의로 추출해서 케네디 암살에 관한 역사서를 쓰려고 한다면, 어떻게 될지 상상해보자.

158. La Marche, *Mémoires*, 4: 27. 1332년 머리 백작이 독살되었다는 주장에 대해서는 Rogers, *War Cruel and Sharp*, p. 35 참조. 군사적, 정치적 수단으로서 독살에 대해서는 Collard, 'Assassinant manque'; Maleissye, *Histoire du poison*도 참조.

159. 중세와 근대 초기 일본의 특수작전을 연구한 턴불이 저서 《닌자》에서, 닌자들은 주로 요새 습격, 암살, 첩보 활동, 적 진영 공격, 군대의 움직임 방해 등을 맡았다고 결론내린 점이 주목할 만하다.

2장 중동으로 통하는 길

1. 'First and Second Crusades', p. 70.
2. Fulcher of Chartres, *Historia Hierosolymitana*, 1.15.2, ed. Hagenmeyer, p. 217.
3. *Stephani ... epistolae*, p. 888.
4. France, *Victory in the East*, p. 227.
5. Fulcher of Chartres, *Historia Hierosolymitana*, 1.15.5, ed. Hagenmeyer, p. 218.
6. al-Ansarī, *Muslim Manual of War*, pp. 114-15, 120-2; Frontinus, *Stratagems*, book 3, ed. McElwain, pp. 205-66; Vegetius, *Epitome*, 4.24-30, ed. Milner, pp. 128-31; 'Excerpts of Polyaenus', sections 31.6-7, 31.12, 33.2, 36.1, 36.6-7, 54.1, 54.3, 55.2, ed. Krentz, 2: 928-30, 938-40, 944, 978-80, 986; Leo VI, 'Stratagems', sections 2.1-2.2, ed. Krentz, 2: 1014-15; Pizan, *Book of Deeds*, p. 137; Machiavelli, *Art of War*, 7.92, 95, 105, 114, ed. Lynch, pp. 151-3; Aubigny, *Traité*, p. 22. 또한 ch. 1 n. 50 참조.
7. Juvaini, *History of the World-Conqueror*, 2: 674-8; Bartlett, *Assassins*, pp. 44, 56-9, 92.
8. Fulcher of Chartres, *Historia Hierosolymitana*, 1.15.10, ed. Hagenmeyer, p. 221.
9. *Anselmi ... epistola*, p. 892; Gilo of Paris, *Historia*, p. 750; Guibert of Nogent, *Dei Gesta per Francos*, 7.33, ed. Huygens, p. 332; *Historia Gotfridi*, pp. 472-3; *Balduini III...*, p. 160; Robert the Monk, *Historia Iherosolimitana*, pp. 794-5. 그러나 튀르크 쪽은 단지 임시 휴전을 원했을 뿐이며, 갈롱이 목숨을 잃은 것은 튀르크 군대가 휴전 약속을 어기고 그의 부대를 공격한 탓이라는 설명도 있다.
10. 이 일화에 대해서는 Albert of Aachen, *Historia Hierosolymitana*, p. 378 참조. 이 일화를 토대로 한 것으로 보이는 12세기 기사도 로맨스 *Roman de Thébes* 속 장면에 대해서는, Sanok, 'Almoravides at Thebes', p. 286 참조. 기타 플롯들에 대해서는, France, 'Fall of Antioch', p. 17; France, *Victory in the East*, p. 244 참조.
11. Anna Comnena, *Alexiad*, 10.11, ed. Sewter, pp. 328-9.
12. Rogers, *Latin Siege Warfare*, pp. 100-2도 참조.
13. 개종한 이슬람교도와 개종하지 않고 십자군에 합류한 이슬람교도에 대해서는, Kedar, *Crusade and Mission*, pp. 73-4; Kedar, 'Subjected Muslims'; Harari, 'Military Role', pp. 102-5 참조.
14. Fulcher of Chartres, *Historia Hierosolymitana*, 1.16.2, ed. Hagenmeyer, pp. 225-6.
15. *Gesta Francorum expugnantium Iherusalem*, p. 498.
16. 프랑스는 아헨의 알베르트의 증언을 토대로, 십자군 지휘관들이 5월 29일에야 보에몽에게 총사령관의 권한을 주었다고 주장했다. 그러나 결정적인 증거가 존재하지

않는다. 안티오키아의 십자군이 에데사와 밀접하게 연락을 주고받았다는 프랑스의 주장은 옳다. 카르부가가 에데사에 다다른 것이 5월 4일이었으므로, 십자군도 5월 10일쯤에는 그가 다가오고 있음을 알게 되었음이 분명하다. 무명씨는 십자군이 즉시 회의를 열어 보에몽의 요구를 받아들였다고 말한다. 만약 그들이 정말로 5월 29일까지 미적거리다가 비로소 보에몽의 요구에 두 손을 들었다면, 그 중요한 3주 동안 십자군이 완벽히 아무런 움직임도 보이지 않은 것을 설명하기가 힘들다. 이에 대해 필자가 제시한 설명은 보에몽이 이미 총사령관으로 행동하고 있었음을 전제한 것이다.

17. Anna Comnena, *Alexiad*, 11.4, ed. Sewter, p. 344.

18. 카말 알딘에 따르면, 보에몽은 다른 지휘관들에게 각자 순번을 정해 8일 동안 전군을 지휘할 것과 누구든 그 8일 동안 안티오키아를 점령한 사람을 안티오키아의 주인으로 삼을 것을 제안했다고 한다.

19. 적어도 샤르트르의 풀크에 따르면, 에티엔 드 블루아(한때 총사령관으로 선택되었던 십자군의 주요 지휘관)는 6월 2일에 도망쳤다. 이 말이 사실이라면, 그가 작전계획을 몰랐거나 그 계획을 철저히 불신했음을 뜻한다(Fulcher of Chartres, *Historia Hierosolymitana*, 1.16.7, ed. Hagenmeyer, p. 228).

20. Guibert of Nogent, *Dei Gesta per Francos*, 5.6, ed. Huygens, p. 206.

21. *Gesta Francorum et aliorum Hierosolymitanorum*, p. 46.

22. *Gesta Francorum et aliorum Hierosolymitanorum*, pp. 46-7. 일부 문헌에는 그들이 가져온 것이 나무 사다리가 아니라 밧줄 사다리여서 부서지기보다는 끊어졌다고 되어 있다. 이 말이 옳다면, 보에몽이 이런 사다리를 딱 한 개만 가져온 이유를 이해하기가 더욱더 어려워진다. 12미터 길이의 나무 사다리보다는 밧줄 사다리를 여러 개 가져오기가 훨씬 더 쉽기 때문이다. 또한 휘청거리는 밧줄 사다리를 올라가기가 더 어려워서 나무 사다리보다 시간이 더 걸릴 수밖에 없다.

23. *Gesta Francorum et aliorum Hierosolymitanorum*, p. 47.

24. 이번 장은 주로 다음의 문헌들을 바탕으로 한 것이다. *Gesta Francorum et aliorum Hierosolymitanorum*, pp. 28-48; Albert of Aachen, *Historia Hierosolymitana*, pp. 359-407; Fulcher of Chartres, *Historia Hierosolymitana*, 1.15-17, ed. Hagenmeyer, pp. 216-35; Fulcher of Chartres, *History of the Expedition*, pp. 92-103; Hagenmeyer, *Epistulae*, pp. 149-71; Ralph of Caen, *Gesta Tancredi*, pp. 651-66; Raymond of Aguilers, *Liber*, pp. 62-7; William of Tyre, *Historia*, 5.1-23, ed. RHC, 1: 193-233; Ibn al-Athīr, *Min kitāb kāmil al-tawārīkh*, 1: 191-6; Ibn al-Qalānisī, *Damascus Chronicle*, pp. 41-6; Matthew of Edessa, *Armenia and the Crusades*, pp. 166-71; Asbridge, *First Crusade*, pp. 153-211; France, *Victory in the East*, pp. 122-296; France, 'Fall of Antioch', pp. 13-20; Runciman, *History of the Crusades*, 1: 213-35;

Yewdale, *Bohemond I*, pp. 15-36; Rogers, *Latin Siege Warfare*, pp. 25-39. 그 밖에 다음 문헌들도 참조했다. Abū'l-Fidā, *Muntahabāt min al-mukhtasar*, pp. 1-4; Anna Comnena, *Alexiad*, 11.3-6, ed. Sewter, pp. 342-52; 'First and Second Crusades', pp. 69-73; Baldry of Dol, *Historia Jerosolimitana*, pp. 52-7, 79-81; *Balduini III...*, pp. 160-2; Bar Hebraeus, *Chronography*, 1: 234-5; Cafarus, *Liberatione civitatum orientis*, pp. 49-53; Ekkehard of Aura, *Hierosolymita*, p. 22; *Gesta Francorum expugnantium Iherusalem*, pp. 497-500; Gilo of Paris, *Historia*, pp. 750-66; Guibert of Nogent, *Dei Gesta per Francos*, 4.3-5.28, ed. Huygens, pp. 169-232; Henry of Huntingdon, *De captione Antiochiae*, pp. 374-9; Kamāl al-Dīn, *Extraits de la Chronique d'Alep*, pp. 580-2; Vitalis, *Ecclesiastical History*, 5: 84-94; *Primi Belli Sacri Narrationes Minores*, pp. 346-7, 354-7, 364, 371-2, 391-6; Robert the Monk, *Historia Iherosolimitana*, pp. 795-807; *Stephani ... epistolae; Anselmi ... epistola*; Peter Tudebode, *Historia de Hierosolymitano itinere*, pp. 53-5; Malaterra, *De rebus gestis Rogerii*; William of Apulia, *Geste de Robert Guiscard*; Amatus of Montecassino, *History of the Normans*; Asbridge, *Creation*, pp. 15-36; El-Azhari, *Saljūqs of Syria*, pp. 60-97; Bachrach, 'Siege of Antioch', pp. 127-46; Bouchier, *Short History of Antioch*, pp. 1-17, 213-33; Bradbury, *Medieval Siege*, pp. 93-114; Brown, *Norman Conquest*; Edgington, 'Albert of Aachen and the *Chansons de Geste*'; France, 'Anonymous *Gesta Francorum*'; France, 'Departure of Tatikios', pp. 131-47; Harari, 'Concept of "Decisive Battles"'; Loud, *Age of Robert Guiscard*; Nicholson, *Medieval Warfare*, pp. 13-20, 69-71, 135-42; Norwich, *Normans in the South*; Prawer, *History*, 1: 120-2; Rice, *Seljuks in Asia Minor*, pp. 48-51; Riley-Smith, *First Crusade and the Idea of Crusading*, pp. 65-7; Riley-Smith, *First Crusaders*, pp. 88, 214; Riley-Smith, 'Casualties', pp. 13-28; Riley-Smith, 'Raymond IV of St Gilles'.

③장 보두앵 왕 구하기

1. 이 요새의 이름 철자는 Kharpurt, Kharput 등 다양하다. 로마의 요새인 Castellum Zjata를 따서 Hisna Zayt라고 불리기도 했다. 프랑크족은 이곳을 Quart-Pierre라고 불렀으며, 현재 터키에서 부르는 이름은 Harput다.

2. 바로 같은 해인 1123년에 몽포르의 아모리 4세가 지조르 시를 점령하기 위해 비슷한 핑계를 이용하려 했다는 점이 흥미롭다. 아모리는 어느 월요일이 지조르 시장 앞에서 송사를 다투는 날로 정해졌다는 소식을 듣고, 부하 여러 명에게 가서 가짜 소송을 제기한 뒤 송사가 진행되는 도중 비무장 상태인 시장을 암살하고 혼란을 이

용해 성문을 열라고 지시했다. 그러나 시장의 아내가 집안 문제로 시장의 발목을 붙들어 시장이 법정에 늦게 나오는 바람에 계획이 무산되었다(Vitalis, *Ecclesiastical History*, 6: 342-4).

3. 무슬림 연대기 작가인 이븐 알아티르와 이븐 알칼라니시, 노르만계 수도사인 오르데리쿠스 비탈리스만이 상당히 다른 이야기를 내놓았다. 이븐 알아티르는 프랑크족 병사들이 발라크의 병사 행세를 하며 하르푸트 안으로 들어와 요새를 점령했다고 말한다. 이븐 알칼라니시는 포로들이 모종의 책략을 써서 스스로 자유를 찾았다고 말한다. 그러나 이 두 무슬림 작가들의 이야기는 신빙성이 별로 없다. 오르데리쿠스는 상당히 상상력을 발휘한 이야기를 들려준다. 그도 포로들이 스스로 자유를 찾았다고 말하는데, 연회 도중 경비병들을 취하게 해서 병사들이 코를 골며 잠들자 그들의 무기를 빼앗았다는 것이다. 그들은 아르메니아와 시리아 기독교도 출신 포로들과 힘을 합쳐 수비대를 학살했다. 오르데리쿠스는 이 원고를 노르망디의 성 에브룰 앙 우스 수도원에서 썼다. 중동에 직접 가본 적은 한 번도 없었다. 때로 그는 동방에서 돌아오는 길에 수도원에 들른 순례자들과 기사들에게서 대단히 정확한 정보를 얻기도 했지만, 하르푸트 사건에 대한 그의 이야기는 믿을 수 없는 것임이 분명하다. 그는 예루살렘의 무력한 왕이 이단인 동방정교 신도들 손에 구출되었다는 것을 생각만 해도 불편해서 왕과 프랑크족 동료들이 스스로 자유를 찾았다고 말했을 가능성이 아주 높다.

4. 에데사의 마테오는 요새를 방어하는 병력이 모두 합해 65명쯤 되었다고 썼다. 바르 헤브레우스는 70명으로 본다.

5. 포로로 잡힌 서구의 기사들이 동방의 요새에서 하렘의 궁중여인들과 함께 있는 상황은 12세기부터 줄곧 낭만적인 이야기와 식민지풍 우화의 소재가 되었다. 하르푸트 사건은 처음부터 상당히 환상적이었으며, 지중해와 서유럽의 항구와 주점을 떠돌아다니면서도 이야기의 요소들이 하나도 사라지지 않았다. 이 이야기가 오르데리쿠스의 수도원에 도착할 무렵에는 틀림없이 이미 상당히 인상적인 내용으로 완성되어 있었을 것이다. 오르데리쿠스는 수도원에 앉아 이국적인 동양에서 벌어진 사건들을 소재로 공상을 펼치면서 자기만의 느낌을 살짝 덧붙여, 적에게 사로잡힌 궁중여인들과 프랑크족 기사들 사이의 길고 낭만적인 이야기를 만들어냈다. 그들이 실제로 낭만적인 관계를 맺었다는 증거는 어디에도 없으므로, 나는 하르푸트 사건에 대한 오르데리쿠스의 이야기를 전체적으로 불신하는 편이다. 그러나 발라크의 하렘 여성들 중 적어도 일부가 하르푸트에 붙잡혀 있었다는 사실은 다른 자료들을 통해서도 확인되었다. 또한 프랑크족이 요새에 갇힌 여자들을 협상카드로 이용하려 했을 가능성도 높다. 귀족 여성을 납치해서 몸값을 받고 풀어주는 일은 확실히 12세기 중동에서 흔히 벌어졌다. 예를 들어 보두앵이 처음 포로가 되었을 때, 그를 붙잡은 무슬림들은 거액의 몸값과 더불어 안티오키아의 노르만계 귀족들이 잡아간 무슬

림 귀족 여성의 석방을 조건으로 그를 풀어주겠다고 제의했다(Friedman, 'Women in Captivity', pp. 75-88).

6. 발라크의 잔혹성은 그에게 적대적인 프랑크족 문헌뿐만 아니라 다른 때는 그의 인간애를 찬양하는 무슬림 문헌, 아르메니아와 시리아 문헌에도 잘 나와 있다. 시리아인 미카엘은 발라크가 모두 합해 70명을 죽였다고 말한다.

7. 중세에 일부 아르메니아인들이 여전히 이 이교를 믿고 있었다.

8. 이번 장의 바탕이 된 문헌들은 다음과 같다. 'First and Second Crusades', pp. 89-95; Bar Hebraeus, *Chronography*, 1: 248-53; Fulcher of Chartres, *Historia Hierosolymitana*, 3.14-26, ed. Hagenmeyer, pp. 651-93; Fulcher of Chartres, *History of the Expedition*, pp. 238-54; Ibn al-Athīr, *Min kitāb kāmil al-tawārīkh*, 1: 349-56; Ibn al-Qalānisī, *Damascus Chronicle*, pp. 165-71; Kamāl al-Dīn, *Extraits de la Chronique d'Alep*, pp. 634-42; Matthew of Edessa, *Armenia and the Crusades*, pp. 228-36, 346-9; *Chronique de Michel le Syrien*, 3: 210-12; William of Tyre, *Historia*, 12.17-21, ed. RHC, 1: 536-45; Nicholson, *Joscelyn I*, pp. 52-74; Riley-Smith, *First Crusaders*, pp. 2-10, 169-75, 182-7, 244-6; Runciman, *History of the Crusades*, 2: 143-74. 그 밖에 다음 문헌들도 참조했다. Abū'l-Fidā, *Muntahabāt min al-mukhtasar*, pp. 14-16; *Balduini III...*, p. 184; *Guillaume de Tyr*, pp. 456-67; Vitalis, *Ecclesiastical History*, 5: 108-29; Usāmah, *Kitāb al-I'tibār*, pp. 107-8, 150; Asbridge, *Creation*, pp. 82-6; Cahen, *Syrie du nord*, pp. 294-9; Ghazarian, *Armenian Kingdom*; Friedman, 'Women in Captivity', pp. 75-88; Friedman, *Encounter between Enemies*, pp. 33-186, 217-18; La Monte, *Feudal Monarchy*, pp. 8-11, 187-202; Mayer, *Crusades*, pp. 74-7; Payne, *Crusades*, pp. 129-32; Prawer, *History*, 1: 209-18; Smail, *Crusading Warfare*, pp. 29-30, 46-53, 110, 178-81; Thomson, 'Crusaders through Armenian Eyes', pp. 71-82.

④장 콘라트 왕의 암살

1. Assassins라는 이름은 1170년대부터 이미 유럽에 알려졌다. 1175년 이후의 레반트를 다룬 독일 기록에는 'Heyssessini'라는 명칭이 등장한다(Arnold of Lubeck, *Chronica Slavorum*, 7.8, ed. Pertz, p. 274). 중세 말쯤에는 이 단어가 일반적인 의미의 살수를 의미하기 시작했다. 그전에는 훈련된 살수를 지칭하는 말로 'sicarii' 등 다른 단어들이 쓰였다(예를 들어 Vitalis, *Ecclesiastical History*, 6: 342 참조).

2. Lewis, *Assassins*, pp. 47-8에서 재인용.

3. Juvaini, *History of the World-Conqueror*, 2: 678.

4. 우사마 이븐문키드는 니자리파의 요원 한 명이 난공불락이라고 알려진 알키르바 성을 어떻게 단신으로 점령했는지 들려준다(Usāmah, *Kitāb al-I'tibār*, pp. 107-8).

5. Lewis, 'Kamāl al-Dīn's Biography', pp. 230-1, 261.

6. William of Tyre, *Historia*, 17.19, ed. RHC, 1: 791-2.

7. *Itinerarium peregrinorum*, 5.25, ed. Stubbs, pp. 337-8; Ambroise, *History*, lines 8718-24, ed. Ailes, 1: 141.

8. Ralph of Diceto, *Opera Historica*, 2: 127-8도 참조.

9. Lewis, 'Kamāl al-Dīn's Biography', pp. 234, 265.

10. 중세 이슬람에서 해시시의 악명에 대해서는, Rosenthal, *Herb*, pp. 101-19, 137-62 참조.

11. Juvaini, *History of the World-Conqueror*, 2: 676. 다음과 비교하라. Ambroise, *History*, lines 8822-3, ed. Ailes, 1: 143.

12. Ibn al-Qalānisī, *Damascus Chronicle*, p. 179.

13. Lewis, 'Kamāl al-Dīn's Biography', pp. 231, 262.

14. Guyard, 'Grand Maître', pp. 463-6.

15. 특별한 훈련을 받은 자를 선교사로 파견한다는 생각은 확실히 니자리파만의 것이 아니었다. 고전시대 말기부터 오늘날에 이르기까지 기독교 선교사들도 임무를 위해 자신이 파견될 곳의 언어와 관습에 대해 최대한 많은 것을 배우는 등 준비를 했다. 맘루크 양성에 대해서는 특히 Pipes, *Slave Soldiers* 참조.

16. Lewis, 'Kamāl al-Dīn's Biography', pp. 236-7, 266-7.

17. 겁에 질린 표적이 살라딘이 아니라 셀주크 술탄 산자르일 뿐, 대략 비슷한 내용의 일화를 보려면, Juvaini, *History of the World-Conqueror*, 2: 681-2 참조.

18. Lewis, 'Kamāl al-Dīn's Biography', pp. 235, 265.

19. Ambroise, *History*, lines 8817-21, ed. Ailes, 1: 143.

20. 'Chronique du Templier de Tyr', section 374, ed. Raynaud, pp. 194-8; Harari, 'Military Role', p. 102.

21. Juvaini, *History of the World-Conqueror*, 2: 677.

22. Ibn al-Qalānisī, *Damascus Chronicle*, pp. 57-8.

23. 기독교 요원들도 수도사로 변장하는 것을 상당히 선호했다. 1118년 루이 6세는 부하들과 함께 수도사의 검은 로브를 입고 가스니에 침투해서 함락시켰다(Vitalis, *Ecclesiastical History*, 6: 184). 1451년 부르고뉴는 로렌의 루네빌에 순례자로 변장한 병사들을 몰래 들여보내 그 도시를 장악하려 했다(Vaughan, *Philip the Good*, p. 101).

24. Brocardus, *Directorium*, pp. 496-7.

25. Joinville, *Vie*, sections 588-90, ed. Monfrin, pp. 292-4.

26. *Chronique d'Ernoul*, p. 290; William of Tyr, *Continuation*, ch. 137, ed. Morgan, pp. 140-1.

27. 13세기에 유럽의 군주를 대상으로 이루어진 암살 시도 중 니자리파의 소행이라고 봐도 무방한 것은 1270년 미래의 에드워드 1세에 대한 암살 시도뿐이다(Langtoft, *Chronicle*, 2: 156-60).

28. 제3차 십자군에 대해 이번 장에서 주로 참고한 자료는 Bahā' al-Dīn, *Rare and Excellent History*; Bahā' al-Dīn, *Kitāb*; Edbury, *Conquest of Jerusalem*; William of Tyr, *Continuation*; *Chronique d'Ernoul*; Ambroise, *History*; *Itinerarium peregrinorum*; *Chronicle of the Third Crusade*; al-Kātib al-Isfahānī, *Conquête de la Syrie*; Ibn al-Athīr, *Min kitāb kāmil al-tawārīkh*, 1: 712-44, 2: 1-73; Johnston, *Crusade and Death*; Gillingham, *Richard I*; Bradbury, *Philip Augustus*, pp. 87-101; Nicholson, *Joscelyn III*, pp. 164-98; Runciman, *History of the Crusades*, 3: 1-75; Mayer, *Crusades*, pp. 137-51; Richard, 'Philippe Auguste'; Prawer, *History*, 1: 526-61, 2: 3-92; Turner and Heiser, *Reign of Richard Lionheart*다.

니자리파의 역사 전반에 대해 이번 장에서 주로 참고한 자료는 Ibn al-Athīr, *Min kitāb kāmil al-tawārīkh*, 1: 272, 291, 304-5, 384-5, 400, 438; Abū'l-Fidā, *Muntahabāt min al-mukhtasar*, pp. 6, 10, 12, 17-18, 21, 25, 147, 181; Guyard, 'Grand Maître'; Brocardus, *Directorium*, pp. 496-7; Ibn al-Qalānisī, *Damascus Chronicle*, pp. 57-8, 72-4, 115, 145-8, 163, 175-80, 187-95, 202-3, 263, 342; Juvaini, *History of the World-Conqueror*, 2: 666-725; Joinville, *Vie*, sections 451-63, 588-90, ed. Monfrin, pp. 222-8, 292-4; Barber and Bate, *Templars*, pp. 73-7; Usāmah, *Kitāb al-I'tibār*, pp. 107-8, 146, 153-4, 190, 192-3; Arnold of Lubeck, *Chronica Slavorum*, 7.8, ed. Pertz, pp. 274-5; Lewis, 'Kamāl al-Dīn's Biography', pp. 225-67; William of Tyre, *Historia*, 14.20, 17.19, 20.29, 20.30, ed. RHC, 1: 634, 791-2, 996, 999; Ambroise, *History*, lines 8797-8824, ed. Ailes, 1: 142-3; Lewis, *Assassins*; Mirza, *Syrian Ismailism*, pp. 19-55; Daftary, *Assassin Legends*; Bartlett, *Assassins*; Ford, *Political Murder*, pp. 100-4; Wilson, 'Secrets of the Assassins'다.

콘라트의 암살에 대해 이번 장에서 주로 참고한 자료는 Ambroise, *History*, 8694-8886행, ed. Ailes, 2: 141-4; *Chronique d'Ernoul*, pp. 289-91; Bahā' al-Dīn, *Rare and Excellent History*, pp. 200-1; Bahā' al-Dīn, Kitāb, pp. 202-3; al-Kātib al-Isfahānī, *Conquête de la Syrie*, pp. 376-8; Guyard, 'Grand Maître', pp. 463-6; Edbury, *Conquest of Jerusalem*, pp. 114-15; William of Tyr, *Continuation*, ch. 137, ed. Morgan, pp. 140-1; *Itinerarium peregrinorum*, 5.25-7, ed. Stubbs, pp. 337-42; *Chronicle of the Third Crusade*, 5.25-7, ed. Nicholson, pp. 304-8; Ibn al-Athīr, *Min kitāb kāmil al-tawārīkh*, 2: 58-9; Gabrieli, *Arab Historians*, pp. 238-45; Ralph of Diceto, *Opera Historica*, 2: 104, 127-8; Bartlett, *Assassins*, pp. 141-4, 188-9; Gillingham, *Richard I*, pp. 197-202; Runciman, *History of the Crusades*, 3: 64-6이다. 이 밖에 콘라트의 암살과 관련된 다른 자료로는 Arnold of Lubeck, *Chronica Slavorum*, 4.16, ed. Pertz, pp. 145-6; Bar Hebraeus, *Chronography*, 2: 339; *Chronique de Michel le Syrien*, 4: 210; 'Chronique de Terre-Sainte', p. 14; Johnston, *Crusade and Death*, pp. 37-8; Roger of Howden, *Chronica*, 3: 181; Walter of Coventry, *Memoriale*, 2: 18-19; Ralph of Coggeshall, *Chronicon Anglicanum*, p. 35; Lewis, *Assassins*, pp. 4-5, 117-18, 133; Mirza, *Syrian Ismailism*, pp. 36-7; Daftary, *Assassin Legends*, pp. 72-3; Hindley, *Saladin*, pp. 176-7; Nicholson, *Joscelyn III*, pp. 195-7; Richard, *Crusades*, p. 230; Mayer, *Crusades*, p. 148이 있다. Edbury의 *Conquest of Jerusalem*에 번역되어 있는 연대기, Morgan이 *Continuation de Quillaume de Tyr*에 편집해서 실은 연대기, *Chronique d'Ernoul*이 사실은 같은 문헌의 다른 버전임을 밝힌다. 《순례기*Itinerarium*》라고 알려져 있는 문헌은 앙브루아즈의 《역사*History*》에 크게 의존하고 있지만, 다른 자료들도 참고했음이 분명하다. 따라서 거기에 언급된 사건들 중 적어도 일부에 대해서는 독립적인 자료로 간주해야 한다.

5장 자루에 가득한 에퀴 금화를 위하여

1. Sumption, *Hundred Years War*, 1: 578.

2. Le Bel, *Chronique*, 2: 174. Compare Machiavelli, *Art of War*, 7.118, ed. Lynch, p. 154; Aubigny, *Traité*, p. 17.

3. *Istore et Croniques de Flandres*, 2: 64.

4. Froissart, *Œuvres*, ed. Lettenhove, 5: 412. 또한 5: 232 참조.

5. Baker, *Chronicon*, p. 103.

6. *Journaux du trésor de Philippe VI*, pp. 799, 838-9.

7. Froissart, *Œuvres*, ed. Lettenhove, 5: 230.

8. Sumption, *Hundred Years War*, 2: 23.

9. Le Bel, *Chronique*, 2: 175.

10. Froissart, *Œuvres*, ed. Lettenhove, 5: 230.

11. Charny, *Book of Chivalry*, sections 10-11, ed. Kaeuper, pp. 92-4.

12. Muisit, *Chronique et Annales*, p. 262.

13. *Istore et Croniques de Flandres*, 2: 52.

14 *Istore et Croniques de Flandres*, 2: 52-4; Sumption, *Hundred Years War*, 1: 565-7.

15. Froissart, *Œuvres*, ed. Lettenhove, 5: 237-8. 널리 쓰이는 동전은 플로린이었다. 중세

의 화폐 정글에서는 한 종류의 화폐만을 기준으로 부른 금액이 깜짝 놀랄 만큼 다양
한 종류의 화폐로 지불될 때가 많았다.

16. Murimuth, *Continuatio Chronicarum*, p. 410.

17. Froissart, *Œuvres*, ed. Lettenhove, 5: 231.

18. Muisit, *Chronique et Annales*, p. 262.

19. Froissart, *Œuvres*, ed. Lettenhove, 5: 247; Le Bel, *Chronique*, 2: 181. Translation taken
    from Charny, *Book of Chivalry*, ed. Kaeuper, p. 12.

20. Charny, *Book of Chivalry*, section 30, ed. Kaeuper, pp. 149-51.

21. *Chronique Normande*, p. 104; Baker, *Chronicon*, pp. 107-8; *Chronographia Regum
    Francorum*, p. 254.

22. Alban, 'Spies', p. 84.

23. 샤르니 본인이 왜 썰물 때 직접 물속을 걸어서 건너려 하지 않았는지 알 수 없다. 칼
    레 항구는 모래가 쌓이는 문제로 심각하게 골머리를 앓고 있었으므로, 1350년보다
    1558년에 수심이 더 얕아졌을 가능성이 있다. 만약 샤르니가 1350년에 물을 건너려
    고 했다면, 그 결과가 프랑스군에게는 재앙이 되었을 가능성이 높다.

24. 이번 장에서는 주로 다음의 자료들을 참고했다. Avesbury, *De gestis mirabilibus*, pp.
    406-10; Le Bel, *Chronique*, 2: 173-82; Baker, *Chronicon*, pp. 103-7; *Chronique
    Normande*, pp. 91-2, 104; *Chronographia Regum Francorum*, 2: 247-54; Muisit,
    Chronique et Annales, pp. 259-63; Froissart, *Œuvres*, ed. Lettenhove, 5: 148-9, 220-
    51, 271-4; Charny, *Book of Chivalry*, ed. Kaeuper, pp. 3-18, 84-199; *Récits d'un
    bourgeois*, pp. 264-6; *Istore et Croniques de Flandres*, 2: 52-71; Sumption, *Hundred
    Years War*; 1: 535-86, 2: 60-2, 93; Rogers, *War Cruel and Sharp*, pp. 273-85;
    Contamine, 'Geoffroy de Charny'; DeVries, 'Hunger, Flemish Participation'.
    이보다 비중은 적지만, 역시 참고가 된 자료들은 다음과 같다. Rymer, *Foedera*,
    vol. 3, part 1, pp. 1-51; *Journaux du trésor de Philippe VI*, pp. 799, 838-9; Lescot,
    Chronique, pp. 85, 91; *Chronique des quatre premiers Valois*, pp. 29-30; *Prince noir*,
    lines 410-55, ed. Michel, pp. 27-9; *Chronicon Angliae*, pp. 27-8; Walsingham,
    Historia Anglicana, 1: 273-4; *Lettres de rois*, 2: 78-101; Neillands, *Hundred Years
    War*, pp. 113-17; Cazelles, *Sociétié politique*; Keen, *Chivalry*, p. 12; Boulton, *Knights
    of the Crown*, p. 186; Doig, 'New Source for Siege of Calais'; Grummitt, 'Financial
    Administration'; Harriss, 'Struggle for Calais'; Munro, 'Economic Aspect'; Oman, *Art
    of War in the Sixteenth Century*, pp. 267-73; Prestwich, *Three Edwards*, pp. 172-3;
    Potter, 'Guise and the Fall of Calais'; Power, 'English Wool Trade'.

1. Vaughan, *Philip the Good*, p. 36.

2. Monstrelet, *Chronique*, 4: 239.

3. Monstrelet, *Chronique*, 4: 248-9; Wavrin, *Recueil des croniques*, 3: 193-4; Lefèvre de St Rémy, *Chronique*, 2: 116-17.

4. Monstrelet, *Chronique*, 5: 67; Chastellain, *Œuvres*, 2: 85.

5. Monstrelet, *Chronique*, 6: 87-93; La Marche, *Mémoires*, 2: 35-40; Chastellain, *Œuvres*, 8: 34-8; Emerson, *Olivier de la Marche*, pp. 30-2.

6. Monstrelet, *Chronique*, 4: 118-19.

7. Emerson, *Olivier de la Marche*, p. 159.

8. 18세기 합스부르크 황제 요제프 1세의 상황과 이 상황을 비교해볼 수 있다. 요제프 1세는 딸 마리아 테레사의 불안한 상속권을 확실히 다지는 데 재위기간 중 많은 시간을 보냈다.

9. Vaughan, *Philip the Good*, p. 140.

10. Commynes, *Mémoires*, 1.1, ed. Mandrot, 1: 6.

11. 쿠스탱 사건에 대해서는, Chastellain, *Œuvres*, 4: 235; Du Clercq, *Mémoires*, 3: 212-19; Collard, 'Assassinat manqué' 참조.

12. Vaughan, *Philip the Good*, p. 345.

13. La Marche, *Mémoires*, 3: 3.

14. Du Clercq, *Mémoires*, 4: 77.

15. Chastellain, *Œuvres*, 5: 84.

16. Wavrin, *Recueil des croniques*, 5: 443.

17. La Marche, *Mémoires*, 2: 217.

18. 헤이그 연대기의 설명은 Chastellain, *Œuvres*, 5: 85-6에서 재인용.

19. 필리프 드 사부아에 대해서는, 특히 Chastellain, *Œuvres*, 5: 8-10, 38-42 참조.

20. La Marche, *Mémoires*, 3: 4.

21. 뤼방프레는 4년간 감옥생활을 했다. 샤를이 1468년에 그를 석방하자, 그는 다시 루이 11세에게 돌아갔다.

22. Du Clercq, *Mémoires*, 4: 78.

23. 뤼방프레 사건에 대해서는, Du Clercq, *Mémoires*, 4: 65-82; La Marche, *Mémoires*, 3: 3-5; *Briefwechsel Karls des Kühnen*, 1: 104-5; Haynin, *Mémoires*, 1: 7; Chastellain, *Œuvres*, 5: 81-151; Commynes, *Mémoires*, 1.1, ed. Mandrot, 1: 4-8; Basin, *Histoire*, 2: 87-93; Roye, *Journal*, 1: 35; But, *Chronique*, pp. 447, 455; Wavrin, *Recueil des croniques*, 5: 441-54; Plancher, *Histoire*, 4: 318-20; Emerson, *Olivier de la Marche*,

pp. 59-63 참조.

24. Commynes, *Mémoires*, 1.5, ed. Mandrot, 1: 47-8.

25. 폐론에 대해서는, La Marche, *Mémoires*, 3: 81-5; Commynes, *Mémoires*, 2.7-9, ed. Mandrot, 1: 135-50; Basin, *Histoire*, 2: 187-200; Haynin, *Mémoires*, 2: 67-70; Bricard, *Serviteur et compère*, 106-9; Roye, *Journal*, 1: 212-15; *Briefwechsel Karls des Kühnen*, 1: 327-33; Oudenbosch, *Chronique*, pp. 208-14; Pauwels, *Historia*, pp. 210-16; Maupoint, *Journal parisien*, pp. 107-10; *Lettres de Louis XI*, 3: 285-99; Commynes, *Mémoires*, ed. Dupont, 3: 226-37; *Lettres-missives ... de Thouars*, pp. 47-50; *Analecta Leodiensia*, pp. 371-8; Diesbach, *Autobiographischen Aufzeichnungen*, pp. 42-4; But, *Chronique*, p. 491; Chastellain, *Œuvres*, 5: 431-2; Buser, *Beziehungen*, pp. 437-40; Vaughan, *Charles the Bold*, pp. 53-9; Paravicini, *Guy de Brimeu*, pp. 177-89; Plancher, *Histoire*, 4: 371 참조.

26. Commynes, *Mémoires*, 2.12, ed. Mandrot, 1: 158.

27. Vaughan, *Charles the Bold*, p. 195.

28. 1327년 스코틀랜드와 잉글랜드 군대가 위어 강변에서 마주했을 때, 제임스 더글러스는 스코틀랜드 중장병 200명을 이끌고 대담한 야습에 나섰다. 그들은 잉글랜드 왕 에드워드 3세의 막사에 접근해 그를 죽이거나 납치하는 데 거의 성공할 뻔했으나, 결과적으로는 막사의 밧줄 두세 개를 끊는 데 그쳤다(Le Bel, *Chronique*, 1: 70).

29. 리에주에 대해서는, Commynes, *Mémoires*, 2.11-13, ed. Mandrot, 1: 154-67; Commynes, *Mémoires*, ed. Dupont, 3: 238-52; Pauwels, *Historia*, pp. 220-1; Los, *Chronicon*, pp. 59-60; Henrici de Merica, *Compendiosa Historia*, p. 177; *Analecta Leodiensia*, pp. 254-6, 380-1; Oudenbosch, *Chronique*, pp. 215-16; La Marche, *Mémoires*, 3: 84-6; Haynin, *Mémoires*, 2: 76-7; *Briefwechsel Karls des Kühnen*, 1: 335-6; Basin, *Histoire*, 2: 200-3; *Speierische Chronik*, pp. 497-9; Roye, *Journal*, 1: 215-17; Maupoint, *Journal parisien*, pp. 110-11; But, *Chronique*, pp. 491-2; Wavrin, *Recueil des croniques*, 5: 569-71; *Lettres de Louis XI*, 3: 299-302; Diesbach, *Autobiographischen Aufzeichnungen*, pp. 44-8; *Chronique de Lorraine*, p. 87; Onofrio de Santa Croce, *Mémoire*; Vaughan, *Charles the Bold*, pp. 31-2; Kurth, *Cité de Liège*, 3: 318-27, 360-3, 385-8; Fairon, 'Six cents Franchimontois'; Plancher, *Histoire*, 4: 371-2 참조.

30. 이 일에 대해서는, Chastellain, *Œuvres*, 5: 470-83; Basin, *Histoire*, 2: 234-44; Haynin, *Mémoires*, 2: 94-5; Oudenbosch, *Chronique*, pp. 231-2; Vaughan, *Charles the Bold*, pp. 238-9 참조.

31. Commynes, *Mémoires*, 2.8-9, ed. Mandrot, 1: 228-38; Basin, *Histoire*, 2: 285-8, 295-6; Roye, *Journal*, 1: 262-3, 268-70; Vaughan, *Charles the Bold*, pp. 76-7;

Kendall, *Louis XI*, pp. 246-8.

32. La Marche, *Mémoires*, 4: 27.

33. Collard, 'Assassinat manqué', p. 11; Kendall, *Louis XI*, p. 261.

34. Commynes, *Mémoires*, 4.9, ed. Mandrot, 1: 313.

35. Commynes, *Mémoires*, 5.7, ed. Mandrot, 1: 381-3.

36. 겔더스에 대해서는 Commynes, *Mémoires*, 4.1, ed. Mandrot, 1: 259-62; Basin, *Histoire*, 2: 314-20; Vaughan, *Charles the Bold*, pp. 112-22 참조.

37. La Marche, *Mémoires*, 3: 207-8.

38. Vaughan, *Charles the Bold*, p. 305.

39. 욜랑다의 납치와 구출에 대해서는 La Marche, *Mémoires*, 3: 234-6; *Chroniques de Yolande*, pp. 22-5, 140-75, 302-4; Commynes, *Mémoires*, 5.4, ed. Mandrot, 1: 364-9; Haynin, *Mémoires*, 2: 220-1; *Dépêches des ambassadeurs milanais sur les campagnes de Charles-le-Hardi*, 2: 302-43, 365-8; *Lettres de Louis XI*, 6: 66-71, 92-4, 99-100; Roye, *Journal*, 2: 17-22; *Briefwechsel Karls des Kühnen*, 2: 384-431; Buser, *Beziehungen*, pp. 459-71; Schilling, *Berner Chronik*, 2: 75-6; Etterlin, Kronicat, pp. 254-60; Basin, *Histoire*, 2: 391; Bonivard, *Chroniques de Genève*, pp. 104-5, 203-6; Favier, *Louis XI*, pp. 710-12; Gabotto, *Stato sabaudo*, 2: 180-213; Perret, *Histoire*, 2: 75-81; Guichonnet, *Histoire de Genève*, 117-18; Emerson, *Olivier de la Marche*, pp. 70-2 참조.

40. *Chroniques de Yolande*, p. 174.

41. Aubigny, *Traité*, pp. 20-1와 비교. 변경 요새들의 문을 여는 규칙에 대해 나와 있다.

42 Commynes, *Mémoires*, 6.6-7, 10-11, ed. Mandrot, 2: 41-2, 48-52, 56, 69-70, 75-80.

43. Diesbach, *Autobiographischen Aufzeichnungen*, p. 46. 이번 장에서는 주로 다음의 문헌들을 참고했다. Chastellain, *Œuvres*; Du Clercq, *Mémoires*; La Marche, *Memoires*; Haynin, *Mémoires*; Monstrelet, *Chronique*; Basin, *Histoire*; Roye, *Journal*; *Lettres de Louis XI*; Commynes, *Mémoires*, ed. Mandrot; Molinet, *Chroniques*; *Dépêches des ambassadeurs milanais en France*; *Dépêches des ambassadeurs milanais sur les campagnes de Charles-le-Hardi*; d'Escouchy, *Chronique*; Lefèvre de St Rémy, *Chronique*; *Briefwechsel Karls des Kühnen*; Maupoint, *Journal parisien*; Buser, *Beziehungen*; Bonenfant, *Actes*; *Chronique de Lorraine*; Diesbach, *Autobiographischen Aufzeichnungen*; Etterlin, *Kronica*; *Speierische Chronik*; Wavrin, *Recueil des croniques*; Linden, *Itinéraires de Philippe*; Linden, *Itinéraires de Charles*; Schilling, *Berner Chronik*; Vaughan, *John the Fearless*; Vaughan, *Philip the Good*; Vaughan, *Charles the Bold*; Vaughan, *Valois Burgundy*; Emerson, *Olivier de la Marche*; Bittmann, *Ludwig XI*; Le Cam, *Charles le Téméraire*; Kendall, *Louis XI*; Cauchies, *Louis XI et Charles le Hardi*; Paravicini, *Karl*

der Kühne*; Paravicini, *Guy de Brimeu*; Plancher, *Histoire*, vol. 4; Bricard, *Serviteur et compère*; Dufournet, *Destruction des mythes*; Harari, *Renaissance Military Memoirs*; Collard, 'Assassinat manqué'; Gabotto, *Stato sabaudo*, vol. 2; Dufayard, *Histoire de Savoie*; Favier, *Louis XI*; Bonenfant and Stengers, 'Rôle de Charles le Téméraire'; Bonenfant, *Philippe le Bon*; Mandrot, 'Jean de Bourgogne'; Guichonnet, *Histoire de Genève*. 각각의 일화에 대해서는 앞의 주들 참조.

⑦장 오리올의 방앗간

1. 서류상의 병력은 거의 6만 4,000명에 달했다(Oman, *History of the Art of War in the Sixteenth Century*, p. 61; Tracy, *Emperor Charles V*, pp. 161, 176-7; Valbelle, *Histoire journalière*, 2: 314, 316; Du Bellay, *Mémoires*, 3: 136-7, 297).

2. Robertson, *History of the Reign*, 2: 265.

3. Du Bellay, *Mémoires*, 3: 118-19.

4. Vieilleville, *Mémoires*, pp. 15-16. 거의 혼자 힘으로 아비뇽을 차지한 것처럼 묘사한 비에유빌의 이야기를 뒷받침하는 다른 기록은 어디에도 없다. 프랑스가 책략으로 아비뇽을 점령한 것은 사실인 듯하지만, 그 과정이 정말로 비에유빌의 설명과 일치하는지는 확실하지 않다.

5. Du Bellay, *Mémoires*, 3: 242-3.

6. 이 일에 대해서는 Decrue, *Anne de Montmorency*, pp. 280-1; Knecht, *Renaissance Warrior*, pp. 337-8; *Correspondance du Cardinal François de Tournon*, p. 132; Du Bellay, *Mémoires*, 3: 1 32-5, 215, 336-8; Valbelle, *Histoire journalière*, 2: 320; Sandoval, *Historia de la Vida*, 3: 17-18, 24-5 참조.

7. Perjés, 'Army Provisioning', pp. 7-9; Harari, 'Strategy and Supply', p. 304 참조.

8. Harari, 'Strategy and Supply', p. 304; Du Bellay, *Mémoires*, 3: 257; Pizan, *Book of Deeds*, p. 111.

9. Du Bellay, *Mémoires*, 3: 192. 또한 Du Bellay, *Mémoires*, 3: 115, 148, 192, 257 ,282; Arena, *Meygra Entrepriza*, pp. 28-30 참조.

10. Courteault, *Blaise de Monluc*, p. 119 n. 1.

11. Brantôme, Œuvres complètes, ed. Lalanne, 7: 56.

12. Monluc, *Commentaires*, pp. 23-9.

13. Monluc, *Commentaires*, p. 31. 또한 Tavannes, *Mémoires*, pp. 86-7 참조.

14. 몽뤼크는 날짜를 밝히지 않았다. 8월 19일보다는 8월 30일이었을 가능성이 있다. 주 21번 참조.

15. Monluc, *Commentaires*, p. 65.

16. Monluc, *Commentaires*, pp. 24-5도 참조.

17. Aubigny, *Traité*, p. 22와 비교.

18. Aubigny, *Traité*, p. 20; 'Excerpts of Polyaenus', sections 54.12-13, ed. Krentz, 2: 982 와 비교.

19. Monluc, *Commentaires*, p. 439.

20. Monluc, *Commentaires*, p. 68.

21. 제국군의 마르세유 공격에 대해서는, Valbelle, *Histoire journalière*, 2: 305-6; Du Bellay, *Mémoires*, 3: 244-8 참조. 우리가 오리올 습격 날짜를 확실히 파악할 수 있는 것은 오로지 제국군의 마르세유 공격에 대한 몽뤼크의 언급 덕분이다. 그러나 8월 31 일에도 제국군이 마르세유를 공격한 적이 있다. 오리올 습격이 이 두 번째 공격 때 인 8월 30~31일에 감행되었을 것이라는 가설을 뒷받침하는 정황증거도 있다. 그러 나 몽뤼크가 회고록에서 언급한 제국군의 공격이 8월 19일의 것이라고 믿을 만한 정 황증거 역시 강력하다. 특히 첫 번째 공격과는 달리, 두 번째 공격에서는 카를 황제가 직접 군대를 지휘하지 않았다는 점이 주목할 만하다. 대부분의 학자들이 오리올 습격 날짜를 8월 30~31일이 아니라 8월 19~20일로 추정하는 이유가 바로 이것이다.

22. Monluc, *Commentaires*, p. 902; Decrue, *Anne de Montmorency*, p. 279.

23. 예를 들어, Arena, *Meygra Entrepriza*, pp. 28-30; Decrue, *Anne de Montmorency*, pp. 278-9 참조.

24. *Correspondenz des Kaisers Karl V*, 2: 249; *Corpus Documental de Carlos V*, 1: 522.

25. Du Bellay, *Mémoires*, 3: 299.

26. 이 방문에 대해서는, Valbelle, *Histoire journalière*, 2: 314-15도 참조.

27. Monluc, *Commentaires*, p. 72.

28. Courteault, *Blaise de Monluc*, p. 122에서 재인용.

29. Tavannes, *Mémoires*, p. 19.

30. Monluc, *Commentaires*, pp. 132-8.

31. Monluc, *Commentaires*, p. 149.

32. Monluc, *Commentaires*, p. 165.

33. 이번 장에서는 주로 다음의 자료들을 참고했다. Monluc, *Commentaires*, pp. 61-74; Du Bellay, *Mémoires*, 3: 115-301; Tavannes, *Mémoires*, 81-2; Vieilleville, *Mémoires*, 15-18; Valbelle, *Histoire journalière*, 2: 294-317; Courteault, *Blaise de Monluc*, pp. 112-23; Monluc, *Habsburg-Valois Wars*, pp. 1-27; Decrue, *Anne de Montmorency*, pp. 253-89. 그 밖에 다음 문헌들도 참조했다. Arena, *Meygra Entrepriza*; *Du glorieux retour de Lempereur*; La Noue, *Discours*; Rochechouart, *Mémoires*, p. 602; Sandoval, *Historia de la Vida*, 3: 7-25; *Correspondenz des Kaisers Karl V*, 2: 239-41, 248-52,

259-64; *Corpus Documental de Carlos V*, 1: 500-25; *Catalogue des actes de François Iᵉʳ*, 3: 231-41; *Correspondance de Joachim de Matignon*, pp. 35-8; *Correspondance du Cardinal François de Tournon*, pp. 103-7, 131-8; Harari, *Renaissance Military Memoirs*, pp. 21, 95-8, 102-3, 144-9, 191; Knecht, *Renaissance Warrior*, pp. 329-38 ; Oman, *History of the Art of War in the Sixteenth Century*, pp. 45-8, 56-62, 213; Procacci, 'Provence', pp. 243-52; Robertson, *History of the Reign*, 2: 245-75; Tracy, *Emperor Charles V*, pp. 158-63, 176-8; Perjés, 'Army Provisioning'; Harari, 'Strategy and Supply'; Parker, 'Political World'; Chaunu and Escamilla, *Charles Quint*, pp. 268-71; Sournia, *Blaise de Monluc*; Bouche, *Chorographie*, 2: 580-90; Le Gras, *Blaise de Monluc*, 44-7.

나가는 말

1. Ford, *Political Murder* 참조.

참고문헌

약어

RHC   *Recueil des historiens des croisades*, Academie des inscriptions & belles-lettres (France), 16 vols.(Paris, 1841-1906)

RHC Ar.   *Historiens Arméniens*

RHC Oc.   *Historiens Occidentaux*

RHC Or.   *Historiens Orientales*

1차 자료

Abū'l-Fidā, ʿImād al-Dīn Isma ʿīl ibn ʿAlī al-Ayyūbī, *Muntahabāt min al-mukhtasar fī akhbār al-bashar*, RHC Or. 1(Paris, 1872), pp. 1-165.

Aeneas Tacticus, 'On the Defence of Fortified Positions', in *Aeneas Tacticus, Asclepiodotus, Onasander*, ed. the Illinois Greek Club(London, 1962 [1923]).

al-Ansarī, Umar ibn Ibrahim al-Awsi, *A Muslim Manual of War, being Tafrij al-Kurub fi tadbir al-Hurub*, ed. and trans. George T. Scanlon(Cairo, 1961).

Albert of Aachen, *Historia Hierosolymitana*, RHC Oc. 4(Paris, 1879), pp. 265-713.

Amatus of Montecassino, *The History of the Normans*, trans. Prescott N. Dunbar, ed. Graham A. Loud(Woodbridge, 2004).

Ambroise, *The History of the Holy War: Ambroise's Estoire de la guerre sainte*, ed. Marianne

Ailes and Malcolm Barber, 2 vols.(Woodbridge, 2003).

Analecta Leodiensia, seu Collectio Documentorum Quorumdam, ad Res Ludovici Borbonii et Joannis Hornaei Temporibus Gestas Spectantum, in Documents relatifs aux troubles du Pays de Liège, ed. Ram.

Anna Comnena, *The Alexiad of Anna Comnena*, trans. E. R. A. Sewter(Harmondsworth, 1969).

Anselmi de Ribodi Monte ad Manassem, archiepiscopum Remensem, epistola, RHC Oc. 3 (Paris, 1866), pp. 890–6.

Arena, Antoine, *Meygra Entrepriza catoliqui imperatoris...*, ed. Norbert–Alexandre Bonafous(Aix, 1860).

Arnold of Lubeck, *Arnoldi abbatis Lubecensis chronica Slavorum*, ed. Georgius H. Pertz (Hanover, 1978 [1868]).

Aubigny, Bérault Stuart, lord of, *Traité sur l'art de la guerre*, ed. Elie de Commingnes (Hague, 1976).

Avesbury, Robert de, *De gestis mirabilibus Regis Edwardi tertii*, ed. Edward M. Thompson (Nendeln, 1965).

Bahā' al-Dīn ibn Shaddād, *Kitāb sīrat Salāh al-Dīn al-Ayyūbī: al-Nawādir al-sultāniyya wa'l-mahāsin al-yūsufiyya*(Cairo, 1927).

———, *The Rare and Excellent History of Saladin, or al-Nawadir al-Sultaniyya wa'l-Mahasin al-Yusufiyya*, trans. Donald S. Richards(Aldershot, 2001).

Baker, Geoffrey le, *Chronicon Galfridi le Baker de Swynebroke*, ed. Edward M. Thompson (Oxford, 1889).

Baldry of Dol, *Historia Jerosolimitana*, RHC Oc. 4(Paris, 1879), pp. 1–111.

Balduini III, Hierosolymitani Latinorum regis quarti, Historia Nicaena vel Antiochena necnon Jerosolymitana, RHC Oc. 5(Paris, 1895), pp. 139–85.

Barber, Malcolm and Keith A. Bate(eds.), *The Templars: Selected Sources*(Manchester and New York, 2002).

Bar Hebraeus, Gregory Abu al-Faraj, *The Chronography of Gregory Abu'l Faraj*, ed. and trans. Ernest A. W. Budge, 2 vols.(Amsterdam, 1976 [1932]).

Basin, Thomas, *Histoire des règnes de Charles VII et de Louis XI*, ed. J. Quicherat, 4 vols. (Paris, 1855–9).

Bonenfant, Paul(ed.), *Actes concernant les rapports entre les Pays–Bas et la Grande Bretagne...* in *Bulletin de la Commission Royale d'Histoire 109*(1944): 53–125.

Bonivard, François, *Chroniques de Genève*, ed. Micheline Tripet, 3 vols.(Geneva, 2001–).

Bower, Walter, *Scotichronicon*, ed. Donald. E. R. Watt *et al.*, 9 vols.(Aberdeen,1989–98).

Brantôme, Pierre de Bourdeille, Abbot of, *Œuvres complètes de Pierre de Bourdeille, seigneur de Brantôme*, ed. Ludovic Lalanne, 11 vols.(Paris, 1864-82).

Der Briefwechsel Karls des Kühnen(1433-1477), ed. Werner Paravicini, 2 vols.(Frankfurt am Main, 1995).

Brocardus, *Directorium ad passagium faciendum*, RHC Ar. 2(Paris, 1906), pp. 367-517.

Buser, B., *Die Beziehungen der Mediceer zu Frankreich während der Jahre 1434-1494 in ihrem Zusammenhang mit den allgemeinen Verhältnissen Italiens*(Leipzig, 1879).

But, Adrien de, *Chronique des religieux des Dunes*, ed. Kervyn de Lettenhove, in *Chroniques relatives à l'histoire de la Belgique sous la domination des ducs de Bourgogne*, 3 vols. (Brussels, 1870), vol. 1.

Cafarus, *Genuensis consulis de liberatione civitatum orientis*, RHC Oc. 5(Paris, 1895), pp. 41-73.

Catalogue des actes de François Ier, ed. Paul Marichal, 10 vols.(Paris, 1887-1908).

La Chanson du Chevalier au Cygne et de Godefroid de Bouillon, ed. Célestin Hippeau, 2 vols.(Geneva, 1969 [Paris, 1852-77]).

Charny, Geoffroi de, The 'Book of Chivalry' of Geoffroi de Charny: Text, Context, and Translation, ed. and trans. Richard W. Kaeuper and Elspeth Kennedy(Philadelphia, 1996).

Le Charroi de Nîmes: Chanson du geste de xii siècle, ed. J.-L. Perrier(Paris, 1982[1931]).

Chartier, Jean, *Chronique de Charles VII, Roi de France*, ed. Auguste Vallet de Viriville, 3 vols.(Paris, 1868).

Chastellain, George, *Œuvres*, ed. Kervyn de Lettenhove, 8 vols.(Geneva, 1971[Brussels, 1863-6]).

Chronicle of the Third Crusade: A Translation of the Itinerarium Peregrinorum et Gesta Regis Ricardi, ed. and trans. Helen J. Nicholson, Crusade Texts in Translation 3(Aldershot, 1997).

Chronicon Angliae, ab anno domini 1328 usque ad annum 1388, auctore monacho quodam Sancti Albani, ed. Edward M. Thompson(Nendeln, 1965 [London, 1874]).

La Chronique de Lorraine: Les opérations des feus ducs de Loheregne, commenceant à duc Jehan, fils à duc Raoul..., ed. L. Marchal(Nancy, 1859).

Chronique de Michel le Syrien, Patriarche Jacobite d'Antioche(1166-1199), ed. and trans. J.-B. Chabot, 4 vols.(Brussels, 1963).

Chronique d'Ernoul et de Bernard le Trésorier, ed. Louis de Mas Latrie(Paris, 1871).

Chronique des quatre premiers Valois, 1327-1393, ed. Siméon Luce(Paris, 1862).

'Chronique de Terre-Sainte(1131-1224)', in *Gestes des Chiprois*, ed. Raynaud, pp. 1-24.

'Chronique du Templier de Tyr(1242-1309)', in *Gestes des Chiprois*, ed. Raynaud, pp. 139-334.

Chronique Normande du XIVe siècle, ed. Auguste and Émile Molinier(Paris, 1882).

Chroniques de Yolande de France, duchesse de Savoie, sœur de Louis XI, ed. L. Ménabréa (Paris, 1859).

Chronographia Regum Francorum, ed. H. Moranville, 3 vols.(Paris, 1891-7).

Commynes, Philippe de, Mémoires, ed. Emilie L. M. Dupont, 3 vols.(Paris, 1840-7).

_____, *Mémoires*, ed. B. de Mandrot, 2 vols.(Paris, 1901-3).

Corpus Documental de Carlos V, ed. Manuel F. Álvarez, 5 vols.(Salamanca, 1973-81).

Correspondance de Joachim de Matignon, ed. L.-H. Labande(Paris, 1914).

Correspondance du Cardinal François de Tournon, 1521-1562, ed. Michel François(Paris, 1946).

Correspondenz des Kaisers Karl V, ed. Karl Lanz, 3 vols.(Frankfurt, 1966).

Dépêches des ambassadeurs milanais en France sous Louis XI et François Sforza, ed. Bernard de Mandrot and Charles Samaran, 4 vols.(Paris, 1916-25).

Dépêches des ambassadeurs milanais sur les campagnes de Charles-le-Hardi, duc de Bourgogne, de 1474 à 1477, ed. Frédéric de Gingins La Sarra, 2 vols.(Paris and Geneva, 1858).

Diesbach, Ludwig von, *Die autobiographischen Aufzeichnungen Ludwig von Diesbachs: Studien zur spätmittelalterlichen Selbstdartstellung im oberdeutschen und schweizerischen Raume*, ed. Urs M. Zahnd(Bern, 1986).

Documents relatifs aux troubles du Pays de Liège sous les princes-évêques Louis de Bourbon et Jean de Horne, 1455-1505, ed. P. F. X. de Ram(Brussels, 1844).

Du Bellay, Martin, and Guillaume du Bellay, *Mémoires(1513-47)*, ed. V.-L. Bourrilly and Fleury Vindry, 4 vols.(Paris, 1908-19).

Du Clercq, Jacques, *Mémoires de J. du Clercq*, ed. F. A. F. T. de Reiffenberg, 4 vols. (Brussels, 1835-6).

Du glorieux retour de Lempereur de Prouence, par ung Double de lectres, escriptes de Bouloigne a Romme a Labbe de Caprare. Translate Dytalien en Francoys. Adiouste le double du dicton prononce a la Condempnation de Lempoisonneur de feu monsieur le Dauphin de France(Lyon?, 1537).

Edbury, Peter W.(ed.), *The Conquest of Jerusalem and the Third Crusade: Sources in Translation*(Brookfield, 1996).

Ekkehard of Aura, *Hierosolymita*, RHC Oc. 5(Paris, 1895), pp. 1-39.

d'Escouchy, Mathieu, *Chronique de Mathieu d'Escouchy*, ed. G. du Fresne de Beaucourt, 3 vols.(Paris, 1863-4).

Etterlin, Petermann, *Kronica von der loblichen Eydtgnoschaft, jr harkommen und sust seltzam strittenn und geschichten*, ed. Eugen Gruber(Aarau, 1965).

'Excerpts of Polyaenus', in Polyaenus, *Stratagems of War*, ed. and trans. Peter Krentz and Everett L. Wheeler, 2 vols.(Chicago, 1994), 2:851-1004.

Fantosme, Jordan, 'Chronicle of the War between the English and the Scots in 1173 and 1174', in *Contemporary Chronicles of the Middle Ages: Sources of Twelfth-Century History*, trans. Joseph Stephenson(Felinbach, 1988), pp. 77-120.

'The First and Second Crusades from an Anonymous Syriac Chronicle', ed. and trans. A. S. Tritton and Hamilton A. W. Gibb, *Journal of the Royal Asiatic Society 92*(1933): 69-101, 273-306.

Fordun, John, *Chronica gentis Scotorum*, ed. William F. Skene, 2 vols.(Edinburgh, 1871-2).

Froissart, Jehan, *Chroniques de J. Froissart*, ed. Simeon Luce, 12 vols. in 14 parts(Paris, 1869-1931).

_____, *Œuvres de Froissart: Chroniques*, ed. Kervyn de Lettenhove, 25 vols. in 26 parts (Brussels, 1867-77).

_____, *Voyage en Béarn*, ed. A. H. Diverres(Manchester, 1953).

Frontinus, Sextus Julius, *The Stratagems*, ed. Mary B. McElwain and trans. Charles E. Bennett(London, 1969 [1925]).

Fulcher of Chartres, *Fulcheri Carnotensis Historia Hierosolymitana(1095-1127)*, ed. Heinrich Hagenmeyer(Heidelberg, 1913).

_____, *A History of the Expedition to Jerusalem, 1095-1127*, ed. Harold S. Fink and trans. Frances R. Ryan(Knoxville, 1969).

Gabrieli, Francesco, *Arab Historians of the Crusades: Selected and Translated from the Arabic Sources*, trans. E. J. Costello(London, 1969).

Galbert de Bruges, *Histoire du meurtre de Charles le Bon Comte de Flandre(1127-1128)*, ed. Henri Pirenne(Paris, 1891).

Gesta Francorum et aliorum Hierosolymitanorum, ed. and trans. Rosalind Hill(London, 1962).

Gesta Francorum expugnantium Iherusalem, RHC Oc. 3(Paris, 1866), pp. 487-543.

Gesta Stephani: The Deeds of Stephen, ed. and trans. Kenneth R. Potter(London, 1955).

Les Gestes des Chiprois: Recueil de chroniques françaises écrites en Orient aux XIIe et XIVe siècles: Philippe de Navarre et Gérard de Monréal, ed. Gaston Raynaud, Publications de la Société de l'Orient Latin, Série historique 5(Geneva, 1887).

Gilo of Paris, *Historia Gilonis Cardinalis Episcopi de Via Hierosolymitana*, RHC Oc.

5(Paris, 1895), pp. 725–800.

Gruel, Guillaume, *Chronique d'Arthur de Richemont, connétable de France, duc de Bretagne*, ed. Achille le Vavasseur(Paris, 1890).

Guibert de Nogent, *Dei Gesta per Francos*, ed. R. B. C. Huygens(Turnholt, 1996).

Guillaume de Tyr et ses Continuateurs, ed. Paulin Paris, 2 vols.(Paris, 1879–80).

Guyard, Stanislas, 'Un Grand Maître des Assassins au temps de Saladin', *Journal Asiatique* ser. VII, 9(1877): 324–489.

Guyon, Fery de, *Mémoires de Fery de Guyon*, ed. A.-P.-L. de Robaulx de Soumoy(Brussels, 1858).

Hagenmeyer, Heinrich, *Epistulae et chartae ad historiam primi Belli Sacri spectantes quae supersunt aevo aequales ac genuinae: Die Kreuzzugsbriefe aus den Jahren 1088–1100*(Innsbruck, 1901).

Haynin, Jean de, *Mémoires de Jean, Sire de Haynin et de Louvignies, 1465–1477*, ed. Dieudonné Brouwers, 2 vols.(Liège: 1905–6).

Henrici de Merica, *Compendiosa Historia de Cladibus Leodiensium, in Documents relatifs aux troubles du Pays de Liège*, ed. Ram.

Henry of Huntingdon, *De captione Antiochiae a Christianis*, RHC Oc. 5(Paris, 1895), pp. 374–9.

Historia Gotfridi, RHC Oc. 5(Paris, 1895), pp. 439–523.

Ibn al-Athīr, 'Izz al-Dīn, *Min kitāb kāmil al-tawārīkh*, RHC Or. 1(Paris, 1872), pp. 187–744; RHC Or. 2 , part 1(Paris, 1887), pp. 4–180.

Ibn al-Qalānisī, Hamza ibn Asad, *The Damascus Chronicle of the Crusades*, ed. and trans. Hamilton A. R. Gibb(London, 1932).

Istore et Croniques de Flandres, ed. Kervyn de Lettenhove, 2 vols.(Brussels, 1879–80).

Itinerarium peregrinorum et gesta regis Ricardi, ed. William Stubbs(London, 1864).

Johnston, Ronald Carlyle(ed.), *The Crusade and Death of Richard I*(Oxford, 1961).

Joinville, Jean de, *Vie de Saint Louis*, ed. and trans. Jacques Monfrin(Paris, 1995).

Journal d'un bourgeois de Paris, 1405–1449, ed. Alexandre Tuetey(Paris, 1881).

Les Journaux du trésor de Philippe VI de Valois, suivis de l'Ordinarium thesaurii de 1338–1339, ed. Jules É. M. Viard(Paris, 1899).

Juvaini, 'Ala-ad-Din 'Ata-Malik, *The History of the World-Conqueror*, trans. John A. Boyle, 2 vols.(Manchester, 1958).

Kamāl al-Dīn ibn al-'Adīm, *Extraits de la Chronique d'Alep*, RHC Or. 3(Paris, 1884).

al-Kātib al-Isfahānī, 'Imād al-Dīn Muhammad ibn Muhammad, *Conquête de la Syrie et de la Palestine par Saladin*, trans. Henri Massé(Paris, 1972).

La Marche, Olivier de, *Mémoires d'Olivier de la Marche, maître d'hôtel et capitaine des gardes de Charles le téméraire*, ed. Henri Beaune and Jules d'Arbaumont, 4 vols.(Paris, 1883-8).

Langtoft, Pierre de, *The Chronicle of Pierre de Langtoft, in French Verse, from the Earliest Period to the Death of King Edward I*, ed. Thomas Wright, 2 vols.(Nendeln, 1964 [London, 1866-8]).

La Noue, François de, *Discours politiques et militaries*, ed. Frank E. Sutcliffe(Paris, 1967).

Le Bel, Jean, *Chronique de Jean le Bel*, ed. Jules Viard and Eugène Déprez, 2 vols.(Paris, 1904-5).

Lefèvre de St Rémy, Jean, *Chronique de Jean le Fèvre, seigneur de Saint Remy*, ed. François Morand, 2 vols.(Paris, 1876-81).

Leo VI, 'Stratagems', in Polyaenus, *Stratagems of War*, ed. and trans. Peter Krentz and Everett L. Wheeler, 2 vols.(Chicago, 1994), 2:1005-75.

Lescot, Richard, *Chronique de Richard Lescot*, ed. Jean Lemoine(Paris, 1896).

Lettres de Louis XI, roi de France, ed. Joseph Vaesen and Etienne Charavay, 11 vols.(Paris, 1883-1909).

Lettres de rois, reines et autres personnages des cours de France et d'Angleterre, depuis Louis VII jusqu'a Henri IV, ed. J.-J. Champollion-Figeac, 2 vols.(Paris, 1839-47).

Lettres-missives originales du chartier de Thouars, ed. Paul Marchegay([n.p.], 1873).

Lewis, Bernard, 'Kamāl al-Dīn's Biography of Rāshid al-Dīn Sinān', *Arabica: Revue d'études arabes et islamiques 13*(1966): 225-67.

Linden, Herman Vander, Itinéraires de Charles, *Duc de Bourgogne, Marguerite d'York et Marie de Bourgogne(1467-1477)*(Brussels, 1936).

_____, *Itinéraires de Philippe le Bon, Duc de Bourgogne(1419-1467) et de Charles, Comte de Charolais(1433-1467)*(Brussels, 1940).

Los, Johannis de, *Chronicon rerum gestarum ab anno mcccclv ad annum mdxiv, in Documents relatifs aux troubles du Pays de Liège*, ed. Ram.

Machiavelli, Niccolò, *Art of War*, ed. and trans. Christopher Lynch(Chicago, 2003).

Malaterra, Gaufredo, *De rebus gestis Rogerii Calabriae et Siciliae comitis et Roberti Guiscardi ducis fratris eius*, ed. Ernesto Pontieri(Bologna, 1928).

Matthew of Edessa, *Armenia and the Crusades, Tenth to Twelfth Centuries: The Chronicle of Matthew of Edessa*, ed. and trans. Ara Edmond Dostourian(New York, 1993).

Maupoint, Jean, *Journal parisien de Jean Maupoint, prieur de Sainte-Catherinede-la-Couture, 1437-1469*, ed. Gustave Fagniez, Mémoires de la Societe de l'histoire de Paris et de l'Île de France 4(Paris, 1878), pp. 1-113.

Miolo, Gianbernardo, *Cronaca, in Miscellanea di storia italiana, 5 series*, 79 vols.(Turin, 1862-1968), series 1, vol. 1.

Molinet, Jean, *Chroniques de Jean Molinet*, ed. Georges Doutrepont and Omer Jodogne, 3 vols.(Brussels, 1935-7).

Monluc, Blaise de, *Commentaires, 1521-1576*, ed. Paul Courteault(Paris, 1964).

_____, *The Habsburg-Valois Wars and the French Wars of Religion*, ed. Ian Roy and trans. Charles Cotton(London, 1971).

Monstrelet, Enguerran de, *La Chronique d'E. de Monstrelet*, ed. L. Douëtd'Arcq, 6 vols. (Paris, 1857-62).

More, Thomas, *Utopia*, trans. Paul Turner(Harmondsworth, 1965).

Muisit, Gilles le, *Chronique et Annales de Gilles le Muisit, abbé de Saint-Martin de Tournai*, ed. Henri Lemaître(Paris, 1906).

Murimuth, Adam, *Adae Murimuth Continuatio Chronicarum: Robertus de Avesbury de gestis mirabilibus Regis Edwardi tertii*, ed. Edward M. Thompson(Nendeln, 1965 [London, 1889]).

Nouvelle collection des mémoires pour servir à l'histoire de France, depuis le XIIIe siècle jusqu'à la fin du XVIIIe, ed. Joseph F. Michaud and Jean J. F. Poujoulat, 3 series, 32 vols. (Paris, 1836-9).

Novare, Philippe of, 'Estoire de la guerre qui fu entre l'empereor Federic & Johan d'Ibelin', in Gestes des Chiprois, ed. Raynaud, pp. 25-138.

Onofrio de Santa Croce, *Mémoire du légat Onufrius sur les affaires de Liège*, ed. Stanislas Bormans(Brussels, 1885).

Oudenbosch, Adriaan van, *Chronique d'Adrien d'Oudenbosch*, ed. C. de Borman(Liège, 1902).

Pauwels, Theodoric, *Historia de Cladibus Leodensium*, in *Documents relatifs aux troubles du Pays de Liège*, ed. Ram.

Peter Tudebode, *Historia de Hierosolymitano itinere*, RHC Oc. 3(Paris, 1866), pp. 3-117.

Pizan, Christine de, *The Book of Deeds of Arms and of Chivalry*, ed. Charity Cannon Willard and trans. Sumner Willard(University Park, 1999).

Polyaenus, *Stratagems of War*, ed. and trans. Peter Krentz and Everett L. Wheeler, 2 vols. (Chicago, 1994).

Primi Belli Sacri Narrationes Minores, RHC Oc. 5(Paris, 1895), pp. 341-98.

La Prince noir, poème du Héraut d'armes Chandos, ed. Francisque Michel(London, 1883).

Ralph of Caen, *Gesta Tancredi*, RHC Oc. 3(Paris, 1866), pp. 587-715.

Ralph of Coggeshall, *Chronicon Anglicanum, de Expugnatione terr ae Sanctae libellus*, ed.

Joseph Stevenson(Nendeln, 1965 [London, 1875]).

Ralph of Diceto, *Radulphi de Diceto Decani Lundoniensis Opera Historica*, ed. William Stubbs, 2 vols.(Nendeln, 1965 [London, 1876]).

Raymond of Aguilers, *Le 'Liber' de Raymond d'Aguilers*, ed. John Hugh and Laurita L. Hill and trans. Philippe Wolff(Paris, 1969).

Récits d'un bourgeois de Valenciennes, ed. Kervyn de Lettenhove(Geneva, 1979 [1877]).

La Regle du Temple, ed. Henri de Curzon(Paris, 1977 [1886]).

Robert the Monk, *Historia Iherosolimitana*, RHC Oc. 3(Paris, 1866), pp. 717-881.

Rochechouart, Guillaume de, *Mémoires de messire Guillaume de Rochechouart*, in *Nouvelle collection des mémoires*, ed. Michaud and Poujoulat, ser. 1, vol. 8, pp. 597-605.

Roger of Howden, *Chronica Magistri Rogeri de Houedene*, ed. William Stubbs, 4 vols. (Nendeln, 1964 [London, 1868-71]).

Rotuli Scotiae, ed. David Macpherson, John Caley and William Illingworth, 2 vols.(London, 1814-19).

Roye, Jean de, *Journal de Jean de Roye, connu sous le nom de chronique scandaleuse, 1460-1483*, ed. Bernard de Mandrot, 2 vols.(Paris, 1894-6).

Rymer, Thomas, *Foedera, Conventiones, literae, et Cujuscunque generis Acta publica inter Reges Angliae...*, 3rd edn, 40 vols. in 10 parts(Farnborough, 1967 [Hague, 1739-45].

Sandoval, Fray Prudencio de, *Historia de la Vida y Hechos del Emperador Carlos V: Maximo, Fortisimo, Rey catolico de Esoana y de las Indias, Islasy tierra firme del Mar Oceano*, ed. Carlos Seco Serrando, Biblioteca des Autores Españoles 80-82(Madrid, 1955-6).

Schertlin, Sebastian von Burtenbach, *Leben und Thaten des weiland wohledlen und gestrengen Herrn Sebastian Schertlin von Burtenbach, durch ihn selbst deutsch beschrieben*, ed. Ottmar F. H. Schönhuth(Münster, 1858).

Schilling, Diebold, *Die Berner Chronik des Diebold Schilling*, ed. Gustav Tobler, 2 vols. (Bern, 1897-1901).

Sharon, Ariel and David Chanoff, *Warrior: The Autobiography of Ariel Sharon*(New York, 1989).

Speierische Chronik, 1406-1476, in *Quellensammlung der badischen Landesgeschichte*, ed. F. J. Mone, 4 vols.(Karlsruhe, 1848-67), 1:367-520.

Stephani, comitis Carnotensis, ad Adelam, uxorem suam, epistolae, RHC Oc. 3(Paris, 1866), pp. 885-90.

Tavannes, Jean de Saulx, Viscount of, *Mémoires de tres-noble et tres-illustre Gaspard de Saulx, seigneur de Tavanes...*, in *Nouvelle collection des mémoires*, ed. Michaud and

Poujoulat, ser. 1, vol. 8, pp. 1-434.

Three Byzantine Military Treatises, ed. and trans. George T. Dennis(Washington, DC, 1985).

Usāmah ibn-Munqidh, *Kitāb al-I'tibār: An Arab-Syrian Gentleman & Warrior in the Period of the Crusades, Memoires of Usamah Ibn-Munkidh*, trans. Philip K. Hitti(New York, 2000).

Valbelle, Honorat de, *Histoire journalière d'Honorat de Valbelle(1498-1539): journal d'un bourgeois de Marseille au temps de Louis XII et de François Ier*, ed. Victor-Louis Bourrilly, Roger Duchêne, Lucien Gaillard and Charles Rostaing, 2 vols.(Aix-en-Provence, 1985).

Vegetius, *Epitome of Military Science*, ed. and trans. N. P. Milner(Liverpool, 1993).

Venette, Jean de, *The Chronicle of Jean de Venette*, ed. Richard A. Newhall and trans. Jean Birdsall(New York, 1953).

Vieilleville, François de Scepeaux, Lord of, *Mémoires de la vie de François de Scepeaux, sire de Vieilleville et Comte de Durestal, Mareschal de France*, in *Nouvelle collection des mémoires*, ed. Michaud and Poujoulat, ser. 1, vol. 9.

Vitalis, Ordericus, *The Ecclesiastical History of Orderic Vitalis*, ed. and trans. Marjorie Chibnall, 6 vols.(Oxford, 1969-79).

Walsingham, Thomas, *Historia Anglicana*, ed. Henry T. Riley, 2 vols.(New York, 1965 [London, 1863-4]).

Walter of Coventry, *Memoriale Fratris Walteri de Coventria*, ed. William Stubbs, 2 vols. (Nendeln, 1965 [London, 1872-83]).

Wavrin, Jehan de, *Recueil des croniques et Anchiennes Istories de la grant Bretaigne, a present nommee Engleterre*, ed. William Hardy, 5 vols.(London, 1864-91).

William of Apulia, *La Geste de Robert Guiscard*, ed. Margerite Mathieu(Palermo, 1961).

William of Tyre, *La Continuation de Guillaume de Tyr, 1184-1197*, ed. Margaret Ruth Morgan(Paris, 1982).

_____, *Historia rerum in partibus transmarinis gestarum*, RHC Oc. 1-2(Paris, 1844).

Wyntoun, Andrew of, *Androw of Wyntoun's Orygynale Cronykil of Scotland*, ed. David Laing, 3 vols.(Edinburgh, 1872-9).

2차 자료

Alban, J. R., and Christopher T. Allmand, 'Spies and Spying in the Fourteenth

Century', in *War, Literature and Politics in the Late Middle Ages*, ed. Christopher T. Allmand(Liverpool, 1976), pp. 73-101.

Allmand, Christopher T., 'Intelligence in the Hundred Years War', in *Go Spy the Land: Military Intelligence in History*, ed. Keith Neilson and B. J. C. McKercher(Westport, 1992), pp. 31-47.

_____, (ed.), *Society at War: The Experience of England and France during the Hundred Years War*(Rochester, 1998).

Amitai, Reuven, 'Mamluk Espionage among Mongols and Franks', in *The Medieval Levant: Studies in Memory of Eliyahu Ashtor(1914-1982)*, ed. Benjamin Z. Kedar and Abraham K. Udovitch, Asia and Africa Studies 22(Haifa, 1988), pp. 173-81.

Anglo, Sydney(ed.), *Chivalry in the Renaissance*(Woodbridge, 1990).

Archer, John Michael, *Sovereignty and Intelligence: Spying and Court Culture in the English Renaissance*(Stanford, 1993).

Arnold, Thomas F., 'Fortifications and the Military Revolution: The Gonzaga Experience, 1530-1630', in *The Military Revolution Debate: Readings on the Military Transformation of Early Modern Europe*, ed. Clifford J. Rogers(Boulder, 1995), pp. 201-26.

_____, 'War in Sixteenth-Century Europe: Revolution and Renaissance', in *European Warfare, 1453-1815*, ed. Jeremy Black(New York, 1999), pp. 23-44.

Arquilla, John(ed.), *From Troy to Entebbe: Special Operations in Ancient and Modern Times* (Lanham, 1996).

Arthurson, Ian, 'Espionage and Intelligence from the Wars of the Roses to the Reformation', *Nottingham Medieval Studies 35*(1991): 134-54.

Asbridge, Thomas S., *The Creation of the Principality of Antioch, 1098-1130*(Woodbridge, 2000).

_____, *The First Crusade: A New History*(Oxford, 2004).

Ayton, Andrew, 'English Armies in the Fourteenth Century', in *Arms, Armies and Fortifications in the Hundred Years War, ed. Anne Curry and Michael Hughes* (Woodbridge, 1994), pp. 21-38.

Bachrach, Bernard S., 'Logistics in Pre-Crusade Europe', in *Feeding Mars: Logistics in Western Warfare from the Middle Ages to the Present*, ed. John A. Lynn(Boulder, 1993), pp. 57-78.

_____, 'Medieval Siege Warfare: A Reconnaissance', *Journal of Military History 58* no. 1 (1994): 119-33.

_____, 'The Siege of Antioch: A Study in Military Demography', *War in History 6* no. 2

(1999): 127–46.

Bachrach, David Steward, 'The Military Administration of England: The Royal Artillery (1216–1272)', *Journal of Military History* 68 no. 4(2004): 1083–1104.

_____, 'Origins of the Crossbow Industry in England', *Journal of Medieval Military History* 2(2003): 73–88.

Barnett, Frank R., B. Hugh Tovar and Richard H. Shultz(eds.), *Special Operations in US Strategy*(Washington, DC, 1984).

Bartlett, W. B., *The Assassins: The Story of Medieval Islam's Secret Sect*(Phoenix Mill, 2001).

Beaune, Colette, *The Birth of an Ideology: Myths and Symbols of Nation in Late–Medieval France*, ed. Fredric L. Cheyette and trans. Susan Ross Huston(Berkeley, 1991).

Bittmann, K., *Ludwig XI und Karl der Kühne: die Memoiren des Philippe de Commynes als historische Quelle*(Göttingen, 1964–70).

Black, Jeremy, *European Warfare, 1494–1660*(London, 2002).

_____, 'Introduction', in *The Origins of War in Early Modern Europe*, ed. Jeremy Black (Edinburgh, 1987), pp. 1–27.

_____, *Why Wars Happen*(New York, 1998).

Bohrer, David, *America's Special Forces*(Osceola, 1998).

Bonenfant, Paul, *Philippe le Bon: sa politique, son action*(Brussels, 1996).

_____ and Jean Stengers, 'Le rôle de Charles le Téméraire dans le gouvernment de l'état bourguignon en 1465–1467', *Annales de Bourgogne* 25(1953): 7–29, 118–33.

Bouche, Honoré, *La chorographie ou description de Provence et l'histoire chronologique du mesme pays*, 2 vols.(Aix, 1664).

Bouchier, E. S., *A Short History of Antioch, 300 B.C.–A.D. 1268*(Oxford, 1921).

Boulton, D'Arcy D. J., *The Knights of the Crown: The Monarchical Orders of Knighthood in Later Medieval Europe, 1325–1520*(New York, 1987).

Bricard, Georges, *Un serviteur et compère de Louis XI: Jean Bourré, seigneur du Plessis, 1424–1506*(Paris, 1893).

Bradbury, Jim, *The Medieval Siege*(Woodbridge, 1992).

_____, *Philip Augustus: King of France, 1180–1223*(London, 1998).

Braudy, Leo, *From Chivalry to Terrorism: War and the Changing Nature of Masculinity*(New York, 2003).

Brown, Gordon S., *The Norman Conquest of Southern Italy and Sicily*(Jefferson, 2003).

Brown, Reginald A., Howard M. Colvin and Alfred J. Taylor, *The History of the King's Works, vols. 1–2: The Middle Ages*(London, 1963).

Brundage, James A., *Richard Lion Heart*(New York, 1974).

Bully, Philippe, *Charles VII: le 'Roi des merveilles'*(Paris, 1994).

Burne, Alfred Higgins, *The Agincourt War: A Military History of the Latter Part of the Hundred Years War, from 1369 to 1453*(London, 1956).

Burns, Robert I., '100,000 Crossbow Bolts for the Crusader King of Aragon', *Journal of Medieval Military History* 2(2004): 159-64.

Cahen, Claude, *La Syrie du nord à l'époque des croisades et de la principauté franque d'Antioche*(Paris, 1940).

Cauchies, Jean-Marie, *Louis XI et Charles le Hardi: de Peronne à Nancy(1468-1477): le conflit*(Brussels, 1996).

Cazelles, Raymond, *Société politique, noblesse et couronne sous Jean le Bon et Charles V*(Paris, 1982).

Chase, Kenneth Warren, *Firearms: A Global History to 1700*(Cambridge, 2003).

Chaunu, Pierre, and Michele Escamilla, *Charles Quint*(Paris, 2000).

Chevedden, Paul E., 'Fortifications and the Development of Defensive Planning in the Latin East', in *The Circle of War in the Middle Ages: Essays on Medieval Military and Naval History*, ed. Donald J. Kagay and L. J. Andrew Villalon(Woodbridge, 1999), pp. 33-44.

_____, Les Eigenbrod, Vernard L. Foley and Werner Soedel, 'The Trebuchet', *Scientific American* 273 no. 1(July 1995): 66-71.

Collard, Franck, 'L'Assassinat manqué de Charles le Téméraire', *L'Histoire* 165(April 1993): 6-11.

Contamine, Philippe, 'Les compagnies d'aventure en France pendant la guerre de Cent ans', *Mélanges de l'École française de Rome, Moyen Age, Temps modernes* 87(1975): 365-96.

_____, 'Geoffroy de Charny(début du xive siècle-1356), "Le plus prudhomme et le plus vaillant de tous les autres"', in *Histoire et société: Mélanges Georges Duby, II, Le tenancier, le fidèle et le citoyen*, ed. J. J. N. Palmer(Aix-en- Provence, 1992), pp. 107-21.

_____, *War in the Middle Ages*, trans. Michael Jones(New York, 1984).

Courteault, Paul, *Blaise de Monluc historien: étude critique sur le texte et la valeur historique des Commentaires*(Paris, 1908).

Crawford, Steve, *The SAS Encyclopedia*(Miami, 1998).

Crook, David, 'The Confession of a Spy, 1380', *Historical Research* 62(1989): 346-50.

Daftary, Farhad, *The Assassin Legends: Myths of the Isma'ilis*(London, 1994).

Dahl, Per F., *Heavy Water and the Wartime Race for Nuclear Energy*(Bristol, 1999).

Dam, Poul, *Niels Bohr (1885-1962): Atomic Theorist, Inspirator, Rallying Point*, trans. Gitte and Norman Shine (Copenhagen, 1987).

Davies, R. R., *The Age of Conquest: Wales, 1063-1415* (Oxford, 1987).

Davis, Alex, *Chivalry and Romance in the English Renaissance,* Studies in *Renaissance Literature 11* (Cambridge, 2003).

Dawson, Graham, *Soldier Heroes: British Adventure, Empire, and the Imagining of Masculinities* (London, 1994).

Day, J. F. R., 'Losing One's Character: Heralds and the Decline of English Knighthood from the Later Middle Ages to James I', in *Chivalry, Knighthood, and War in the Middle Ages*, ed. Susan J. Ridyard, Sewanee Mediaeval Studies 9 (Sewanee, 1999), pp. 97-116.

Decrue de Stoutz, Francis, *Anne de Montmorency, grand maître et connétable de France: à la cour, aux armées, et au conseil du roi François Ier* (Geneva, 1978).

DeVries, Kelly, 'Catapults are not Atomic Bombs: Towards a Redefinition of "Effectiveness" in Premodern Military Technology', *War in History* 4 no. 1 (1997): 454-70.

_____, 'Gunpowder and Early Gunpowder Weapons', in *Gunpowder: The History of an International Technology*, ed. Brenda Buchanan (Bath, 1996), pp. 121-35.

_____, 'Gunpowder Weaponry and the Rise of the Early Modern State', *War in History* 5 no. 2 (1998): 127-45.

_____, 'Gunpowder Weapons at the Siege of Constantinople, 1453', in *War and Society in the Eastern Mediterranean, 7th-15th Centuries*, ed. Yaacov Lev (Leiden, 1997), pp. 343-62.

_____, 'Hunger, Flemish Participation and the Flight of Philip VI: Contemporary Accounts of the Siege of Calais, 1346-1347', *Studies in Medieval and Renaissance History 12* (1991): 133-79.

_____, 'The Impact of Gunpowder Weaponry on Siege Warfare in the Hundred Years War', in *The Medieval City under Siege*, ed. Ivy A. Corfis and Michael Wolfe (Woodbridge, 1995), pp. 227-44.

_____, *Infantry Warfare in the Early Fourteenth Century: Discipline, Tactics, and Technology* (Woodbridge, 1996).

_____, *Medieval Military Technology* (Peterborough, 1992).

_____, 'The Technology of Gunpowder Weaponry in Western Europe during the Hundred Years War', in *XXII. Kongress der Internationalen Kommission für Militärgeschichte Acta 22: Von Crécy bis Mohács Kriegswesen im späten Mittelalter (1346-1526)* (Vienna,

1997), pp. 285-98.

_____, 'The Use of Gunpowder Weaponry by and against Joan of Arc during the Hundred Years War', *War and Society* 14(1996): 1-15.

Dewald, Jonathan, *Aristocratic Experience and the Origins of Modern Culture: France, 1570-1715*(Berkeley, 1993).

Dockery, Kevin, and Elaine Abbrecht, *Special Forces in Action: Missions, OPS, Weapons, and Combat, Day by Day*(New York, 2004).

Doig, James A., 'A New Source for the Siege of Calais in 1436', *English Historical Review* 110(1995): 405-16.

Dufayard, Charles, *Histoire de Savoie*(Paris, 1930).

Duffy, Christopher, *Siege Warfare: The Fortress in the Early Modern World, 1494-1660* (London, 1997).

Dufournet, Jean, *La destruction des mythes dans les Mémoires de Ph. de Commynes*(Genève, 1966).

Dunnigan, James F., *The Perfect Soldier: Special Operations, Commandos, and the Future of U.S. Warfare*(New York, 2003).

Dvornik, Francis, *Origins of Intelligence Services: The Ancient Near East, Persia, Greece, Rome, Byzantium, the Arab Muslim Empires, the Mongol Empire, China, Muscovy*(New Brunswick, 1974).

Edgington, Susan B., 'Albert of Aachen and the Chansons de Geste', in *The Crusades and their Sources: Essays Presented to Bernard Hamilton*, ed. John France and William G. Zajac(Aldershot, 1998), pp. 23-38.

El-Azhari, Taef Kamal, *The Saljūqs of Syria: During the Crusades, 463-549 A.H./1070-1154 A.D.* (Berlin, 1997).

Ellenblum, Ronnie, 'Frankish and Muslim Siege Warfare and the Construction of Frankish Concentric Castles', in *Dei gesta per Francos: Études sur les Croisades dédiées à Jean Richard*, ed. M. Balard, J. Riley-Smith and B. Z. Kedar(Aldershot, 2001), pp. 211-22.

_____, *Frankish Rural Settlement in the Latin Kingdom of Jerusalem*(Cambridge, 1998).

_____, 'Were there Borders and Borderlines in the Middle Ages? The Example of the Latin Kingdom of Jerusalem', in *Medieval Frontiers: Concepts and Practices*, ed. David Abulafia and Nora Berend(Aldershot, 2002), pp. 105-19.

Eltis, David, *The Military Revolution in Sixteenth-Century Europe*(London, 1995).

Emerson, Catherine, *Olivier de la Marche and the Rhetoric of Fifteenth-Century Historiography*(Woodbridge, 2004).

Fairon, Emile, 'Les six cents Franchimontois', *Wallonia* 22(1914): 136–55.

Fallows, Noel, 'Knighthood, Wounds, and the Chivalric Ideal', in *Chivalry, Knighthood, and War in the Middle Ages*, ed. Susan J. Ridyard, Sewanee Mediaeval Studies 9 (Sewanee, 1999), pp. 117–36.

Favier, Jean, *Louis XI*(Paris, 2001).

Ferguson, Arthur B., *The Chivalric Tradition in Renaissance England*(Washington, DC, 1986).

Ford, Franklin L., *Political Murder: From Tyrannicide to Terrorism*(Cambridge, MA, 1985).

Fowler, Kenneth, *Medieval Mercenaries, vol. 1: The Great Companies*(Oxford, 2001).

France, John, 'The Anonymous *Gesta Francorum* and the *Historia Francorum qui ceperunt Iherusalem* of Raymond of Aguilers and the *Historia Hierosolymitano itinere* of Peter Tudebode: An Analysis of the Textual Relations between Primary Sources of the First Crusade', in *The Crusades and their Sources: Essays Presented to Bernard Hamilton*, ed. John France and William G. Zajac(Aldershot, 1998), pp. 39–70.

––––––, 'The Departure of Tatikios from the army of the First Crusade', *Bulletin of the Institute of Historical Research* 44(1971): 131–47.

––––––, 'The Fall of Antioch during the First Crusade', in *Dei Gesta per Francos: Études sur les croisades dédiées à Jean Richard*, ed. Michel Balard, Benjamin Z. Kedar and Jonathan Riley-Smith(Aldershot, 2001), pp. 13–20.

––––––, 'Recent Writing on Medieval Warfare: From the Fall of Rome to c. 1300', *Journal of Military History* 65 no. 2(2001): 441–73.

––––––, *Victory in the East: A Military History of the First Crusade*(Cambridge, 1994).

––––––, *Western Warfare in the Age of the Crusades, 1000–1300*(Ithaca, 1999).

François, Michel, *Le Cardinal François de Tournon: homme d'état, diplomate, mécène et humaniste(1489–1562)*(Paris, 1951).

Friedman, Yvonne, *Encounter between Enemies: Captivity and Ransom in the Latin Kingdom of Jerusalem*(Leiden, 2002).

––––––, 'Women in Captivity and their Ransom during the Crusader Period', in *Cross Cultural Covergences in the Crusader Period: Essays Presented to Aryeh Grabois on his Sixty-fifth Birthday*, ed. Michael Goodich, Sophia Menache and Sylvia Schein(New York, 1995), pp. 75–87.

Gabotto, Ferdinando, *Lo stato sabaudo da Amedeo VIII ad Emanuele Filiberto*, 3 vols.(Turin, 1892–5).

Geary, Patrick J., *Furta Sacra: Thefts of Relics in the Central Middle Ages*(Princeton, 1978).

Ghazarian, Jacob G., *The Armenian Kingdom in Cilicia During the Crusades: The Integration* of Cilician Armenians with the Latins, 1080-1393(Richmond, 2000).

Gillingham, John, Richard Cœur de Lion: Kingship, Chivalry and War in the Twelfth Century(London, 1994).

_____, Richard I(New Haven, 1999).

_____, 'Richard I and the Science of War in the Middle Ages', in Gillingham, Richard Cœur de Lion, pp. 211-26.

_____, 'The Unromantic Death of Richard I', Speculum 54(1979): 18-41.

_____, '"Up with Orthodoxy!": In Defense of Vegetian Warfare', Journal of Medieval Military History 2(2004): 149-58.

_____, 'War and Chivalry in the History of William the Marshal', in Gillingham, Richard Cœur de Lion, pp. 227-42.

_____, 'William the Bastard at War', in Studies in History Presented to R. Allen Brown, ed. C. Harper-Bill, J. Holdsworth and J. Nelson(Woodbridge, 1986), pp. 141-58.

Glete, Jan, War and the State in Early Modern Europe: Spain, the Dutch Republic and Sweden as Fiscal-Military States, 1500-1660(London, 2002).

Goodman, Jennifer R., Chivalry and Exploration, 1298-1630(Woodbridge, 1998).

Grant, Alexander, Independence and Nationhood: Scotland, 1306-1469, The New History of Scotland 3(London, 1984).

Groebner, Valentin, Defaced: The Visual Culture of Violence in the Late Middle Ages, trans. Pamela Selwyn(New York, 2004).

Grummitt, David, 'The Financial Administration of Calais during the Reign of Henry IV, 1399-1413', English Historical Review 113(1998): 277-99.

Guichonnet, Paul, Histoire de Genève, 3rd edn(Toulouse, 1986).

Gunn, Steven, 'The French Wars of Henry VIII', in The Origins of War in Early Modern Europe, ed. Jeremy Black(Edinburgh, 1987), pp. 28-51.

Hale, John R., War and Society in Renaissance Europe, 1450-1620, 2nd edn(Guernsey, 1998).

Hall, Bert S., 'The Changing Face of Siege Warfare: Technology and Tactics in Transition', in The Medieval City under Siege, ed. Ivy A. Corfis and Michael Wolfe(Woodbridge, 1995), pp. 257-76.

_____, Weapons and Warfare in Renaissance Europe: Gunpowder, Technology, and Tactics, Johns Hopkins Studies in the History of Technology 22(Baltimore, 1997).

Hamilton, Ian R., No Stone Unturned: The Story of the Stone of Destiny...(London, 1952).

Harari, Yuval Noah, 'The Concept of "Decisive Battles" in World History', Journal of World History [forthcoming].

_____, 'Inter-Frontal Cooperation in the Fourteenth Century and Edward III's 1346 Campaign', *War in History* 6 no. 4(1999): 379-95.

_____, 'Martial Illusions: War and Disillusionment in Twentieth-Century and Renaissance Military Memoirs', *Journal of Military History* 69 no. 1(2005): 43-72.

_____, 'The Military Role of the Frankish Turcopoles: A Reassessment', *Mediterranean Historical Review* 12 no. 1(1997): 75-116.

_____, *Renaissance Military Memoirs: War, History and Identity, 1450-1600*(Woodbridge, 2004).

_____, 'Strategy and Supply in Fourteenth-Century Western European Invasion Campaigns', *Journal of Military History* 64 no. 2(2000): 297-334.

Harclerode, Peter, *Fighting Dirty: The Inside Story of Covert Operations from Ho Chi Minh to Osama Bin Laden*(London, 2001).

_____, *Secret Soldiers: Special Forces in the War against Terrorism*(London, 2001).

Harriss, G. L., 'The Struggle for Calais: An Aspect of the Rivalry between Lancaster and York', *English Historical Review* 75(1960): 30-53.

Haynes, Alan, *Invisible Power: The Elizabethan Secret Services, 1570-1603*(Stroud, 1992).

Hewitt, Herbert J., 'The Organisation of War', in *The Wars of Edward III: Sources and Interpretations*, ed. Clifford J. Rogers(Woodbridge, 1999), pp. 285-302.

_____, *The Organization of War under Edward III, 1338-62*(Manchester, 1966).

Hindley, Geoffrey, *Saladin*(London, 1976).

Hodgson, Frances Coterrell, *The Early History of Venice from the Foundation to the Conquest of Constantinople*, A.D. 1204(London, 1901).

Howard, Michael E., *The Causes of Wars and Other Essays*(Cambridge, MA, 1983).

_____, *Weapons and Peace*(London, 1983).

Isaac, Steven, 'The Problem with Mercenaries', in *The Circle of War in the Middle Ages: Essays on Medieval Military and Naval History*, ed. Donald J. Kagay and L. J. Andrew Villalon(Woodbridge, 1999), pp. 101-10.

Jackson, Richard A., *Vive le Roi! A History of the French Coronation from Charles V to Charles X*(Chapel Hill, 1984).

Janowitz, Morris, and Edward A. Shils, 'Cohesion and Disintegration in the Wehrmacht in World War II', *Public Opinion Quarterly* 12 no. 2(1948), 280-313.

Jones, Richard L. C., 'Fortifications and Sieges in Western Europe, c.800-1450', in *Medieval Warfare: A History*, ed. Maurice H. Keen(Oxford, 1999), pp. 163-85.

Kagay, Donald J., 'A Shattered Circle: Eastern Spanish Fortifications and their Repair during the "Calamitous Fourteenth Century"', *Journal of Medieval Military History* 2

(2004): 111-36.

Kaeuper, Richard W., *Chivalry and Violence in Medieval Europe*(Oxford, 1999).

Kedar, Benjamin Z., *Crusade and Mission: European Approaches toward the Muslims* (Princeton, 1984).

_____, 'The Subjected Muslims of the Frankish Levant', in *Muslims under Latin Rule, 1100-1300*, ed. James M. Powell(Princeton, 1990), pp. 135-74.

Keegan, John, *A History of Warfare*(New York, 1993).

Keen, Maurice H., 'The Changing Scene: Guns, Gunpowder, and Permanent Armies', in *Medieval Warfare: A History*, ed. Maurice H. Keen(Oxford, 1999), pp. 273-92.

_____, *Chivalry*(New Haven, 1984).

_____, 'Chivalry, Nobility and the Man-at-Arms', in *War, Literature and Politics in the Late Middle Ages*, ed. Christopher T. Allmand(Liverpool, 1976), pp. 32-45.

_____, 'Huizinga, Kilgour and the Decline of Chivalry', *Medievalia et Humanistica new ser.* 8(1977): 1-20.

_____, *The Laws of War in the Late Middle Ages*(London, 1965).

Kendall, Paul M., *Louis XI*(London, 1971).

Kiras, James D., *Rendering the Mortal Blow Easier: Special Operations and the Nature of Strategy*(Reading, 2004).

Klein, Aaron J., *Striking Back: The 1972 Munich Olympics Massacre and Israel's Deadly Response*, trans. Mitch Ginsburg(New York, 2005).

Knecht, R. J., *Renaissance Warrior and Patron: The Reign of Francis I*(Cambridge, 1994).

Kurth, Godefroid J. F., *La cité de Liège au Moyen Âge*, 3 vols.(Brussels, 1910).

La Monte, John L., *Feudal Monarchy in the Latin Kingdom of Jerusalem, 1100 to 1291*, Monographs of the Medieval Academy of America 4(Cambridge, MA, 1932).

Landau, Alan M., *et al.*, *U.S. Special Forces: Airborne Rangers, Delta & U.S. Navy SEALs* (Osceola, 1999).

Le Cam, Anne, *Charles le Téméraire: un homme et son rêve*(Ozoir-la-Ferriere, 1992).

Le Gras, Joseph, *Blaise de Monluc: héros malchanceux et grand écrivain: portraits et documents inédits*(Paris, 1926).

Lewis, Bernard, *The Assassins: A Radical Sect in Islam*(New York, 1968).

Lockhart, James, *The Men of Cajamarca: A Social and Biographical Study of the First Conquerors of Peru*, Latin American Monographs(ILAS) 27(Austin, 1972).

Loud, G. A., *The Age of Robert Guiscard: Southern Italy and the Norman Conquest*(Harlow, 2000).

Luard, Evan, *War in International Society: A Study in International Sociology*(London,

1986).

Lynn, John A., *Bayonets of the Republic: Motivation and Tactics in the Army of Revolutionary France, 1791-94*(Boulder, 1996 [Urbana, 1984]).

_____, *Giant of the Grand Siècle: The French Army, 1610-1715*(Cambridge, 1997).

_____, 'The *trace italienne* and the Growth of Armies: The French Case', in *The Military Revolution Debate: Readings on the Military Transformation of Early Modern Europe*, ed. Clifford J. Rogers(Boulder, 1995), pp. 169-200.

McCormack, John, *One Million Mercenaries: Swiss Soldiers in the Armies of the World* (London, 1993).

McGlynn, Sean, 'The Myths of Medieval Warfare', *History Today* 44 no. 1(1994), 28-34.

McRaven, William H., *Spec Ops: Case Studies in Special Operations Warfare: Theory and Practice*(Novato, 1996).

Maleissye, Jean de, *Histoire du poison*(Paris, 1991).

Mallett, Michael, 'Mercenaries', in *Medieval Warfare: A History*, ed. Maurice H. Keen (Oxford, 1999), pp. 209-29.

_____, 'Siegecraft in Late Fifteenth-Century Italy', in *The Medieval City under Siege*, ed. Ivy A. Corfis and Michael Wolfe(Woodbridge, 1995), pp. 245-56.

Mandrot, Bernard de, 'Jean de Bourgogne, duc de Brabant, comte de Nevers et le procès de sa succession', *Revue Historique* 93(1907): 1-44.

Marquis, Susan Lynn, *Unconventional Warfare: Rebuilding U.S. Special Operations Forces* (Washington, DC, 1997).

Marshall, Christopher, *Warfare in the Latin East, 1192-1291*(Cambridge, 1992).

Marshall, Samuel Lyman A., *Men against Fire: The Problem of Battle Command in Future War*(Gloucester, MA, 1978 [Washington, DC, 1947]).

Mayer, Hans Eberhard, *The Crusades*, trans. John Gillingham, 2nd edn(Oxford, 1990).

Mirza, Nasih Ahmad, *Syrian Ismailism: The Ever Living Line of the Imamate, A.D. 1100-1260*(Richmond, UK, 1997).

Molin, Kristian, 'The Non-Military Functions of Crusader Fortifications, 1187-c. 1390', *Journal of Medieval History* 23(1997): 367-88.

Morillo, Stephen, 'Battle Seeking: The Contexts and Limits of Vegetian Strategy', *Journal of Medieval Military History* 1(2002): 21-41.

_____, *Warfare under the Anglo-Norman Kings, 1066-1135*(Woodbridge, 1994).

Morris, John E., *The Welsh Wars of Edward I: A Contribution to Mediaeval Military History, Based on Original Documents*(New York, 1969 [1901]).

Mott, Lawrence V., 'The Battle of Malta, 1283: Prelude to a Disaster', in *The Circle of*

War in the Middle Ages: Essays on Medieval Military and Naval History, ed. Donald J. Kagay and L. J. Andrew Villalon(Woodbridge, 1999), pp. 145-72.

Munro, John H., 'An Economic Aspect of the Collapse of the Anglo-Burgundian Alliance, 1428-1442', *English Historical Review* 85(1970): 225-44.

Murray, Alan V., '"Mighty Against the Enemies of Christ": The Relic of the True Cross in the Armies of the Kingdom of Jerusalem', in *The Crusades and their Sources: Essays Presented to Bernard Hamilton,* ed. John France and William G. Zajac(Aldershot, 1998), pp. 217-38.

Neillands, Robin, *The Hundred Years War*(London, 1991).

_____, *In the Combat Zone: Special Forces since 1945*(New York, 1998).

Newsinger, John, *Dangerous Men: The SAS and Popular Culture*(London, 1997).

Nicholson, Helen, *Medieval Warfare: Theory and Practice of War in Europe, 300-1500* (New York, 2004).

Nicholson, Ranald Grange, *Scotland: The Later Middle Ages*(Edinburgh, 1974).

Nicholson, Robert L., *Joscelyn I, Prince of Edessa*, Illinois Studies in the Social Sciences 34.4(Urbana, 1954).

_____, *Joscelyn III and the Fall of the Crusader States, 1134-1199*(Leiden, 1973).

Norwich, John J., *The Normans in the South, 1016-1130*(London, 1967).

_____, *Venice: The Rise to Empire*(London, 1977).

Oman, Charles W. C., *A History of the Art of War in the Middle Ages*, 2 vols.(London, 1991 [1924]).

_____, *A History of the Art of War in the Sixteenth Century*(London, 1937).

Paravicini, W., *Guy de Brimeu: der burgundische Staat und seine adlige Führungsschicht unter Karl der Kühnen*(Bonn, 1975).

_____, *Karl der Kühne: das Ende des Hauses Burgund*(Göttingen, 1976).

Paris, Michael, *Warrior Nation: Images of War in British Popular Culture, 1850-2000* (London, 2000).

Parker, Geoffrey, *The Army of Flanders and the Spanish Road, 1567-1659: The Logistics of Spanish Victory and Defeat in the Low Countries' Wars*(Cambridge, 1975).

_____, *The Military Revolution: Military Innovation and the Rise of the West, 1500- 1800*(Cambridge, 1988).

_____, 'The Military Revolution, 1560-1660-a Myth?', in *The Military Revolution Debate: Readings on the Military Transformation of Early Modern Europe*, ed. Clifford J. Rogers(Boulder, 1995), pp. 37-54.

_____, 'The Political World of Charles V', in *Charles V 1500-1558 and his Time, ed.*

Hugo Soly et al., trans. Suzanne Walters *et al.*(Antwerp, 1999), pp. 113–226, 513–19.

Parrott, David, *Richelieu's Army: War, Government, and Society in France, 1624–1642* (Cambridge, 2001).

Parrott, David A., 'Strategy and Tactics in the Thirty Years' War: The "Military Revolution"', in *The Military Revolution Debate: Readings on the Military Transformation of Early Modern Europe*, ed. Clifford J. Rogers(Boulder, 1995), pp. 227–52.

Payne, Robert, *The Crusades: A History*(Ware, 1998 [1994]).

Perjés, G., 'Army Provisioning, Logistics, and Strategy in the Second Half of the Seventeenth Century', *Acta Historica Academiae Scientiarum Hungaricae* 16(1970): 1–52.

Perret, Paul–Michel, *Histoire des relations de la France avec Venise: du XIIIe siècle a l'avènement de Charles VIII*, 2 vols.(Paris, 1896).

Pipes, Daniel, *Slave Soldiers and Islam: The Genesis of a Military System*(New Haven, 1981).

Plancher, Urbain, *Histoire générale et particulière de Bourgogne...*, 4 vols.(Dijon, 1739–81).

Potter, David, 'The duc de Guise and the Fall of Calais, 1557–1558', *English Historical Review* 98(1983): 481–512.

Pounds, Norman J. G., *The Medieval Castle in England and Wales: A Social and Political History*(Cambridge, 1990).

Power, Eileen, 'The English Wool Trade in the Reign of Edward IV', *Cambridge Historical Journal* 2(1926): 17–35.

Powers, James F., 'Life on the Cutting Edge: The Besieged Town on the Luso–Hispanic Frontier in the Twelfth Century', in *The Medieval City under Siege*, ed. Ivy A. Corfis and Michael Wolfe(Woodbridge, 1995), pp. 17–34.

Prawer, Joshua, *A History of the Latin Kingdom of Jerusalem*, 3 vols.(Jerusalem, 1984 [Hebrew]).

Prestwich, J. O., 'Military Intelligence under the Norman and Angevin Kings', in *Law and Government in Medieval England and Normandy: Essays in Honour of Sir James Holt*, ed. George Garnett and John Hudson(Cambridge, 1994), pp. 1–30.

Prestwich, Michael, *Armies and Warfare in the Middle Ages: The English Experience*(New Haven, 1996).

_____, *The Three Edwards: War and State in England, 1272–1377*(London, 1980).

_____, *War, Politics and Finance under Edward I*(Totowa, 1972).

Pringle, Denys, 'Town Defences in the Crusader Kingdom of Jerusalem', in *The Medieval City under Siege*, ed. Ivy A. Corfis and Michael Wolfe(Woodbridge, 1995), pp. 69-122.

Procacci, G., 'La Provence à la veille des Guerres de Religion: une periode décisive, 1535-1545', *Revue d'histoire modern et contemporaine* 5(1958): 241-64.

Redlich, Fritz, *The German Military Enterpriser and his Work Force: A Study in European Economic and Social History*, vol. 1(Weisbaden, 1964).

Rice, Tamara Talbot, *The Seljuks in Asia Minor*(London, 1961).

Richard, Jean, *The Crusades, c. 1071-c. 1291*, trans. Jean Birrell(Cambridge, 1999).

_____, 'Philippe Auguste, la croisade et le royaume', in *Croisés, missionaires et voyageurs: les perspectives orientales du monde latin medieval*, ed. Jean Richard(London, 1983), pp. 411-24.

Riley-Smith, Jonathan, 'Casualties and the Number of Knights on the First Crusade', *Crusades* 1(2002): 13-28.

_____, *The First Crusade and the Idea of Crusading*(London, 1986).

_____, *The First Crusaders, 1095-1131*(Cambridge, 1997).

_____, 'Raymond IV of St Gilles, Achard of Arles and the Conquest of Lebanon', in *The Crusades and Their Sources: Essays Presented to Bernard Hamilton*, ed. John France and William G. Zajac(Aldershot, 1998), pp. 1-8.

Roberts, Michael, 'The Military Revolution, 1560-1660: An Inaugural Lecture Delivered before the Queen's University of Belfast', in *The Military Revolution Debate: Readings on the Military Transformation of Early Modern Europe*, ed. Clifford J. Rogers(Boulder, 1995), pp. 13-35.

Robertson, William, *The History of the Reign of the Emperor Charles the Fifth*, 2 vols. (Philadelphia, 1890).

Rogers, Clifford J., 'The Vegetian "Science of Warfare" in the Middle Ages', *Journal of Medieval Military History* 1(2002): 1-19.

_____, *War Cruel and Sharp: English Strategy under Edward III, 1327-1360*(Woodbridge, 2000).

_____, (ed.), *The Wars of Edward III: Sources and Interpretations*(Woodbridge, 1999).

Rogers, Randall, *Latin Siege Warfare in the Twelfth Century*(Oxford, 1992).

Rosenthal, Franz, *The Herb: Hashish versus Medieval Muslim Society*(Leiden, 1971).

Ruff, Julius R., *Violence in Early Modern Europe*(Cambridge, 2001).

Runciman, Steven, *A History of the Crusades*, 3 vols.(Harmondsworth, 1971 [Cambridge, 1951]).

Sanok, Catherine, 'Almoravides at Thebes: Islam and European Identity in the Roman de Thebes', *Modern Language Quarterly* 64 no. 3 (September 2003): 277–98.

Sarkesian, Sam C., *The New Battlefield: The United States and Unconventional Conflicts*, Contributions in Military Studies 54 (New York, 1986).

Schramm, Percy Ernst, *A History of the English Coronation*, trans. Leopold G. Wickham Legg (Oxford, 1937).

Sheldon, Rose Mary, *Espionage in the Ancient World: An Annotated Bibliography of Books and Articles in Western Languages* (Jefferson, 2002).

Showalter, Dennis E., 'Caste, Skill, and Training: The Evolution of Cohesion in European Armies from the Middle Ages to the Sixteenth Century', *Journal of Military History* 57 no. 3 (1993): 407–30.

Simon, Kate, *A Renaissance Tapestry: The Gonzaga of Mantua* (New York, 1988).

Smail, R. C., *Crusading Warfare, 1097–1193*, 2nd edn (Cambridge, 1995).

Smith, Robert D., 'Artillery and the Hundred Years War: Myth and Interpretation', in *Arms, Armies and Fortifications in the Hundred Years War*, ed. Anne Curry and Michael Hughes (Woodbridge, 1994), pp. 151–9.

Sournia, Jean–Charles, *Blaise de Monluc: soldat et écrivain* (*1500–1577*) (Paris, 1981).

Strachan, Hew, 'The Experience of Two World Wars: Some Historiographical Comparisons', in *Time to Kill: The Soldier's Experience of War in the West, 1939–1945*, ed. Paul Addison and Angus Calder (London, 1997), pp. 369–78.

Strickland, Matthew, 'Securing the North: Invasion and the Strategy of Defence in Twelfth–Century Anglo–Scottish Warfare', in *Anglo–Norman Warfare: Studies in Late Anglo–Saxon and Anglo–Norman Military Organization and Warfare*, ed. Matthew Strickland (Woodbridge, 1992), pp. 208–29.

_____, *War and Chivalry: The Conduct and Perception of War in England and Normandy, 1066–1217* (Cambridge, 1996).

Sumption, Jonathan, *The Hundred Years War*, 2 vols. (London, 1990–9).

Taillon, J. Paul de B., *The Evolution of Special Forces in Counter–Terrorism: The British and American Experiences* (Westport, 2001).

Tallett, Frank, *War and Society in Early Modern Europe, 1495–1715* (London, 1992).

Thomas, David, 'The Importance of Commando Operations in Modern Warfare, 1939–82', *Journal of Contemporary History* 18 no. 4 (October 1983): 689–718.

Thomas, Heinz, 'Französische Spionage im Reich Ludwigs des Bayern', *Zeitschrift für Historische Forschung* 5 (1978): 1–21.

Thomas, Hugh, *The Conquest of Mexico* (London, 1993).

426

Thomson, Robert W., 'The Crusaders through Armenian Eyes', in *The Crusades from the Perspective of Byzantium and the Muslim World*, ed. Angeliki E. Laiou and Roy Parviz Mottahedeh(Washington, DC, 2001), pp. 71-82.

Toch, Michael, 'The Medieval German City under Siege', in *The Medieval City under Siege*, ed. Ivy A. Corfis and Michael Wolfe(Woodbridge, 1995), pp. 35-48.

Tracy, James D, *Emperor Charles V, Impresario of War: Campaign Strategy, International Finance, and Domestic Politics*(Cambridge, 2002).

Tuchman, Barbara W., *A Distant Mirror: The Calamitous 14th Century*(New York, 1978).

Turnbull, Stephen, *Ninja: The True Story of Japan's Secret Warrior Cult*(Poole, 1991).

Turner, Ralph V., and Richard R. Heiser, *The Reign of Richard Lionheart: Ruler of the Angevin Empire, 1189-1199*(New York, 2000).

Vale, Malcolm, *War and Chivalry: Warfare and Aristocratic Culture in England, France, and Burgundy at the End of the Middle Ages*(Athens, GA., 1981).

Van Creveld, Martin, *Command in War*(Cambridge, MA, 1985).

_____, *Fighting Power: German and US Army Performance, 1939-1945*(London, 1983).

Vandenbroucke, Lucien S., *Perilous Options: Special Operations as an Instrument of U.S. Foreign Policy*(New York, 1993).

Vann, Theresa M., 'Twelfth-Century Castile and its Frontier Strategies', in *The Circle of War in the Middle Ages: Essays on Medieval Military and Naval History*, ed. Donald J. Kagay and L. J. Andrew Villalon(Woodbridge, 1999), pp. 21-32.

Vaughan, Richard, *Charles the Bold: The Last Valois Duke of Burgundy*(London, 1973).

_____, *John the Fearless: The Growth of Burgundian Power*(London, 1966).

_____, *Philip the Good: The Apogee of Burgundy*(London, 1970).

_____, *Valois Burgundy*(London, 1975).

Waller, Douglas C., *The Commandos: The Inside Story of America's Secret Soldiers*(New York, 1994).

Warner, Philip, *Sieges of the Middle Ages*(London, 1968).

Weale, Adrian, *Secret Warfare: Special Operations Forces from the Great Game to the SAS* (London, 1998).

Webster, Bruce, *Medieval Scotland: The Making of an Identity*(London, 1997).

White, Terry, *Swords of Lightning: Special Forces and the Changing Face of Warfare*(New York, 1992).

Wilson, Peter, 'European Warfare, 1450-1815', in *War in the Early Modern World*, ed. Jeremy Black(Boulder, 1999), pp. 177-206.

Wilson, Peter L., 'Secrets of the Assassins', in *Scandal: Essays in Islamic Heresy*(New York,

1988), pp. 33-66.

Wolfe, Michael, 'Siege Warfare and the Bonnes Villes of France during the Hundred Years War', in *The Medieval City under Siege*, ed. Ivy A. Corfis and Michael Wolfe (Woodbridge, 1995), pp. 49-68.

Yewdale, Ralph Bailey, *Bohemond I, Prince of Antioch*(Princeton, 1924).

영상 자료

Black Hawk Down, Jerry Bruckheimer, Ridley Scott *et al.*(producers), dir. Ridley Scott (USA, 2001).

Executive Decision, Joel Silver *et al.*(producers), dir. Stuart Baird(USA, 1996).

Lord of the Rings: The Fellowship of the Ring, Bob Weinstein, Harvey Weinstein *et al.* (producers), dir. Peter Jackson(New Zealand & USA, 2001).

Lord of the Rings: The Two Towers, Bob Weinstein, Harvey Weinstein *et al.*(producers), dir. Peter Jackson(New Zealand, USA & Germany, 2002).

Lord of the Rings: The Return of the King, Bob Weinstein, Harvey Weinstein *et al.* (producers), dir. Peter Jackson(New Zealand, USA & Germany, 2003).

Mission: Impossible(TV), Bruce Geller *et al.*(producers), created by Bruce Geller(USA, 1966-73).

Proof of Life, Taylor Hackford *et al.*(producers), dir. Taylor Hackford(USA, 2000).

Raiders of the Lost Ark, Frank Marshall, George Lucas *et al.*(producers), dir. Steven Spielberg(USA, 1981).

Saving Private Ryan, Ian Bryce, Mark Gordon, Gary Levinsohn, Steven Spielberg *et al.* (producers), dir. Steven Spielberg(USA, 1998).

Star Wars, Gary Kurtz and George Lucas(producers), dir. George Lucas(USA, 1977).

The Terminator, John Daly, Derek Gibson and Gale Anne Hurd(producers), dir. James Cameron(USA, 1984).

Terminator II: Judgment Day, James Cameron, Gale Anne Hurd and Mario Kassar (producers), dir. James Cameron(USA & France, 1991).

Terminator III: Rise of the Machines, Moritz Borman *et al.*(producers), dir. Jonathan Mostow(USA, UK & Germany, 2003).

Twelve Monkeys, Robert Cavallo *et al.*(producers), dir. Terry Gilliam(USA, 1995).

Wag the Dog, Michael De Luca, *et al.*(producers), dir. Barry Levinson(USA, 1997).

428

도판 출처

- (＊) 표시는 원서에 수록되어 있던 도판을 말한다. 나머지는 한국어판에서 새로 추가한 것이다.
- 지도와 표의 경우, 다음이 원서에 있던 것이다. 131, 144, 228, 251, 253, 331, 344쪽.
  나머지 지도는 한국어판에서 새롭게 작성해 넣었다.

24쪽   "Current Art.—IV.", *The Magazine of Art. 10*(November 1886-October 1887), pp. 464-70.

29쪽   *Chansons of Guillaume d'Orange*(MS Royal 20. D. XI.).

32쪽   *Future Knights,* Noémi Balleyguier.

39쪽   (＊) *Vigiles de Charles VII*(Bibliothèque nationale de France, fonds francais, 5054, fol. 85).

43쪽   (＊) *Vigiles de Charles VII*(Bibliothèque nationale de France, fonds francais, 5054, fol. 79v).

44쪽   (＊) *Vigiles de Charles VII*(Bibliothèque nationale de France, fonds francais, 5054, fol. 91v).

55쪽   depicted in the *Chronicles* by Jean Froissart(Bibliothèque nationale de France, fonds francais, 2643, fol. 165v).

61쪽   Kunst Historisches Museum Wien.

68쪽   (＊) *Grandes Chroniques de France*(Bibliothèque nationale de France, fonds francais, 2813, fol. 206v).

76쪽   depicted in the *Jami' al-tawarikh* by Rashid al-Din(Bibliothèque nationale de France. Département des Manuscrits. Division orientale. Supplément persan 1113, fol. 177v)

83쪽   *Grandes Chroniques de France*(Bibliothèque nationale de France, Département des Manuscrits, Français 2813, fol. 12v).

88쪽   *Livre de la Chasse*(Bibliothèque nationale de France, Département des Manuscrits,

Français 616).

95쪽　Musée du Louvre.

105쪽　(*) *Syria, the Holy Land, Asia Minor, &c., illustrated*(London, Fisher, Son & Co., 1836-8), pp. 24-5.

115쪽　Bibliothèque nationale de France, MS, Fr 2630, f.22v.

135쪽　(*) *Historia* by William of Tyre(Bibliothèque nationale de France, fonds français, 9083, fol.52).

150쪽　Ingeborg Simon. https://de.wikipedia.org/wiki/Harput#/media/File:Festung_ Harput.jpg

160쪽　*Histoire de la Terre d'Outremer* by Guillaume de Tyr.

179쪽　출처 미상.

190쪽　(*) Bibliothèque nationale de France, fonds français, 2810, fol. 17.

197쪽　Private Collection.

224쪽　Beschreibung der Reise von Konstanz nach Jerusalem-St. Peter pap. 32.

234쪽　*Bruges Garter Book* by William Bruges(British Library, Stowe 594 ff. 7v).

238쪽　(*) depicted in the *Chronicles* by Jean Froissart(Bibliothèque nationale de France, fonds francais, 2643, fol. 188).

259쪽　*Chroniques de Hainaut*(Bibliothèque Royale de Belgique, KBR, ms. 9242, f. 1)

270쪽　The Weiss Gallery.

281쪽　Kunsthistorisches Museum Vienna.

294쪽　https://en.wikipedia.org/wiki/Cross_of_Burgundy

306쪽　Bibliotheca Bodmeriana, Cod. Bodmer 176, folio 1.

316쪽　Museum of Fine Arts(Budapest).

341쪽　Banque d'images de la Bibliothèque nationale de France. Adhémar 547 Bouchot 214 Dimier recueil mangé 2.

355쪽　*The Luttrell Psalter*(British Library, Additional Manuscript 42130).

찾아보기

옮긴이 **김승욱**　　성균관대 영문학과를 졸업하고 뉴욕시립대에서 여성학을 공부했다. 동아일보 문화부 기자로 근무했으며, 현재 전문 번역가로 활동하고 있다. 옮긴 책으로《스토너》《우리는 각자의 세계가 된다》《행복의 지도》《분노의 포도》《나보코프 문학 강의》《먼 북으로 가는 좁은 길》《니클의 소년들》《19호실로 가다》 등이 있다.

감수자 **박용진**　　서울대학교 서양사학과를 졸업하고 같은 학교 대학원에서 석사와 박사 학위를 받았다. 서울대학교 인문학연구원 HK연구교수를 지냈으며, 현재 중세 프랑스사 및 유럽 도시사에 대한 연구를 진행하고 있다. 지은 책으로《유럽 바로 알기》《중세유럽은 암흑시대였는가?》 등이 있으며, 옮긴 책으로는《기억의 장소(전5권)》《기베르 드 노장의 자서전》 등이 있다.

대담한 작전
서구 중세의 역사를 바꾼 특수작전 이야기

1판 1쇄 펴냄　2017년 12월 18일
개정판 1쇄 펴냄　2023년 4월 15일
개정판 2쇄 펴냄　2023년 11월 1일

지은이　　유발 하라리
옮긴이　　김승욱
감수자　　박용진
편집　　　안민재
디자인　　허성준(표지), 한향림(본문)
제작　　　세걸음

펴낸곳　　프시케의숲
펴낸이　　성기승
출판등록　2017년 4월 5일 제406-2017-000043호
주소　　　(우)10885, 경기도 파주시 책향기로 371, 상가 204호
전화　　　070-7574-3736
팩스　　　0303-3444-3736
이메일　　pfbooks@pfbooks.co.kr
SNS　　　@PsycheForest

ISBN　　979-11-89336-57-8　03920